I0120465

MANUEL

DE LA

GENDARMERIE.

5 123 77 7

39464

MANUEL

DE LA

GENDARMERIE,

OU

RECUEIL

DES ORDONNANCES, RÉGLEMENS,

ET DE TOUS LES ACTES RELATIFS AU SERVICE

ET A L'ADMINISTRATION DE CE CORPS.

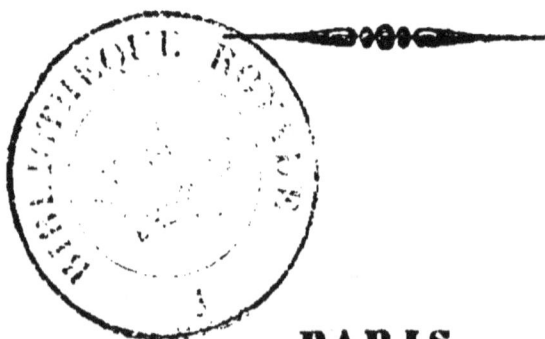

PARIS,

CHEZ TROUSSEL,

IMPRIMEUR DE LA GENDARMERIE,

RUE SAINT-GUILLAUME, N° 9, F. S.-G.

MANUEL
DE LA GENDARMERIE.

SERVICE.

Instruction ministérielle pour la mise à exécution de l'ordonnance du 29 octobre 1820.

Paris, le 10 avril 1821.

LE MINISTRE SECRÉTAIRE D'ÉTAT AU DÉPARTEMENT DE LA GUERRE,

A MM. les Chefs des Légions de Gendarmerie.

Monsieur, j'ai l'honneur de vous adresser des exemplaires de l'ordonnance royale du 29 octobre dernier, sur le service de la gendarmerie, avec les modèles des rapports, états et contrôles que j'ai arrêtés pour les diverses parties du service. Ces exemplaires, que vous ferez distribuer aux conseils d'administration et aux brigades des compagnies de votre légion, ainsi qu'aux officiers de tout grade, seront conservés avec soin dans les résidences de l'arme, attendu que la dépense d'impression aux frais du ministère ne devra pas se renouveler.

La mise a exécution de l'ordonnance aura lieu immédiatement. Les instructions suivantes guideront, à cet effet, les militaires du corps.

Admission.

Les conditions d'admission dans l'arme doivent être scrupuleusement observées, puisque la bonne composition de la troupe en dépend entièrement. Les propositions ne pourraient être faites qu'après un examen attentif des sujets; et l'omission d'une seule des formalités énoncées dans le modèle n. 1 entraînerait le rejet ou l'ajournement des demandes. L'établissement complet des services devant avoir lieu au moment des admissions, si les pièces justificatives a joindre aux mémoires de proposition ne relataient pas tous les services, il y serait suppléé par une déclaration

1

très-détaillée, signée par les candidats, et d'après laquelle il serait fait aussitôt des recherches et vérifications au ministère de la guerre.

Avancement.

Les règles particulières pour l'avancement dans le corps sont basées sur les dispositions de l'ordonnance du 2 août 1818[*]. Les chefs, depuis les premiers degrés de la hiérarchie, sont appelés à émettre leur opinion sur les sous-officiers et gendarmes qui, sous leurs yeux, se distinguent dans le service ; et les précautions exigées pour la formation des listes de concours donnent les moyens de fixer les choix sur les sujets les plus dignes d'avancement.

Rangs.

Les rangs dans le corps sont établis suivant un mode qui lève toute incertitude et fait écarter les prétentions mal fondées. Dans l'armée, la gendarmerie a l'avantage du rang supérieur ; seulement, les officiers du corps royal d'état-major ont, à titre d'attribution particulière, le commandement sur les officiers de gendarmerie qui exercent l'emploi correspondant au grade dont les premiers sont revêtus; sans égard à la supériorité de rang dont jouissent les derniers.

Serment.

Le serment des militaires de l'arme, devant les tribunaux, rappelle l'importance des devoirs de la gendarmerie. Les colonels réuniront, à l'époque de leur prochaine revue, les brigades dans les chefs-lieux où siége un tribunal, pour prêter le serment. Les expéditions de ces actes individuels seront recueillies par lieutenance, afin que les sous-intendans militaires chargés de la police administrative des compagnies n'aient pas à m'en faire des transmissions trop multipliées.

Obligations envers les Ministres.

La deuxième partie de l'ordonnance embrasse la généralité des devoirs et obligations du corps de la gendarmerie. La forme précise des comptes à rendre aux ministres est indiquée dans les modèles numérotés de 9 à 15. Une expédition de tous les rapports mensuels et annuels, dans les attributions de chaque ministère, me sera exactement adressée, ce qui rendra superflu l'envoi qui a eu lieu jusqu'à ce jour des rapports périodiques.

Relations avec les différentes Autorités.

Les relations de la gendarmerie avec les différentes autorités sont déterminées de la manière la plus positive pour prévenir les conflits d'attributions et des oppositions dans le service.

Les officiers doivent faire une étude particulière de cet ensemble des opérations de l'arme ; ils s'attacheront surtout à bien

---

[*] Cette disposition est abrogée par la loi du 14 avril 1832. (*Voir ci-après.*)

connaître la nature et les limites de leurs rapports avec les autorités militaires, en ce qui concerne le service et le personnel du corps, et l'étendue que peut avoir l'action des autorités judiciaires et administratives sur la gendarmerie, par le droit de réquisition que les lois ont conféré à ces autorités. L'ordonnance, s'appuyant sur les mêmes lois, ne permet pas que les officiers, sous-officiers et gendarmes aient à souffrir des exigences personnelles, et soient forcés de déférer à des demandes qui ne seraient pas légales. Elle a encore défendu, dans les réquisitions adressées à la gendarmerie, toutes formules peu conformes à la position militaire du corps, et qui porteraient atteinte à la considération et au rang dont il jouit dans l'armée.

Colléges électoraux.

Lors de la réunion dernière des colléges électoraux, les colonels ont reçu communication des articles sur les devoirs de la gendarmerie près de ces colléges, avec l'observation que, s'il ne se trouvait pas d'officiers en résidence dans quelques lieux de réunion, il en serait envoyé immédiatement, afin que le service fût toujours commandé par un officier pendant la durée des sessions. Les commandans de compagnie remplissent cette mission près des colléges de département.

Honneurs et préséances.

La gendarmerie continuera de se conformer, pour les honneurs à rendre, aux dispositions prescrites par les actes antérieurs du gouvernement, notamment par le décret du 21 messidor an XII (1); elle observera, principalement à l'égard des présidens des cours d'assises, ce qui est ordonné par le décret du 27 février 1811 (1).

Il convient de remarquer qu'en général, et sauf les cas expressément déterminés par les réglemens, les gardes et escortes d'honneur pour les autorités ne sont fournies par la gendarmerie qu'à défaut de troupe de ligne, et en ayant d'ailleurs toujours égard aux besoins du service de sûreté publique. Dans le cas où les réquisitions pour cet objet paraîtraient mal fondées, les chefs du corps feront les représentations convenables, et avec tous les ménagemens dus aux autorités nécessaires pour le maintien de la bonne harmonie. Toutefois, si leurs représentations ne sont pas écoutées, ils obtempéreront aux réquisitions, sauf à m'en rendre compte, pour faire redresser les irrégularités qui auraient eu lieu.

Quelques observations relatives aux escortes des préfets pendant leurs tournées administratives, ont été faites depuis l'émission de l'ordonnance : elles motiveront des propositions particulières à S. M.; et, provisoirement, la gendarmerie fournira deux gendarmes d'escorte, lorsque les préfets feront des réquisitoires pour ce service.

La gendarmerie est également appelée à prendre part aux fêtes et cérémonies publiques. D'après les réglemens en vigueur, les officiers de cette arme ne sont point placés dans la série des fonctionnaires auxquels il est assigné un rang individuel dans

1.

les cérémonies ; mais ils sont admis à prendre rang, suivant leur grade et l'étendue de leur commandement, parmi les officiers des états-majors de division, de subdivision ou de place, qui se trouvent dans les villes où ils résident.

Il faut observer que, s'il n'existait pas, de fait, dans les chefs-lieux de légion, de compagnie ou de lieutenance, d'états-majors de division, de subdivision ou de place, les officiers de gendarmerie, considérés comme faisant partie d'un de ces corps, n'en auraient pas moins le droit de prendre place dans le rang que tiendraient ces états-majors eux-mêmes, s'il en existait dans ces résidences.

Les officiers de gendarmerie qui, à grade égal, cèdent le commandement aux officiers du corps royal d'état-major ont, dans l'ordre des préséances, sur ces derniers, du grade correspondant au leur, la priorité du rang honorifique.

Lorsque des officiers en non activité, en retraite, etc., sont invités aux cérémonies publiques et admis a se réunir aux divers états-majors de division, de subdivision ou de place, ils ne peuvent, quel que soit leur grade, prendre rang qu'après tous les officiers en activité.

Il n'est rien innové par l'ordonnance (art. 99) aux dispositions antérieures pour les honneurs à rendre par les troupes de garnison aux inspecteurs-généraux de gendarmerie, pendant le temps des inspections. Le décret du 24 messidor an XII a statué que les honneurs militaires accordés aux lieutenans-généraux et maréchaux-de-camp, *employés*, et qui sont spécifiés aux tit. XIV et XV, étaient également dus aux inspecteurs-généraux d'armes. Dans les villes où il n'y a pas de troupes de ligne, la gendarmerie fournit les gardes d'honneur aux inspecteurs-généraux du corps, mais avec les restrictions que la position des brigades commande, et ainsi qu'il a été prévu par l'art. 8, tit. XXV, du décret du 24 messidor an XII, pour les cas d'insuffisance de troupes ou de convenances du service.

Les honneurs, lors des premières entrées des lieutenans-généraux et maréchaux-de-camp, sont exclusivement réservés pour les officiers-généraux qui commandent une division ou subdivision territoriale.

Inspections et Revues annuelles.

Les inspections et revues annuelles du corps ont pour but principal le maintien des réglemens, l'amélioration de toutes les parties du service, et l'examen des hommes, sous le double rapport de leurs connaissances militaires et de leur situation physique. Les chefs supérieurs, par leur présence dans les diverses stations des brigades, donnent l'impulsion la plus favorable au service ; ils entendent eux-mêmes les réclamations, et recherchent avec facilité les abus ; ils apprécient les bons services, et portent un jugement impartial sur les officiers, sous-officiers et gendarmes, en appelant sur eux les récompenses que la justice la plus éclairée autorise à leur accorder.

Les modèles des contrôles de revues pour le personnel ont été établis sur un plan que l'ordonnance a tracé elle-même. Ces contrôles, divisés par lieutenances et par brigades, contiendront, sur la position des sous-officiers et gendarmes, sur leurs services, leur capacité et leur conduite privée, tous les détails qui serviront principalement à motiver les propositions que les inspecteurs-généraux auraient à faire à leur égard. La situation topographique des brigades, la masse des opérations journalières de chacune, et l'opinion des chefs sur la manière dont les devoirs communs sont remplis, se trouvent ensuite indiqués pour compléter le tableau d'ensemble du services des compagnies.

Les contrôles de revues pour le matériel ont subi les changemens nécessaires, afin d'offrir, dans un cadre simple, tout ce qu'il est utile de connaître sur l'armement, l'habillement et la remonte des hommes, sur le casernement et l'approvisionnement des fourrages de chaque brigade.

Les revues individuelles d'officiers, déjà en usage, remplissent entièrement leur objet, celui de faire connaître si les militaires offrent les garanties d'un bon service et continuent de mériter la confiance de S. M.

Pour la simplification des écritures du travail des inspections, il ne sera plus adressé que le nombre d'expédition ci-après :

Une seule expédition des feuilles de revues d'officiers, destinée pour le ministère ;

Deux expéditions des contrôles de revues des brigades (personnel et matériel). Le double de l'expédition qui me sera envoyée sera laissé au colonel, pour qu'il prenne connaissance, avant de le remettre au commandant de la compagnie, des notes et renseignemens d'après lesquels il devra surveiller l'exécution des ordres de l'inspecteur-général, ou préparer les mesures que rendraient indispensables les décisions réclamées. L'inscription des services sera faite par les trésoriers, sous leur responsabilité, quant à l'authenticité des services relatés ;

Deux expéditions des résumés des revues ; l'une pour le ministère ; la seconde sera conservée pour l'inspecteur-général. La forme de ces résumés sera déterminée lors des prochaines inspections ;

Deux expéditions (une pour le ministère et une pour le colonel) des listes d'avancement des gendarmes, brigadiers et maréchaux-des logis ;

Une seule expédition, pour m'être envoyée, des listes d'avancement des officiers et des rapports particuliers à leur sujet.

Les chefs des légions se serviront, pour leurs revues, des titres des contrôles, modèles n. 17 et 18. Ces revues étant considérées comme préparatoires des inspections, les colonels remettront un double de leurs contrôles et feuilles individuelles aux inspecteurs-généraux.

Les commandans des compagnies ou des lieutenances suivront aussi les indications des modèles de revues annuelles, pour les contrôles qu'ils doivent établir pendant leurs tournées.

Il n'a pas encore été statué définitivement sur les déplacemens annuels des chefs de légion pour les vérifications de la comptabilité des compagnies, et, jusqu'à nouvel ordre, ces déplacemens n'auront pas lieu.

Fonctions des Officiers de tout grade.

L'énumération des services et obligations de la gendarmerie, déjà présentée dans l'ordonnance pour le corps en général, est suivie des articles qui définissent quelles sont les fonctions spéciales de chaque grade, et prescrivent un mode d'exécution du service ordinaire et extraordinaire, en retraçant les nombreuses opérations de l'arme.

Les officiers prendront une connaissance approfondie de ces dispositions, et particulièrement encore de tout ce qui se rapporte à l'exercice des fonctions de police judiciaire. Les citations des codes offrent, par leur rapprochement, le moyen d'en saisir avec facilité la liaison et l'esprit, afin de donner une direction sûre à l'action de la gendarmerie dans les opérations qui touchent aux premiers intérêts de la société.

Les recherches et poursuites contre les contraventions de police ne sont point au nombre des devoirs des officiers de gendarmerie exerçant les fonctions d'officiers de police auxiliaire (art. 149) ; cependant ce n'est point une exclusion tellement positive, qu'ils ne doivent intervenir quand les contraventions, qui portent toujours préjudice à l'intérêt général et particulier, ne pourraient être signalées sans le concours de l'action de la gendarmerie.

L'article 153 donne lieu à cette observation, que l'officier de gendarmerie ne peut réellement ajouter ni faire ajouter de son fait à une plainte toute rédigée; mais il est du devoir d'un officier de police judiciaire d'inviter le plaignant, dans l'intérêt de la justice, à donner à sa dénonciation tous les développemens propres à compléter les faits dont l'omission serait évidente.

La gendarmerie ne peut, sans s'exposer à des poursuites judiciaires, arrêter aucun individu contre lequel il n'aurait pas été décerné un ordre ou mandat de l'autorité compétente; mais il s'agit, dans l'art. 297, des atteintes qu'on porterait à la liberté individuelle des citoyens; et une interprétation contraire serait préjudiciable aux intérêts de l'ordre et de la tranquillité publique. Les officiers, sous-officiers et gendarmes ne présumeront pas qu'ils ne peuvent saisir les vagabonds, les perturbateurs, lors même qu'il n'y aurait pas de circonstances aggravantes, puisqu'ils manqueraient aux obligations qui leur sont formellement imposées par l'article 170.

Les premiers présidens des cours royales sont désignés (art. 63) comme pouvant appeler auprès d'eux les commandans de la gendarmerie pour conférer sur des objets de service. Cette même faculté s'étend aux présidens des cours d'assises et au président de la cour de justice criminelle en Corse, dont les relations avec la gendarmerie sont fréquentes. Ces magistrats ne doivent au surplus s'adresser qu'aux commandans de la gendarmerie des lieux où se tiennent les cours.

Les communications des autorités judiciaires et administratives avec les commandans de la gendarmerie ont toujours un objet déterminé de service, et n'imposent nullement à la gendarmerie l'obligation de se déplacer chaque jour pour s'informer du service qui pourrait être requis. Dans les cas extraordinaires les chefs doivent, par zèle, prévenir les demandes des autorités et se rendre chez elles aussi fréquemment que l'urgence des circonstances peut le commander.

L'article 68 a paru faire craindre que les officiers et sous-officiers ne missent des oppositions aux demandes des magistrats pour faire porter par les gendarmes les citations judiciaires, en s'établissant eux-mêmes les juges des cas où ce service serait d'une urgente et absolue nécessité. Cet article n'a point dérogé à la loi du 5 pluviôse an XIII (3), et à l'art. 12 du code d'instruction criminelle (4), qui chargent de la remise des citations les huissiers et les agens de la force publique; seulement il importe que les gendarmes ne soient pas détournés de leurs fonctions pour ce service lorsqu'il peut être exécuté par les huissiers et autres agens; et si des difficultés venaient à s'élever à ce sujet, elles me seraient soumises, et ne motiveraient, jusqu'à nouvel ordre, aucun refus de la part de la gendarmerie.

Dans les cas où la tranquillité publique serait menacée, les préfets peuvent faire mouvoir la gendarmerie; et l'article 73 indique que les mouvemens se concertent avec les chefs militaires. Mais les officiers de gendarmerie ne sont point appelés à discuter sur la nécessité des mesures que les préfets ont à prescrire; ils ont à désigner les points qui ne pourraient être dégarnis sans danger, et communiquer tous les renseignemens convenables, tant sur la force des brigades disponibles et leur formation en détachemens, que sur les moyens de suppléer au service de ces brigades pendant leur absence momentanée.

Les registres particuliers des officiers seront tenus avec une grande exactitude. Il n'a pas été nécessaire d'en déterminer la forme, puisqu'ils sont destinés à un simple enregistrement des rapports et procès-verbaux et à la transcription de la correspondance.

Service ordinaire et extraordinaire des Brigades.

Le service ordinaire et extraordinaire des brigades est tracé avec tous les développemens convenables. Les sous-officiers et gendarmes devront se rendre familiers les détails de leurs obligations personnelles; et les officiers ne négligeront pas les moyens de direction nécessaires pour fortifier l'instruction de leurs subordonnés, et les mettre en état de remplir avec intelligence et succès leurs divers services. Les comptes rendus dans les journaux ou feuilles mensuelles des brigades, d'après le nouveau modèle, feront juger si les gendarmes comprennent et exécutent bien tout ce qui est mis au nombre de leurs devoirs.

Les brigades apporteront un soin particulier à obtempérer aux réquisitions des autorités : elles suivront scrupuleusement les règles rappelées dans l'ordonnance pour la recherche et l'arrestation des personnes signalées, et leur tradition devant les officiers de police judiciaire.

Les officiers, sous-officiers et gendarmes ne doivent, principalement dans l'exercice de ces fonctions, faire aucun acte sans être revêtus de leur uniforme. Ils s'exposeraient à des violences qu'on ne pourrait pas considérer comme des actes de rébellion contre la force armée, si, dans les cas d'arrestation, même en vertu de mandats légaux, soit au domicile des prévenus, soit dans les lieux publics, soit pendant les tournées, ils n'étaient pas à portée de faire paraître les marques distinctives de leur qualité, au moment même qu'ils font l'arrestation.

La gendarmerie a, par la nature de ses fonctions, un service permanent qui ne souffre pas que les officiers, sous-officiers et gendarmes puissent se soustraire à l'obligation d'être habituellement en tenue militaire, et l'art. 176 ne fait point supposer des exceptions à ce sujet; mais il indique que c'est principalement lors des revues et tournées, et des communications avec les autorités qu'on ne doit tolérer aucune infraction relativement à la tenue militaire. Par suite de négligences de ce genre, des officiers n'ont pu quelquefois exécuter assez promptement des services urgens, ou même ont éprouvé des résistances de la part de leurs subordonnés dans les mesures qu'ils leur prescrivaient. La tenue de société n'est pas cependant défendue aux militaires du corps dans les cas où les habitudes civiles semblent la rendre convenable : les colonels en régleraient seulement l'usage, suivant les circonstances et les lieux; le séjour des garnisons dans les résidences de la gendarmerie pouvant particulièrement motiver quelques mesures restrictives.

Des contestations survenues relativement à l'entrée de la force armée dans les spectacles rendent nécessaire de renouveler l'observation qu'aucune disposition des lois et réglemens ne donne à la gendarmerie le droit de s'introduire dans les salles de spectacle; et si, pour des objets de service extraordinaire, il devenait indispensable qu'elle y pénétrât, cette entrée n'aurait lieu qu'avec l'autorisation ou sur la réquisition des autorités civiles locales.

Les sous-officiers et gendarmes s'appliqueront à dresser leurs procès-verbaux avec exactitude et clarté. Ils ne pourront, sans encourir des punitions sévères, négliger de faire parvenir sur-le-champ, à qui de droit, les procès-verbaux sur les évasions qui auraient eu lieu, des prévenus ou condamnés, lors des transfèremens; ils mettront la plus grande vigilance dans les escortes de prisonniers, et ils se conformeront ponctuellement aux indications portées dans le modèle des ordres de conduite.

Quelques changemens viennent d'être faits dans la nomenclature des gîtes d'étapes : ils donnent occasion de faire remarquer que, d'après la circulaire du 11 décembre 1811 (5), les militaires escortés doivent se rendre régulièrement, le même jour, d'un gîte d'étape à l'autre, sans pouvoir être déposés dans les communes intermédiaires de ces gîtes.

Les sous-officiers et gendarmes observeront pour les autres escortes, soit de deniers royaux, soit de convois et munitions de guerre, toutes les mesures de précaution qui seraient indiquées par des instructions et réglemens particuliers des autorités locales ou des agens supérieurs qui ont le droit de requérir la gendarmerie.

Lorsque la gendarmerie doit pourvoir à la sûreté des diligences et malles chargées de fonds appartenans au gouvernement, il est essentiel que les officiers se concertent avec les autorités civiles qui font les réquisitions, pour substituer à des escortes qui ne seraient pas absolument indispensables, et qui dérangeraient le service habituel, des patrouilles et des embuscades, en combinant les marches et stations suivant la durée du trajet à faire par les diligences ou malles, et les dangers que laisserait entrevoir la route qui doit être éclairée.

Compagnies maritimes.

Le service des compagnies maritimes est dirigé d'après les ordres immédiats du ministre de la marine. Les colonels doivent veiller avec soin au maintien de l'ordre et de la discipline dans ces compagnies, et concourir à toutes les mesures pour la répression des infractions et abus qui leur seraient signalés.

Encouragemens à la Gendarmerie.

L'article 47 a rappelé le principe déjà consacré par les lois sur les récompenses et indemnités que peuvent mériter, dans l'exercice de leurs fonctions, les militaires du corps de la gendarmerie. Le zèle et une activité remarquable en toutes circonstances; la réussite des expéditions importantes et périlleuses due à une parfaite intelligence et au dévonement, seront toujours l'objet des encouragemens et des récompenses spéciales de S. M. Les pertes de chevaux et d'effets, les accidens personnels éprouvés, notamment dans l'exécution du service extraordinaire; les dommages mêmes résultant des événemens de force majeure, motiveront des allocations d'indemnités pour qu'aucun militaire n'ait à supporter des sacrifices en remplissant bien ses devoirs.

Le nombre et les modèles des registres à tenir par les brigades de gendarmerie seront arrêtés ultérieurement.

Police et Discipline.

Toutes les dispositions qui concernent la police et la discipline du corps, l'ordre intérieur dans les compagnies, celles relatives aux remontes, aux mouvemens et mutations des hommes, sont réunies dans le chapitre qui termine l'ordonnance.

Les règles pour la police et discipline du corps ne laisseront rien à l'arbitraire, et donneront tous les moyens d'user d'une juste sévérité, selon les besoins et les intérêts du service. Les chefs, par une attention soutenue à ne point souffrir de négligence dans la pratique des devoirs, ni aucune atteinte aux principes de l'ordre et de la subordination, maintiendront l'arme dans le degré de considération qu'elle a justement acquis. Le registre de discipline, contenant les bonnes et les mauvaises notes sur la conduite des sous-officiers et gendarmes, avec les rectifications faites aux époques des tournées et revues, sera consulté avec fruit pour les encouragemens ou les punitions qu'il conviendrait de proposer. Le rapport trimestriel (modèle n° 9), formé principalement de ces notes, me mettra à même d'apprécier si la composition de la troupe dans chaque légion est toujours telle que le service l'exige, et s'il n'est pas mis de faiblesse et d'insouciance, ou apporté de rigueur déplacée dans l'exercice de l'autorité confiée aux chefs pour le maintien de la discipline.

1.,

Remontes.

Les articles des ordonnances, sur les remontes, consacrent d'anciennes dispositions. Les officiers qui resteraient démontés assez long-temps pour compromettre le service, en ne satisfaisant point à toutes les obligations de leur grade, encourront la perte de leur emploi. Les sous-officiers et gendarmes ne doivent éprouver aucun obstacle à faire eux-mêmes l'acquisition de leurs chevaux, dont la réception d'ailleurs n'est autorisée que lorsqu'ils sont reconnus propres à leur destination.

Les inspecteurs-généraux ayant seuls le droit de désigner les chevaux susceptibles de réforme, les remplacemens de chevaux ne doivent être faits que d'après leurs ordres. Pour les cas d'urgence seulement, les colonels accordent les autorisations de vente ou d'échange dans l'intervalle des revues. Ces dispositions, loin d'enlever aux gendarmes la facilité de se monter convenablement, ont l'avantage d'empêcher ces militaires de se livrer à des spéculations d'achat et de revente, qui, en définitif, tournent au détriment du service, et elles mettent également à même de connaître si les chevaux n'ont pas été ruinés par des courses et voyages auxquels les gendarmes auraient été astreints contre les défenses expresses des réglemens. Il importe beaucoup, d'après les plaintes fréquentes qui m'ont été adressées, de veiller à ce qu'il ne soit jamais fait un emploi abusif des chevaux des sous-officiers et gendarmes, et les officiers deviendraient, envers ces militaires, responsables des dommages résultant, soit de leur propre fait par l'usage personnel qu'ils feraient des chevaux, soit de leurs ordres pour des transmissions de correspondances et des déplacemens multipliés qu'on ne pouvait exiger de la gendarmerie.

Quelques difficultés paraissent exister relativement à l'exclusion des jumens du service de l'arme. Les inspecteurs-généraux seront chargés, lors de leurs revues, d'examiner si les raisons de localités que l'on aurait à faire valoir sont assez puissantes pour qu'il doive être fait quelques exceptions. Les colonels qui se trouveraient, dès à présent, dans la nécessité de permettre des réceptions de chevaux non autorisées par l'ordonnance, auraient à justifier de leurs motifs à l'époque de la prochaine inspection.

Permissions.

Les permissions de huit jours, que les colonels peuvent, d'après l'ordonnance, délivrer aux officiers, sous-officiers et gendarmes, n'entraînent pas la privation de la solde d'activité, et pour cela même ne doivent être données qu'avec beaucoup de réserve et pour des causes bien fondées. Il est formellement interdit aux militaires qui les obtiennent de s'en servir pour se rendre dans les départemens de la Seine et de Seine-et-Oise, et les colonels eux-mêmes n'autoriseront pas ces voyages. Il sera fait exception seulement à l'égard des militaires appartenant à la première légion, dont la présence près du chef devient quelquefois utile pour des affaires de service. Ces permissions ne peuvent être prolongées, et, dans le cas où, par exception particulière, je les aurais converties en congés limités, il ne sera alloué que la demi-solde, à partir de la date même des permissions.

Déplacemens et Changemens de résidence.

Les déplacemens et changemens de résidence n'ont lieu que d'après des décisions ministérielles ; cependant, si des raisons très-urgentes ne permettaient pas le moindre retard, les colonels feraient opérer ces mouvemens en justifiant aussitôt, auprès de moi, de leur nécessité et des demandes qui leur auraient été faites à ce sujet. Dans les seuls cas où tout ce qui intéresse le service et la discipline, l'ordre et la tranquillité publique, aurait pu être compromis gravement, je maintiendrais les déplacemens provisoirement ordonnés ; mais mon approbation devra être sur-le-champ demandée, afin que les colonels puissent recevoir mes décisions assez à temps pour que les sous-intendans militaires, qui doivent en exiger la communication dans le seul délai d'un mois, ne soient pas forcés de suspendre le paiement de la solde des hommes dont je n'aurais pas confirmé le changement de résidence. Si les inspecteurs-généraux, en ordonnant de semblables mouvemens, comprenaient leurs propositions pour les rendre définitives, dans le travail de revues dont l'examen exige beaucoup de temps, il me serait rendu des comptes particuliers des déplacemens au moment même où ils auraient été exécutés, pour que l'envoi de mes décisioni n'éprouvât aucun retard.

Permutations et Cessation d'activité.

Les permutations et tous autres changemens de destination se sont exécutés souvent d'une manière peu convenable aux intérêts du service. Les officiers qui permutent entre eux doivent partir immédiatement pour leurs nouveaux postes, et ne point s'attendre dans les résidences échangées. Les militaires admis à la retraite ou au traitement de réforme ne peuvent prolonger leur séjour à leurs compagnies jusqu'à l'arrivée de leurs successeurs, parce qu'il en résulterait une double allocation de solde. J'ai arrêté, en conséquence, que les officiers, sous-officiers et gendarmes qui recevraient des lettres de passe, de réforme, d'admission à la retraite, ou des congés, cesseraient leur activité, et seraient rayés des contrôles des compagnies du lendemain du jour de la notification qui leur sera faite des décisions rendues sur leur compte. Ils seront provisoirement remplacés dans leurs postes, ainsi qu'il est mentionné à l'art. 178 de l'ordonnance, pour les cas de vacances d'emplois, d'absence ou de maladie.

La correspondance sur le service et la transmission des demandes des militaires de tout grade doivent avoir toujours lieu par la voie hiérarchique. L'ordonnance prescrit formellement l'exécution d'une disposition qui ne tient pas moins à la subordination qu'à l'intérêt même des affaires. C'est par l'intermédiaire des colonels, et pour ce qui concerne la comptabilité, par les conseils d'administration, que doivent me parvenir les rapports et propositions, ainsi que les demandes et réclamations individuelles. On ne peut s'écarter de cette règle que lorsque des circonstances impérieuses rendent absolument indispensable la correspondance directe des militaires des grades inférieurs, ainsi qu'il est exprimé dans les articles 45 et 318.

Résumé des Devoirs de la Gendarmerie.

Les dernières dispositions de l'ordonnance résument tout ce qui est de l'essence même du service. La gendarmerie, chargée de veiller à la sûreté des citoyens, ne peut refuser son secours à ceux qui le réclament. Tout abus de pouvoir de sa part est réprimé avec sévérité par ces mêmes lois qui la font respecter dans l'exercice de ses fonctions. Des règles protectrices pour les individus sont imposées dans les cas d'arrestation et de détention. La force des armes ne peut être déployée que dans les circonstances les plus graves, et toujours avec les ménagemens compatibles avec l'intérêt public. La gendarmerie qui n'obtempère pas aux réquisitions légales des autorités, devient responsable des événemens. Elle est secondée, dans les opérations majeures, par les gardes nationales et les troupes de ligne, et se fait assister par les gardes champêtres et les gardes forestiers. Enfin elle ne peut être assujettie à des occupations étrangères à son service et qui lui fasse perdre de vue le but de son institution.

Par son ensemble, l'ordonnance du 29 octobre a complété le système du service de la gendarmerie; et les modèles d'états, ainsi que la présente instruction, renferment les détails et explications qui ne devaient pas entrer dans le texte de l'ordonnance. La plus grande vigilance et des soins non interrompus deviennent maintenant nécessaires pour imprimer et entretenir dans les compagnies un mouvement prompt et uniforme d'exécution, et faire cesser les obstacles qui pourraient se présenter. Cette tâche est particulièrement celle des chefs de légion et des commandans de compagnie à qui l'ordonnance a départi les pouvoirs à cet effet. C'est encore par l'entière coopération des officiers de tout grade que l'on doit parvenir au but si vivement désiré d'assurer définitivement de la manière la plus parfaite, sur tous les points du royaume, le service d'un corps sur qui repose, d'après l'autorité même des lois, le maintien de l'ordre et de la tranquillité publique et individuelle.

Tous les militaires de l'arme, pénétrés ainsi qu'ils doivent l'être, de l'obligation rigoureuse de leurs devoirs, montreront, sans aucun doute, dans cette circonstance, leur empressement et leur zèle. Les inspecteurs-généraux, lors de leurs revues, s'attacheront à connaître ceux qui, par des preuves éclatantes, auraient démontré toute l'utilité du corps de la gendarmerie dans l'État et son dévouement au service du Roi. En me proposant des récompenses pour ces militaires, les inspecteurs-généraux me signaleront ceux qui, loin de contribuer à ces succès, auront, par leurs mauvaises dispositions et leur négligence, retardé les heureux résultats que l'on doit attendre de toutes les mesures que S. M. a prescrites dans l'ordonnance de service de la gendarmerie.

MM. les colonels m'accuseront réception de cette instruction et des exemplaires de l'ordonnance qui y sont joints.

J'ai l'honneur d'être avec considération, Monsieur, votre très-humble et très-obéissant serviteur.

Signé : LE MARQUIS V. DE LATOUR-MAUBOURG.

Pour ampliation :

Le Secrétaire-général du Ministère de la guerre,
PERCEVAL.

ORDONNANCE

PORTANT RÉGLEMENT

SUR LE SERVICE DE LA GENDARMERIE.

Au château des Tuileries, le 29 octobre 1820.

LOUIS, par la grâce de Dieu, ROI DE FRANCE ET DE NA-
VARRE, à tous ceux qui ces présentes verront, SALUT.

Sur le rapport de nos ministres secrétaires d'État de la guerre
et de l'intérieur ;

Voulant réunir les dispositions des lois, ordonnances et instructions sur le service de la gendarmerie, et déterminer d'une
manière plus positive les devoirs de ce corps et ses rapports avec
les différentes autorités,

NOUS AVONS ORDONNÉ ET ORDONNONS CE QUI SUIT :

PREMIÈRE PARTIE.

CHAPITRE PREMIER.

De l'Institution de la Gendarmerie.

Art. 1er. La gendarmerie est une force instituée pour veiller à
la sûreté publique, et pour assurer, dans toute l'étendue du
royaume, dans les camps et dans les armées, le maintien de l'ordre et l'exécution des lois.

Une surveillance continue et répressive constitue l'essence de
son service.

2. Le corps de la gendarmerie est une des parties intégrantes
de l'armée, et les dispositions générales des lois militaires lui
sont applicables, sauf les modifications et les exceptions que la
nature mixte de son service rend nécessaires.

3. Toutes les fois que la gendarmerie est insuffisante pour
dissiper les émeutes populaires ou attroupemens séditieux et faire
cesser toute résistance à l'exécution des lois, elle requiert l'assistance des gardes nationales et des troupes de ligne, qui
sont tenues de déférer à ses réquisitions et de lui prêter main-
forte.

La gendarmerie se conforme, pour ces réquisitions, aux articles 73, 74, 84, 90 et 92 de la présente ordonnance.

CHAPITRE II. — DU PERSONNEL.

Force et Organisation du Corps.

4. Le corps de la gendarmerie se compose, 1° de la gendarmerie d'élite *, 2° de vingt-quatre légions pour le service des départemens et des arrondissemens maritimes; 3° de la gendarmerie spécialement affectée au service de notre bonne ville de Paris **.

5. Les vingt-quatre légions sont divisées en compagnies, lieutenances et brigades; la force de ces légions est de ***.

Colonels.	24.
Chefs d'escadron, commandans de compagnie.	24.
Capitaines.	68.
Lieutenans.	378.
Trésoriers.	92.
Maréchaux-des-logis à cheval.	533.
Brigadiers à cheval.	1,067.
Gendarmes à cheval et trompettes.	8,000.
Maréchaux-des-logis à pied.	216.
Brigadiers à pied.	434.
Gendarmes à pied.	3,250.
Force totale.	14,086.

3. Les vingt-quatre légions sont inspectées par des inspecteurs-généraux spéciaux qui sont du grade de lieutenant-général ou de maréchal-de-camp, et font partie du cadre de l'état-major général de l'armée.

Admission.

9. Les conditions d'admission dans la gendarmerie sont :

D'être âgé de vingt-cinq ans, et de quarante ans au plus;

D'avoir la taille d'un mètre sept cent trente-deux millimètres pour le service à cheval, et d'un mètre sept cent cinq millimètres pour le service à pied;

De savoir lire et écrire correctement;

De produire les attestations légales d'une bonne conduite soutenue;

De justifier d'un rengagement ou d'un congé en bonne forme.

10. A défaut d'hommes justifiant d'un rengagement dans un

---

* Supprimée comme faisant partie de l'ex-garde royale, par ordonnance du 11 août 1830.

** Supprimée et remplacée par la *Garde municipale de Paris*. (Ord. du 16 août 1830.)

*** Par décision royale du 23 décembre 1828, le nombre des brigades à cheval a été porté à 1830, dont 600 de 6 hommes commandées par des maréchaux-des-logis, et 1200 de 5 hommes commandées par des brigadiers. Celui des brigades à pied a été réduit à 500, dont 170 commandées par des maréchaux-des-logis et 330 par des brigadiers; toutes de 5 hommes.

Une autre décision du 16 octobre 1830 a créé 22 nouvelles brigades à cheval de 5 hommes, pour la surveillance des forêts dépendant du domaine de la couronne.

Enfin une troisième décision du 12 février 1831 a prescrit la formation de 75 nouvelles brigades à pied de 5 hommes.

corps de ligne, ou d'un congé en bonne forme, les militaires en activité âgés de vingt-cinq ans révolus, ayant quatre années de service, peuvent concourir pour les emplois de gendarmes, s'ils réunissent les autres conditions d'admission ci-dessus prescrites, et s'ils sont d'ailleurs reconnus, par leurs chefs ou par les inspecteurs-généraux d'armes, susceptibles de servir dans la gendarmerie.

11. Les militaires licenciés qui n'ont pas été appelés à faire partie des cadres de l'armée sont admissibles aux emplois de gendarmes, pourvu qu'ils aient quatre ans de service, qu'ils puissent s'habiller et s'équiper à leurs frais, et qu'ils réunissent d'ailleurs les autres conditions exigées sous les rapports de la taille, de l'instruction et de la bonne conduite.

12. Lorsque ces militaires veulent entrer dans la gendarmerie, ils se présentent au commandant de la gendarmerie de leur département, qui soumet, s'il y a lieu, des propositions au colonel de la légion : cet officier supérieur, après avoir reconnu que les sujets réunissent l'ensemble des conditions exigées, en rend compte à notre ministre de la guerre, auquel il adresse, à l'appui des mémoires de proposition, les actes de naissance et les pièces justificatives des services et de bonne conduite.

13. Les sous-officiers et soldats qui ont accompli un rengagement ont le droit d'être admis dans la gendarmerie. En conséquence, ceux d'entre eux qui veulent servir dans cette arme doivent, aussitôt après la réception de leur congé, se présenter à l'officier commandant la gendarmerie d'un département : cet officier vérifie s'ils ont les qualités requises, et, dans ce cas, les admet provisoirement; leurs demandes et les pièces à l'appui sont adressées sur-le-champ au colonel de la légion, qui, après examen, les transmet au ministre de la guerre, avec son avis particulier.

Ces sous-officiers et soldats reçoivent la solde de gendarme à pied jusqu'à ce que le ministre de la guerre leur ait assigné des destinations : ils ont droit en outre à l'indemnité de première mise attribuée à leur arme, et, s'il y a lieu, il est fait une avance de 400 fr. aux gendarmes à cheval pour les aider à se monter et à s'équiper.

Les mêmes dispositions pourront être appliquées aux sous-officiers et soldats qui, n'ayant pas contracté un rengagement, obtiendraient, immédiatement après l'expiration de leur temps de service, d'être admis dans la gendarmerie.

Avancement.

14. Les brigadiers sont pris parmi les gendarmes qui ont au moins deux ans de service en cette qualité, ou parmi les sous-officiers de la ligne qui, ayant accompli un rengagement, ont occupé pendant trois ans, dans un corps de l'armée, l'emploi d'adjudant, de sergent-major ou de maréchal-des-logis chef.

15. Les maréchaux-des-logis sont pris parmi les brigadiers ayant au moins deux ans d'exercice dans ce grade.

16. L'avancement aux emplois de maréchaux-des-logis et de brigadiers a lieu par légion, à moins que les besoins du service ne forcent à intervertir cet ordre.

17. Les deux tiers des emplois de lieutenant dans les compagnies sont donnés aux lieutenans de l'armée, âgés de vingt-cinq ans révolus, ou de quarante ans ou plus, et qui ont au moins deux ans de service dans ce grade. Ne peuvent concourir pour ces emplois les officiers pourvus du grade de capitaine.

L'autre tiers des lieutenances appartient à l'avancement des sous-officiers de gendarmerie ayant au moins quatre ans de service en cette qualité dans l'arme.

18. Les maréchaux-des-logis, brigadiers et gendarmes, concourent, pour l'avancement, ainsi qu'il suit :

A l'époque des inspections de la gendarmerie, les lieutenans forment chacun une liste de deux gendarmes et de deux brigadiers qu'ils reconnaissent les plus susceptibles d'obtenir de l'avancement. Le commandant de la compagnie, après avoir émis son opinion sur les sujets présentés par les lieutenans, envoie ces listes au colonel de la légion, avec une liste particulière des maréchaux-des-logis qui servent avec le plus de distinction.

Le colonel émet également son opinion sur ces listes; et l'inspecteur-général, après y avoir consigné ses observations, les adresse avec son travail de revue à notre ministre de la guerre.

L'état des maréchaux-des-logis susceptibles d'être faits officiers est établi à raison de quatre candidats par légion.

Ces listes et états sont rectifiés à chaque inspection. (Les modèles en sont établis par notre ministre de la guerre). Cependant, si, dans l'intervalle d'une inspection à une autre, des maréchaux-des-logis, brigadiers ou gendarmes, non désignés comme candidats, rendent des services de nature à leur procurer un prompt avancement, ils sont susceptibles d'être promus aux emplois vacans, s'ils réunissent d'ailleurs les autres conditions prescrites.

19. Les maréchaux-des-logis appelés au tiers des emplois de lieutenant n'ont d'abord que le grade de sous-lieutenant; ils remplissent néanmoins les mêmes fonctions que les lieutenans, et leur sont assimilés pour la solde.

A l'expiration des quatre ans d'exercice dans l'emploi de sous-lieutenant, ces officiers reçoivent le brevet de lieutenant.

20. Les emplois de trésorier sont conférés à des lieutenans de gendarmerie ou de l'armée * qui réunissent les conditions exigées pour ces emplois : toutefois, les sous-officiers de gendarmerie promus au grade de sous-lieutenant, ainsi qu'il qu'il est expliqué par l'article précédent, peuvent être nommés trésoriers, pourvu qu'ils réunissent également les conditions exigées.

21. Les lieutenans et les sous-lieutenans de la gendarmerie qui veulent concourir pour les emplois de trésorier sont examinés par l'inspecteur-général, le conseil d'administration assemblé : le sous-intendant militaire ayant la police administrative de la compagnie est présent à la séance; son avis est inscrit au procès-verbal. Le résultat de ces examens fait l'objet d'un rapport spécial dans le travail des revues.

* Une ordonnance du 12 août 1812 admet les sous-lieutenans de l'armée à concourir pour les emplois de *Trésorier* dans la gendarmerie.

22. Les lieutenans trésoriers concourent avec les lieutenans des compagnies pour l'avancement au grade de capitaine : cependant, si l'inté êt particulier du service l'exige, un trésorier promu au grade de capitaine pourra être maintenu dans l'exercice de ses fonctions, sans que cette exception puisse jamais s'étendre à plus d'un trésorier par arrondissement d'inspection.

La résidence de cet officier est toujours fixée au chef-lieu d'une légion.

23. L'avancement au grade de capitaine et de chef-d'escadron commandant de compagnie a lieu sur tout le corps, savoir : les deux tiers à l'ancienneté, et l'autre tiers à notre choix.

24. La moitié des emplois de chef de légion de gendarmerie est conférée aux colonels de l'armée ; l'autre moitié appartient à l'avancement des officiers de gendarmerie, deux tiers à l'ancienneté, et un tiers à notre choix.

25. Les chefs d'escadron de gendarmerie appelés à la moitié des emplois de chefs de légion n'ont d'abord que le grade de lieutenant-colonel, mais ils remplissent les mêmes fonctions et jouissent de la même solde que les autres chefs de légion.

Après quatre ans de grade de lieutenant-colonel, ils sont promus au grade de colonel.

26. L'avancement aux grades de maréchal-de-camp et de lieutenant-général dans la gendarmerie, a lieu conformément aux règles établies par nos ordonnances des 22 juillet et 2 août 1818*.

27. Les promotions et nominations à notre choix étant la récompense des bons services, les inspecteurs-généraux, lors de leurs revues, s'assurent des droits des officiers à notre préférence pour l'avancement, et en font un rapport spécial à notre ministre de la guerre.

Ce rapport contient, pour chaque arrondissement d'inspection, la présentation,

1° De quatre candidats du grade de lieutenant pour celui de capitaine ;

2° De deux candidats du grade de capitaine pour celui de chef d'escadron ;

3° D'un candidat du grade de chef d'escadron pour celui de lieutenant-colonel chef de légion.

Les officiers présentés comme candidats doivent avoir plus de quatre ans d'activité dans leur grade et dans la gendarmerie.

Les rapports des inspecteurs-généraux sont renouvelés à chaque inspection.

28. Les officiers de tout grade dans la gendarmerie sont nommés par nous, sur la présentation de notre ministre de la guerre.

Les maréchaux-des-logis, brigadiers et gendarmes, sont nommés par notre ministre de la guerre ; ils sont commissionnés en notre nom.

___

* Cette disposition est abrogée par l'art. 10 de la loi du 14 avril 1832, ainsi conçu : Nul ne pourra être promu à un des grades supérieurs à celui de colonel s'il n'a servi au moins trois ans dans le grade immédiatement inférieur.

Établissement des Rangs entre les Officiers, Sous-Officiers et Gendarmes.

29. Depuis et y compris le grade de lieutenant, jusques et y compris celui de chef d'escadron, les officiers du corps de la gendarmerie prennent rang dans leurs grades respectifs d'après les dates de leur nomination dans cette arme, sans qu'ils puissent se prévaloir de leur ancienneté de grade dans la ligne, ni même des grades supérieurs dont ils auraient été précédemment pourvus dans un autre corps.

Les officiers nommés dans la gendarmerie, antérieurement à notre ordonnance du 2 août 1818, qui ont fait partie d'une promotion de la même date, prennent rang entre eux à raison des grades qu'ils ont occupés dans l'armée, et de leur ancienneté de nomination dans ces grades.

Les colonels chefs de légion et les officiers généraux employés comme inspecteurs-généraux de gendarmerie, prennent rang selon leurs grades et l'ancienneté de ces grades.

30. Dans chaque compagnie de gendarmerie, les maréchaux-des-logis et brigadiers prennent rang entre eux en raison de l'ancienneté de leur nomination à ces grades dans la gendarmerie, en se conformant aux principes ci-dessus établis pour le classement des rangs des officiers.

Les gendarmes prennent rang entre eux d'après l'ordre de leur nomination à ces emplois, et, à égalité de date, d'après l'ancienneté de leurs services.

Rang de la Gendarmerie dans l'armée.

31. Le corps de la gendarmerie prend rang dans l'armée immédiatement après notre garde royale.

Les officiers, sous-officiers et gendarmes, ont le rang du grade immédiatement supérieur; mais ils n'en jouissent, pour le commandement, qu'après les titulaires de ce même grade dans l'armée.

Du Serment.

32. Les officiers, sous-officiers et gendarmes, à la réception des brevets, commissions ou lettres de service qui sont expédiés par notre ministre de la guerre, prêtent chacun le serment ci-après :

« Je jure et promets de bien et fidèlement servir le Roi, d'o-
« béir à mes chefs en tout ce qui concerne le service de Sa Ma-
« jesté; et, dans l'exercice de mes fonctions, de ne faire usage
« de la force qui m'est confiée que pour le maintien de l'ordre et
« l'exécution des lois. »

Ce serment est reçu par les présidens des tribunaux de première instance étant en séance; il en est dressé acte, dont une expédition, délivrée sans frais, est remise au sous-intendant militaire qui a la police de la compagnie, lequel en fait l'envoi à notre ministre de la guerre.

33. Lorsque des officiers, sous-officiers ou gendarmes, ont à

prêter leur serment, s'ils font partie de la lieutenance du chef-lieu de la légion, le colonel prévient par écrit le président du tribunal, pour que ces militaires puissent être admis à cette prestation à la plus prochaine séance.

Dans les autres compagnies ou lieutenances, l'officier commandant la gendarmerie du lieu où siége le tribunal prévient par écrit le président.

Les officiers, sous-officiers et gendarmes employés dans la résidence, doivent toujours assister aux prestations de serment, s'ils n'en sont empêchés pour des causes urgentes de service : ils sont en grande tenue.

Récompenses militaires.

31. Les militaires du corps de la gendarmerie concourent, en raison de leurs bons services, pour les récompenses que nous jugeons convenable d'accorder aux autres corps de l'armée.

Retraites et Admissions dans les Compagnies sédentaires.

35. Les officiers, sous-officiers et gendarmes qui sont dans le cas d'obtenir la solde de retraite (G), ont droit à celle du grade supérieur après dix années révolues d'activité dans leur grade et dans la gendarmerie.

36. Ceux des officiers, sous-officiers et gendarmes qui ne conservent plus l'activité nécessaire pour le service de la gendarmerie, et auxquels la solde de retraite ne peut être accordée pour ancienneté de service, sont susceptibles d'être admis dans les compagnies sédentaires.

37. Les veuves et enfans des officiers, sous-officiers et gendarmes, ont droit aux pensions qui sont accordées aux veuves et enfans des militaires des autres armes, dans les cas prévus par nos ordonnances.

DEUXIÈME PARTIE.

CHAPITRE PREMIER.

DES RAPPORTS DE LA GENDARMERIE AVEC LES DIFFÉRENTES AUTORITÉS.

Obligations de la Gendarmerie envers nos Ministres.

38. Le corps de la gendarmerie est placé dans les attributions

Du ministre de la guerre, pour ce qui concerne l'organisation, le personnel, la discipline et le matériel;

Du ministre de l'intérieur, pour ce qui concerne l'ordre public et les dépenses du casernement;

Du ministre de la justice, pour ce qui est relatif à l'exercice de la police judiciaire et à l'exécution des mandemens de justice;

Du ministre de la marine, pour les dispositions relatives à la surveillance des gens de mer et des autres troupes de la marine, ainsi que pour le service des ports et arsenaux.

39. Les ordres à donner pour les admissions dans le corps, pour

les nominations, l'avancement, les lettres de passe, les changemens de résidence, la tenue, la police et la discipline, l'ordre intérieur, la répartition et le mouvement des brigades, la fixation de leur emplacement, l'assiette de leur logement, le payement de la solde, l'habillement, l'équipement, la remonte, les approvisionnemens en fourrages, l'emploi des masses, l'administration, la vérification des comptabilités, les revues et tournées, les inspections générales et particulières, émanent de notre ministre de la guerre.

40. La surveillance que la gendarmerie est tenue d'exercer sur les militaires absens de leurs corps est dans les attributions du ministre de la guerre; il lui est fait, chaque mois, un rapport spécial du service des brigades pour la recherche des déserteurs et la rentrée des militaires sous leurs drapeaux.

41. Les ordres à donner pour la police, la sûreté de l'état, la tranquillité intérieure, le maintien de l'ordre public, et pour le rassemblement des brigades, en cas de service extraordinaire, émanent de notre ministre de l'intérieur. Il lui est rendu compte du service journalier et habituel de la gendarmerie; de celui qu'elle fait d'après les réquisitions des autorités, ou en exécution des lois et réglemens d'administration publique; de toutes les arrestations, des conduites de brigade en brigade, des transfèremens de prisonniers, prévenus ou condamnés; des escortes de deniers royaux, des courriers des malles et des voitures publiques chargées de fonds du gouvernement; de la surveillance exercée sur les mendians, vagabonds, gens sans aveu ou repris de justice, ainsi que de toutes les tentatives contre la sûreté des personnes et des propriétés.

42. Il est rendu compte à notre ministre de la justice du service des officiers de gendarmerie, lorsqu'ils remplissent les fonctions d'officiers de police auxiliaires.

43. Notre ministre de la marine reçoit les rapports des arrestations faites par la gendarmerie, des marins et des militaires des troupes de la marine en état de désertion.

Il lui est rendu compte, en outre, de la capture des forçats évadés des bagnes.

44. Les rapports que, d'après les articles précédens, nos ministres de la justice, de la marine et de l'intérieur, doivent recevoir, sont établis par extraits, et forment, suivant l'ordre d'attributions, les comptes mensuels du service de chaque compagnie.

Ces comptes mensuels sont régulièrement adressés à ces ministres par les colonels des légions, qui leur transmettent également le tableau sommaire du service annuel des brigades.

Une expédition de ces comptes mensuels et annuels est envoyée à notre ministre de la guerre.

45. Indépendamment des comptes mensuels à rendre à notre ministre de l'intérieur, il lui est donné connaissance, sur-le-champ, de tous les événemens extraordinaires qui peuvent être de nature à compromettre la tranquillité publique.

Les rapports lui en sont faits, savoir: pour les événemens qui surviennent dans les arrondissemens des chefs-lieux de préfecture, par les commandans des compagnies; et pour ceux qui ont lieu dans chaque sous-préfecture, par le lieutenant de gendarmerie de l'arrondissement.

Ces événemens extraordinaires sont principalement,

Les vols avec avec effraction, commis par des brigands au nombre de plus de deux;

Les crimes d'incendie et d'assassinat;

Les attaques des voitures publiques, des courriers, des convois de deniers royaux ou de munitions de guerre;

L'enlèvement et le pillage des caisses publiques et des magasins militaires;

Les arrestations d'embaucheurs, d'espions employés à lever le plan des places et du territoire, ou a se procurer des renseignemens sur la force et les mouvemens des troupes; la saisie de leur correspondance et de toutes pièces pouvant donner des indices ou fournir des preuves de crimes et complots attentatoires à la sûreté intérieure ou extérieure du royaume;

Les provocations a la révolte contre le gouvernement;

Les attroupemens séditieux ayant pour objet le pillage des convois de grains ou farines;

Les émeutes populaires;

Les découvertes d'ateliers et d'instrumens servant à fabriquer de la fausse monnaie; l'arrestation des faux monnoyeurs;

Les assassinats tentés ou consommés sur les fonctionnaires publics;

Les attroupemens armés ou non armés, qualifiés séditieux par les lois;

Les distributions d'argent, de vin, de liqueurs enivrantes, et autres manœuvres tendantes a favoriser la désertion, ou à empêcher les militaires de rejoindre leurs drapeaux;

Les attaques dirigées et exécutées contre la force armée, chargée des escortes et des transfèremens des prévenus ou condamnés;

Les rassemblemens, excursions et attaques de brigands réunis ou organisés en bandes, dévastant et pillant les propriétés;

Les découvertes de dépôts d'armes cachées, de lettres minatoires, de signes et mots de ralliement, d'écrits, d'affiches et de placards incendiaires provoquant à la révolte, a la sédition, à l'assassinat et au pillage;

Et généralement tous les événemens qui exigent des mesures promptes et décisives, soit pour prévenir le désordre, soit pour le réprimer.

Ces rapports directs sur les faits et événemens de nature extraordinaire ne dispensent pas d'en faire mention dans les comptes mensuels.

46. Pour les événemens spécifiés dans l'article précédent, les mêmes rapports sont faits a notre ministre de la guerre : hors ces cas, et à moins d'ordres particuliers, les colonels de la gendarmerie correspondent seuls avec nos ministres.

47. Des propositions spéciales de récompenses, de gratifications ou d'indemnités, peuvent avoir lieu pour des services importans

rendus par des militaires du corps de la gendarmerie, ou pour des pertes qu'ils auraient éprouvées dans l'exercice de leurs fonctions. Ces propositions, suivant l'ordre des attributions, sont adressées, soit à notre ministre de la guerre, soit à notre ministre de l'intérieur.

Des devoirs de la Gendarmerie lors de la réunion des Colléges électoraux.

48. Pendant la durée de la session des colléges électoraux de département et d'arrondissement légalement convoqués, la gendarmerie est aux ordres des présidens et des vice-présidens, pour la police et la sûreté des colléges.

49. Lors de la convocation des colléges électoraux, notre ministre de l'intérieur fait connaître au commandant de la gendarmerie de chacun des départemens où ces colléges doivent se réunir, les lieux et époques de leur réunion, ainsi que la nomination des présidens et vice-présidens.

50. Le jour qui précède celui fixé pour l'ouverture de la session d'un collége électoral, l'officier commandant la gendarmerie du lieu où il se réunit se rend en grande tenue au domicile du président, et reçoit ses ordres sur la force et le placement de la gendarmerie qu'il juge convenable d'avoir à sa disposition pour la police du collége qu'il doit présider.

Si le collége électoral est divisé en plusieurs sections, l'officier de gendarmerie se rend ensuite auprès du vice-président de chacune des sections, en suivant l'ordre de leur numéro, et reçoit leurs ordres, comme il est dit ci-dessus.

51. Les détachemens de gendarmerie mis à la disposition des présidens et des vice-présidens des colléges électoraux sont en grande tenue; l'officier qui commande chacun de ces détachemens ne peut s'absenter pendant la durée de la session.

RAPPORTS DE LA GENDARMERIE AVEC LES AUTORITÉS JUDICIAIRES, ADMINISTRATIVES ET MILITAIRES.

SECTION Ire. *Dispositions préliminaires.*

52. L'action des autorités civiles sur la gendarmerie, en ce qui concerne l'emploi de cette force publique, ne peut s'exercer que par des réquisitions. Ces réquisitions ne doivent contenir aucuns termes impératifs, tels que, *ordonnons*, *voulons*, *enjoignons*, *mandons*, etc.

53. Les réquisitions sont toujours adressées au commandant de la gendarmerie du lieu où elles doivent recevoir leur exécution, et, en cas de refus, à l'officier sous les ordres duquel est immédiatement placé celui qui n'a pas obtempéré à ces réquisitions.

Elles ne peuvent être données ni exécutées que dans l'arrondissement de celui qui les donne et de celui qui les exécute.

54. La main-forte est accordée toutes les fois qu'elle est requise par ceux à qui la loi ou nos ordonnances donnent le droit de requérir.

55. Les cas où la gendarmerie peut être requise sont tous ceux prévus par les lois et les réglemens, ou spécifiés par les ordres particuliers du service.

56. Les réquisitions doivent énoncer la loi qui les autorise, le motif, l'ordre, le jugement ou l'acte administratif, en vertu duquel la gendarmerie est requise.

57. Les autorités civiles peuvent indiquer les mesures d'exécution; mais elles ne doivent s'immiscer en aucune manière dans les opérations militaires, dont la direction appartient au commandant de la gendarmerie.

58. Les réquisitions sont faites par écrit, signées, datées, et dans la forme ci-après :

DE PAR LE ROI.

Conformément à l'ordonnance sur le service de la gendarmerie, et en vertu de.... (loi, arrêté, réglement), nous requérons le... (grade et lieu de résidence) de commander.... faire.... se transporter.... arrêter, etc...... et qu'il nous fasse part (si c'est un officier), et qu'il nous rende compte (si c'est un sous-officier) de l'exécution de ce qui est par nous requis au nom de Sa Majesté.

Fait à.....

59. Lorsque la gendarmerie est légalement requise pour assister l'autorité dans l'exécution d'un acte ou d'une mesure quelconque, elle ne doit être employée que pour assurer l'effet de la réquisition et pour faire cesser au besoin les obstacles ou empêchemens.

60. La gendarmerie ne doit pas être distraite de son service, ni détournée de ses fonctions, pour porter les dépêches des autorités civiles ou militaires. Néanmoins, si des événemens d'un intérêt majeur exigeaient la transmission d'un avis urgent et officiel à l'autorité civile ou militaire qui ne pourrait en être informée assez promptement par une autre voie, la gendarmerie sera tenue de porter les dépêches; mais il sera rendu compte de ce déplacement à nos ministres de la guerre et de l'intérieur.

61. La gendarmerie doit communiquer sur-le-champ aux autorités civiles les renseignemens qu'elle reçoit et qui intéressent l'ordre public; les autorités civiles lui font les communications et réquisitions qu'elles reconnaissent utiles au bien du service.

62. Les communications entre les magistrats, les administrateurs et la gendarmerie, s'établissent par écrit; elles sont signées et datées.

63. Les premiers présidens de nos cours royales, nos procureurs-généraux, les préfets et nos procureurs ordinaires, peuvent appeler auprès d'eux le commandant de la gendarmerie du département, toutes les fois qu'ils jugent utile de conférer avec cet officier pour des objets de service.

Si nos cours royales et nos cours d'assises ne siégent pas au chef-lieu du département, nos premiers présidens et nos procureurs-généraux et ordinaires ne peuvent appeler auprès d'eux que l'officier commandant la gendarmerie de l'arrondissement.

Les sous-préfets peuvent également appeler auprès d'eux, pour

des objets de service, le lieutenant de la gendarmerie en résidence dans le chef-lieu de leur sous-préfecture.

Lorsque les officiers de gendarmerie sont dans le cas de consulter les autorités, ils se rendent chez les fonctionnaires compétens.

64. Les communications par écrit ou verbales, de la part des
autorités civiles, pour un objet de service déterminé, sont toujours faites au commandant de la gendarmerie du lieu ou de
l'arrondissement. Ces autorités ne peuvent s'adresser à l'officier
supérieur en grade que dans le cas où elles auraient à se
plaindre de retard ou de négligence.

65. Il est rendu compte à nos ministres de la guerre et de l'intérieur des contraventions aux dispositions ci-dessus.

Section II. *Relations de la Gendarmerie avec les Autorités judiciaires.*

66. Les chefs d'escadron et capitaines commandant la gendarmerie des départemens informent sur-le-champ nos procureurs-
généraux près nos cours royales de tous les événemens qui
sont de nature à donner lieu à des poursuites judiciaires.

Ces officiers, ainsi que les lieutenans, informent également
sur-le-champ nos procureurs royaux, et, à défaut, leurs substituts, des événemens de même nature qui surviennent dans le
ressort du tribunal près duquel ils exercent leurs fonctions.

Ces officiers ne sont point tenus à faire des rapports négatifs.

67. Les mandemens de justice peuvent être notifiés aux prévenus et mis à exécution par les gendarmes.

68. La gendarmerie ne peut être employée à porter des citations que dans le cas d'une nécessité urgente et absolue.

69. Les détachemens de gendarmerie qui sont requis lors des
exécutions des criminels condamnés par nos cours d'assises ne
doivent servir que comme garde de police et main-forte à la justice, uniquement préposée pour maintenir l'ordre, prévenir et
empêcher les émeutes, et garantir de trouble dans leurs fonctions les officiers de justice chargés de faire mettre à exécution
les jugemens de condamnation.

Section III. *Relations de la Gendarmerie avec les Autorités administratives.*

70. Les commandans des compagnies adressent, chaque jour,
au préfet, le rapport de tous les événemens qui peuvent intéresser l'ordre public; il lui communique également les renseignemens que leur fournit la correspondance des brigades, lorsque
ces renseignemens ont pour objet le maintien de l'ordre et qu'ils
peuvent donner lieu à des mesures de précaution ou de répression.

Les commandans des compagnies donnent pareillement connaissance aux commissaires généraux de police de tout ce qui peut
intéresser l'ordre public.

Les mêmes rapports et communications sont adressés aux
sous-préfets par les lieutenans de gendarmerie.

71. Les lieutenans de gendarmerie adressent, en outre, tous les cinq jours, aux sous-préfets, un tableau contenant une simple indication de tous les délits et de toutes les arrestations dont la connaissance leur est parvenue par les rapports des brigades.

Ce tableau, en ce qui concerne l'arrondissement du chef-lieu de chaque département, est remis au préfet par le commandant de la compagnie.

72. Les commandans de compagnie et les lieutenans de gendarmerie ne sont pas tenus à fournir des rapports ou tableaux négatifs, lorsque la correspondance des brigades ne donne lieu à aucune communication.

73. Si les rapports du service font craindre quelque émeute populaire ou attroupement séditieux, les préfets, après s'être concertés avec l'officier général commandant le département, s'il est présent, et avec l'officier le plus élevé en grade de la gendarmerie en résidence au chef-lieu du département, peuvent ordonner la réunion, sur le point menacé, du nombre de brigades nécessaire au rétablissement de l'ordre.

Il en est rendu compte sur-le-champ à notre ministre de l'intérieur, par le préfet, et par l'officier général, à notre ministre de la guerre.

74. Dans des cas urgens, les sous-préfets peuvent requérir du lieutenant commandant la gendarmerie de l'arrondissement le rassemblement de plusieurs brigades, à la charge d'en informer sur-le-champ le préfet du département, qui, pour les mesures ultérieures, se concerte avec l'officier général et le chef de la gendarmerie, comme il est dit en l'article précédent.

75. Néanmoins, si des brigands attroupés et organisés en bandes, apparaissent sur quelques points, les officiers de gendarmerie devront aussitôt se mettre à leur poursuite : ils pourront réunir des gendarmes de plusieurs brigades, et ils en rendront compte aux autorités civiles et militaires du département.

76. Dans le cas où des brigades, poursuivant de près des voleurs ou assassins, parviendraient aux extrémités du département sans les avoir arrêtés, elles se porteront sur le territoire du département limitrophe pour les atteindre, s'il est possible, ou prévenir les brigades les plus rapprochées de la direction qu'ils auraient prise.

Il en sera rendu compte sur-le-champ aux préfets des départemens respectifs, ainsi qu'aux commandans militaires de ces départemens.

SECTION IV. *Des Rapports de la Gendarmerie avec la Troupe de ligne et la Garde nationale*.*

77. Les officiers de gendarmerie sont subordonnés aux généraux

* Loi du 22 mars 1831 sur la Garde nationale. — *De l'Instruction et des Jugemens.*

«Art. 110. Le conseil de discipline sera saisi, par le renvoi que lui fera le chef de corps, de tous rapports, ou procès-verbaux, ou plaintes, constatant les faits qui peuvent donner lieu au jugement de ce conseil.»

«Art. 111. Les plaintes, rapports et procès-verbaux seront adressés à l'officier commandant les divisions militaires et les départemens; ceux qui résident dans les places où il y a état-major sont aussi subordonnés aux lieutenans de roi pour l'ordre établi dans ces places.

Ces généraux et les lieutenans de roi reçoivent, dans les cinq premiers jours de chaque mois, les états de situation numérique de la gendarmerie comprise dans l'arrondissement de leur commandement.

Ces états sont adressés, savoir : aux généraux commandant les subdivisions militaires ou les départemens, par les commandans des compagnies; et aux lieutenans de roi, par l'officier ou sous-officier commandant la gendarmerie dans la place.

Les colonels des légions sont tenus d'informer les lieutenansgénéraux commandant les divisions militaires des mutations qui surviennent parmi les officiers de tout grade de la gendarmerie employés dans ces divisions.

78. La subordination de service s'établit ainsi qu'il suit :

1° Dans l'*état de paix*, les officiers de gendarmerie sont subordonnés aux lieutenans de roi pour les objets qui concernent le service particulier des places, sans néanmoins être tenus de rendre aucun compte du service spécial de la gendarmerie, ni de l'exécution d'ordres, autres que ceux qui seraient relatifs au service particulier des places et à leur sûreté.

2° Dans l'*état de guerre*, les officiers de gendarmerie des arrondissement militaires et des places de guerre dépendent, dans l'exercice de leurs fonctions habituelles, des lieutenans-généraux et maréchaux-de-camp; et ils sont tenus, en outre, de se conformer aux mesures d'ordre et de police qui intéressent la sûreté des places et postes militaires.

3° Dans l'*état de siège*, toute l'autorité résidant dans les mains du commandant militaire, elle est exercée par lui sur la gendarmerie comme sur les autres troupes.

79. La gendarmerie ayant des fonctions essentiellement distinctes du service purement militaire des troupes en garnison, l'état de siège excepté, elle ne peut être regardée comme portion de la garnison des places dans lesquelles elle est répartie. En conséquence, les généraux et commandans militaires ne passent point de revue de la gendarmerie, ne l'appellent point à la parade, et ne peuvent la réunir pour des objets étrangers à ses fonctions.

80. Dans les places et villes de garnison, le mot d'ordre est renvoyé au commandant de la gendarmerie, en suivant le mode prescrit par l'article 29, titre XIII de l'ordonnance de 1768 sur le service des places[*].

81. Dans les places de guerre, les commandans de la gendarmerie sont autorisés, pour les cas urgens et extraordinaire, et

rapporteur, qui fera citer le prévenu à la plus prochaine des séances du conseil.»

« Le secrétaire enregistrera les pièces ci-dessus.»

«La citation sera portée à domicile par un agent de la force publique.»

[*] *Art. 29, tit. XIII de l'ordonnance de 1768.*

Le major de la place enverra l'ordre et le mot à l'ingénieur en chef ou commandant de l'artillerie et au commissaire des guerres, par un des sergens de la garnison, lesquels le leur porteront chacun à leur tour.

lorsque les dispositions du service l'exigent ; à demander l'ouverture des portes, tant pour leur sortie que pour leur rentrée. Ils s'adressent, à cet effet, aux lieutenans de roi.

Les demandes sont toujours faites par écrit, signées, datées, et dans la forme ci-après :

SERVICE EXTRAORDINAIRE DE LA GENDARMERIE.

Brigade d

En exécution (de l'ordre ou de la réquisition) qui nous a été donné par (indiquer ici l'autorité), nous. . . . . . commandant la brigade d. . . . . . demandons que la porte d. . . . . nous soit ouverte à. . . . ., heure, pour notre service, avec. . . . . . gendarmes de la brigade sous nos ordres, et qu'elle nous soit pareillement ouverte pour notre rentrée.

Fait à. . . . . le

Les lieutenans de roi sont tenus, sous leur responsabilité, de déférer à ces réquisitions.

82. Les colonels de la gendarmerie informent les lieutenans-généraux commandant les divisions militaires des événemens extraordinaires qui peuvent donner lieu, de la part de ces généraux, à des dispositions particulières de service.

Ces événemens sont :

Les émeutes populaires et attroupemens armés ou non armés, qualifiés séditieux par la loi;

Les attaques dirigées ou exécutées contre la force armée;

Les excursions et attaques de brigands réunis en bandes;

Les arrestations de provocateurs à la désertion, d'embaucheurs, ou d'espions employés à lever le plan des places ou à se procurer des renseignemens sur la force et le mouvement des troupes;

Les découvertes de dépôts d'armes et de munitions de guerre;

Les attaques de convois et de munitions de guerre;

Le pillage des magasins militaires;

Tous délits ou crimes commis par des militaires, ou dont ils seraient soupçonnés d'être les auteurs ou complices;

Les rixes des militaires entre eux ou avec des individus non militaires; les insultes et voies de fait de la part des militaires envers les citoyens.

Les mêmes rapports sont faits aux généraux commandant les subdivisions militaires ou les départemens par les chefs des compagnies, qui sont, en outre, tenus de leur adresser journellement l'état des arrestations militaires dont la connaissance leur est parvenue par la correspondance des brigades.

83. Les lieutenans de la gendarmerie en résidence dans les places où il y a état-major font connaître au lieutenant de roi les événemens qui peuvent compromettre la tranquillité ou la sûreté de la place.

84. Dans les cas prévus par l'article 73, si le rétablissement de l'ordre ne peut être assuré qu'en déployant une plus grande force sur les points menacés, les lieutenans-généraux et maréchaux-de-camp commandant les divisions et subdivisions militaires, indi-

2.

pendamment de l'emploi des troupes de ligne disponibles, ordonnent, sur la réquisition des préfets, la formation des détachemens de gendarmerie qu'exigent les besoins du service.

Ces détachemens peuvent être composés d'hommes extraits des
compagnies environnantes et faisant partie de la division militaire; mais, à moins d'ordres formels du ministre de la guerre,
concertés avec le ministre de l'intérieur, les lieutenans-généraux
et les maréchaux-de-camp ne peuvent rassembler la totalité des
brigades d'une compagnie pour les porter d'un département dans
un autre.

Ils préviennent de ces mouvemens les préfets des départemens
respectifs.

85. Les ordres que, dans les cas ci-dessus spécifiés, les généraux commandant les divisions militaires ou les départemens ont
à donner aux officiers de gendarmerie leur sont adressés directement par écrit.

86. Toutes les fois qu'un ordre adressé par ces généraux à un
officier de gendarmerie paraît à celui-ci de nature à compromettre le service auquel ses subordonnés sont spécialement affectés, il est autorisé à faire des représentations motivées. Si le
général croit devoir maintenir son ordre, l'officier de gendarmerie est tenu de l'exécuter : mais il en est rendu compte à notre
ministre de la guerre.

87. Les commandans de la gendarmerie sont tenus de rendre
compte aux généraux des fautes graves contre la discipline qui
les auraient mis dans le cas d'infliger à leurs subordonnés les arrêts forcés ou la prison.

88. Lors de l'exécution des jugemens des tribunaux militaires,
soit dans les divisions, soit dans les camps ou dans les armées,
la gendarmerie, s'il y en a, ne peut être commandée que pour
veiller au maintien de l'ordre.

Un détachement de nos troupes de ligne est toujours chargé
de conduire les condamnés au lieu de l'exécution; et, si la peine
que doivent subir ces condamnés n'est pas capitale, ils sont,
après que le jugement a reçu son effet, remis à la gendarmerie,
qui requiert qu'une portion du détachement lui prête main-
forte pour assurer le transfèrement et la réintégration des condamnés dans la prison militaire.

89. Les commandans des corps de ligne ou de la garde nationale ne peuvent s'immiscer en aucune manière dans le service de
la gendarmerie.

90. Si les officiers de gendarmerie reconnaissent qu'une force
supplétive leur soit nécessaire pour dissoudre un rassemblement
séditieux, réprimer des délits, transférer un nombre trop considérable de prisonniers, enfin pour assurer l'exécution des réquisitions de l'autorité civile, ils en préviennent sur-le-champ les
préfets ou les sous-préfets, lesquels requièrent, soit le commandant du département, soit le lieutenant de roi, de faire appuyer
l'action de la gendarmerie par un nombre suffisant de troupes de
ligne placées sous ses ordres.

Les demandes des officiers de la gendarmerie contiennent l'extrait de l'ordre ou de la réquisition, et les motifs pour lesquels
la main-forte est réclamée.

91. Lorsqu'un détachement des troupes de ligne est employé conjointement avec la gendarmerie, le commandement appartient, à grade égal, à l'officier de gendarmerie.

Si le chef du détachement est d'un grade supérieur à celui dont l'officier de gendarmerie est titulaire, il prend le commandement; mais il est obligé de se conformer aux réquisitions qui lui sont faites, par écrit, par l'officier de gendarmerie, lequel demeure responsable de l'exécution de son mandat, lorsque l'officier auxiliaire s'est conformé à la réquisition.

92. A défaut ou en cas d'insuffisance de la troupe de ligne, les commandans de la gendarmerie requièrent main-forte de la garde nationale : à cet effet, ils s'adressent aux autorités locales.

93. Les détachemens de la garde nationale *requis* sont toujours aux ordres du commandant de gendarmerie qui fait la réquisition.

Section V. *Règles générales.*

94. En plaçant la gendarmerie auprès des diverses autorités pour assurer l'exécution des lois et de nos ordonnances, notre intention est que ces autorités, dans leurs relations et dans leur correspondance avec la gendarmerie, s'abstiennent de formes et d'expressions qui s'écarteraient des règles et des principes posés dans les articles ci-dessus, et qu'elles ne puissent, dans aucun cas, prétendre exercer un pouvoir exclusif sur cette troupe, ni s'immiscer dans les détails intérieurs de son service.

Nous voulons également que les militaires de tout grade de la gendarmerie demeurent constamment dans la ligne de leurs obligations envers lesdites autorités, et observent toujours, dans leurs rapports avec elles, les égards et la déférence qui leur sont dus.

Honneurs à rendre par la Gendarmerie.

95. Lors de nos voyages dans les départemens, des détachemens de gendarmerie sont placés sur la route que nous devons parcourir, pour faire partie de nos escortes; les colonels des légions reçoivent à cet égard des ordres particuliers.

Il en est de même lors des voyages des princes de notre famille.

96. Quand nos ministres se rendent dans les départemens, et que leur voyage est annoncé, chaque commandant de la gendarmerie en résidence dans les communes situées sur la route se trouve aux relais des postes pour recevoir leurs ordres. A l'arrivée de nos ministres au lieu de leur mission, l'officier commandant la gendarmerie du département, ou de l'arrondissement, si ce n'est pas un chef-lieu, se porte à leur rencontre à deux kilomètres de la place avec cinq brigades, pour les escorter jusqu'au logement qui leur est préparé, et où doit se rendre le colonel de la légion. Il leur est fourni un gendarme de planton.

Les mêmes honneurs sont rendus à nos ministres pour leur retour.

97. Lorsque les maréchaux de France, gouverneurs des divisions militaires, se rendent pour la première fois dans leur gou-

vernement, le commandant de la gendarmerie du département se porte à leur rencontre à un kilomètre de la place avec cinq brigades, et les escorte jusqu'à l'hôtel du gouvernement, où doit se trouver le colonel de la légion, s'il réside sur ce point.

Ces honneurs leur sont également rendus à leur départ.

Les maréchaux de France qui sont envoyés en mission pour notre service reçoivent ces mêmes honneurs à leur arrivée au lieu de leur destination, ainsi qu'à leur départ.

98. Lors de la première entrée des lieutenans-généraux dans les chefs-lieux des divisions militaires pour le commandement desquelles ils ont des lettres de service, s'ils ont la qualité de gouverneur, les commandans de la gendarmerie vont à leur rencontre à un kilomètre de la place avec quatre brigades, et les escortent jusqu'à l'hôtel du gouvernement; si ces lieutenans-généraux ne sont pas gouverneurs, les commandans de la gendarmerie se portent à leur rencontre avec trois brigades seulement, et les escortent jusqu'à leur logement.

99. Les inspecteurs-généraux de la gendarmerie, pendant le temps de leurs revues, reçoivent chacun, suivant son grade, et dans l'arrondissement d'inspection qui lui est assigné, les mêmes honneurs militaires qui sont accordés par les réglemens aux lieutenans-généraux et maréchaux-de-camp.

100. Lors de la première entrée des maréchaux-de-camp commandant les départemens, les commandans de la gendarmerie vont à leur rencontre à un kilomètre de la place avec deux brigades, et les escortent jusqu'à leur logement.

101. Lors de la première entrée des préfets dans le chef-lieu de leur département, les commandans de la gendarmerie vont à leur rencontre à un kilomètre de la ville avec deux brigades, et les escortent jusqu'à l'hôtel de la préfecture.

102. Lorsque les préfets font des tournées dans les départemens, la gendarmerie des lieux où ils passent exécute ou fait exécuter ce qui lui est demandé par ces préfets pour la sûreté de leurs opérations et le maintien du bon ordre. En conséquence, les lieutenans et commandans de brigade qui auront été prévenus de l'arrivée des préfets seront tenus de se trouver au logement qui leur sera destiné, pour savoir si le service de la gendarmerie leur est nécessaire.

103. La gendarmerie, pour les honneurs à rendre, est toujours en grande tenue.

Cérémonies publiques, Préséances.

104. Lorsque la gendarmerie accompagne le Saint-Sacrement aux processions de la Fête-Dieu, elle est en grande tenue et en armes : deux sous-officiers ou gendarmes suivent immédiatement le dais, se plaçant sur les deux côtés; le surplus du détachement marche entre les fonctionnaires publics et les assistans *.

105. Dans les fêtes et cérémonies publiques, lorsqu'à défaut

* Cet article est implicitement abrogé par la Charte de 1830, qui ne reconnaît point de *religion de l'Etat*.

d'autres troupes la gendarmerie est dans le cas de fournir des
gardes d'honneur, les diverses autorités se concertent avec l'officier de gendarmerie de la résidence pour les escortes à donner ;
elles ne peuvent être prises que dans la résidence même.

106. Dans ces fêtes et cérémonies, les colonels de la gendarmerie prennent rang, suivant leur grade, avec les officiers appartenant aux états-majors des divisions militaires.

Le chef d'escadron ou capitaine commandant la gendarmerie
prend rang, suivant son grade, dans le corps des officiers de toutes
armes attachés au département ;

Les lieutenans avec l'état-major de la place.

Obligations personnelles et respectives.

107. Toutes les fois qu'un officier de gendarmerie prend possession de son emploi, il fait, dans les vingt-quatre heures de sa réception, sa visite, en grande tenue, aux fonctionnaires civils et
militaires du lieu de sa résidence qui sont dénommés avant lui
dans l'ordre des préséances.

Dans les places de guerre, les lieutenans de roi, quel que soit
leur grade, sont compris dans le nombre des fonctionnaires militaires auxquels il est dû une première visite.

Les officiers de gendarmerie reçoivent les visites des fonctionnaires classés après eux dans l'ordre des préséances, et les rendent dans les vingt-quatre heures.

108. Il est expressément défendu à la gendarmerie de rendre
d'autres honneurs que ceux ci-dessus déterminés, et dans les cas
qui y sont spécifiés, ni de fournir des escortes personnelles, sous
quelque prétexte que ce puisse être.

CHAPITRE II.

DU SERVICE.

Attributions et Fonctions des Inspecteurs-généraux.

109. Les inspecteurs généraux de la gendarmerie ont pour attribution spéciale de faire annuellement l'inspection des légions
de gendarmerie dans les arrondissemens qui leur sont assignés ;
ils reçoivent à cet effet des instructions du ministre de la guerre.
Cette inspection a lieu par lieutenance, dans le chef-lieu ou sur
le point le plus central des brigades de l'arrondissement.

L'officier commandant la compagnie est tenu d'assister à ces
inspections.

110. Les inspecteurs généraux préviennent des époques de leurs
inspections les gouverneurs généraux ayant des lettres de service,
les lieutenans-généraux et les maréchaux-de-camp commandant
les divisions et subdivisions militaires, ainsi que les préfets des
départemens dans lesquels ils se rendent ; ils donnent un semblable avis aux intendans ou commissaires généraux de la marine,
pour ce qui concerne les compagnies maritimes. Ils informent
également les intendans militaires du jour de la convocation du
conseil d'administration de chaque compagnie, afin que le sous-
intendant qui en a la police administrative puisse être présent
aux vérifications et arrêtés de comptabilité.

Ils adressent aussi leur itinéraire à chaque colonel de légion, en indiquant les époques et les lieux de réunion des brigades.

111. Les inspections ont essentiellement pour objet de constater la situation réelle du corps, en personnel et en matériel, et de vérifier si le service se fait avec exactitude, et si l'administration présente dans toute ses parties l'ordre et la régularité convenables.

112. Les inspecteurs généraux prennent des informations près les différentes autorités civiles et militaires sur la conduite et la manière de servir des officiers, sous-officiers et gendarmes.

Pour se former une opinion indépendante des rapports qu'ils reçoivent ou des notes inscrites au registre de discipline, et pour connaître le degré d'instruction de ces militaires, ils les interrogent sur leurs fonctions et les devoirs de leur état. S'ils croient devoir prendre des renseignemens plus détaillés sur leur compte, ils leur donnent l'ordre de se rendre chez eux après la revue, pour les entendre séparément, et rectifier, s'il y a lieu, les notes portées au registre de discipline.

Ils se font présenter particulièrement les hommes admis depuis la dernière inspection; ils examinent avec le plus grand soin s'ils réunissent l'ensemble des conditions prescrites pour le service de la gendarmerie. Ils se font rendre compte des raisons qui auraient empêché des officiers, sous-officiers et gendarmes, de paraître à la revue. Si c'est pour cause de maladie, ils exigent des certificats des officiers de santé, et prennent les informations nécessaires pour s'assurer si les hommes seront susceptibles de continuer leur activité.

113. Les inspecteurs-généraux portent leur attention spéciale sur l'instruction militaire du corps, et donnent les ordres propres à diriger cette instruction et en assurer les progrès, sous le double rapport des exercices militaires et des fonctions de l'arme.

114. Ils procèdent à l'inspection de l'habillement, de l'équipement et du harnachement; ils voient si les fournitures sont conformes aux échantillons, si elles sont de bonne qualité, et si tous les effets sont confectionnés avec soin et d'après les modèles.

Ils se font représenter les livrets des gendarmes, et vérifient si les prix des fournitures qui y sont portés n'excèdent pas ceux fixés par les réglemens. Dans le cas où ils remarqueraient que ces fournitures ne sont pas d'une bonne qualité, ou que les effets ont été mal confectionnés, ils devront entendre les conseils d'administration, et proposer, s'il y a lieu, les remplacemens à la charge de ces conseils, soit pour défaut de surveillance, soit pour cause d'incurie.

Les inspecteurs-généraux examinent si les armes sont en bon état et bien entretenues; ils autorisent les demandes en remplacement, et ordonnent les réparations au compte des sous-officiers et gendarmes, si les dégradations proviennent de leur fait.

Enfin ils prescrivent des mesures pour que la tenue militaire soit rigoureusement observée dans tous les points, et ils rendent les officiers particulièrement responsables de toute infraction aux règles établies pour ce qui est relatif à l'uniforme.

115. Les inspecteurs-généraux vérifient avec le plus grand soin si les chevaux sont bons, bien nourris et entretenus, et s'ils conviennent à l'arme; ils s'assurent s'ils n'ont point été changés sans permission dans l'intervalle des revues, et si leurs signalemens, les dates et prix d'acquisition, sont exactement portés sur les contrôles.

Ils déterminent les époques de remplacement des chevaux susceptibles de réforme, et passent ensuite à l'examen des chevaux reçus depuis la dernière revue, afin de voir s'ils sont d'un bon choix, et si le prix d'acquisition n'excède pas leur valeur réelle.

116. Ils se font rendre compte si les approvisionnemens de fourrages sont assurés, s'ils ont été faits en temps opportun, dans les quantités déterminées, et s'ils sont de bonne qualité.

117. La situation du casernement doit aussi fixer l'attention particulière des inspecteurs-généraux; ils descendent dans tous les détails propres à leur faire connaître si les casernes, où maisons qui en tiennent lieu, sont convenables sous tous les rapports, et ils se concertent avec les préfets pour toutes les améliorations dont cette partie du service leur paraît susceptible.

118. Lors de l'inspection des brigades, les inspecteurs-généraux reçoivent les réclamations des officiers, sous-officiers et gendarmes; ils prennent note de celles qu'ils jugent fondées, pour qu'il y soit fait droit.

119. Aussitôt après l'inspection de chaque compagnie, les inspecteurs-généraux, en présence du sous-intendant militaire, vérifient la comptabilité, ainsi que les comptes individuels des sous-officiers et gendarmes; ils examinent si les registres sont bien tenus; ils constatent la situation de la caisse et celle des différentes masses.

Ils autorisent, sur la proposition des conseils d'administration et d'après l'avis des colonels, les répartitions de fonds de la masse de secours à titre d'indemnité en faveur des sous-officiers et gendarmes, et ils approuvent en même temps les allocations extraordinaires qui auraient été faites sur cette masse depuis la dernière inspection, après avoir vérifié si elles ont été accordées pour des motifs urgens.

Ces différentes opérations sont consignées dans un procès-verbal, qui est inscrit au registre des délibérations du conseil : il en est adressé une copie au ministre de la guerre.

120. Les inspecteurs-généraux établissent aux chefs-lieux des légions les contrôles de leurs revues; ils font connaître aux colonels les abus qu'ils ont remarqués et les ordres qu'ils ont donnés pour leur répression.

Ils font dresser des mémoires de proposition pour les officiers, sous-officiers et gendarmes qui sont susceptibles d'être admis à la retraite ou dans les compagnies sédentaires; ils forment des états particuliers des hommes qui doivent être congédiés, et de ceux auxquels il convient d'assigner d'autres résidences.

Immédiatement après l'inspection de chaque légion, ils envoient leur travail à notre ministre de la guerre.

121. A moins d'un ordre formel de notre ministre de la guerre, les inspecteurs-généraux ne peuvent prendre le commandement

2..

ou la direction du service, leurs fonctions étant essentiellement restreintes à l'inspection de la troupe.

122. Les inspecteurs-généraux de la gendarmerie qui ont reçu des lettres de service pour faire partie du comité consultatif de cette arme, créé par notre ordonnance du 31 mars dernier, n'ont à s'occuper que de l'examen et de la discussion des projets, propositions, affaires générales et particulières dont le renvoi est fait à ce comité par notre ministre de la guerre.

FONCTIONS DES OFFICIERS DE TOUT GRADE.
SECTION Ire. *Des Colonels.*

123. Les colonels de la gendarmerie surveillent l'ensemble du service, de l'administration et de la comptabilité de leur légion.

124. Ils ne s'occupent point des détails du service, qui doit être réglé par le commandant de chaque compagnie; cependant, s'ils s'aperçoivent de quelques négligences et inexactitudes, ou s'ils reçoivent des plaintes, ils se font rendre compte de la situation du service, réforment les abus qui s'y sont introduits, et donnent tous les ordres et instructions propres à assurer aux brigades une meilleure direction.

125. Les colonels de la gendarmerie font une revue annuelle des brigades de leur légion par lieutenance; cette revue commence en avril. Tous les ans ils changent les points de réunion des brigades, afin de pouvoir visiter successivement, et autant que possible, chaque brigade dans le lieu de sa résidence ordinaire.

126. Avant d'ordonner aucun mouvement, ils informeront les gouverneurs-généraux, les lieutenans-généraux et les maréchaux-de-camp commandant les divisions et les subdivisions militaires, ainsi que les préfets des départemens dans lesquels ils se rendent, des époques de la revue de chaque compagnie et des lieux de rassemblement des brigades. Ils en informent également les intendans ou commissaires-généraux de la marine pour ce qui concerne les compagnies maritimes, et ils préviennent les sous-intendans militaires des jours où ils seront rendus au chef-lieu de chaque compagnie pour vérifier tous les détails de l'administration et des comptabilités.

127. Lors des revues, les colonels s'informent près les différentes autorités si le service se fait avec exactitude, si les militaires de tout grade font preuve de zèle et de dévouement, et s'ils tiennent dans leur résidence une conduite exempte de reproche. Ils font, avec le plus grand soin, l'inspection des hommes, s'assurent s'ils connaissent les devoirs de leur état, et s'ils ont l'instruction nécessaire pour les bien remplir. Ils examinent si les chevaux sont bien nourris et en bon état, et si ceux admis en remplacement dans l'année sont d'un bon choix et réunissent les qualités exigées. Ils examinent aussi l'état de l'habillement, de l'équipement et de l'armement; ils volent si le tout est complet, uniforme et bien entretenu, et si l'on a fait les réparations et remplacemens que l'inspecteur-général a pu ordonner à sa revue d'inspection.

Ils profitent de la réunion des brigades pour leur recommander l'observation des devoirs que leurs fonctions leur imposent, le zèle le plus actif pour le service et la pratique de tout ce qui est prescrit au chapitre *de la Police, Discipline et Ordre intérieur;* ils donnent des éloges à ceux qui se sont distingués par leur conduite et leur bon service, et ils en font une mention particulière sur le contrôle de revue.

Les colonels réprimandent les hommes qui ont donné lieu à des plaintes fondées, et prononcent sur-le-champ les punitions que les officiers, sous-officiers et gendarmes auraient encourues.

128. Les approvisionnemens de fourrages sont encore l'objet de l'examen des colonels. Ces officiers supérieurs se font représenter les marchés passés par les brigades, et entrent dans tous les détails nécessaires pour connaître si les dispositions des réglemens sur cette partie du service sont strictement observées.

129. Ils se font rendre compte de l'état du casernement : les réparations et améliorations qu'ils jugent indispensables motivent de leur part des observations aux autorités administratives, auxquelles ils indiquent aussi les moyens de pourvoir au casernement des brigades dont les hommes seraient logés isolément.

Ces observations sont consignées dans le rapport que le colonel remet à l'inspecteur général sur la situation de la légion.

130. Ils s'assurent de l'instruction militaire des brigades; ils donnent des ordres pour que les hommes qui ne seraient pas suffisamment instruits soient exercés dans leur résidence aussi fréquemment que le service peut le permettre.

131. Les colonels inscrivent sur des registres particuliers

L'extrait des lettres et des ordres qu'ils reçoivent, ainsi que les minutes des lettres et des ordres qu'ils adressent pour tout ce qui concerne le service;

Les bonnes et mauvaises notes qu'ils recueillent sur leurs subordonnés de tout grade;

Les punitions qu'ils sont dans le cas d'infliger, et les motifs de ces punitions.

Ces lettres, ordres et minutes de correspondance sont classés par ordre numérique.

Lorsqu'un colonel quitte le commandement d'une légion, ces pièces et les registres, dont il est fait inventaire, sont toujours remis à l'officier qui le remplace.

SECTION II. *Des Chefs d'escadron et Capitaines commandant les compagnies.*

132. Les chefs d'escadron et les capitaines commandant les compagnies de la gendarmerie sont spécialement chargés de la direction et des détails du service dont ils surveillent l'exécution; ils entretiennent, à cet effet, une correspondance directe avec les autorités.

133. Ils font deux tournées par an pour l'inspection de leurs brigades : l'une commence en février; l'autre a lieu en septembre.

Ils vérifient, avec le plus grand soin, si les sous-officiers et gendarmes font exactement leur service; s'ils vivent en bonne police et discipline dans leur résidence, et n'y contractent point des dettes qui occasioneraient des réclamations; si, dans leurs courses, ils se comportent avec décence et honnêteté; s'ils ne donnent pas lieu à quelques plaintes par des vexations, violences, abus de pouvoir ou excès commis sous prétexte de leurs fonctions.

Ils s'assurent également si les brigades prêtent main-forte dans les cas prévus par la présente ordonnance; si l'on se conforme aux règles qui y sont établies pour les réquisitions; s'il n'y avait point de prétentions, d'exigences ou d'oppositions de la part des diverses autorités ou des lieutenans et commandans de brigade; si les gendarmes ne seraient point employés à des services qui leur sont étrangers, ou s'ils ne se refuseraient pas à ceux qu'on est en droit d'exiger d'eux.

Les plaintes et les réclamations adressées à ce sujet sont vérifiées par les chefs d'escadron et capitaines, qui font des réprimandes ou infligent des punitions, s'il y a lieu, à leurs subordonnés, et en rendent compte aux colonels.

134. Les chefs d'escadron et capitaines visitent les casernes, et voient si elles sont tenues dans le meilleur état de propreté, s'il ne s'y commet point de dégradations, et si le logement de chaque homme est convenable; ils voient les chevaux aux écuries, s'assurent s'ils sont bien nourris, régulièrement pansés et ferrés; enfin ils examinent l'état de l'habillement, de l'équipement et de l'armement, ordonnent les réparations à y faire, et prennent des notes sur tous ces objets pour les comprendre dans le rapport qu'ils doivent adresser au colonel de la légion sur l'ensemble de leur tournée.

135. Les chefs d'escadron et capitaines s'informent si la solde parvient régulièrement aux brigades, si elle n'éprouve point de retard, et si chaque homme reçoit exactement ce qui lui revient, et n'a pas de réclamations à faire.

136. Ils se font représenter, par les commandans de brigade, les divers registres ou journaux qui servent à constater l'exécution de tous les services ordinaires et extraordinaires; ils réprimandent et punissent les sous-officiers qui ne tiennent pas ces registres avec exactitude.

Ils voient si les registres que doivent avoir les lieutenans sont tenus avec ordre et méthode.

137. Les chefs d'escadron et capitaines doivent avoir dans leur bureau particulier des registres pour l'inscription

Des ordres qu'ils donnent ou transmettent concernant le service;

De leur correspondance avec les différentes autorités;

Des rapports et renseignemens qu'ils reçoivent sur tous les objets qui peuvent intéresser l'ordre public.

Les lettres, ordres et minutes de correspondance sont classés par ordre numérique.

En cas de changement du commandant d'une compagnie, les pièces et les registres, dont il est fait inventaire, sont toujours remis par cet officier à celui qui le remplace.

SECTION III. *Des Lieutenans.*

138. Les lieutenans de la gendarmerie ont la surveillance de tous les devoirs habituels des brigades; ils entretiennent une correspondance suivie avec le commandant de la compagnie, auquel ils font connaître les obstacles qui pourraient se rencontrer dans l'exécution du service.

S'il survient quelque événement extraordinaire dans l'arrondissement de leur lieutenance, ils se transportent sur les lieux, en rendent compte au commandant de la compagnie, et, si les événemens sont de nature à nécessiter de promptes mesures, ils l'informent des dispositions qu'ils ont faites en attendant des ordres.

139. Les lieutenans font annuellement six tournées pour la revue de leurs brigades, savoir : dans les mois de janvier, mars, mai, juillet, septembre et novembre.

140. Dans leurs tournées, les lieutenans s'informent si le service est fait sur tous les points avec exactitude et activité, si les brigades visitent, au moins deux fois par mois, toutes les communes de leur arrondissement, si elles surveillent les vagabonds et repris de justice qui pourraient s'y trouver, et si elles recherchent les déserteurs et tous autres individus signalés.

141. Les tournées des lieutenans ne peuvent être un motif ni un prétexte d'interrompre ou de retarder l'exécution du service : les commandans de brigade, nonobstant l'avis donné par les lieutenans de leur arrivée pour la revue, n'en doivent pas moins déférer aux réquisitions qui leur sont faites, et envoyer aux correspondances les hommes qu'ils sont tenus d'y fournir.

Dans l'intervalle des tournées, les lieutenans doivent se porter sur les divers lieux où les brigades correspondent entre elles, afin de connaître si elles font avec ponctualité le service de correspondance, et si les gendarmes sont dans une bonne tenue.

142. Ils font l'inspection des casernes et des chevaux, s'assurent de la qualité des fourrages, et examinent dans le plus grand détail l'habillement, l'équipement et le harnachement; ils rendent compte au commandant de la compagnie des abus qu'ils auraient découverts et des ordres qu'ils ont donnés pour les réprimer.

143. Les lieutenans inscrivent sur des registres particuliers

Les ordres qu'ils donnent ou transmettent concernant le service;

L'extrait des rapports et procès-verbaux qu'ils reçoivent des brigades;

Les renseignemens qui leur sont donnés sur tous les objets susceptibles d'intéresser l'ordre public.

Les ordres et les pièces de correspondance sont classés par ordre numérique.

En cas de changement d'un lieutenant, les pièces et les registres sont remis, sur inventaire, à l'officier qui le remplace.

SECTION IV. *Des Trésoriers.*

141. Les trésoriers de la gendarmerie remplissent les fonctions

de secrétaire près des conseils d'administration ; ils suivent, sous la direction et la surveillance de ces conseils, tous les détails de la comptabilité.

145. Ils sont spécialement chargés d'établir les contrôles de revues, et de tenir les registres matricules des compagnies, sur lesquels ils inscrivent les services de chaque homme et les mutations. Ils ne procèdent à l'inscription des services que sur la présentation d'actes civils réguliers et de brevets ou titres originaux.

Les conseils d'administration et les sous-intendans militaires veillent à ce que cette obligation soit ponctuellement remplie; les sous-intendans signent et paraphent chaque feuillet du registre matricule.

146. Les trésoriers tiennent un registre analytique des procès-verbaux que reçoit le commandant de la compagnie : ces procès-verbaux sont classés par ordre de date et déposés dans les archives, afin qu'on puisse y recourir au besoin.

147. Ils ne s'occupent point des détails du service, à moins qu'ils ne se trouvent les seuls officiers présens à la résidence.

SECTION V. *Des Officiers de gendarmerie considérés comme Officiers de police auxiliaires.*

148. Les officiers de la gendarmerie royale, en leur qualité d'officiers de police auxiliaires, se transportent dans les lieux où ils exercent leurs fonctions habituelles, pour recevoir les plaintes et les dénonciations, constater les délits et les crimes, et recueillir toutes les preuves qui pourraient en faire connaître les auteurs ; mais, pour se renfermer exactement dans le cercle de leurs attributions et les dispositions précises de la loi, ils doivent bien se pénétrer des caractères qui distinguent les *crimes*, les *délits* et les simples contraventions de police :

L'infraction que les lois punissent de peines de police est une contravention ;

L'infraction que les lois punissent de peines correctionnelles est un délit ;

L'infraction que les lois punissent d'une peine afflictive ou infamante *est un crime. (Code pénal.)*

149. Toutes les fois que la peine prononcée par la loi pour une infraction n'excède pas *cinq jours d'emprisonnement et quinze francs d'amende,* c'est une simple contravention de police *(Code pénal)* : les officiers de gendarmerie ne peuvent, à raison de leur qualité d'officiers de police auxiliaires, recevoir les plaintes ou les dénonciations de ces sortes d'infractions ; ils doivent renvoyer les plaignans ou les dénonciateurs par-devant le commissaire de police, le maire ou l'adjoint du maire, qui sont les officiers de police chargés de recevoir les plaintes et les dénonciations de cette nature. *(Code d'instruction criminelle.)*

150. Lorsque les infractions sont punissables de peines correctionnelles, afflictives ou infamantes, les officiers de gendarmerie, en leur qualité d'officiers de police auxiliaires, reçoivent les plaintes et les dénonciations qui leur sont faites de ces infrac-

tions, mais seulement lorsque les délits ou les crimes ont été commis dans l'étendue de l'arrondissement, où ils exercent leurs fonctions habituelles.

S'il s'agit d'une plainte, ils ne peuvent la recevoir qu'autant que la partie plaignante est effectivement celle qui souffre du délit ou du crime.

Si c'est une dénonciation, tous ceux qui ont vu commettre le délit ou le crime, ou qui savent qu'il a été commis, ont pouvoir de le dénoncer. (*Code d'instruction criminelle.*)

151. La plainte ou la dénonciation doit être rédigée par le plaignant, par le dénonciateur, ou par un fondé de procuration spéciale, ou par les officiers de gendarmerie, s'ils en sont requis.

La plainte ou la dénonciation doit toujours être signée à chaque feuillet par l'officier de gendarmerie qui la reçoit, et par le plaignant ou le dénonciateur, ou le fondé de pouvoir.

L'officier paraphe et fait parapher les renvois et les ratures par le plaignant, le dénonciateur ou le fondé de pouvoir.

Si le plaignant, le dénonciateur ou le fondé de pouvoir ne sait ou ne veut pas signer, il en est fait mention.

La procuration est toujours annexée à la plainte ou à la dénonciation. (*Code d'inst. criminelle.*).

152. Les officiers de gendarmerie ne peuvent recevoir une plainte ou une dénonciation qui leur est présentée par un fondé de pouvoir qu'autant que la procuration dont il est porteur exprime d'une manière expresse et positive l'autorisation de dénoncer le délit qui fait l'objet de la plainte ou de la dénonciation. (*Idem.*)

153. Lorsque la plainte ou la dénonciation est remise toute rédigée à l'officier de gendarmerie, il n'y peut rien ajouter ni faire ajouter, et il doit se borner à la signer à chaque feuillet, ainsi qu'il est dit article 151.

Si la plainte ou la dénonciation est présentée signée, l'officier de gendarmerie s'assure que la signature est bien celle du plaignant, du dénonciateur ou du fondé de pouvoir.

154. L'officier de gendarmerie qui est requis de rédiger lui-même une plainte ou une dénonciation doit énoncer clairement le délit avec toutes les circonstances qui peuvent l'atténuer ou l'aggraver et faire découvrir les coupables. Il signe et fait signer cette plainte ou dénonciation, comme il est dit art. 151.

155. Les officiers de gendarmerie sont tenus de renvoyer sans délai à notre procureur royal les plaintes et les dénonciations qu'ils ont reçues en leur qualité d'officiers de police auxiliaires ; leur compétence ne s'étend pas au-delà : *ils ne peuvent faire aucune instruction préliminaire que dans le cas de flagrant délit, ou lorsque, s'agissant d'un crime ou d'un délit, même non flagrant, commis dans l'intérieur d'une maison, le chef de cette maison les requiert de le constater.* (Code d'instruction criminelle.

156. Il y a flagrant délit,

Lorsque le crime se commet actuellement ;

Lorsqu'il vient de se commettre ;

Lorsque le prévenu est poursuivi par la clameur publique ;

Lorsque, dans un temps voisin du délit, le prévenu est trouvé saisi d'instrumens, d'armes, d'effets ou de papiers faisant présumer qu'il en est auteur ou complice. (*Code d'instruction criminelle.*)

157. Toute infraction qui, par sa nature, est seulement punissable de peines correctionnelles, ne peut constituer un flagrant délit. Les officiers de gendarmerie ne sont point autorisés à faire des instructions préliminaires pour la recherche de ces infractions.

Le flagrant délit doit être un véritable crime, c'est-à-dire une infraction contre laquelle une peine afflictive ou infamante est prononcée.

158. Lorsqu'il y a flagrant délit, les officiers de gendarmerie se transportent sans retard sur le lieu pour y dresser les procès-verbaux, à l'effet de constater le corps du délit, son état, l'état des lieux, et pour recevoir les déclarations des habitans, des voisins, et même des parens et domestiques, enfin de toutes les personnes qui auraient des renseignemens à donner. (*Idem.*)

Ils informent aussitôt de leur transport notre procureur royal. (*Idem.*)

Ils peuvent se faire assister d'un écrivain qui leur sert de greffier : ils lui font prêter serment d'en bien et fidèlement remplir les fonctions; leur procès verbal en fait mention. (*Idem.*)

159. Les officiers de gendarmerie signent et paraphent les déclarations qu'ils ont reçues : ils les font signer et parapher par les personnes qui les ont faites; si elles refusent de signer, il en est fait mention dans le procès-verbal.

Ils peuvent défendre que qui que ce soit sorte de la maison ou s'éloigne du lieu jusqu'après la clôture du procès-verbal ; ils font saisir et déposer dans la maison d'arrêt ceux qui contreviendraient à cette défense ; mais ils ne peuvent prononcer contre eux aucune peine; ils en réfèrent sur-le-champ à notre procureur royal.

Ils se saisissent aussi des effets, des armes, et de tout ce qui peut servir à la découverte et à la manifestation de la vérité ; ils doivent les représenter au prévenu, l'interpeller de s'expliquer, lui faire signer le procès-verbal, ou faire mention de son refus. (*Code d'inst. criminelle.*)

160. Si la nature du crime est telle, que la preuve puisse vraisemblablement être acquise par les papiers ou autres pièces et effets en la possession du prévenu, les officiers de gendarmerie se transportent de suite dans son domicile pour y faire la perquisition des objets qu'ils jugent utiles à la manifestation de la vérité : mais il leur est formellement interdit d'y pénétrer pendant le temps de nuit réglé par l'article 184; ils doivent se borner à prendre les mesures de précaution prescrites par l'article 185.

161. S'il existe dans le domicile du prévenu des papiers ou effets qui puissent servir à conviction ou à décharge, ils en dressent procès-verbal, et se saisissent de ces effets ou de ces papiers.

Ils doivent clore et cacheter les objets qu'ils ont saisis; et si ces objets n'étaient pas susceptibles de recevoir l'empreinte de l'écriture, ils sont mis dans un vase ou dans un sac sur lequel ils attachent une bande de papier qu'ils scellent de leur sceau et de celui du prévenu, s'il veut y mettre son cachet.

Si les objets sont d'un trop grand volume pour être à l'instant déplacés, ils peuvent les mettre sous la surveillance d'un gardien auquel ils font prêter serment.

162. Il est expressément défendu aux officiers de gendarmerie de s'introduire dans une maison qui ne serait pas celle où le prévenu aurait son domicile, à moins que ce ne soit une auberge, un cabaret ou tout autre logis ouvert au public, où ils sont autorisés à se transporter, même pendant la nuit, jusqu'à l'heure où ces lieux doivent être fermés, d'après les reglemens de police.

163. Dans le cas où les officiers de gendarmerie soupçonneraient qu'on pût trouver dans une maison autre que celle du domicile du prévenu des pièces ou effets qui pourraient servir à conviction ou à décharge, ils doivent en instruire aussitôt notre procureur royal.

164. Lorsque la maison du prévenu est située hors de l'arrondissement où ils exercent leurs fonctions habituelles, les officiers de gendarmerie ne peuvent y faire de visites; ils se bornent à en informer notre procureur royal.

165. Toutes les opérations dont il est ci-dessus question sont faites en présence du prévenu, s'il a été arrêté; ou en présence d'un fondé de pouvoir, si le prévenu ne veut ou ne peut y assister. Les objets lui sont présentés à l'effet de les reconnaître ou de les désavouer, et de les parapher, s'il y a lieu; en cas de refus, il en est fait mention dans le procès-verbal. A défaut de fondé de pouvoir, l'assistance de deux témoins devient indispensable.

166. S'il existe des indices graves contre le prévenu, les officiers de gendarmerie le font arrêter. Si le prévenu n'est pas présent, ils rendent une ordonnance pour le faire comparaître. Cette ordonnance s'appelle *mandat d'amener*; elle doit être revêtue de la signature et muée du sceau de l'officier qui la rend, et elle doit désigner le plus exactement possible le prévenu pour en assurer l'arrestation et pour éviter les méprises.

La dénonciation ou la plainte ne constitue pas seule une présomption suffisante pour décerner un mandat d'amener contre un individu ayant domicile; il ne doit être arrêté, s'il est présent, et l'ordonnance pour le faire comparaître, s'il est absent, ne doit être rendue que lorsque des présomptions fortes s'élèvent contre lui.

Si le prévenu est absent, le mandat d'amener doit porter l'ordre de le conduire, en cas d'arrestation, devant le juge d'instruction ou notre procureur royal. *La loi n'autorise pas l'officier de police auxiliaire à continuer l'instruction après l'instant du flagrant délit.*

Quant aux vagabonds, gens sans aveu ou repris de justice, la plainte ou la dénonciation peut suffire pour les faire arrêter ou faire décerner contre eux des mandats d'amener.

167. Les officiers de gendarmerie doivent interroger sur-le-champ le prévenu amené devant eux.

168. Ils se font assister dans toutes les opérations mentionnées

aux articles 158, 159, 160, 161, 105, 166, et 167, par le commissaire de police du lieu, ou, à défaut, par le maire ou son adjoint, et, en cas de leur absence, par deux habitans domiciliés dans la même commune.

Ils n'en dressent pas moins leurs procès-verbaux sans l'assistance de témoins, s'ils n'ont pas eu la possibilité de s'en procurer.

Ils doivent signer et faire signer leurs procès-verbaux à chaque feuillet par les personnes qui y ont assisté : en cas de refus ou d'impossibilité de signer de la part de ces personnes, il en est fait mention.

169. S'il s'agit d'un crime qui exige des connaissances particulières pour être constaté, tel qu'une effraction, une blessure grave, une mort violente, etc., les officiers de gendarmerie doivent faire appeler des personnes présumées, par leur art ou leur profession, capables d'en apprécier la nature et les circonstances; ils leur font prêter serment de faire leur rapport et de donner leur avis en leur honneur et conscience : ils ne doivent négliger aucune des mesures ci-dessus prescrites, et ils recueillent avec soin tous les renseignemens qui peuvent conduire à la découverte de la vérité.

170. Toutes les fois que les officiers de gendarmerie *sont requis* de constater un crime ou un délit, *même non flagrant*, commis dans l'intérieur d'une maison, ils procèdent aux recherches et à l'instruction dans les mêmes formes que ci-dessus pour le flagrant délit; mais avec cette distinction que, dans ce cas, il n'est pas besoin que l'infraction qu'ils sont appelés à constater dans l'intérieur d'une maison soit punissable d'une peine afflictive ou infamante; il suffit qu'elle soit soumise à une peine correctionnelle.

171. Les officiers de gendarmerie déférent à la réquisition qui leur est faite, soit par le propriétaire de la maison, soit par le principal locataire ou par le chef d'un appartement.

172. Les officiers de gendarmerie n'étant, dans l'exercice des fonctions judiciaires, que des officiers de police auxiliaires de notre procureur royal, si, dans le cours de leurs opérations pour la recherche d'un flagrant délit ou d'un crime ou délit commis dans l'intérieur d'une maison, notre procureur royal se présente, c'est lui qui doit continuer les actes attribués à la police judiciaire.

Notre procureur royal, s'il a été prévenu, peut les autoriser à continuer la procédure, et, si lui-même l'a commencée, il peut les charger d'une partie des actes de sa compétence.

173. Lorsque les officiers de gendarmerie ont terminé les actes d'instruction préliminaire qu'ils sont autorisés à faire dans le cas de flagrant délit, ou de crime ou délit commis dans l'intérieur d'une maison, ils doivent transmettre sur-le-champ à notre procureur royal les procès-verbaux et tous les actes qu'ils ont faits, les papiers et tous les effets qu'ils ont saisis, ou lui donner avis des mesures prises pour la garde et la conservation des objets.

174. Les officiers de gendarmerie, en ce qui concerne l'exercice de la police judiciaire, sont placés par la loi sous la surveillance

des juges d'instruction de nos procureurs royaux et de nos procureurs généraux.

175. Le service de la gendarmerie ayant pour but spécial d'assurer le maintien de l'ordre et l'exécution des lois, les officiers de ce corps doivent, indépendamment des attributions qu'ils exercent en leur qualité d'officiers de police auxiliaires, transmettre sans délai à notre procureur royal les procès-verbaux que les sous-officiers et gendarmes ont dressés dans l'exécution de leur service, pour constater les crimes et délits qui laissent des traces après eux; ils y joignent les renseignemens que ces militaires ont recueillis pour en découvrir les auteurs ou complices. Ils transmettent pareillement aux commissaires de police et aux maires des lieux où de simples contraventions auraient été commises, les procès-verbaux et renseignemens qui concernent les prévenus de ces contraventions.

Section VI. *Dispositions concernant les Officiers des différens grades.*

176. Les officiers de tout grade de la gendarmerie doivent toujours être en tenue militaire lors de leurs revues et tournées, et toutes les fois qu'ils ont à conférer avec les autorités pour des objets de service.

177. Il est expressément défendu aux officiers de tout grade de la gendarmerie, lors de leurs revues, d'accepter ni logement ni repas chez leurs inférieurs.

178. Lors des vacances d'emplois, et en cas d'absence ou de maladie, les remplacemens ont lieu provisoirement pour chaque grade d'officier ainsi qu'il suit:

Le colonel, par le chef d'escadron;

Le commandant de compagnie, par le plus ancien des lieutenans de de la compagnie;

Le lieutenant, par le plus ancien maréchal-des-logis de la lieutenance;

Le trésorier, par un sous-officier de la compagnie: ce sous-officier est désigné au colonel par le conseil d'administration, d'après l'avis du sous-intendant militaire.

S'il en résulte un déplacement, l'officier ou le sous-officier reçoit, pendant la durée de son commandement provisoire, et selon son grade, l'indemnité de service extraordinaire attribuée à la gendarmerie par les réglemens.

Du Service ordinaire des Brigades.

179. Les fonctions habituelles et ordinaires des brigades de la gendarmerie sont

De faire des tournées, courses et patrouilles sur les grandes routes, traverses, chemins vicinaux, et dans tous les lieux de leurs arrondissemens respectifs; de les faire constater, jour par jour, sur les feuilles mensuelles de service, par les maires, leurs adjoints ou autres personnes notables; -

De recueillir et prendre tous les renseignemens possibles sur les crimes et les délits de toute nature, ainsi que sur leurs auteurs et complices, et d'en donner connaissance aux autorités compétentes;

De rechercher et poursuivre les malfaiteurs;

De saisir toutes personnes surprises en flagrant délit, ou poursuivies par la clameur publique;

De saisir tous gens trouvés avec des armes ensanglantées ou d'autres indices faisant présumer le crime;

De dresser des procès-verbaux des déclarations faites par les habitans, voisins, parens, amis, et autres personnes en état de fournir des indices, preuves et renseignemens sur les auteurs des crimes et délits et sur leurs complices;

De dresser pareillement des procès-verbaux des incendies, effractions, assassinats, et de tous les crimes qui laissent des traces après eux;

De dresser de même les procès-verbaux de tous les cadavres trouvés sur les chemins, dans les campagnes, ou retirés de l'eau; d'en prévenir les autorités compétentes ou le lieutenant de la gendarmerie de l'arrondissement, qui, dans ce cas, est tenu de se transporter en personne sur les lieux dès qu'il lui en est donné avis;

De réprimer la contrebande, de saisir les marchandises transportées en fraude, de dresser des procès-verbaux de ces saisies, d'arrêter et de traduire devant les autorités compétentes les contrebandiers et autres délinquans de ce genre;

De dissiper tout attroupement armé, et de saisir tous individus coupables de rébellion;

De dissiper tous les attroupemens qualifiés séditieux par les lois, et d'arrêter tous individus qui en feraient partie;

De dissiper tout attroupement tumultueux, même non armé, d'abord par les voies de persuasion, ensuite par le commandement verbal (7)* et enfin, s'il est nécessaire, par le développement de la force armée, graduée suivant l'exigence des cas;

De saisir tous ceux qui porteraient atteinte à la tranquillité publique, en troublant les citoyens dans le libre exercice de leur culte;

De saisir tous ceux qui seraient trouvés exerçant des voies de fait ou violences contre la sûreté des personnes et des propriétés,

De saisir les dévastateurs des bois (8)**, des récoltes; les chasseurs masqués, lorsqu'ils seraient pris sur le fait;

De dresser des procès-verbaux contre tous individus en contravention aux lois et réglemens sur la chasse;

De faire la police sur les grandes routes, d'y maintenir les communications et les passages libres; à cet effet, de dresser des procès-verbaux des contraventions en matière de grande voirie, telles qu'anticipations, dépôts de fumiers ou d'autres objets, et toute espèce de détériorations commises sur les grandes routes, sur les arbres qui les bordent, sur les fossés, ouvrages

---

* D'après l'art. 1er de la loi du 10 avril 1831, les sommations ne peuvent être faites que par un officier *civil* chargé de la police judiciaire. (*Voir le texte ci-après.*)

** Voir ci-après les dispositions du Code forestier.

d'art et matériaux destinés à leur entretien; de dénoncer à l'autorité compétente les auteurs de ces contraventions ou délits;

De surveiller l'exécution des réglemens sur la police des fleuves et rivières navigables et flottables (0 *, des bacs et bateaux de passage, de canaux des navigation ou d'irrigation, des dessèchemens généraux ou particuliers, des plantations pour la fixation des dunes, des ports maritimes de commerce; de dresser des procès-verbaux des contraventions à ces réglemens, d'en faire connaître les auteurs aux autorités compétentes;

D'arrêter tous ceux qui seraient trouvés coupant ou dégradant, d'une manière quelconque, les arbres plantés sur les chemins vicinaux, promenades publiques, fortifications et ouvrages extérieurs des places, ou détériorant les monumens qui s'y trouvent;

De contraindre les voituriers, charretiers et tous conducteurs de voitures de se tenir à côté de leurs chevaux; en cas de résistance, de saisir ceux qui obstrueraient les passages, et de les conduire devant le maire ou l'adjoint du lieu;

D'arrêter tous individus qui, par imprudence, par négligence, par la rapidité de leurs chevaux, ou de toute autre manière, auraient blessé quelqu'un ou commis quelques dégâts sur les routes, dans les rues ou voies publiques;

De protéger l'agriculture, et saisir tout individu commettant des dégâts dans les champs ou les bois, dégradant la clôture des murs, haies et fossés, encore que ces délits ne soient pas accompagnés de vols; de saisir pareillement tous ceux qui seraient surpris commettant des larcins de fruits ou d'autres productions d'un terrain cultivé;

De dénoncer à l'autorité locale ceux qui, dans les temps prescrits, auraient négligé d'écheniller;

De s'emparer et remettre sur-le-champ à l'autorité locale les coutres de charrue, pinces, barres, bureaux, échelles et autres objets, instrumens ou armes dont pourraient abuser les voleurs, et qui auraient été laissés dans les rues, chemins, places, lieux publics, ou dans les champs; de dénoncer ceux à qui ils appartiennent;

D'assurer la libre circulation des subsistances, et de saisir tous ceux qui s'y opposeraient par la force;

De protéger le commerce en leur procurant toute sûreté aux négocians, marchands, artisans, et à tous les individus que leur commerce, leur industrie et leurs affaires obligent à voyager;

De se tenir à portée des grands rassemblemens d'hommes, tels que foires, marchés, fêtes et cérémonies publiques, pour y maintenir le bon ordre et la tranquillité, et, sur le soir, de faire des patrouilles sur les routes et chemins qui y aboutissent pour protéger le retour des particuliers et marchands qui seraient allés à ces foires;

D'arrêter les déserteurs et les militaires qui ne seraient pas porteurs de feuilles de route ou de congés en bonne forme;

---

* Voir ci-après les dispositions de la loi relative à la pêche fluviale.

D'arrêter pareillement tout militaire absent de son corps et porteur d'une permission d'absence qui ne serait pas revêtue du visa d'un sous-intendant-militaire;

De faire rejoindre les sous-officiers et soldats absens de leurs corps, à l'expiration de leurs congés de semestre ou limités; à cet effet les sous-officiers et soldats porteurs de ces congés sont tenus de les faire viser par le sous-officier de gendarmerie commandant la brigade de l'arrondissement, lequel en tient note pour forcer de rejoindre ceux qui seraient en retard;

De se porter en arrière et sur les flancs de tous corps de troupe en marche qui passeraient dans leur arrondissement, d'arrêter les traînards et ceux qui s'écarteraient de leur route, de les remettre au commandant du corps, de même que ceux qui commettraient des désordres, soit dans les marches, soit dans les lieux de gîte et de séjour;

De surveiller les mendians, les vagabons et les gens sans aveu: pour cet effet, les maires ou adjoints sont tenus de donner à la gendarmerie des listes sur lesquelles sont portés les individus que les brigades doivent plus particulièrement surveiller;

D'arrêter les mendians dans les cas et circonstances qui les rendent punissables, à la charge de les conduire sur-le-champ devant le juge de paix pour être statué à leur égard conformément aux lois sur la répression de la mendicité;

De saisir ceux qui tiendraient sur les places publiques, dans les foires et les marchés, des jeux de hasard et autres jeux défendus par les lois et les réglemens de police;

De conduire les prisonniers, prévenus ou condamnés, en proportionnant toujours la force de l'escorte au nombre des prisonniers et aux difficultés que leur transfèrement pourrait présenter;

De s'assurer de la personne de tout individu circulant dans l'intérieur de notre royaume, sans passe-port ou avec des passe-ports qui ne seraient pas conformes aux lois, à la charge de le conduire sur-le-champ devant le maire ou l'adjoint de la commune la plus voisine. En conséquence, les militaires de tout grade de la gendarmerie se font représenter les passe-ports des voyageurs, et nul ne peut en refuser l'exhibition lorsque l'officier, sous-officier ou gendarme qui en a fait la demande est revêtu de son uniforme et décline sa qualité. Il est enjoint à la gendarmerie de se comporter dans l'exécution de ce service avec honnêteté, et de ne se permettre aucun acte qui pourrait être qualifié de vexation ou d'abus de pouvoir.

180. Ces diverses fonctions sont habituellement exercées par les brigades de la gendarmerie, sans qu'il soit besoin d'aucune réquisition des officiers de la police judiciaire, ni d'aucun ordre spécial; il est fait mention de ce service habituel sur les journaux des brigades. Ces journaux, ou feuilles de service, leur sont adressés en nombre suffisant par notre ministre de la guerre pour qu'un exemplaire soit déposé chaque mois au secrétariat de la compagnie, et qu'un autre reste entre les mains des commandans de brigade, qui sont tenus d'indiquer sur ces feuilles les jours où les lieutenans se sont présentés, soit dans les brigades, soit dans les lieux de correspondance, pour leurs tournées et autres objets de service.

181. Les signalemens des brigands, voleurs, assassins, perturbateurs du repos public, évadés des prisons et des bagnes, et ceux des déserteurs et autres personnes contre lesquelles il est intervenu mandat d'arrêt, sont délivrés à la gendarmerie, qui, en cas d'arrestation de ces individus, les conduit de brigade en brigade jusqu'à la destination indiquée par lesdits signalemens.

182. Pour faire la recherche des personnes signalées ou dont l'arrestation a été légalement ordonnée, la gendarmerie visite les auberges, cabarets et autres maisons ouvertes au public, en se conformant à ce qui est prescrit aux articles 184 et 185.

183. Les hôteliers et aubergistes sont tenus de communiquer leurs registres d'inscription des voyageurs à la gendarmerie, toutes les fois qu'elle leur en fait la réquisition.

184. La maison de chaque citoyen est un asile où la gendarmerie ne peut pénétrer sans se rendre coupable d'abus de pouvoir, sauf les cas déterminés ci-après :

1°. Pendant le jour, elle peut y entrer pour un objet formellement exprimé par une loi, ou en vertu d'un mandat spécial de perquisition, décerné par l'autorité compétente;

2°. Pendant la nuit, elle ne peut y pénétrer que dans les cas d'incendie, d'inondation ou de réclamation venant de l'intérieur de la maison.

Dans tous les autres cas, elle doit prendre seulement, jusqu'à ce que le jour ait paru, les mesures indiquées à l'article 185.

Le temps de nuit est ainsi réglé :

du 1er octobre au 31 mars, depuis six heures du soir jusqu'à six heures du matin;

Du 1er avril au 30 septembre, depuis neuf heures du soir jusqu'à quatre heures du matin.

185. Lorsqu'il y a lieu de soupçonner qu'un individu déjà frappé d'un mandat d'arrestation, ou prévenu d'un crime ou délit pour lequel il n'y aurait pas encore de mandat décerné, s'est réfugié dans la maison d'un particulier, la gendarmerie peut seulement garder à vue cette maison, ou l'investir, en attendant l'expédition des ordres nécessaires pour y pénétrer et y faire l'arrestation de l'individu réfugié.

186. Lorsque les sous-officiers et gendarmes arrêtent des individus en vertu des dispositions ci-dessus, ils sont tenus de les conduire aussitôt devant l'officier de police judiciaire le plus à proximité, et de lui faire le dépôt des armes, effets, papiers et autres pièces de conviction.

187. Tous les procès-verbaux faits par les brigades sont établis en double expédition, dont l'une est remise, dans les vingt-quatre heures, à l'autorité compétente, et l'autre est adressée au lieutenant de l'arrondissement, qui, après avoir fait remarquer aux sous-officiers et gendarmes ce qu'il aurait trouvé de défectueux ou d'omis dans la rédaction de ces procès-verbaux, les transmet, avec ses observations, au commandant de la compagnie.

Du Service extraordinaire des Brigades.

188. Le service extraordinaire de la gendarmerie consiste
1°. A prêter main-forte,

Aux préposés aux douanes pour la perception des droits d'importation et d'exportation, pour la répression de la contrebande ou de l'introduction sur le territoire du royaume de marchandises prohibées;

Aux administrateurs et agens forestiers;

Aux inspecteurs, receveurs et percepteurs de deniers royaux, et autres préposés pour la rentrée des contributions directes et indirectes;

Aux huissiers et autres exécuteurs de mandemens de justice, porteurs de jugemens ou de réquisitoires spéciaux, dont ils doivent justifier;

2°. A fournir les escortes légalement demandées, notamment celles pour la sûreté des recettes générales, convois de poudre de guerre, courriers des malles, voitures et messageries publiques chargées de fonds du gouvernement.

Les réquisitions pour l'exécution du service extraordinaire sont adressées, savoir : dans les chefs-lieux de département, au commandant de la compagnie; dans les sous-préfectures, au lieutenant de l'arrondissement; et sur les autres points, aux commandans des brigades.

180. Les sous-officiers et gendarmes requis de prêter main-forte aux fonctionnaires et agens ci-dessus dénommés peuvent signer les procès-verbaux dressés par ces fonctionnaires et agens, après avoir pris connaissance de leur contenu.

190. En cas d'incendie, d'inondation et autres événemens de ce genre, la gendarmerie, au premier avis ou signal, se porte sur les lieux. S'il ne s'y trouve aucun officier de police ou autre autorité civile, les officiers et même les commandans de brigade ordonnent et font exécuter toutes les mesures d'urgence; ils peuvent requérir le service personnel des habitans, qui sont tenus d'obtempérer sur-le-champ à leur sommation, et même de fournir les chevaux, voitures et tous autres objets nécessaires pour secourir les personnes et les propriétés. Les procès-verbaux feraient mention des refus et retards qu'ils éprouveraient à ce sujet.

Si c'est un incendie, la gendarmerie prend les renseignemens les plus exacts sur les causes qui l'ont occasioné; et si la clameur publique inculpe un individu et le signale comme coupable, elle s'en saisit, et conduit le prévenu devant l'officier de police judiciaire de l'arrondissement.

Des Devoirs de la gendarmerie dans l'exécution de son Service ordinaire et extraordinaire.

101. Tous les jours, avant six heures du matin en été, et avant huit heures en hiver, le commandant de chaque brigade règle le service et donne des ordres pour son exécution.

Dans tous les lieux de résidence d'un lieutenant, le maréchal-des-logis ou brigadier commandant la brigade va tous les jours à l'ordre chez cet officier.

Le même devoir est imposé aux officiers de tout grade dans les lieux de résidence de plusieurs officiers. Celui du grade inférieur se rend chaque jour à l'ordre chez l'officier qui est du grade immédiatement supérieur ou qui en exerce les fonctions.

102. Les commandans de brigade rendent compte aux lieutenans de l'exécution du service ; leurs rapports contiennent le détail de tous les événemens dont la connaissance leur est parvenue.

Dans les cas urgens, ces sous-officiers, si leur rapport devait éprouver le moindre retard par la transmission hiérarchique, peuvent correspondre directement avec le commandant de la compagnie. Ces rapports directs ne les dispensent pas de rendre immédiatement les mêmes comptes à leur lieutenant.

103. Tout officier ou commandant de brigade qui a fait le rapport d'un événement doit rendre compte successivement des opérations qui en sont la suite, ainsi que de leur résultat ; ces comptes doivent toujours rappeler la date du rapport primitif.

104. Pour faciliter le service de la gendarmerie et l'assurer sur tous les points, les commandans de compagnie établissent, par département et arrondissement de sous-préfecture, l'état de la circonscription des brigades, avec l'indication des communes, hameaux, routes, bois et forêts qu'elles sont tenues de surveiller et visiter habituellement.

105. Les brigades correspondent entre elles à des jours et sur des points déterminés. Ce service a essentiellement pour objet le transfèrement des prisonniers, la communication des renseignemens et avis que les gendarmes auraient pu recevoir touchant l'ordre public, et les mesures à concerter pour prévenir les délits et arrêter les malfaiteurs.

106. Les tournées, conduites, escortes et correspondances périodiques de chaque brigade, sont toujours faites par deux hommes au moins ; les maréchaux-des-logis et les brigadiers roulent avec les gendarmes pour ce service. Il doit être établi de manière que les hommes qui ont été employés lors de la résidence fassent immédiatement le service intérieur de la brigade, à moins que des circonstances particulières de maladies ou autres empêchemens ne forcent d'intervertir cet ordre.

Lorsque le commandant de la brigade est absent pour le service, il est suppléé à la résidence par le plus ancien des gendarmes présens.

107. Dans leurs tournées, les sous-officiers et gendarmes s'informent avec mesure et discrétion, auprès des voyageurs, s'il n'a pas été commis quelque crime ou délit, sur la route qu'ils ont parcourue ; ils prennent les mêmes renseignemens dans les communes auprès des maires ou de leurs adjoints.

108. Si on leur signale quelques criminels, vagabonds ou gens sans aveu, ils se mettent aussitôt à leur poursuite pour les joindre et les arrêter. Après s'être assurés de l'identité des individus par l'examen de leurs papiers et les questions qu'ils leur font sur leurs noms, leur état, leur domicile et les lieux d'où ils viennent, ils se saisissent de ceux qui demeureraient prévenus de crimes, délits ou vagabondage, et ils en dressent procès-verbal ; mais ils relâchent immédiatement ceux qui, étant seulement désignés comme vagabonds ou gens sans aveu, se justifieraient par

3

le compte qu'ils rendraient de leur conduite, ainsi que par le contenu de leurs certificats ou passeports.

Le procès-verbal d'arrestation doit contenir l'inventaire exact des papiers et effets trouvés sur les prévenus; il est signé par ces individus, et, autant que possible, par deux habitans les plus voisins du lieu de la capture; s'ils déclarent ne vouloir ou ne pouvoir signer, il en est fait mention. Les sous-officiers et gendarmes conduisent ensuite les prévenus par-devant l'officier de police judiciaire de l'arrondissement, auquel ils font la remise du procès-verbal et des papiers et effets.

199. Les sous-officiers et gendarmes s'informent également, dans leurs courses et tournées, si les militaires en congé ne commettent point de désordres ou ne troublent point la tranquillité publique; en cas de plainte, ils les arrêtent sur la déclaration par écrit des maires ou adjoints, dont il est fait mention dans les procès-verbaux qu'ils sont tenus de dresser : ces militaires sont conduits devant l'officier de gendarmerie de l'arrondissement, qui ordonne de les traduire en prison, s'il y a lieu, et en rend compte sans délai au commandant de la compagnie, en lui adressant les procès-verbaux d'arrestation.

200. Toutes les fois qu'il s'agit de transférer des prévenus ou condamnés de brigade en brigade, l'officier de gendarmerie qui donne l'ordre de conduite détermine sur cet ordre le nombre des gendarmes dont l'escorte doit être composée; il désigne pareillement le nom du sous-officier ou gendarme qui en a le commandement et est chargé de la conduite jusqu'à la station ordinaire de la brigade.

Si les prévenus ou condamnés sont transférés en vertu d'un mandat de justice, copie de la réquisition de l'officier de police judiciaire doit toujours être jointe à l'ordre de transférement, et énoncer, s'il y en a, les pièces qui doivent suivre les prévenus ou les condamnés. Ces pièces sont cachetées et remises au commandant de l'escorte, qui en donne son reçu au bas de l'ordre, dans les termes suivans :

Reçu l'ordre et les pièces y mentionnées.

Les signalemens des prisonniers sont inscrits à la suite de l'ordre de transférement.

201. Les ordres de conduite ou feuilles de route des prévenus ou condamnés doivent toujours être individuels, quel que soit le nombre des prévenus ou condamnés, afin que, dans le cas où l'un d'eux viendrait à tomber malade en route, il pût être déposé dans un hôpital sans retarder la marche des autres.

202. Dans chaque lieu de gîte, les prévenus ou condamnés sont déposés dans la maison d'arrêt.

En remettant ces prévenus ou condamnés au concierge, gardien ou geôlier, le commandant de l'escorte doit faire transcrire, en sa présence, sur le registre de la geôle, les ordres dont il est porteur, ainsi que l'acte de remise des prisonniers au concierge de la maison d'arrêt ou de détention, en indiquant le lieu où ils doivent être conduits.

Le tout doit être signé tant par les gendarmes que par le geôlier; celui-ci en délivre une copie au commandant de l'escorte pour sa décharge.

203. Dans le cas où il n'y aurait pas de maison d'arrêt ou de détention dans le lieu de résidence d'une brigade, les prévenus ou condamnés sont déposés dans la chambre de sûreté de la caserne de la gendarmerie. Ils y sont gardés par les gendarmes de la résidence jusqu'au départ du lendemain ou du jour fixé pour la correspondance; mais, si les prisonniers sont de différens sexes, les femmes sont remises à la garde de l'autorité locale, qui pourvoit à leur logement.

204. Le commandant de l'escorte qui a effectué le dépôt des prisonniers confiés à sa garde remet l'ordre du transférement et les pièces au commandant de la brigade qui doit le relever : celui-ci est tenu d'inscrire sur son registre-journal les noms des prisonniers, le nombre des pièces qui lui ont été remises, et le lieu où ils doivent être conduits; il devient dès lors responsable du transférement.

L'inscription ci-dessus prescrite est toujours faite en présence du commandant de l'escorte qui a amené les prisonniers : il signe sur le registre avec le commandant de la brigade, et, en l'absence de ce dernier, avec le gendarme qui doit le suppléer.

Si, à défaut de maison d'arrêt ou de détention, les prévenus ou condamnés ont été déposés dans la chambre de sûreté d'une brigade, le commandant de l'escorte qui a effectué ce dépôt s'en fait donner un reçu sur le journal ou feuille de service dont il est porteur.

205. Les mêmes dispositions ont lieu successivement dans toutes les brigades. La dernière escorte, après la remise des prévenus ou condamnés à leur destination, se fait donner une décharge générale, et des prisonniers qu'elle a conduits, et de toutes les pièces qui lui ont été confiées. A son retour à la résidence, le commandant de la dernière escorte fait mention de cette décharge sur son registre, et la joint aux autres pièces qui concernent le service de la brigade, afin de pouvoir la représenter au besoin.

206. Lorsque le transport des prévenus ou condamnés se fait par la correspondance des brigades, le commandant de l'escorte qui a été chargé de la conduite jusqu'au point de réunion, après avoir fait vérifier par le commandant de la nouvelle escorte l'identité des individus confiés à sa garde, et lui avoir remis toutes les pièces mentionnées dans l'ordre de transférement, se fait donner un reçu du tout sur la feuille de service.

Si le nombre des prisonniers amenés à la correspondance, ou si des circonstances particulières exigeaient un supplément de force, le commandant qui doit continuer l'escorte pourra requérir parmi les gendarmes présens le nombre d'hommes nécessaires à la sûreté des prisonniers.

207. Les gendarmes chargés d'une conduite, soit qu'elle ait lieu par la correspondance, ou qu'elle ait dû être continuée jusqu'à la station de la première brigade, doivent rentrer le même jour à leur résidence, à moins d'empêchement résultant du service ou de la distance des lieux : dans aucun cas, ils ne peuvent outre-passer la résidence de cette première brigade sans un ordre positif du commandant de la compagnie.

3.

208. Les sous-officiers et gendarmes employés au service de conduite ou de correspondance qui ne ramènent point de prisonniers ne reviennent pas par la même route; il leur est enjoint de se porter dans l'intérieur des terres, de visiter les hameaux, de fouiller les bois et les lieux suspects, et de prendre dans les fermes et maisons isolées toutes les informations qui pourraient leur fournir des renseignemens utiles.

209. Les sous-officiers et gendarmes montés qui sont chargés de conduire des prévenus ou condamnés marchent toujours à cheval, dans une bonne tenue militaire, et complètement armés; les sous-officiers et gendarmes à pied sont pareillement armés et équipés complètement. Dans le cas où les prisonniers doivent être conduits en poste, en vertu d'ordres supérieurs, l'escorte prend place dans les voitures avec les prisonniers.

210. Avant d'extraire des prisons les individus dont le transférement est ordonné de brigade en brigade, les sous-officiers et gendarmes s'assurent s'ils n'ont pas sur eux des objets tranchans, ou quelque instrument qui puisse servir à favoriser leur évasion; s'ils sont en état de supporter les fatigues de la route, et s'ils sont pourvus de vêtemens et chaussures.

211. Si un prisonnier confié à la gendarmerie tombe ou arrive malade dans une résidence de brigade où il n'y a ni prison ni hôpital, il reste déposé dans la chambre de sûreté de la caserne; les secours nécessaires lui sont administrés par les soins du maire ou de l'adjoint, mais jusqu'au moment seulement où il peut être transféré sans danger dans la maison de détention ou dans l'hôpital le plus à proximité.

Lorsqu'un prévenu ou condamné conduit à pied par la gendarmerie tombe malade en route, le maire ou l'adjoint du lieu le plus voisin, sur la réquisition des sous-officiers et gendarmes chargés de la conduite, est tenu de pourvoir aux moyens de transport jusqu'à la résidence de la brigade, la maison de détention ou l'hôpital le plus à proximité dans la direction de la conduite du prisonnier: si c'est une maison de détention, le prisonnier y est placé à l'infirmerie, et remis à la garde du concierge, qui en donne reçu; si c'est un hôpital civil, il est soigné dans un lieu sûr, sous la surveillance des autorités locales.

Dans ce cas, les papiers, objets et pièces de conviction, s'il y en a, restent entre les mains du sous-officier commandant la gendarmerie de l'arrondissement, et, après le rétablissement du prisonnier, sont joints à l'ordre de conduite, avec un certificat constatant l'entrée et la sortie de l'hôpital, ou les motifs du séjour prolongé, soit dans la maison de détention, soit dans la chambre de sûreté de la caserne.

Les commandans de brigade doivent veiller à ce que les prisonniers entrés aux hôpitaux civils n'y restent pas au-delà du temps nécessaire pour leur rétablissement.

212. Si les pièces jointes à l'ordre de transférement concernent plusieurs individus, dont l'un serait resté malade en route, la conduite de ceux qui sont en état de marcher n'est pas interrompue, et les pièces ne sont pas retenues; il est fait mention, sur l'ordre de transférement qui suit les autres prisonniers, des

causes qui ont fait suspendre la translation de l'un ou de quelques-uns d'entre eux.

213. En cas d'évasion d'un prévenu ou condamné déposé à l'infirmerie d'une maison de détention, ou soigné dans un hôpital, le commandant de la brigade de gendarmerie, au premier avis qu'il en reçoit, le fait rechercher et poursuivre, et se rend au lieu de l'évasion pour connaître s'il y a eu connivence, ou seulement défaut de surveillance, de la part des gardiens ; il rédige le procès-verbal de ses recherches, et l'adresse sur-le-champ, avec les autres pièces qui concernent l'évadé, au lieutenant de l'arrondissement ; celui-ci le transmet au commandant de la compagnie, qui en rend compte à l'autorité compétente.

214. En cas de mort, dans les hôpitaux civils ou militaires, d'un prévenu ou condamné, le commandant de la brigade se fait délivrer une expédition de l'acte de décès, pour être réunie aux autres pièces qui peuvent concerner le décédé, et il fait l'envoi du tout, dans les vingt-quatre heures, au lieutenant de la gendarmerie de l'arrondissement ; cet officier transmet ces pièces au commandant de la compagnie.

215. Le commandant de la compagnie, après avoir rassemblé toutes les pièces relatives au prisonnier évadé ou décédé, les fait parvenir sans délai, savoir :

Au ministre de la guerre, si c'était un militaire ;

Au ministre de la marine, s'il faisait partie de l'armée de mer ;

Au ministre de l'intérieur, si le prisonnier était condamné aux fers ou à la réclusion ;

Enfin, si le prisonnier était simplement prévenu d'un délit de la compétence des cours royales ou des tribunaux de première instance, à l'officier de police judiciaire qui a décerné le mandat d'amener, de dépôt, d'arrêt, ou qui a *requis* le transférement ; et, si c'était un condamné, à notre procureur royal près la cour ou le tribunal qui a prononcé la condamnation.

Il est également donné connaissance de l'évasion ou du décès du prisonnier à l'autorité devant laquelle il devait être traduit.

216. Lorsqu'un militaire est décédé dans une maison de détention, ou qu'il s'en est évadé, le sous-officier commandant la gendarmerie de l'arrondissement dresse un inventaire exact de l'argent et des effets qu'il a laissés ; il indique avec soin les noms et prénoms de ce militaire, le lieu de sa naissance, son département, et le corps dans lequel il servait.

L'inventaire est fait en triple expédition et signé par le concierge de la maison de détention, qui garde par-devers lui une des expéditions.

Les effets et l'argent sont transportés sans délai, par la voie de la correspondance des brigades, jusqu'à l'hôpital militaire le plus voisin, et remis, avec la seconde expédition de l'inventaire, à l'économe de l'hôpital, qui, après la vérification, donne son reçu au bas de la troisième expédition, laquelle reste entre les mains du commandant de la brigade de l'arrondissement où l'hôpital militaire est situé, pour servir à la décharge de ce sous-officier. Il est fait inscription de l'inventaire sur le registre d'ordre de la brigade.

A défaut d'hôpital militaire dans le département, les objets ci-dessus sont déposés, en suivant les mêmes formalités, dans les mains des administrateurs de l'hospice civil le plus voisin, pourvu toutefois que cet hospice soit du nombre de ceux qui reçoivent des militaires malades.

217. Si le concierge de la maison de détention déclare que le militaire mort ou évadé n'a laissé ni effets ni argent, le sous-officier commandant la gendarmerie dresse procès-verbal de cette déclaration, qu'il fait signer au concierge, et il en inscrit le contenu sur le registre d'écrou. Ce procès-verbal est pareillement transmis au commandant de la compagnie.

218. Il est expressément défendu à la gendarmerie de faire la conduite des militaires condamnés à la peine des travaux publics ou du boulet, avant d'avoir reçu une expédition individuelle et certifiée des jugemens, et de s'être assurée si les condamnés sont pourvus de tous les effets d'habillement et de petit équipement prescrit par les réglemens, et dont le détail doit être inscrit sur la feuille de route de chaque homme.

La gendarmerie veille avec la plus grande attention à ce qu'il ne soit détérioré ni détourné aucune partie de ces effets par les condamnés pendant la route, et principalement dans les lieux de gîte; si elle remarque qu'il leur manque quelques-uns de ces effets à la sortie des prisons, elle en dresse un procès-verbal que le concierge est tenu de signer.

Ce procès-verbal est joint à l'ordre de conduite des militaires condamnés pour servir à la décharge des gendarmes.

219. Les sous-officiers et gendarmes doivent prendre toutes les mesures de précaution pour mettre les prisonniers confiés à leur garde dans l'impossibilité de s'évader : toute rigueur qui ne serait pas nécessaire pour s'assurer de la personne d'un prévenu est expressément interdite. La loi défend à tous, spécialement aux dépositaires de la force armée, de faire aux personnes arrêtées aucun mauvais traitement ni outrage, même d'employer contre elles aucune violence, à moins qu'il n'y ait eu résistance ou rébellion, auquel cas seulement ils sont autorisés à repousser par la force les voies de fait commises contre eux dans l'exercice de leurs fonctions.

220. Dans le cas où quelques-uns des prisonniers confiés à la même escorte, et ayant la même direction, viendraient à s'évader, ceux qui restent sont toujours conduits à leur destination avec les pièces qui les concernent. Si tous les prisonniers sont parvenus à s'évader, les pièces sont envoyées sur-le-champ, avec le procès-verbal de l'évasion, au lieutenant de gendarmerie de l'arrondissement, lequel prend sur la nature et les circonstances de l'événement tous les renseignemens qui peuvent faire connaître s'il y a eu connivence ou seulement négligence de la part des gendarmes. Dans tous les cas, cet officier ordonne les recherches et les poursuites qu'il juge convenables pour atteindre les évadés, transmet le procès-verbal à notre procureur royal, et en informe le commandant de la compagnie. Il en est également rendu compte, sans délai, au ministre de la guerre. Le signalement des évadés est envoyé suivant l'ordre prescrit par l'article 215.

Le commandant de la brigade qui a fourni l'escorte des prisonniers fait mention, sur son journal, des évasions qui ont eu lieu, et des noms des gendarmes qui étaient chargés de la conduite.

221. Tout sous-officier ou gendarme convaincu d'avoir emprunté ou reçu, à quelque titre que ce soit, de l'argent ou des effets des prévenus ou condamnés dont le transfèrement lui a été confié, est réformé, sans préjudice des peines qui peuvent être prononcées contre lui.

222. Les sous-officiers et gendarmes sont tenus de veiller à ce que les prisonniers reçoivent exactement les subsistances qui doivent leur être fournies pendant la route : ils préviennent les maires ou adjoints des abus qui pourraient exister dans les fournitures, pour qu'ils puissent les réprimer sur-le-champ.

223. La même surveillance est exercée par les commandans de brigade lorsque des militaires sont détenus dans les maisons d'arrêt ou de détention : ils s'assurent si les concierges de ces prisons leur fournissent exactement les denrées prescrites par les réglemens; si la paille est renouvelée aux époques fixées et dans les quantités voulues, et si les chambres sont munies des ustensiles nécessaires. En cas de plainte de la part des détenus, les commandans de brigade en vérifient l'exactitude, et rendent compte à leurs chefs des abus qu'ils auraient découverts : les commandans de compagnie donnent aussitôt connaissance de ces abus aux préfets et aux sous-intendans militaires.

224. Il est défendu à la gendarmerie d'escorter des militaires *marchant isolément* ou en détachement, s'ils ne sont munis de feuilles de route individuelles, portant indication des fournitures qu'ils doivent recevoir en route.

Néanmoins les feuilles de route peuvent être collectives, mais seulement lorsque les militaires appartiennent à un même corps, et qu'ils doivent se rendre à la même destination.

En conséquence, toutes les fois que les commandans de brigade ont à faire de ces sortes d'escortes, le sous-intendant militaire, ou, à son défaut, le sous-préfet du lieu du départ, doit préalablement délivrer aux militaires des feuilles de route portant les indications ci-dessus.

225. La gendarmerie se fait représenter les feuilles de route des militaires marchant sans escorte. A l'égard de ceux auxquels il est accordé des transports, elle s'assure, par l'examen des mandats de fournitures dont les conducteurs de convois doivent être porteurs, s'il n'a pas été donné ou reçu de l'argent en remplacement de ces fournitures.

Tout militaire auquel il a été accordé un transport en est privé s'il est rencontré faisant sa route à pied : à cet effet, le sous-officier commandant la gendarmerie de l'arrondissement lui retire les mandats dont il se trouve porteur, et annote sur la feuille de route qu'il doit être privé du transport.

Ces mandats sont transmis aussitôt au commandant de la compagnie, et renvoyés par lui au sous-intendant militaire qui les a délivrés, pour être annulés.

226. Lorsqu'un convoi de poudres ou de munitions de guerre

marche sous l'escorte de la gendarmerie, et qu'il doit s'arrêter
dans une commune, si ce convoi n'a pas de commandant d'artillerie, le sous-officier de gendarmerie commandant l'escorte se
concerte avec l'autorité locale pour faire parquer le convoi dans
un lieu à l'abri de tout danger, et pour qu'à défaut de troupes
de ligne un poste suffisant de gardes nationales veille à sa sûreté
jusqu'au moment du départ. Dans ce dernier cas seulement, le
sous-officier de gendarmerie le est tenu de s'assurer par lui-même,
pendant la nuit, si le service se fait avec exactitude.

Les gendarmes chargés de ces escortes ne peuvent abandonner
les voitures confiées à leur garde, avant d'avoir été relevés. Les
mêmes précautions sont prises lors des escortes des deniers
royaux.

227. Il est expressément ordonné à la gendarmerie, dans ses
tournées, courses et patrouilles, de porter la plus grande attention sur tout ce qui peut être nuisible à la salubrité, afin de prévenir, autant que possible, les ravages des maladies contagieuses
et des épizooties. Les sous-officiers et gendarmes sont tenus, à
cet effet, de surveiller l'exécution des mesures de police prescrites par les réglemens : ils dressent procès-verbal des contraventions, pour que les poursuites soient exercées par qui de droit
contre les délinquans.

Lorsqu'ils trouvent des animaux morts sur les chemins ou
dans les champs, ils en préviennent les autorités locales, et les
requièrent de les faire enfouir ; en cas de refus ou de négligence,
les chefs de la gendarmerie, sur le rapport des commandans de
brigade, en informent les sous-préfets et préfets, pour qu'il soit
pris des mesures à cet égard.

DES COMPAGNIES DE GENDARMERIE PRÈS LES PORTS
ET ARSENAUX.

SECTION Ire. *Du Service de ces Compagnies.*

228. Les compagnies de la gendarmerie près les ports et arsenaux de la marine sont placées, pour tout ce qui concerne l'exécution de leur service, sous les ordres immédiats des intendans de
la marine et sous ceux des commissaires-généraux ou principaux
dans les arrondissemens où ces derniers remplissent les fonctions
d'intendans de la marine.

229. Les officiers, sous-officiers et gendarmes de ces compagnies
défèrent aux réquisitions qui leur sont faites par les chefs militaires des ports et les officiers de l'administration de la marine,
lesquels ne peuvent leur adresser de réquisitions que pour assurer le service et maintenir l'exécution des mesures de police et
de surveillance que les réglemens leur attribuent.

230. Les réquisitions sont toujours adressées dans les chefs-
lieux d'arrondissemens maritimes aux capitaines des compagnies,
et, sur les autres points, aux commandans des postes qui s'y
trouvent placés.

231. Les compagnies de gendarmerie des ports et arsenaux
fournissent un poste près des intendans de la marine et près les
commissaires-généraux ou principaux qui remplissent les fonc-

tions d'intendans. Lorsque ces intendans, commissaires-généraux ou principaux, visitent les ports et chantiers de construction, ils peuvent se faire accompagner par des gendarmes, pour assurer l'exécution des ordres qu'ils auraient à donner concernant le service.

232. Il n'est point établi habituellement de gendarmes près les chefs militaires des ports et les officiers de l'administration de la marine; mais ces officiers peuvent requérir qu'il soit fourni des gendarmes, lorsque l'intervention de la gendarmerie est nécessaire pour assurer leurs opérations.

233. Les abus qui pourraient avoir lieu dans l'emploi des gendarmes, comme ordonnances ou plantons, sont déférés, par les capitaines aux intendans de la marine, aux commissaires-généraux ou principaux qui en remplissent les fonctions, et aux officiers supérieurs de la gendarmerie, sans toutefois qu'on puisse se dispenser d'obtempérer aux réquisitions qui seraient faites.

234. Les sous-officiers et gendarmes ne peuvent être employés à porter la correspondance que dans les cas urgens et à défaut d'autres moyens; les réquisitions, pour ce genre de service, doivent être adressées par écrit. Les abus sont déférés ainsi qu'il est prescrit dans l'article précédent.

235. Les sous-officiers et gendarmes sont spécialement affectés à la police des ports et à l'exécution du service relatif à l'inscription maritime, et à toutes les opérations qui s'y rapportent, soit dans l'intérieur des ports, soit à l'extérieur. Ils surveillent les démarches des marins, observent leurs habitudes dans les ports, s'attachent à les reconnaître, afin de prévenir et de réprimer la désertion.

236. Ils sont envoyés sur les routes avoisinant les ports, pour arrêter et faire arrêter les déserteurs et les forçats évadés.

237. S'ils reconnaissent chez les marchands ou chez des particuliers des effets à la marque de la marine, ou qu'ils auraient lieu de croire lui appartenir, ils en dressent un procès-verbal ou font leur rapport, qu'ils remettent sur-le-champ à l'autorité compétente, pour qu'il soit procédé suivant les lois contre les détenteurs desdits effets.

Ils dressent procès-verbal des vols, effractions, arrestations et autres événemens parvenus à leur connaissance, ou pour lesquels ils auraient été requis.

238. Les gendarmes conduisent, soit aux tribunaux maritimes, soit près nos commissaires-royaux rapporteurs, les individus prévenus d'un délit dont la connaissance ressortit à ces tribunaux.

Ils sont chargés, d'après les instructions du commissaire de marine préposé aux chiourmes, de la surveillance extérieure des bagnes.

239. Les fonctions ci-dessus attribuées à la gendarmerie des ports et arsenaux, dans les chefs-lieux des arrondissemens maritimes, sont les mêmes dans les ports secondaires et dans les quartiers de l'inscription maritime.

240. Les sous-officiers et gendarmes ne peuvent se porter, même pour objet de service, hors de l'arrondissement qui leur a

été assigné, sans qu'ils y aient été autorisés par les intendans de la marine, ou par les commissaires généraux ou principaux qui en remplissent les fonctions, ou par le chef du service de la marine dans le port où ils sont employés.

241. Lorsqu'une levée est ordonnée, les gendarmes sont envoyés dans les communes des quartiers, non seulement pour porter les ordres de l'officier d'administration aux préposés et syndics, mais encore pour en seconder, s'il y a lieu, l'exécution.

Ils donnent ou requièrent main-forte, au besoin, pour assurer l'effet de la levée.

Ils traduisent dans les prisons les marins coupables de désobéissance et de désertion.

En cas d'insubordination, de voies de fait, ou de tous autres délits contre les réglemens maritimes, ils se portent, sur la réquisition de l'officier d'administration, à bord des navires de commerce ou autres, dressent les procès-verbaux de ces délits, et les transmettent à l'officier d'administration.

Ils accompagnent l'officier d'administration sur les lieux où il doit se transporter à l'occasion de bris, de naufrages ou échouemens.

SECTION II. *Des Rapports de la Gendarmerie près les Ports et Arsenaux avec les Intendans de la marine et les chefs militaires des ports.*

242. En l'absence de nos commissaires royaux rapporteurs, les capitaines de la gendarmerie des ports et arsenaux en remplissent les fonctions près les tribunaux maritimes.

243. Les capitaines rendent compte sur-le-champ aux majors généraux et majors de la marine des événemens qui pourraient intéresser la sûreté des ports et arsenaux, et ils leur communiquent tous les renseignemens qu'ils ont obtenus.

Ils les instruisent également, par des rapports fréquens, de la situation des divers ports secondaires et quartiers maritimes.

Ces mêmes officiers rendent des comptes semblables aux intendans de la marine et aux commissaires-généraux ou principaux qui en remplissent les fonctions.

244. Les lieutenans des compagnies de gendarmerie des ports et arsenaux adressent directement à l'officier de marine qui commande dans l'arrondissement où est fixée leur résidence, les rapports qui seraient de nature à intéresser la sûreté dudit arrondissement; ils en envoient sur-le-champ copie à leur capitaine, auquel sont dus exclusivement les comptes sur la tenue, police et discipline des sous-officiers et gendarmes.

245. Les intendans de la marine, les commissaires-généraux ou principaux qui en remplissent les fonctions, les majors-généraux et majors des ports, prescrivent les punitions que doivent subir les officiers, sous-officiers et gendarmes, pour infraction à leurs ordres, ou pour des fautes commises dans le service; ils se conforment, selon la gravité des cas, aux dispositions des articles 257 et 258 de la présente ordonnance.

Ces punitions sont infligées par les capitaines lorsqu'elles concernent des lieutenans ou des sous-officiers et gendarmes, et par le colonel de la légion, si la punition doit être infligée à un capitaine.

Lorsque les autres officiers ou administrateurs de la marine ont à se plaindre des officiers, sous-officiers ou gendarmes, ils doivent s'adresser, soit à l'intendant de la marine de leur arrondissement, soit au commissaire-général ou principal qui en remplit les fonctions, soit au major-général ou major des ports, soit au capitaine de la compagnie, qui, s'il y a lieu, ordonnent des punitions, en se conformant aux dispositions ci-dessus.

246. Les colonels de gendarmerie punissent directement les militaires des compagnies des ports et arsenaux pour insubordination et autres fautes de discipline militaire.

247. Chaque trimestre, les commissaires de marine peuvent constater l'effectif des brigades de gendarmerie affectées au service des ports : à cet effet, ils passent la revue des hommes présens dans le lieu de leur résidence; mais ils ne doivent donner aucun ordre pour le déplacement des gendarmes qui sont attachés à des quartiers maritimes. L'existence de ces militaires est constatée par les certificats qu'adressent les administrateurs de la marine chargés du service de ces quartiers.

248. Pour éviter de trop longs déplacemens et des absences nuisibles au service des ports et arsenaux, lors des revues des inspecteurs-généraux et des colonels de la gendarmerie, les sous-officiers et gendarmes disséminés dans les différens quartiers maritimes se rendent, pour la revue, sur les points de réunion des brigades des départemens les plus rapprochés de leur quartier; lors même que ces points de réunion ne seraient pas dans la circonscription de la légion et de l'arrondissement d'inspection dont ils font partie.

L'extrait de la revue pour les gendarmes maritimes, dans cette position, est adressé au colonel ou à l'inspecteur-général qui a dans son arrondissement le chef-lieu de la compagnie où se fait la revue principale.

249. Les colonels de gendarmerie ne peuvent distraire les brigades des compagnies près des ports et arsenaux des fonctions qui leur sont spécialement attribuées, pour appuyer l'action de la gendarmerie des départemens, sans y avoir été formellement autorisés par les intendans de la marine, ou par les commissaires généraux ou principaux qui en remplissent les fonctions.

Réciproquement, dans le cas où lesdits intendans, commissaires-généraux ou principaux de la marine, jugeraient indispensable de faire appuyer l'action de la gendarmerie des ports et arsenaux par la gendarmerie des départemens, cette mesure ne pourra avoir lieu que de concert avec les officiers supérieurs de la gendarmerie.

250. Les capitaines des compagnies de gendarmerie près les ports et arsenaux rendent compte au colonel de la légion de ce qui concerne l'administration, la tenue, la police et la discipline de leur compagnie, et des résultats généraux du service.

CHAPITRE III.

POLICE ET DISCIPLINE, ORDRE INTÉRIEUR.

Délits et Crimes commis par la Gendarmerie.

251. Les officiers, sous-officiers et gendarmes sont justiciables des tribunaux ordinaires et des cours d'assises, pour les délits et les crimes commis hors de leurs fonctions ou dans l'exercice de leurs fonctions relatives au service de police administrative et judiciaire dont ils sont chargés, et des tribunaux militaires, pour les délits et les crimes relatifs au service et à la discipline militaire.

Les militaires de tout grade de la gendarmerie sont réputés être dans l'exercice de leurs fonctions lorsqu'ils sont revêtus de leur uniforme.

252. Si l'officier, sous-officier ou gendarme est accusé tout à la fois d'un délit ou crime militaire et de tout autre délit ou crime de la compétence des tribunaux ordinaires et des cours d'assises, la connaissance en appartient à ces tribunaux ou cours d'assises, qui peuvent appliquer, s'il y a lieu, les peines portées au code pénal militaire, quand, pour raison du délit ou crime militaire, les officiers, sous-officiers et gendarmes ont encouru une peine plus forte que celle résultante du délit ou crime qui ne serait pas militaire par sa nature.

253. Les militaires de la gendarmerie qui ne rejoindraient pas, à l'expiration des congés ou permissions, et ceux qui quitteraient leur poste sans autorisation, seront censés démissionnaires; s'ils sont débiteurs au corps, ou si leur disparition est accompagnée de circonstances aggravantes, ils seront réputés déserteurs.

Quant aux sous-officiers et soldats extraits de la ligne pour le recrutement de la gendarmerie, ils continueront, jusqu'à ce qu'ils aient achevé le temps de service prescrit par la loi du 10 mars 1818 (10), d'être assujettis aux lois et ordonnances qui concernent les militaires des corps de la ligne.

Fautes contre la discipline.

254. Sont réputées fautes contre la discipline :

Tout défaut d'obéissance, tant qu'il n'a pas le caractère d'un délit ;

Tout murmure, mauvais propos et signe de mécontentement envers des supérieurs, tout manquement au respect qui leur est dû ;

Tout propos humiliant ou outrage envers un inférieur, et tout abus d'autorité à son égard ;

Toute négligence de la part des chefs à punir les fautes de leurs subordonnés et à en rendre compte aux supérieurs ;

Toute violation des punitions de discipline ;

Tout dérèglement de conduite, la passion du jeu et l'habitude de contracter des dettes ;

Les querelles soit entre les hommes de la gendarmerie, soit avec d'autres militaires ou des habitans des villes et campagnes, et seulement à l'égard de ces derniers, lorsque les querelles ne sont pas de nature à être portées devant les juges civils qui doivent en connaître ;

L'ivresse, pour peu qu'elle trouble l'ordre public ou militaire;

Le manquement aux appels, et toute absence non autorisée;

Toute contravention aux réglemens sur la police, la discipline et sur les différentes parties du service;

Enfin tout ce qui, dans la conduite ou dans la vie habituelle du militaire, s'écarte de la règle, de l'ordre, de l'esprit d'obéissance et de la déférence que le subordonné doit à ses chefs.

Des punitions de discipline.

255. Les officiers, sous-officiers et gendarmes sont soumis, chacun en ce qui le concerne, aux réglemens de discipline militaire et aux peines que les supérieurs sont autorisés à infliger pour les fautes et les négligences dans le service.

256. Les colonels de la gendarmerie peuvent, d'après le compte qui leur est rendu, infirmer, restreindre ou augmenter les punitions qui auraient été prononcées par les officiers et commandans de brigade sous leurs ordres, sans qu'ils puissent, dans aucun cas, s'écarter des règles qui sont prescrites ci-après pour la nature et la durée des punitions.

257. Les punitions de discipline sont,

Pour les officiers de la gendarmerie,

Les arrêts simples,

Les arrêts forcés,

La prison;

Pour les sous-officiers et gendarmes,

La consigne aux casernes,

La chambre de police,

La prison.

258. La peine des arrêts simples, des arrêts forcés, de la consigne, de la chambre de police et de la prison, ne peut être infligée pour moins de trois jours ni plus de quinze jours. Cependant, si un officier, sous-officier ou gendarme commettait une faute contre la discipline de nature à mériter une plus forte punition, les colonels sont autorisés à prolonger la durée de la peine de la prison jusqu'à ce que le ministre de la guerre ait prononcé, si c'est un sous-officier ou gendarme, ou qu'il ait pris nos ordres, si c'est un officier.

Les colonels de gendarmerie sont tenus d'adresser leur rapport au ministre de la guerre, dans les trois jours à partir de celui où ils ont cru devoir prolonger la peine de la prison.

259. Les arrêts simples, la consigne et la chambre de police n'exemptent point du service.

260. Les commandans de brigade peuvent infliger la peine de la consigne et de la chambre de police à leurs subordonnés; la peine de la prison n'est infligée que par les officiers.

Les arrêts simples peuvent être ordonnés à chaque officier par son supérieur en grade ou celui qui en exerce l'autorité : les arrêts forcés et la prison ne sont ordonnés que par le colonel de la légion.

261. Tout officier, sous-officier ou gendarme, lors même qu'il se croirait injustement puni et fondé à se plaindre, est tenu de se soumettre à la punition de discipline prononcée contre lui;

mais il peut, après avoir obéi, faire ses réclamations près de l'officier du grade immédiatement supérieur à celui qui a ordonné la punition.

262. Il est rendu compte sur-le-champ aux colonels des légions, en suivant la hiérarchie des grades, de toutes les punitions, de leurs motifs et des réclamations auxquelles elles ont pu donner lieu. Chaque trimestre, un extrait de ces rapports est adressé par les colonels au ministre de la guerre.

Règles particulières.

283. Les commandans de compagnie doivent tenir sévèrement la main à ce que leurs subordonnés ne se livrent point à des dépenses qui les mettraient dans le cas de contracter des dettes ; celles qui auraient pour objet la subsistance des hommes ou des fournitures relatives au service seront payées au moyen d'une retenue, jusqu'à concurrence du cinquième de la solde proprement dite.

Ces retenues sont ordonnées par les colonels des légions, indépendamment des punitions de discipline qu'ils croient devoir prononcer.

264. Tout officier de gendarmerie qui, s'étant laissé poursuivre judiciairement pour dettes contractées par billets, lettres de change, obligations ou mémoires arrêtés par lui, aura été condamné par jugement définitif, ne pourra rester au service si, dans le délai de deux mois, il ne satisfait pas à ses engagemens : dans ce cas, le jugement porté contre lui équivaudra, après ce délai, à une démission précise de son emploi.

265. L'habitude de s'enivrer, quand bien même elle ne serait pas accompagnée de circonstances aggravantes, suffit pour motiver l'exclusion du corps de la gendarmerie : en conséquence, tout militaire de ce corps qui a subi des punitions de discipline à trois reprises différentes, pour cause d'ivrognerie, peut être réformé.

266. Si, pour des faits particuliers à l'administration des compagnies de gendarmerie, les intendans ou sous-intendans militaires qui en ont la police, avaient des punitions à imposer aux présidens des conseils d'administration et aux trésoriers, ils en formeraient la demande au colonel de la légion, qui sera tenu de les ordonner et de les faire subir.

267. Le commandant de chaque compagnie tient le registre de discipline, sur lequel il inscrit les actions remarquables, les opérations importantes, les fautes commises et les punitions infligées. Un extrait de ce registre est adressé chaque mois au colonel de la légion.

268. Lors de leurs revues, les inspecteurs-généraux de la gendarmerie se font représenter les registres de discipline ; ils peuvent les rectifier d'après les renseignemens particuliers qu'ils ont recueillis.

269. S'ils reconnaissaient que des officiers, sous-officiers ou gendarmes ont subi des punitions de discipline réitérées, ils adressent au ministre de la guerre leur rapport sur ceux de ces

militaires qui ne leur paraissent pas susceptibles d'être maintenus dans le corps de la gendarmerie, ou qu'il conviendrait de soumettre à des changemens de résidence.

270. Les inspecteurs-généraux de la gendarmerie peuvent décerner des éloges publics aux officiers, sous-officiers et gendarmes qui les ont mérités par leur conduite et leurs services, mais ils ne font de réprimandes qu'en particulier, ou, s'il est nécessaire, en présence de la troupe seule.

Ordre intérieur.

271. Les officiers de tout grade de la gendarmerie ne peuvent se marier sans en avoir obtenu la permission du ministre de la guerre.

272. Les sous-officiers et gendarmes ne peuvent également se marier sans en avoir obtenu la permission du commandant de la compagnie, approuvée par le colonel de la légion.

Dans le cas où cet officier supérieur croirait devoir refuser son consentement, il est tenu d'en faire connaître les motifs au ministre de la guerre, qui prononce définitivement.

273. Les maréchaux-des-logis, brigadiers et gendarmes logent dans les casernes ou maisons qui en tiennent lieu; ils ne peuvent découcher que pour objet de service. A moins que les circonstances n'exigent l'emploi de la brigade tout entière, il y a toujours un gendarme de garde à la caserne.

274. Les femmes et les enfans des sous-officiers et gendarmes peuvent habiter les casernes : ils doivent y tenir une conduite régulière, sous peine d'en être renvoyés d'après les ordres du colonel de la légion.

275. Aucun sous-officier ou gendarme ne peut faire commerce, tenir cabaret, ni exercer aucun métier ou profession; les femmes ne peuvent également, dans la résidence de leur mari, tenir cabaret, billard, café ou tabagie.

276. Hors le cas de service, les maréchaux-des-logis, brigadiers et gendarmes sont tenus de rentrer à la caserne à neuf heures du soir en hiver, et à onze heures en été.

277. Les gendarmes ne peuvent s'absenter de la caserne sans en prévenir le commandant de la brigade, et sans lui dire où ils vont, afin qu'on puisse les trouver au besoin : il leur est enjoint d'être constamment dans une bonne tenue militaire.

278. Les maréchaux-des-logis et brigadiers surveillent l'intérieur des casernes; ils ont soin de les faire entretenir dans le meilleur état de propreté, et ils empêchent qu'il n'y soit commis des dégradations.

279. Autant que le service le permet, les chevaux sont pansés à la même heure : les commandans de brigade sont présens au pansage ainsi qu'aux distributions; ils sont responsables des négligences ou abus qu'ils auraient tolérés.

280. Les gendarmes commandés pour un service ne doivent jamais partir de la caserne avant que le chef de la brigade ait fait l'inspection des hommes, des chevaux et des armes. Au retour, la même inspection est faite, pour voir si les hommes rentrent dans une bonne tenue, et si les chevaux n'ont pas été surmenés.

Remontes.

281. Tout militaire qui sera admis dans l'arme à cheval de la gendarmerie devra se pourvoir, à ses frais, d'un cheval de l'âge de cinq ans au moins et de huit ans au plus, de la taille d'un mètre cinq cent seize millimètres sous potence, à tous crins, noir, bai ou alezan, qui soit bien tourné et d'un bon service.

282. Les chevaux seront reçus par le conseil d'administration, qui ne pourra les admettre s'ils ne réunissent les qualités ci-dessus. Les marchés devront toujours stipuler les garanties à exiger pour les cas redhibitoires.

Aussitôt après leur réception, les chevaux seront signalés sur les contrôles de la compagnie, et les fourrages seront fournis par les magasins des brigades.

283. Il ne doit être admis dans la gendarmerie ni chevaux entiers ni jugens.

284. Les officiers de tout grade de la gendarmerie, à l'exception des trésoriers dont le service est sédentaire, sont tenus d'être constamment pourvus d'un cheval d'escadron. S'ils restent démontés au-delà d'un mois, ils éprouvent sur leur traitement la retenue d'un franc par jour ; et s'ils ne sont pas remontés dans le délai de trois mois, ils sont censés démissionnaires.

285. Toutes les fois qu'un sous-officier ou gendarme sera démonté, il devra, dans le délai d'un mois, présenter un cheval ayant les qualités requises ; passé ce temps, il sera pourvu à sa remonte par les soins du conseil d'administration.

286. Dans l'intervalle des inspections, aucun sous-officier ou gendarme ne pourra vendre ni échanger son cheval.

Cependant, si de puissantes considérations nécessitent la prompte réforme d'un cheval, le colonel de la légion, sur la demande du lieutenant, et d'après l'avis du commandant de la compagnie, pourra autoriser l'échange ou la vente : mais, à la prochaine revue, il en sera rendu compte à l'inspecteur-général, qui vérifiera l'exactitude des motifs d'urgence ; et, s'il y a eu abus, il en sera fait un rapport spécial à notre ministre de la guerre.

287. Le prix des chevaux vendus, soit d'après la réforme ordonnée par l'inspecteur-général, soit d'après l'autorisation du colonel de la légion, sera versé dans la caisse du conseil d'administration, pour servir, par forme d'à-compte, au paiement des chevaux de remonte.

288. Il est expressément défendu aux sous-officiers et gendarmes de prêter leurs chevaux, ou de les employer à tout autre usage que pour le service : ceux qui contreviendraient à cette défense seront punis ; ils encourront la réforme lorsqu'il y aura récidive.

289. Les commandans de brigade veilleront à ce que les chevaux des gendarmes absens ou malades reçoivent les soins convenables ; ils les feront promener, et pourront les employer pour le service : dans ce cas, le gendarme qui montera le cheval d'un homme absent ou malade sera responsable des accidens qui proviendraient de sa négligence, de défaut de soins ou de menagement. Lorsque ce gendarme rentrera à la caserne, il devra en prevenir sur-le champ le commandant de la brigade, pour que celui-ci inspecte le cheval avant qu'il soit conduit à l'écurie.

200 Les sous-officiers et gendarmes qui quitteront le corps ne pourront disposer de leurs chevaux qu'avec l'agrément d'un conseil d'administration de la compagnie. Dans le cas où ce conseil croirait que le cheval dût être conservé et passé à un autre gendarme, la valeur en sera fixée par des experts qui seront nommés par les parties intéressées, et le prix en sera remis comptant au gendarme cessionnaire, s'il se trouve ne rien devoir à la masse de la compagnie.

Les chevaux des sous-officiers et gendarmes décédés pourront être également conservés ; le prix en sera réglé par des experts, et remis, s'il y a lieu, aux héritiers.

Démissions et congés.

201. Les militaires qui, après être libérés du service, ont obtenu leur admission dans la gendarmerie, peuvent demander leur démission à l'époque des revues ; ces demandes sont examinées par l'inspecteur général, et transmises au ministre de la guerre, qui prononce définitivement.

Toutefois, si, dans l'intervalle des inspections, quelques-uns de ces militaires justifient que de puissans motifs les forcent à se retirer de la gendarmerie, les demandes qu'ils adressent par la voie hiérarchique au colonel de la légion sont soumises, avec les observations de cet officier supérieur, au ministre de la guerre, qui accorde des démissions, s'il y a lieu.

202. Les sous-officiers et gendarmes qui ne conviennent pas au service de la gendarmerie sont congédiés ou réformés purement et simplement par le ministre de la guerre.

Les congés de réforme et les congés absolus sont expédiés d'après ses ordres.

203. Le ministre de la guerre, sur la proposition des colonels de légion, accorde, s'il le juge convenable, des congés limités avec demi-solde aux officiers, sous-officiers et gendarmes, pour leurs affaires personnelles. La durée de ces congés ne peut excéder trois mois.

Si des affaires urgentes exigeaient que des officiers, sous-officiers ou gendarmes s'absentassent pour huit jours au plus, les colonels de légion peuvent accorder les permissions nécessaires, à la charge d'en rendre compte sur-le-champ au ministre de la guerre.

Changemens de résidence.

204. Les changemens de résidence peuvent être ordonnés, soit dans l'intérêt du service, soit pour l'avantage personnel des officiers, sous-officiers et gendarmes : le ministre de la guerre prononce seul sur ces changemens.

Dispositions générales.

205. Une des principales obligations de la gendarmerie étant de veiller à la sûreté individuelle, elle doit assistance à toute

personne qui réclame son secours dans un moment de danger. Tout militaire du corps de la gendarmerie qui ne satisferait pas à cette obligation lorsqu'il en aurait la possibilité, se constituerait en état de prévarication dans l'exercice de ses fonctions.

296. Tout acte de la gendarmerie qui troublerait les citoyens dans l'exercice de leur liberté individuelle est un abus du pouvoir. Les officiers, sous-officiers et gendarmes qui s'en rendraient coupables, encourront leur réforme, indépendamment des poursuites judiciaires qui seraient exercées contre eux.

297. Hors le cas de flagrant délit déterminé par les lois, la gendarmerie ne peut arrêter aucun individu, si ce n'est en vertu d'un ordre où d'un mandat délivré par l'autorité compétente. Tout officier, sous-officier ou gendarme qui, en contravention à cette disposition, donne, signe, exécute ou fait exécuter l'ordre d'arrêter un individu, ou l'arrête effectivement, est poursuivi judiciairement et puni comme coupable de détention arbitraire.

298. Les mêmes peines ont lieu contre tout militaire du corps de la gendarmerie qui, même dans le cas d'arrestation pour flagrant délit, ou dans tous les autres cas autorisés par les lois, conduirait ou retiendrait un individu dans un lieu de détention non légalement et publiquement désigné par l'autorité adminis. trative pour servir de maison d'arrêt, de justice ou de prison.

299. Tout individu arrêté en flagrant délit par la gendarmerie, dans les cas déterminés par l'article 179 de la présente ordonnance, et contre lequel il n'est point intervenu de mandat d'arrêt ou un jugement de condamnation à des peines en matière correctionnelle ou criminelle, est conduit à l'instant devant l'officier de police; il ne peut être transféré ensuite dans une maison d'arrêt ou de justice qu'en vertu du mandat délivré par l'officier de police.

300. Dans le cas seulement où, par l'effet de l'absence de l'officier de police, le prévenu arrêté en *flagrant délit* ne pourrait être entendu immédiatement après l'arrestation, il peut être déposé dans l'une des salles de la mairie, où il est gardé à vue jusqu'à ce qu'il puisse être conduit devant l'officier de police; mais, sous quelque prétexte que ce soit, cette conduite ne peut être différée au-delà de vingt-quatre heures. L'officier, sous-officier ou gendarme qui aurait retenu plus long-temps le prévenu sans le faire comparaître devant l'officier de police, sera poursuivi comme coupable de détention arbitraire.

301. Tout individu qui outrage ou menace les militaires du corps de la gendarmerie dans l'exercice de leurs fonctions, est arrêté et traduit devant l'officier de police de l'arrondissement pour être jugé et puni selon la rigueur des lois.

302. Si la gendarmerie est attaquée dans l'exercice de ses fonctions, elle requiert, *de par la loi*, l'assistance des citoyens présens, à l'effet de lui prêter main-forte, tant pour repousser les attaques dirigées contre elle que pour assurer l'exécution des réquisitions et ordres dont elle est chargée.

303. Les militaires de la gendarmerie, *requis*, soit pour assurer l'exécution de la loi, des jugemens, ordonnances, mandemens de justice ou de police, soit pour dissiper les émeutes

populaires ou attroupemens séditieux, soit pour en saisir les chefs auteurs et fauteurs, ne peuvent déployer la force des armes que dans les deux cas suivans :

Le premier, si des violences ou voies de fait sont exercées contre eux ;

Le second, s'ils ne peuvent défendre autrement le terrain qu'ils occupent, les postes ou les personnes qui leur seraient confiés, ou enfin si la résistance était telle qu'elle ne pût être vaincue autrement que par le développement de la force des armes.

304. Dans le cas d'émeute populaire, et lorsque la résistance ne peut être vaincue que par la force des armes, la gendarmerie n'en fait usage qu'après que l'autorité administrative du lieu a sommé, *de par la loi*, les personnes attroupées de se retirer paisiblement.

Après cette sommation trois fois réitérée, si la résistance continue, la force des armes est à l'instant déployée contre les séditieux, sans aucune responsabilité des événemens; et ceux qui peuvent être saisis ensuite sont livrés aux officiers de police pour être jugés et punis selon la rigueur des lois.

Enfin, à défaut et en cas d'absence de l'autorité locale, la gendarmerie, après avoir épuisé tous les moyens de persuasion, et après trois sommations *de par la loi*, est autorisée à vaincre la résistance par la force des armes, sans être responsable des événemens.

305. Lorsqu'une émeute populaire prend un caractère et un accroissement tels, que la gendarmerie se trouverait trop faible pour vaincre la résistance par la force des armes, elle dresse procès-verbal, dans lequel elle signale les chefs, auteurs et fauteurs de la sédition.

306. Les militaires du corps de la gendarmerie qui refuseraient d'obtempérer aux réquisitions légales de l'autorité civile seront réformés d'après le compte qui en sera rendu au ministre de la guerre, sans préjudice des peines dont ils pourraient être passibles, si par suite de leur refus la sûreté publique avait été compromise.

307. Toutes les fois que la gendarmerie est requise pour une opération quelconque, elle en dresse procès-verbal, même en cas de non-réussite, pour constater son transport et ses recherches.

308. Les procès-verbaux des sous-officiers et gendarmes sont faits sur papier libre : ceux de ces actes qui seraient de nature à donner lieu à des poursuites judiciaires sont préalablement enregistrés en débet ou *gratis*, suivant les distinctions établies par la loi du 22 frimaire an VI et notre ordonnance du 22 mai 1816 (11).

Ils seront présentés à la formalité par les gendarmes, lorsqu'il se trouvera un bureau d'enregistrement dans le lieu de leur résidence; dans le cas contraire, l'enregistrement aura lieu à la diligence du ministère public chargé des poursuites.

* Voir ci-après l'art. 1er de la loi sur les attroupemens.

309. Les gardes forestiers étant appelés à concourir, au besoin, avec la gendarmerie, au maintien de l'ordre et de la tranquillité publique, et les brigades de gendarmerie devant prêter main-forte pour la répression des délits forestiers, les inspecteurs ou sous-inspecteurs des eaux et forêts et les commandans de la gendarmerie se donnent réciproquement connaissance des lieux de résidence des gardes forestiers et des brigades et postes de gendarmerie, pour assurer de concert l'exécution des mesures et des réquisitions, toutes les fois qu'ils doivent agir simultanément.

310. Les gardes champêtres des communes sont placés sous la surveillance des commandans des brigades de gendarmerie, qui tiennent un registre particulier sur lequel ils inscrivent les noms, l'âge et le domicile de ces gardes champêtres.

311. Les officiers et sous-officiers de gendarmerie s'assurent, dans leurs tournées, si les gardes champêtres remplissent bien les fonctions dont ils sont chargés; ils donnent connaissance aux sous-préfets de ce qu'ils ont appris sur la conduite et le zèle de chacun d'eux.

312. Dans des cas urgens, ou pour des objets importans, les sous-officiers de gendarmerie peuvent mettre en réquisition les gardes champêtres d'un canton, et les officiers ceux d'un arrondissement, soit pour les seconder dans l'exécution des ordres qu'ils ont reçus, soit pour le maintien de la police et de la tranquillité publique : mais ils sont tenus de donner avis de cette réquisition aux maires et aux sous-préfets, et de leur en faire connaître les motifs généraux.

313. Les officiers et sous-officiers de gendarmerie adressent, au besoin, aux maires, pour être remis aux gardes champêtres, le signalement des individus qu'ils ont l'ordre d'arrêter.

314. Les gardes champêtres sont tenus d'informer les maires, et ceux-ci les officiers et sous-officiers de gendarmerie, de tout ce qu'ils découvrent de contraire au maintien de l'ordre et de la tranquillité publique; ils leur donnent avis de tous les délits qui ont été commis dans leurs territoires respectifs.

315. Les officiers, sous-officiers et gendarmes sont exempts des droits de péage et de passage de bacs, ainsi que les voitures, chevaux et personnes qui marchent sous leur escorte.

316. Les militaires de tout grade de la gendarmerie qui, d'après les réglemens, jouissent de la franchise et du contre-seing des lettres, et qui abuseraient de cette franchise pour une correspondance étrangère à leurs fonctions, seront envoyés dans un autre département, et, en cas de récidive, ils encourront la réforme.

317. La gendarmerie ne peut être distraite de ses fonctions pour servir d'ordonnance ni pour être employée à des services personnels; les officiers de gendarmerie ne peuvent non plus, pour les devoirs qui leur sont propres, interrompre les tours de service d'aucun sous-officier ou gendarme. Il est rendu compte au ministre de la guerre de toute contravention à cette défense.

318. Les demandes ou les réclamations que les militaires de la gendarmerie sont dans le cas d'adresser au ministre de la guerre doivent lui parvenir, savoir : pour ce qui concerne le personnel,

par les colonels des légions ; et pour les réclamations relatives à des pertes ou à d'autres objets administratifs, par le conseil d'administration de la compagnie à laquelle l'homme appartient.

Seulement, en cas de déni de justice, les militaires du corps de la gendarmerie peuvent réclamer directement du ministre de la guerre le redressement des griefs ou des abus dont ils auraient à se plaindre. Ils joignent à leur réclamation toutes les pièces justificatives, pour qu'il y soit fait droit, s'il y a lieu.

310. Les corps de la gendarmerie d'élite et de la gendarmerie de Paris conservent, à raison de la spécialité de leur service, la constitution particulière qui leur a été donnée par nos ordonnances.

Ils sont soumis d'ailleurs aux règles établies par la présente ordonnance pour la police et la discipline de la gendarmerie.

320. Nos ministres sont chargés, chacun en ce qui le concerne, de l'exécution de la présente ordonnance, qui sera insérée au Bulletin des lois.

Donné en notre château des Tuileries, le 29 octobre de l'an de grâce 1820, et de notre règne le vingt-sixième.

Signé LOUIS.

Par le Roi :

Le Ministre Secrétaire d'état de la guerre,

Signé MARQUIS V. DE LA TOUR-MAUBOURG.

EXTRAITS

Des Lois, Décrets, Ordonnances et Circulaires cités dans l'Ordonnance du 29 octobre 1820, et dans l'Instruction ministérielle pour sa mise à exécution.

INSTRUCTION MINISTÉRIELLE.

(I) Page 3. *Honneurs et Préséances.*

Décret du 24 messidor an XII.

Titre XVI, art. 13. — Les généraux de division employés auront une garde de trente hommes commandée par un lieutenant ; le tambour rappellera.

19. Les gardes ou postes des places ou quartiers prendront les armes ou monteront à cheval, quand ils passeront devant eux ; les tambours et trompettes desdites gardes rappelleront.

20. Quand ils verront les troupes pour la première ou dernière fois, les officiers supérieurs salueront ; les étendards et drapeaux ne salueront pas ; les tambours et trompettes rappelleront.

21. Il leur sera fait des visites de corps en grande tenue ; et le mot d'ordre leur sera porté par un officier de l'état-major de l'armée ou de la place.

22. Ils auront habituellement, à la porte de leur logis, des sentinelles tirées des grenadiers.

23. Les généraux de divisions inspecteurs recevront, pendant le temps de leur inspection seulement, les mêmes honneurs que les généraux de divisions employés.

Titre XV, art. 6. — Les généraux de brigade employés auront quinze hommes de garde, commandés par un sergent; un tambour conduira cette garde, mais il ne restera point. Les gardes prendront et porteront les armes, ou monteront à cheval et mettront le sabre à la main; les tambours et trompettes seront prêts à battre ou à sonner. Ils auront une sentinelle tirée des fusiliers. Il leur sera fait des visites de corps. Quand ils verront les troupes pour la première et dernière fois, ils seront salués par les officiers supérieurs. Le mot d'ordre leur sera porté par un sergent.

Titre XXV, art. 8. — Dans les cas où les garnisons ne seront pas assez nombreuses pour fournir des gardes aux officiers généraux qui se trouveront dans la place, ou lorsque lesdits officiers généraux jugeront à propos de ne pas conserver leur garde en entier, on mettra seulement des sentinelles à la porte de leur logis; savoir : deux sentinelles tirées des grenadiers à la porte d'un général de division, et deux tirées des fusiliers à la porte d'un général de brigade. Le nombre d'hommes nécessaire pour fournir ces sentinelles sera placé dans le corps-de-garde le plus voisin du logement où ces sentinelles devront être posées.

(2) Page 3. *Honneurs et Préséances.*

Décret du 27 février 1811, sur le logement et les honneurs dus aux Présidens des Cours d'assises.

Art. 1er. Dans toute commune où se tiendront les assises, le magistrat qui viendra les présider sera logé soit à l'Hôtel-de-Ville, soit au Palais de justice, s'il s'y trouve des appartemens commodes et meublés; dans le cas contraire, dans une maison particulière et meublée, qui aura été d'avance désignée par le maire.

2. Pour éviter toute charge qui retomberait souvent sur le même individu, le maire sera tenu de désigner successivement les principales maisons de la commune qui offrent la possibilité de disposer d'un appartement décent et commode, sans que le propriétaire ou le principal locataire de ladite maison soit obligé de l'abandonner.

3. Une brigade de gendarmerie se portera cent pas au-delà des portes de la ville, au-devant du président de la cour d'assises, et l'escortera jusqu'à son domicile : une brigade de gendarmerie l'escortera de même à son départ.

4. Le maire et ses adjoints le recevront au haut de l'escalier de la maison qui lui est destinée, et l'y installeront; il sera reçu dans l'intérieur de son appartement par le tribunal en corps.

5. Il aura, pendant tout le temps de sa résidence, à sa porte, une sentinelle fournie soit par la compagnie de réserve, soit par la garde nationale.

6. Les corps militaires qui se trouveront dans la ville enverront visiter, en leur nom, le président de la cour d'assises, par
un officier supérieur et un officier de chaque grade : tous les
officiers supérieurs et autres de la gendarmerie lui rendront visite.

7. Le président de la cour d'assises fera la visite au préfet, qui
la lui rendra dans les vingt-quatre heures.

(3) Page 6. *Fonctions des officiers de tout grade.*

Loi du 5 pluviôse an XIII.

Art. 1er. Les citations, notifications, et généralement toutes
significations à la requête de la partie publique, en matière
criminelle ou de police correctionnelle, seront faites par les
huissiers audienciers des tribunaux établis dans les lieux où elles
seront données, ou par les huissiers des tribunaux de paix :
en conséquence, il ne sera jamais alloué de frais de transport
aux huissiers, à moins toutefois qu'ils n'aient été chargés, par
un mandement exprès du procureur-général, ou du procureur
du Roi, ou du directeur du jury, chacun en ce qui le concerne,
de porter, hors du lieu de leur résidence, lesdites citations, notifications ou significations; elles pourront aussi être données
par les gendarmes.

(4) Page 6.

Code d'instruction criminelle.

Livre 1er, chapitre IV, § III. — Art. 72. Les témoins seront
cités par un huissier, ou par un agent de la force publique, à
la requête du procureur du Roi.

(5) Page 7. *Service ordinaire et extraordinaire des brigades.*

Extrait de la circulaire ministérielle du 11 décembre 1811.

Messieurs, par une circulaire du 10 octobre 1810, n° 40, je
vous ai fait connaître que les militaires escortés par la gendarmerie devaient être conduits régulièrement le même jour, d'un
gîte d'étape à l'autre, soit qu'ils fissent route à pied, soit qu'ils
fussent transportés; et qu'en conséquence ils ne devaient plus
être déposés dans les communes intermédiaires des gîtes d'étapes.

Cette circulaire ne concernait que les militaires escortés,
pour lesquels il avait déjà été délivré des feuilles de route ou
des ordres de conduite, et qui devaient, en vertu de ces feuilles
ou de ces ordres, partir d'un gîte d'étape et se rendre à leur
destination, en suivant l'itinéraire qui leur était tracé. Il avait
paru qu'elle ne pouvait, avec quelque fondement, recevoir une
autre interprétation. Cependant plusieurs fonctionnaires ont
pensé qu'elle était également applicable aux militaires arrêtés
par la gendarmerie, et déposés, *le jour même de leur arrestation,* dans les communes non gîtes d'étape; et cette fausse application les a conduits à refuser à ces militaires les fournitures
de vivres et de paille auxquelles ils avaient droit, sous le prétexte qu'ils ne devaient les recevoir que dans les gîtes d'étape,
et non dans les communes qui ne l'étaient pas.

Il y a une distinction essentielle à faire entre les journées d'*arrestation* et celles de *conduite* : au moment de l'arrestation, l'individu arrêté n'a point encore de destination fixe, car la brigade qui l'arrête le fait souvent sur de simples soupçons; et quelquefois ce même homme est reconnu, le lendemain, devoir être mis en liberté. Ainsi ce n'est que quand cette brigade est de retour dans sa résidence qu'elle peut s'assurer de l'identité de celui qu'elle a arrêté; et c'est alors seulement qu'elle adresse un procès-verbal de son arrestation, en le désignant comme déserteur ou comme réfractaire, suivant le cas, et qu'elle détermine la destination qui doit lui être donnée.

Pour obvier à l'avenir à toutes les difficultés sur cet objet; j'ai cru devoir arrêter toutes les dispositions ci-après :

1°. Tout militaire ou individu appartenant à l'armée qui sera arrêté par une brigade de gendarmerie dont la résidence ne serait pas gîte d'étape pourra être déposé, le jour de son arrestation, dans la maison d'arrêt de cette résidence, et, dans ce cas, il recevra le pain, les autres alimens et la paille qui lui seront nécessaires.

Ces fournitures lui seront faites par le concierge de la maison d'arrêt, ou à son défaut, par les soins du secrétaire de la mairie.

2°. Tout militaire ainsi déposé dans une commune non gîte d'étape ne pourra y séjourner plus de *deux jours y compris celui de l'arrestation*. En conséquence, il ne devra lui être fourni, dans cette commune, que deux ou trois rations, suivant qu'il partira le premier ou le second jour après celui de son arrestation; c'est-à-dire qu'il recevra une ration le jour même de son arrestation, une seconde le lendemain, une troisième le jour d'après, si son départ n'a lieu que ce même jour.

3°. Les fournitures à faire dans les communes non gîtes d'étape, devant, d'après l'article 2 ci-dessus, se borner à quelques livres de paille et à deux ou trois rations de vivres, il ne sera pas formé pour elles de comptabilité particulière; mais elles seront comptées dans la comptabilité *du premier gîte d'étape* sur lequel le détenu aura été dirigé.

A cet effet, il sera mis sur le registre d'écrou de ce gîte, à la colonne d'observation, une indication portant que l'individu arrivé *tel jour*, avait été déposé d'abord *tel jour* dans la maison d'arrêt de *telle commune non gîte d'étape*. Cette indication sera mise sur ce registre par le sous-officier de gendarmerie qui signera l'écrou, et sera répétée par le concierge sur le relevé mensuel de ce registre, qu'il doit fournir au sous-intendant militaire chargé d'arrêter sa comptabilité.

4°. Tout militaire escorté, parti d'un gîte d'étape pour se rendre à un autre, et qui tomberait malade dans une commune intermédiaire, doit être dirigé de suite sur l'hôpital le plus voisin. Le maire du lieu doit lui faire fournir des moyens de transport, quand ils seront jugés nécessaires pour l'y faire arriver. En conséquence, et sous aucun prétexte, nul militaire, hors le cas indiqué dans cet article 1er, ne doit être déposé dans une commune intermédiaire des gîtes d'étape.

Les dispositions ci-dessus ne doivent être considérées que

comme le développement de celles contenues dans la circulaire
précitée, sans qu'elles puissent atténuer ces dernières en aucune
manière; car l'intention formelle du ministre de la guerre est
que ces dispositions soient maintenues dans toute leur rigueur.
Quelques brigades de gendarmerie ont réclamé, il est vrai, contre
l'obligation que leur imposait cette circulaire, de conduire le
même jour, d'un gîte à l'autre, des militaires escortés; mais les
motifs de ces réclamations n'ont pas été jugés suffisans pour dé-
roger au principe de faire parcourir à ces militaires une distance d'étape par jour. D'ailleurs ce principe tend à ramener et
a déjà ramené effectivement l'économie dans les dépenses de
route des hommes escortés.

Par suite de la circulaire du 19 octobre 1810, la direction générale des vivres de la guerre a écrit à MM. les préfets, le 22
décembre suivant, pour les inviter à fixer le prix du pain qui
serait fourni aux militaires escortés dans les gîtes où il n'existait
pas de manutention; mais, en prescrivant cette mesure, elle a
établi une distinction entre les gîtes pour lesquels cette fixation
devait être faite et ceux où il existait des manutentions. Elle
a désigné ces derniers comme gîtes d'étapes, et les autres
comme lieux de logement seulement, en ajoutant que *ceux-ci
étaient généralement ceux où les troupes en marche ne recevaient aucune subsistance.*

Tous les lieux de logement militaire sont gîtes d'*étape*, puisque les fourrages doivent être fournis dans tous aux troupes en
marche, et que les militaires qui ne reçoivent pas les subsistances en nature pendant leur route perçoivent une indemnité qui
les représente pour chaque gîte. Quelques préfets ont pensé que
la direction générale des vivres avait voulu, par cette distinction,
les autoriser à faire fournir le pain dans les communes *non désignées sur la carte des étapes*, et ils en ont fait délivrer, en
conséquence, dans les communes intermédiaires de ces gîtes.
D'un autre côté, les brigades de gendarmerie ont conclu de cette
même distinction, qu'elles ne devaient plus conduire les militaires escortés d'un gîte d'étape à l'autre le même jour, et elles les
ont déposés dans les communes intermédiaires où les préfets
avaient cru devoir autoriser la fourniture du pain. Ces incidens
ont paralysé l'exécution de la circulaire du 19 octobre 1810; et,
pour y remédier, il convient que MM. les ordonnateurs transmettent un tableau exact de la nomenclature actuelle des gîtes d'é-
tape, d'après la nouvelle carte (édition de 1821), à MM. les commandans de gendarmerie et à MM. les préfets, et que ces derniers
se conforment strictement à cette nomenclature dans la fixation
du prix du pain, pour les gîtes d'étape où il n'existerait pas de
manutention.

ORDONNANCE DU 29 OCTOBRE 1820.

Ire PARTIE.

Loi du 11 avril 1831, sur les Pensions de l'armée de terre.

(6) Page 19, Chap. II, art. 35. *Retraites et Admissions dans les Compagnies sédentaires.*

TITRE Ier.

Des Pensions militaires pour ancienneté de service.

SECTION Ire.

Des droits à la Pension.

Art. 1er. Le droit à la pension de retraite par ancienneté est acquis à trente ans accomplis de service effectif.

2. Les années de service, pour la pension militaire de retraite, se comptent de l'âge où la loi permet de contracter un engagement volontaire.

3. Le service des marins incorporés dans l'armée de terre leur est compté pour le temps antérieur à cette incorporation, d'après les lois qui régissent les pensions de l'armée de mer.

4. Est compté pour la pension militaire de retraite le temps passé dans un service civil qui donne droit à pension, pourvu toutefois que la durée des services militaires soit au moins de vingt ans.

5. Il est compté quatre années de service effectif, à titre d'études préliminaires, aux élèves de l'École polytechnique, au moment où ils entrent comme officiers dans les armes spéciales.

6. Le temps passé hors de l'activité, avec jouissance d'une pension de retraite, ne peut entrer dans la supputation du service effectif.

Il en est de même du temps pendant lequel une pension militaire aura été cumulée avec la solde d'activité dans les corps détachés de la garde nationale, comme auxiliaires de l'armée, à moins que le pensionnaire n'ait acquis dans ces corps, et par les causes énoncées au titre II ci-après, des droits à une pension plus élevée, ou qu'il n'y ait fait campagne, auquel cas il jouira du bénéfice de l'art. 7.

7. Les militaires qui auront le temps de service exigé par les articles précédens pour la pension d'ancienneté seront admis à compter en sus les années de campagnes d'après les règles suivantes :

Sera compté pour la totalité, en sus de sa durée effective, le service militaire qui aura été fait,

1° Sur le pied de guerre;

2° Dans un corps d'armée occupant un territoire étranger, en temps de paix ou de guerre;

3° A bord, pour les troupes embarquées en temps de guerre maritime;

4° Hors d'Europe, en temps de paix, pour les militaires envoyés d'Europe : le même service en temps de guerre leur sera compté pour le double en sus de sa durée effective.

Sera compté de la même manière le temps de captivité, à l'étranger, des militaires prisonniers de guerre.

Sera compté pour moitié en sus de sa durée effective,

1° Le service militaire sur la côte en temps de guerre maritime;

2° Le service militaire à bord, pour les troupes embarquées en temps de paix.

8. Dans la supputation des bénéfices attachés aux campagnes par l'art. 7, chaque période dont la durée aura été moindre de douze mois sera comptée comme une année accomplie.

Néanmoins il ne peut être compté plus d'une année de campagne dans une période de douze mois.

La fraction qui excédera chaque période dont la durée aura été de plus d'une année sera comptée comme une année entière.

SECTION II.

Fixation de la Pension d'ancienneté.

9. Après trente années de service effectif, les militaires ont droit au minimum de la pension d'ancienneté déterminée pour leur grade par le tarif annexé à la présente loi.

Chaque année de service au-delà de trente ans et chaque année de campagnes, supputées selon les art. 7 et 8, ajoutent à la pension un vingtième de la différence du minimum au maximum.

Le maximum est acquis à cinquante ans de service, campagnes comprises.

10. La pension d'ancienneté se règle sur le grade dont le militaire est titulaire.

Si néanmoins il demande sa retraite avant d'avoir au moins deux ans d'activité dans ce grade, la pension se règle sur le grade immédiatement inférieur.

11. La pension de retraite de tout officier, sous-officier, caporal et brigadier, ayant douze ans accomplis d'activité dans son grade, est augmentée du cinquième.

Dans ce cas spécial, le bénéfice du présent article est acquis aux officiers, sous-officiers, caporaux et brigadiers, qui ont droit au maximum déterminé par le tarif annexé à la présente loi.

Jouiront de la même augmentation les gendarmes ayant douze années de service dans la gendarmerie.

TITRE II.

Des Pensions de retraite pour cause de blessures ou d'infirmités.

SECTION Ire.

Des droits à la Pension.

12. Les blessures donnent droit à la pension de retraite lorsqu'elles sont graves et incurables, et qu'elles proviennent d'événemens de guerre, ou d'accidens éprouvés dans un service commandé.

4.

Les infirmités donnent le même droit lorsqu'elles sont graves et incurables, et qu'elles sont reconnues provenir de fatigues ou dangers du service militaire.

Les causes, la nature et les suites des blessures ou infirmités seront justifiées dans les formes et dans les délais qui seront déterminés par un règlement d'administration publique.

13. Les blessures ou infirmités provenant des causes énoncées dans l'article précédent ouvrent un droit immédiat à la pension, si elles ont occasioné la cécité, l'amputation ou la perte absolue de l'usage d'un ou plusieurs membres.

14. Dans les cas moins graves, elles ne donnent lieu à la pension que sous les conditions suivantes :

1° Pour l'officier, si elles le mettent hors d'état de rester en activité, et lui ôtent la possibilité d'y rentrer ultérieurement ;

2° Pour le sous-officier, caporal, brigadier et soldat, si elles le mettent hors d'état de servir et de pourvoir à sa subsistance.

SECTION II.

Fixation de la Pension.

15. Pour la cécité, l'amputation ou la perte absolue de l'usage de deux membres, la pension est fixée conformément au tarif annexé à la présente loi.

16. Les blessures ou infirmités qui occasionent la perte absolue de l'usage d'un membre, ou qui y sont reconnues équivalentes, donnent droit au minimum de la pension d'ancienneté, quelle que soit la durée des services.

Chaque année de service, y compris les campagnes supputées selon les art. 7 et 8, ajoute à cette pension un vingtième de la différence du minimum au maximum d'ancienneté.

Le maximum est acquis à vingt ans de services, campagnes comprises.

17. Pour les blessures ou infirmités qui mettent le militaire dans une des positions prévues par l'art. 14, les pensions sont fixées pareillement au minimum d'ancienneté; mais elles ne sont augmentées, dans la proportion déterminée par l'article précédent, que pour chaque année de service au-delà de trente ans, campagnes comprises.

Le maximum est acquis à cinquante ans de service, y compris les campagnes.

18. La pension pour cause de blessures ou infirmités se règle sur le grade dont le militaire est titulaire.

L'art. 11 ci-dessus est applicable à la pension pour cause de blessures ou d'infirmités.

TITRE III.

Des Pensions des veuves et orphelins.

SECTION 1re.

Des Droits à la Pension.

19. Ont droit à une pension viagère,

1° Les veuves de militaires tués sur le champ de bataille ou dans un service commandé ;

2° Les veuves de militaires qui ont péri à l'armée ou hors d'Europe, et dont la mort a été causée soit par des événemens de guerre, soit par des maladies contagieuses ou endémiques, aux influences desquelles ils ont été soumis par les obligations de leur service ;

3° Les veuves de militaires morts des suites de blessures reçues soit sur le champ de bataille, soit dans un service commandé, pourvu que le mariage soit antérieur à ces blessures :

La cause, la nature et les suites des blessures seront justifiées dans les formes et dans les délais prescrits par un réglemen d'administration publique ;

4° Les veuves de militaires morts en jouissance de la pension de retraite, ou en possession de droits à cette pension, pourvu que le mariage ait été contracté deux ans avant la cessation de l'activité ou du traitement militaire du mari, ou qu'il y ait un ou plusieurs enfans issus du mariage antérieur à cette cessation.

Dans les cas prévus par le présent article, le mariage contracté par les militaires en activité de service, postérieurement à la promulgation du décret du 16 juin 1808, n'ouvrira de droits à pension aux veuves et aux enfans qu'autant qu'il aura été autorisé dans les formes prescrites par ledit décret.

20. En cas de séparation de corps, la veuve d'un militaire ne peut prétendre à aucune pension ; les enfans, s'il y en a, sont considérés comme orphelins.

21. Après le décès de la mère, ou lorsque, par l'effet des dispositions de l'article précédent, elle se trouve déchue de ses droits à la pension, l'enfant ou les enfans mineurs des militaires morts dans les cas prévus par l'art. 19 ont droit, quel que soit leur nombre, à un secours annuel égal à la pension que la mère aurait été susceptible d'obtenir.

Ce secours est payé jusqu'à ce que le plus jeune d'entre eux ait atteint l'âge de vingt-un ans accomplis ; mais, dans ce cas, la part des majeurs est réversible sur les mineurs.

SECTION II.

Fixation des Pensions des veuves.

22. La pension des veuves de militaires est fixée au quart du maximum de la pension d'ancienneté affectée au grade dont le mari était titulaire, quelle que soit la durée de son activité dans ce grade.

Néanmoins la pension des veuves des maréchaux de France est fixée à six mille francs.

Celle des veuves de caporaux, brigadiers, soldats et ouvriers, ne sera pas moindre de cent francs.

TITRE IV.

Dispositions générales.

23. Dans les cas non prévus par la présente loi, où il y aura lieu de récompenser des services militaires éminens ou extraor-

dinaires, les pensions ne pourront être accordées que par une loi spéciale.

24. Les pensions militaires sont personnelles et viagères ; elles sont inscrites, comme dettes de l'état, au livre des pensions du trésor public.

25. Tout pourvoi contre la liquidation d'une pension militaire doit être formé, à peine de déchéance, dans le délai de trois mois, à partir du jour du premier paiement des arrérages, pourvu qu'avant ce premier paiement les bases de la liquidation aient été notifiées.

26. Le droit à l'obtention ou à la jouissance des pensions militaires est suspendu,

Par la condamnation à une peine afflictive ou infamante, pendant la durée de la peine ;

Par les circonstances qui font perdre la qualité de Français, durant la privation de cette qualité ;

Par la résidence hors du royaume, sans l'autorisation du Roi, lorsque le titulaire de la pension est Français ou naturalisé Français.

27. Les pensions militaires dans la fixation desquelles il sera fait application de l'article 4 de la présente loi ne pourront, en aucun cas, être cumulées avec un traitement civil d'activité.

28. Les pensions militaires et leurs arrérages sont incessibles et insaisissables, excepté dans le cas de débet envers l'état, ou dans les circonstances prévues par les articles 203 et 205 du Code civil.

Dans ces deux cas, les pensions militaires sont passibles de retenues qui ne peuvent excéder le cinquième de leur montant pour cause de débet, et le tiers pour alimens.

TITRE V.
Dispositions transitoires.

29. Le service militaire antérieur à la promulgation de la présente loi ne pourra être compté au-dessous de l'âge de quatorze ans pour les tambours et trompettes, et de l'âge de seize ans, tant pour les autres militaires que pour les élèves des écoles spéciales, sauf le cas prévu par l'art. 5.

30. Les trois années de service effectif accordées à titre d'études préliminaires, en vertu des lois des 15 décembre 1790 et 27 avril 1791, aux officiers des corps de l'artillerie, du génie et des ingénieurs-géographes qui n'ont pas été élèves de l'École polytechnique, continueront de leur être comptées pour la pension de retraite.

31. Tous les droits acquis en vertu de dispositions antérieures à la présente loi, relativement aux services susceptibles d'être admis dans la liquidation des pensions militaires, sont conservés, sauf les restrictions spécifiées dans l'article suivant.

32. Les services hors des armées nationales, qui ne sont devenus admissibles pour la pension de retraite qu'en vertu des ordonnances des 25 et 31 mai 1814, ne pourront être comptés qu'autant qu'ils seront accompagnés de quinze ans au moins de service effectif dans les armées nationales.

Dans aucun cas, les campagnes faites dans le cours desdits services ne donneront lieu au bénéfice des art. 7 et 8.

Les années de service et les campagnes dans les armées des états en guerre contre la France ne seront jamais comptées pour la pension.

Toutefois, les droits acquis par les traités ou décrets antérieurs à 1814 sont maintenus.)

33. Est réputé temps d'activité, pour le bénéfice de l'art. 11, 1° le temps passé avec jouissance de la solde de non-activité réglé par les ordonnances des 20 mai 1818 et 5 mai 1824; 2° le temps passé en réforme, suivant les règles posées par les ordonnances des 5 février 1823 et 8 février 1820.

34. Les dispositions de la présente loi seront appliquées à toutes les pensions non inscrites, avant sa promulgation, au livre de la dette publique.

Sont néanmoins réservés les droits acquis avant la promulgation de la présente loi, en vertu des réglemens d'organisation, aux militaires de l'ex-garde royale de la ci-devant maison militaire, des divers corps spéciaux et de l'intendance militaire, en ce qui concerne les avantages qui leur étaient attribués pour la liquidation de la pension de retraite.

A la charge par lesdits militaires de faire, dans le délai de six mois, à partir de la promulgation de la présente loi, sous peine de déchéance, leur demande d'admission à la pension de retraite.

35. Dans tous les cas, le tarif annexé à la présente loi sera seul appliqué dans la fixation des pensions.

Les campagnes seront également supputées conformément aux dispositions de la présente loi.

Continuera néanmoins d'être observé le décret du 21 octobre 1805, qui compte le mois de vendémiaire an 11 pour une campagne entière.

36. Les retenues qui s'exercent au profit de la dotation de l'hôtel des Invalides, tant sur les pensions civiles et militaires inscrites au trésor public que sur les traitemens des membres de la Légion-d'Honneur, sont supprimées, pour les arrérages postérieurs au 31 décembre 1830, en ce qui concerne les pensions militaires de retraite et les traitemens des membres de la Légion-d'Honneur; et pour les arrérages postérieurs au 22 du même mois, à l'égard des pensions civiles et de celles des veuves et orphelins militaires.

37. Sauf les cas prévus par les art. 29, 30, 31, 32, 33, 34 et 35, tous réglemens, décrets, ordonnances et lois, antérieurement rendus ou promulgués, tant sur les droits et titres auxquels sont et peuvent être accordées les pensions militaires, que sur la fixation de ces pensions, sont et demeurent abrogés.

La présente loi, discutée, délibérée et adoptée par la chambre des pairs et par celle des députés, et sanctionnée par nous ce jourd'hui, sera exécutée comme loi de l'état.

Fait à Paris, au Palais-Royal, le 11 avril 1831.

Signé LOUIS-PHILIPPE.

*Ordonnance du Roi rendue en exécution de la loi du 11
avril 1831, sur les Pensions de l'armée de terre, et portant réglement d'administration publique sur les justifications à faire, en certains cas, par les militaires,
veuves et orphelins, pour établir leurs droits.*

LOUIS-PHILIPPE, etc.

Vu la loi du 11 avril 1831 sur les pensions de l'armée de
terre;

Ayant à déterminer par un réglement d'administration publique les formes et les délais dans lesquels seront justifiées,

1° Les causes, la nature et les suites des blessures ou infirmités pour les droits des militaires à la pension de retraite, aux
termes des articles 12, 13, 14, 15, 16 et 17 de ladite loi;

2° Les causes, la nature et les suites des blessures pour les
droits ouverts par le paragraphe 3 de l'article 19 aux veuves des
militaires morts des suites des blessures reçues, soit sur le champ
de bataille, soit dans un service commandé;

Considérant qu'il est nécessaire de déterminer aussi les formes
dans lesquelles seront justifiées les causes de mort, pour les droits
ouverts aux veuves de militaires par le paragraphe 2 du même
article 19;

Sur le rapport de notre ministre secrétaire d'état de la
guerre;

Notre conseil-d'état entendu,

Nous avons ordonné et ordonnons ce qui suit:

TITRE 1er.

*Des formes et délais dans lesquels seront justifiées les causes,
la nature et les suites des blessures ou infirmités pour les
droits des militaires à la pension de retraite.*

Art. 1er. Tout militaire qui aura à faire valoir des droits à la
pension de retraite pour cause de blessures ou d'infirmités devra
faire sa demande avant de quitter le service.

L'administration de la guerre fera procéder, immédiatement
après la réception de cette demande, à la vérification des droits
du réclamant, selon les règles établies par la présente ordonnance.

2. Si, par une aggravation consécutive, les blessures ou infirmités qui peuvent donner droit à une pension ont occasioné la
perte absolue de l'usage d'un membre, le réclamant aura un délai d'un an pour faire sa demande.

Ce délai, qui courra du jour de la cessation de l'activité, sera
porté à deux ans si les blessures ou infirmités ont occasioné
l'amputation d'un membre ou la perte totale de la vue.

Néanmoins la demande ne sera admissible qu'autant que les
blessures ou infirmités auront été régulièrement constatées avant
que le militaire ait quitté le service.

3. Toute demande d'admission à la pension de retraite pour
cause de blessures ou d'infirmités devra être appuyée d'un certificat dans lequel les officiers de santé en chef de l'hôpital mili-

TARIF DES PENSIONS POUR L'ARMÉE DE TERRE.

GRADES.	PENSIONS DE RETRAITE pour ancienneté de service. (Art. 9 de la loi.)			PENSIONS DE RETRAITE pour cause de blessures ou infirmités graves et incurables. (Art. 12, 13, 14, 15, 16 et 17 de la loi.)									PENSIONS ux veuves, secours annuels aux orphelins. (Art. 21 et 22 de la loi.)
	Minimum à 30 ans de service effectif.	Accroissement pour chaque année de service effectif au-delà de 30 ans, et pour chaque année résultant de la supputation des campagnes.	Maximum à 50 ans de service, campagnes comprises.	Amputation de deux membres, ou perte totale de la vue. (Art. 15 de la loi.)	Amputation d'un membre ou perte absolue de l'usage d'un membre, ou qui y sont équivalentes. (Art. 15 de la loi.) Pension fixe, quelle que soit la durée des services.	Blessures ou infirmités graves qui occasionnent la perte absolue de l'usage d'un membre, ou qui y sont équivalentes. (Art. 16 de la loi.) Mini-mum.			Blessures ou infirmités moins graves, qui mettent dans l'impossibilité de rester au service avant d'avoir acquis un droit à la pension d'ancienneté. (Art. 17 de la loi.) Mini-mum.			Quart du maximum de la pension d'ancienneté affectée au grade militaire.
nant-général..	4,000	100 »	6,000	6,000	6,000	4,000	100 »	6,000	4,000	100 »	6,000	1,500
al-de-camp.	3,000	50 »	4,000	4,000	4,000	3,000	50 »	4,000	3,000	50 »	4,000	1,000
l.	2,400	20 »	3,000	3,000	3,000	2,400	30 »	3,000	2,400	30 »	3,000	750
nant-colonel.	1,800	30 »	2,400	2,400	2,400	1,800	30 »	2,400	1,800	30 »	2,400	600
e bataillon, d'escadron, major..	1,500	25 »	2,000	2,000	2,000	1,500	25 »	2,000	1,500	25 »	2,000	500
ine..	1,200	20 »	1,600	1,600	1,600	1,200	20 »	1,600	1,200	20 »	1,600	400
nant.	800	20 »	1,200	1,200	1,200	800	20 »	1,200	800	20 »	1,200	300
eutenant.	600	20 »	1,000	1,000	1,000	600	20 »	1,000	600	20 »	1,000	250
ant sous-officier..												
aire-archiviste de place (s'il n'est pas officier). r-consigne de 1re classe dans les places de guerre. at-major, maréchal-des-logis chef. -maj., trompette-maj. (mar.-d.-logis trompette).	400	10 »	600	600	600	400	10 »	600	400	10 »	600	150
r-consigne de 2e classe dans les places de guerre. n de batterie. at, maréchal-des-logis.	300	10 »	500	500	500	300	10 »	500	300	10 »	500	125
ouvrier dans les corps de troupe. -consigne de 3e classe dans les places de guerre, ortier-consigne des parcs de construction du train équipages militaires.	250	7 50	400	A. 450	400	250	7 50	400	250	7 50	400	100
al, brigadier..	220	6 »	310	B. 400	310	220	6 »	310	220	6 »	310	D. 100
de toute arme. enliste, tambour, trompette, clairon.. r, aide-portier-consigne.	200	5 »	300	C. 365	300	200	5 »	300	200	5 »	300	D. 100
d'artill. et des équipages milit. de 1re et 2e classes. du génie de 1re classe. uv. d'état, d'artill., du génie ou des équipag. mil. artificier.	800	20 »	1,200	1,200	1,200	800	20 »	1,200	800	20 »	1,200	300
du génie de 2e classe. d'artill. et des équipages militaires de 3e classe. cteur d'artillerie. hef ouvrier d'état, d'artillerie, du génie et des pages militaires.	600	20 »	1,000	1,000	1,000	600	20 »	1,000	600	20 »	1,000	250
du génie de 3e classe. des équipages militaires de 4e classe.	400	10 »	600	600	600	400	10 »	600	400	10 »	600	150
r d'état, d'artill., du génie ou des équipages mil. ouvrier dans les manufactures d'armes de rre, forges et fonderies.	250	7 50	400	A. 450	400	250	7 50	400	250	7 50	400	100
ers idem.	250	7 50	400	B. 450	400	250	7 50	400	250	7 50	400	100
	200	5 »	300	C. 365	300	200	5 »	300	200	5 »	300	D. 100
ant militaire..	3,000	50 »	4,000	4,000	4,000	3,000	50 »	4,000	3,000	50 »	4,000	1,000
intendant militaire.	2,400	30 »	3,000	3,000	3,000	2,400	30 »	3,000	2,400	30 »	3,000	750
ntendant militaire adjoint.	1,500	25 »	2,000	2,000	2,000	1,500	25 »	2,000	1,500	25 »	2,000	500
(en chef d'armée, ou inspecteur.	2,400	60 »	3,600	3,600	3,600	2,400	60 »	3,600	2,400	60 »	3,600	900
in, chirurgien principal.	1,800	30 »	2,400	2,400	2,400	1,800	30 »	2,400	1,800	30 »	2,400	600
pharmacien. major.	1,500	25 »	2,000	2,000	2,000	1,500	25 »	2,000	1,500	25 »	2,000	500
aide-major.	800	20 »	1,200	1,200	1,200	800	20 »	1,200	800	20 »	1,200	300
sous-aide-major.	600	20 »	1,000	1,000	1,000	600	20 »	1,000	600	20 »	1,000	250
Officier principal d'administ⁰⁰.	1,800	30 »	2,400	2,400	2,400	1,800	30 »	2,400	1,800	30 »	2,400	600
Officier comptable.	1,500	25 »	2,000	2,000	2,000	1,500	25 »	2,000	1,500	25 »	2,000	500
nistration des Adjudant de 1re et 2e classe.	800	20 »	1,200	1,200	1,200	800	20 »	1,200	800	20 »	1,200	300
pitaux. Sous-adjudant.	600	20 »	1,000	1,000	1,000	600	20 »	1,000	600	20 »	1,000	250
Infirmier-major entretenu.	250	7 50	400	A. 450	400	250	7 50	400	250	7 50	400	100
Infirmier entretenu.	220	6 »	310	B. 400	310	220	6 »	310	220	6 »	310	D. 100
aire en 1er.	400	10 »	600	600	600	400	10 »	600	400	10 »	600	150
aire en 2e.	300	10 »	500	500	500	300	10 »	500	300	10 »	500	125
ce de l'habille- Agent principal.	1,800	30 »	2,400	2,400	2,400	1,800	30 »	2,400	1,800	30 »	2,400	600
nt et du campe- Agent comptable.	1,500	25 »	2,000	2,000	2,000	1,500	25 »	2,000	1,500	25 »	2,000	500
t. Commis.	800	20 »	1,200	1,200	1,200	800	20 »	1,200	800	20 »	1,200	300
cteur en chef aux revues.	4,000	100 »	6,000	6,000	6,000	4,000	100 »	6,000	4,000	100 »	6,000	1,500
cteur aux revues..	3,000	50 »	4,000	4,000	4,000	3,000	50 »	4,000	3,000	50 »	4,000	1,000
nspecteur aux revues.	2,400	30 »	3,000	3,000	3,000	2,400	30 »	3,000	2,400	30 »	3,000	750
ot aux sous-inspecteurs aux revues.	1,200	30 »	1,800	1,800	1,800	1,200	30 »	1,800	1,200	30 »	1,800	450
issaire-ordonnateur.	2,400	60 »	3,600	3,600	3,600	2,400	60 »	3,600	2,400	60 »	3,600	900
issaire des guerres..	1,200	30 »	1,800	1,800	1,800	1,200	30 »	1,800	1,200	30 »	1,800	450
t aux commissaires des guerres.	800	20 »	1,200	1,200	1,200	800	20 »	1,200	800	20 »	1,200	300

B. C. D'après l'article 33 de la loi du 28 fructidor an 7, la pension pour le cas de cécité
t'amputation de deux membres, est augmentée, en sus du maximum d'ancienneté
onné 4), savoir :
Pour le sergent ou le maréchal-des-logis, de 50 fr.; pour le caporal ou le brigadier,
5 fr.; pour le soldat, de 65 fr.
Pour les veuves de caporaux, brigadiers, soldats et ouvriers, la pension ne peut être
dre de 100 fr. (Art. 22 de la loi.)
TA. Conformément au dernier paragraphe de l'art. 11 de la loi du 11 avril 1831, les
armes ont droit au cinquième en sus après 12 ans d'activité dans l'arme de la Gendarmerie.

Paris, le 11 avril 1831.   Signé LOUIS-PHILIPPE.

Par le Roi : le Ministre d'État de la guerre,

Signé Maréchal Duc de Dalmatie.

ire ou de l'hospice civil et militaire où le dernier traitement
ra été suivi constateront la nature et les suites desdites
essures ou infirmités, et déclareront qu'elles leur paraissent
curables.

A l'égard des militaires qui n'auront pas été traités dans un
ces établissemens, le certificat sera délivré par les officiers de
nté en chef d'un des hôpitaux militaires ou hospices civils
ùalablement désignés par notre ministre secrétaire d'état de la
erre pour ces sortes de visites.

4. Toute demande de pension pour cause de blessures ou d'in-
mités sera en outre appuyée
1º Des justifications prescrites par les articles 5, 6 et 7 ci-
rès;
2º De l'état des services et campagnes.

5. Les causes de blessures seront justifiées, soit par les rap-
rts officiels et autres documens authentiques qui auront con-
té le fait, soit par les certificats des autorités militaires, soit
fin par une information ou enquête prescrite et dirigée par les
mes autorités.

6. Lesdites justifications spécifieront la nature des blessures,
si que l'époque, le lieu et les circonstances, soit des événe-
ens de guerre, soit du service commandé, où elles auront été
cues.

7. Les causes des infirmités seront justifiées, soit par les rap-
rts officiels et autres documens authentiques qui auront con-
té l'époque et les circonstances de leur origine, soit par les
rtificats des autorités militaires, soit enfin par une information
enquête prescrite et dirigée par les mêmes autorités.

8. La demande de tout militaire faisant partie d'un régiment
autre corps de troupes sera instruite par les soins du conseil
dministration dudit corps.

9. La demande et les pièces à l'appui seront communiquées
sous-intendant militaire, qui, s'il les trouve conformes aux
ticles ci-dessus, les visera, et les transmettra à l'officier-gé-
ral commandant la brigade ou la subdivision, lequel désignera
ux officiers de santé parmi ceux attachés, soit au corps, soit à
autres régimens, soit aux établissemens publics.

10. Les officiers de santé désignés en vertu de l'article précé-
nt procéderont à l'examen des blessures ou infirmités en pré-
nce du conseil d'administration et du sous-intendant militaire,
il donnera, en séance, lecture du titre II de la loi du 11 avril
31.

Il sera dressé de cette opération un procès-verbal conforme au
odèle nº 1.

11. Le procès-verbal dressé en exécution de l'article précédent
ra présenté, avec la demande et les pièces y annexées, à l'in-
ecteur-général, lors de la plus prochaine inspection.

12. Dans le cas d'urgence, le lieutenant-général commandant
division, sur le compte qui lui en sera rendu, exercera ou
léguera aux commandans de subdivisions les attributions de
inspecteur-général.

13. L'inspecteur-général, après avoir pris connaissance des

4..

pièces visées conformément à l'article 9, et du procès-verbal énoncé dans l'article 10, fera procéder, en sa présence, par deux autres officiers de santé qu'il aura choisis parmi ceux qualifiés dans l'article 9, à une vérification des causes qui motivent la demande.

Le sous-intendant militaire assistera à cette vérification, avant laquelle il fera, en séance, lecture du titre II de la loi, et, quel que soit le résultat de l'opération, il en dressera procès-verbal conformément au modèle n° 2.

14. Après la vérification prescrite par l'article précédent, et s'il est reconnu que les causes, la nature et les suites des blessures ou infirmités rentrent, par leur origine, leur gravité et leur incurabilité, dans un des cas déterminés par la loi, l'inspecteur-général fera préparer, par le conseil d'administration, le mémoire de proposition pour l'admission à la pension de retraite.

Ce mémoire, vérifié par le sous-intendant militaire et approuvé par l'inspecteur-général, sera soumis à notre ministre secrétaire-d'état de la guerre, avec toutes les pièces qui auront servi à l'instruction de la demande, et les observations auxquelles elle aura pu donner lieu.

15. Toutes les dispositions ci-dessus seront applicables aux individus faisant partie d'établissemens régis par un conseil d'administration.

16. Dans le cas où un militaire appartenant à un corps de troupes ou à un établissement militaire s'en trouverait assez éloigné pour ne pouvoir y être renvoyé ou transporté sans inconvénient, la demande pourra, sur un ordre du lieutenant-général commandant la division, être renvoyée, pour être instruite, au conseil d'administration de l'un des corps à proximité.

17. Les militaires en activité qui ne font pas partie de corps de troupes ou d'établissemens régis par un conseil d'administration, se pourvoiront, en observant les degrés de la hiérarchie, auprès du lieutenant-général commandant la division dans le ressort de laquelle ils sont employés.

La demande sera faite et appuyée conformément aux articles 3, 4, 5, 6 et 7 de la présente ordonnance.

Elle sera renvoyée à un officier-général ou supérieur qui sera chargé d'en suivre l'instruction, comme il est prescrit relativement aux conseils d'administration des corps.

Lorsque la demande aura été instruite par un maréchal-de-camp, le lieutenant-général exercera lui-même les attributions de l'inspecteur-général.

L'article 12 ci-dessus, concernant les cas d'urgence, s'appliquera de droit aux demandes spécifiées dans le présent article.

18. Les lieutenans-généraux qui seront dans le cas de demander la pension de retraite pour cause de blessures ou d'infirmités se pourvoiront directement auprès de notre ministre secrétaire-d'état de la guerre, qui ordonnera l'instruction de leurs demandes dans les formes ci-dessus déterminées.

TITRE II.

De la Justification des Droits à la Pension par les Veuves et Orphelins des Militaires.

SECTION Ire.

Des Formes et Délais dans lesquels seront justifiées les causes de mort par suite de blessures.

19. Dans le cas prévu par le paragraphe 3 de l'article 19 de la loi du 11 avril 1831, les causes, la nature et les suites des blessures des militaires décédés, seront justifiées par leurs veuves dans les formes et dans les délais ci-après déterminés.

20. Les causes et la nature des blessures seront justifiées ainsi qu'il est prescrit aux articles 5 et 6 ci-dessus, relativement aux droits des militaires.

21. Les suites des blessures seront justifiées par des certificats authentiques d'officiers de santé militaires ou civils, lesquels devront déclarer que lesdites blessures ont occasioné la mort du blessé.

Si le décès survient après que le blessé aura obtenu guérison suffisante pour reprendre son service, ou une année révolue après la blessure, la veuve ne pourra invoquer la disposition du paragraphe 3 de l'article 19 de la loi du 11 avril 1831.

Il sera accordé à la veuve pour former sa demande un délai de six mois, qui courra du jour de la notification du décès du mari au maire de la commune où il résidait.

SECTION II.

Des Formes dans lesquelles seront justifiées les causes de mort par événemens de guerre et par maladies contagieuses et épidémiques.

22. Dans les cas prévus par le paragraphe 2 de l'article 19 de la loi du 11 avril 1831, les causes de la mort seront justifiées dans les formes ci-après déterminées.

23. Si la mort a été causée par des événemens de guerre, ces événemens devront être constatés ainsi qu'il est prescrit à l'article 5 ci-dessus.

Il sera en outre justifié dans les mêmes formes, ou par des certificats authentiques d'officiers de santé, que lesdits événemens ont été la cause directe et immédiate de la mort du militaire.

Les demandes devront être formées dans le délai prescrit par le troisième paragraphe de l'article 21 de la présente ordonnance.

24. Les causes de mort par maladies contagieuses ou endémiques seront justifiées,

1° Par un certificat des autorités civiles ou militaires constatant qu'à l'époque du décès les maladies régnaient dans le pays où le militaire est décédé;

2° Par un certificat de l'autorité militaire constatant que le militaire décédé a été soumis par son service à l'influence de ces maladies;

3° Par un certificat dûment légalisé, soit des officiers de santé en chef de l'hôpital où le militaire est mort, soit de l'officier de santé militaire ou civil qui l'aura traité dans sa maladie.

Dans le cas où il y aurait impossibilité de se procurer le certificat des officiers de santé, il y sera suppléé par une information ou enquête prescrite et dirigée par les autorités civiles ou militaires du pays.

SECTION III.

Des Justifications à faire par les Orphelins.

25. Les dispositions contenues aux sections I et II du présent titre sont applicables aux enfans de militaires, dans les cas où les articles 20 et 21 de la loi du 11 avril 1831 les admettent à représenter leur mère.

TITRE III.

Dispositions générales.

26. Avant de liquider les pensions de retraite pour blessures ou infirmités, notre ministre secrétaire d'état de la guerre fera communiquer au conseil de santé des armées, pour avoir son avis, les procès-verbaux et autres pièces constatant les causes, la nature et les suites desdites blessures ou infirmités. Il en sera de même pour les justifications produites, dans les cas prévus par les articles 21, 24 et 25 de la présente ordonnance, par les veuves et orphelins de militaires.

27. Les formes déterminées par la présente ordonnance ne seront pas obligatoires pour les demandes actuellement en instance, lesquelles sortiront leur effet, si les justifications sont conformes aux dispositions réglementaires précédentes, et satisfont, quant au droit, au vœu de la loi du 11 avril 1831.

28. Notre ministre secrétaire d'état de la guerre est chargé de l'exécution de la présente ordonnance, qui sera insérée au Bulletin des lois.

Signé LOUIS-PHILIPPE.

Par le Roi :

Le Ministre secrétaire d'état de la guerre,

Signé Maréchal Duc DE DALMATIE.

———

IIe PARTIE.

(1) Page 44, chap. II, section VI. *Service ordinaire des Brigades.*

Loi du 10 avril 1831, sur les Attroupemens.

Art. 1er Toutes personnes qui formeront des attroupemens sur les places ou sur la voie publique seront tenues de se disperser à la première sommation des préfets, sous-préfets, maires, adjoints de maires, ou de tous magistrats et officiers civils chargés de la police judiciaire, autres que les gardes champêtres et gardes forestiers.

Si l'attroupement ne se disperse pas, les sommations seront renouvelées trois fois. Chacune d'elles seront précédées d'un roulement de tambour ou d'un son de trompe. Si les trois sommations sont demeurées inutiles, il pourra être fait emploi de la force, conformément à la loi du 3 août 1791.

Les maires et adjoints de la ville de Paris ont le droit de requérir la force publique et de faire les sommations.

Les magistrats chargés de faire lesdites sommations seront décorés d'une écharpe tricolore.

2. Les personnes qui, après la première des sommations prescrites par le second paragraphe de l'article précédent, continueront à faire partie d'un attroupement pourront être arrêtées, et seront traduites sans délai devant les tribunaux de simple police, pour y être punies des peines portées au chapitre Ier du livre IV du Code pénal.

3. Après la seconde sommation, la peine sera de trois mois d'emprisonnement au plus; et, après la troisième, si le rassemblement ne s'est pas dissipé, la peine pourra être élevée jusqu'à un an de prison.

4. La peine sera celle d'un emprisonnement de trois mois à deux ans, 1° contre les chefs et les provocateurs de l'attroupement, s'il ne s'est pas entièrement dispersé après la troisième sommation; 2° contre tous individus porteurs d'armes apparentes ou cachées, s'ils ont continué à faire partie de l'attroupement après la première sommation.

5. Si les individus condamnés en vertu des deux articles précédens n'ont pas leur domicile dans le lieu où l'attroupement a été formé, le jugement ou l'arrêt qui les condamnera pourra les obliger, à l'expiration de leur peine, à s'éloigner de ce lieu à un rayon de dix myriamètres pendant un temps qui n'excédera pas une année, si mieux ils n'aiment retourner à leur domicile.

6. Tout individu qui, au mépris de l'obligation à lui imposée par le précédent article, serait trouvé dans les lieux à lui interdits, sera arrêté traduit devant le tribunal de police correctionnelle, et condamné à un emprisonnement qui ne pourra excéder le temps restant à courir pour son éloignement du lieu où aura été commis le délit originaire.

7. Toute arme saisie sur une personne faisant partie d'un attroupement sera, en cas de condamnation, déclarée définitivement acquise à l'état.

8. Si l'attroupement a un caractère politique, les coupables des délits prévus par les articles 3 et 4 de la présente loi pourront être interdits pendant trois ans au plus, en tout ou en partie, de l'exercice des droits mentionnés dans les quatre premiers paragraphes de l'article 42 du Code pénal.

9. Toutes personnes qui auraient continué à faire partie d'un attroupement après les trois sommations pourront, pour ce seul fait, être déclarées civilement et solidairement responsables des condamnations pécuniaires qui seront prononcées pour réparations des dommages causés par l'attroupement.

10. La connaissance des délits énoncés aux articles 3 et 4 de

la présente loi est attribuées au tribunaux de police correctionnelle, excepté dans le cas où, l'attroupement ayant un caractère politique, les prévenus devront être, au terme de la charte constitutionnelle et de la loi du 8 octobre 1830, renvoyés devant la cour d'assises.

11. Les peines portées par la loi lui seront prononcées sans préjudice de celles qu'auraient encourues, aux termes du Code pénal, les auteurs et les complices des crimes et délits commis par l'attroupement. Dans le cas de concours de deux peines, la plus grave seule sera appliquée.

Fait à Paris, au Palais-Royal, le 10e jour du mois d'avril, l'an 1831.

Signé LOUIS-PHILIPPE.

(8) Page 11.

Extrait du Code forestier. (Voir ci-après l'extrait des Codes.)

(9) Page 15.

Extrait de la Loi sur la Pêche fluviale. (Voir ci-après l'extrait des Codes.)

(10) Page 60, Chap. III. *Police et discipline, ordre intérieur.*

Extrait de la Loi du 21 mars 1832, sur le Recrutement.

Art. 30 La durée du service des jeunes soldats appelés sera de sept ans, qui compteront du premier janvier de l'année où ils auront été inscrit sur les registres-matricules des corps de l'armée.

Le 31 décembre de chaque année, en temps de paix, les soldats qui auront achevé leur temps de service recevront leur congé définitif.

Ils le recevront en temps de guerre immédiatement après l'arrivée au corps du contingent destiné à les remplacer.

Extrait de l'Ordonnance du Roi du 28 avril 1832 sur les

Engagemens volontaires.

TITRE PREMIER.

Des engagemens volontaires.

Art. 1er. Tout Français qui demandera à contracter un engagement volontaire pour servir dans l'armée de terre devra, indépendamment des conditions exigées par l'art. 32 de la loi, réunir les qualités suivantes :

1° Être sain, robuste et bien constitué ;
2° Ne pas être âgé de plus de trente ans révolus ;
3° Avoir, selon l'arme à laquelle il se destine et le corps dans

lequel il demande à entrer, au moins le minimum et au plus le maximum de taille fixés dans le tableau ci-après.

4° Remplir l'une des conditions d'aptitude ou exercer l'une des professions indiquées aux même tableau.

TABLEAU faisant connaître la taille que doivent avoir les Engagés volontaires, suivant le corps dans lequel ils demandent à entrer, et les conditions d'aptitude ou les professions exigées.

DÉSIGNATION DES ARMES.	DÉSIGNATION DES CORPS.	TAILLE EXIGÉE.										CONDITIONS D'APTITUDE OU PROFESSIONS EXIGÉES.
		MINIMUM.					MAXIMUM.					
		nouvelle mesure.		ancienne mesure.			nouvelle mesure.		ancienne mesure.			
		Mètres.	Millim.	Pieds.	Pouces.	Lignes.	Mètres.	Millim.	Pieds.	Pouces.	Lignes.	
INFANTERIE.	Régiment d'infant. de ligne. légère.	1	560	4	9	7 1/2	»	»	»	»	»	
	Sapeurs-pompiers de la ville de Paris.	1	625	5	»	»	»	»	»	»	»	
	Compagnies de vétérans. . .	....	....	...	...	...	»	»	»	»	....	Avoir déjà servi.
	Bataillon d'ouvriers d'adm. .	1	560	4	9	7 1/2	»	»	»	»	»	Boulanger, boucher, batteleur, charpentier, serrurier, menuisier, maçon.
	Infirmiers entretenus.	....	....	...	...	...	....	....	...	....	....	Savoir lire et écrire.
	École de cavalerie.	1	679	5	2	»	»	»	»	»	»	Savoir lire et écrire.
	Régimens de carabiniers. . .	1	761	5	5	»	»	»	»	»	»	
CAVALERIE.	———— cuirassiers.	1	733	5	4	»	»	»	»	»	»	
	———— dragons. . . . . . . lanciers.	1	706	5	3	»	1	747	5	4	6	
	———— chasseurs. . . . . . hussards.	1	679	5	2	»	1	721	5	3	6	
	Corps de la remonte générale.	1	679	5	2	»	»	»	»	»	»	
ARTILLERIE.	Régimens d'artillerie. . . .	1	706	5	3	»	»	»	»	»	»	Batelier, cordier, charpentier de bateaux ou de bâtimens, charron, ouvrier en fer, calfat.
	Bataillons de pontonniers. . .	1	706	5	3	»	»	»	»	»	»	
	Compag. d'ouv. d'artillerie. .	1	693	5	2	6	»	»	»	»	»	Forgeur, serrurier, taillandier charron, charpentier, menuisier tonnelier.
	Escad. du train des parcs d'art.	1	693	5	2	6	»	»	»	»	»	Sellier, bourrelier, maréchal-ferrant, habitué à soigner les chevaux ou à conduire les voitures.
GÉNIE.	Régimens du génie.	....	....	...	...	...	....	....	...	...	....	Ouvriers en fer ou en bois, ouvriers des mines et carrières ou maçons.
		1	706	5	3	»	»	»	»	»	»	
	Compagnie d'ouv. du génie.	....	....	...	...	...	....	....	...	...	....	Forgeur, serrurier, taillandier charron, charpentier, menuisier.
ÉQUIP. MIL.	Train du génie.	1	679	5	2	»	»	»	»	»	»	Sellier, bourrelier, maréchal-ferrant, habitué à soigner les chevaux ou à conduire les voitures.
	Corps du train des équipages militaires.	....	....	...	...	...	....	....	...	...	....	Sellier, bourrelier, maréchal-ferrant, habitué à soigner les chevaux et à conduire les voitures.
	Compagnies d'ouvriers des mêmes équipages.	1	679	5	2	»	»	»	»	»	»	Forgeur, serrurier, taillandier charron, charpentier, menuisier.

2. Les Français qui ont déjà servi seront, jusqu'à trente-cinq ans révolus, reçus à s'engager pour l'arme dont ils auront fait partie.

Passé l'âge de trente ans, ils ne seront admis dans une autre arme que s'ils exercent une profession utile à cette arme.

3. Les anciens militaires âgés de plus de trente-cinq ans ne pourront contracter d'engagement volontaire que pour les compagnies de vétérans, et ils n'y seront reçus que jusqu'à l'âge de quarante-cinq ans accomplis.

4. Tout Français, servant comme gagiste dans un corps de troupes françaises, et qui contractera un engagement volontaire conformément à la loi, sera reçu à compter comme *temps de service militaire* le temps qu'il aura passé sous les drapeaux en qualité de gagiste..

Le temps passé dans un corps comme gagiste avant l'âge de dix-huit ans accomplis ne sera pas compté comme temps de service militaire. L'engagement volontaire des gagistes n'aura lieu que sur l'autorisation des inspecteurs-généraux d'arme.

5. L'engagement volontaire sera toujours contracté pour l'arme à laquelle l'engagé se destine.

6. Tout Français qui demandera à s'engager devra faire constater qu'il a les qualités requises pour l'arme à laquelle il se destine. A cet effet, il se présentera devant le chef du corps dans lequel il désire prendre du service, ou devant l'officier de recrutement du département, ou l'officier de gendarmerie le plus voisin de sa résidence.

7. Après s'être assuré que l'engagé a la taille et les autres qualités requises par la présente ordonnance pour le service militaire et l'arme à laquelle il se destine, l'officier fera constater, en sa présence, par un docteur en médecine ou en chirurgie, et à défaut de l'un ou de l'autre, par un officier de santé employé par les actes de l'état civil ou de la police judiciaire, ou attaché à un hospice civil ou militaire, si cet engagé n'a aucune infirmité apparente ou cachée, et s'il est d'une constitution saine et robuste.

8. Muni du certificat qui constate son acceptation par l'autorité militaire, le contractant se présentera devant le maire d'un chef-lieu de canton, qui, seul, est appelé à dresser l'acte d'engagement.

Il justifiera de son âge par des pièces authentiques, et produira le certificat de bonnes vie et mœurs prescrit par l'article 20 de la loi.

9. Le maire constatera l'identité du contractant, et lui fera déclarer, en présence des deux témoins exigés par l'article 37 du Code civil :

1° Qu'il n'est ni marié, ni veuf avec enfans;

2° Qu'il n'est lié au service de terre ou de mer, ni comme engagé volontaire ou rengagé, ni comme appelé ou substituant, ni comme remplaçant ou inscrit maritime.

Ladite déclaration sera insérée dans l'acte d'engagement.

10. Si l'engagé a déjà servi, il devra justifier qu'il est dégagé des obligations qui lui étaient imposées, en produisant le titre

en vertu duquel il est rentré dans ses foyers, ou a été congédié ou licencié.

Les inscrits maritimes auront à présenter *un acte de déclassement* signé par le commissaire de l'inscription maritime de leur quartier.

11. Les jeunes gens désignés par le sort pour faire partie du contingent de leur classe ne seront reçus à s'engager que jusqu'au jour de la clôture de la liste du contingent de leur canton.

12. La durée de l'engagement est fixée à sept ans, sauf le cas exceptionnel prévu à l'article 33 de la loi, et dont l'application sera réglée par une ordonnance royale.

La durée du service de l'engagé volontaire comptera du jour où il aura souscrit son acte d'engagement.

13. L'acte d'engagement volontaire sera conforme au modèle joint à la présente ordonnance.

14. Avant la signature de l'acte, le maire du chef-lieu de canton donnera lecture à l'engagé :

1° Des articles 2, 31, 32, 33 et 34 de la loi du 21 mars 1832, relatifs aux engagemens volontaires ;

2° Des articles 16 et 17 de la présente ordonnance, concernant les engagés volontaires trouvés hors de la route qui leur était tracée, et ceux qui ne se rendent pas à leur destination dans les délais prescrits ;

3° De l'acte de l'engagement contracté.

Les certificats et autres pièces produites par l'engagé volontaire resteront annexés à la minute de l'acte.

15. Tout engagé volontaire recevra immédiatement après la signature de son acte d'engagement une expédition de cet acte et un ordre de route pour se rendre à son corps par la voie la plus directe.

16. Lorsqu'un engagé volontaire sera trouvé par la gendarmerie hors de la route qui lui aura été tracée, il devra être conduit devant le commandant de la gendarmerie de l'arrondissement, qui, suivant l'examen des motif, le fera remettre sur le chemin qu'il devait suivre, ou conduire, de brigade en brigade, à son corps.

17. Si, un mois après le jour où l'engagé volontaire aura dû arriver au corps, il ne s'y est pas rendu, et si le chef du corps n'a point été informé de son entrée à l'hôpital ou de son décès en route, l'engagé volontaire sera poursuivi comme insoumis, et puni, conformément à l'article 39 de la loi du 21 mars 1832, d'un emprisonnement qui ne pourra être moindre d'un mois, ni excéder une année.

18. Tout engagé volontaire qui prétendrait que l'acte qui le lie au service militaire est illégal ou irrégulier devra adresser sa réclamation au préfet du département où l'acte a été contracté, ou, s'il se trouve sous les drapeaux, au lieutenant-général commandant la division.

Les lieutenans-généraux et les préfets transmettront les demandes en annulation d'acte d'engagement volontaire à notre ministre secrétaire d'état de la guerre, qui statuera, s'il y a lieu, ou renverra la contestation devant les tribunaux.

19. L'engagé volontaire reconnu impropre au service de l'arme dont il a fait choix ne sera contraint de servir dans une autre arme que s'il fait partie du contingent de sa classe et si son numéro de tirage a été appelé à l'activité.

20. Les douze arrondissemens de la ville de Paris étant considérés comme cantons, les maires de ces arrondissemens pourront recevoir les actes d'engagement volontaire.

Loi sur l'avancement de l'armée.

LOUIS-PHILIPPE, etc.

Art. 1er. Nul ne pourra être caporal ou brigadier s'il n'a servi activement au moins six mois, comme soldat, dans un des corps de l'armée.

2. Nul ne pourra être sous-officier s'il n'a servi activement au moins six mois comme caporal ou brigadier.

3. Nul ne pourra être sous-lieutenant,

1° S'il n'est âgé au moins de dix-huit ans ;

2° S'il n'a servi au moins deux ans comme sous-officier dans un des corps de l'armée, ou s'il n'a été pendant deux ans élève des écoles militaires ou polytechnique, et s'il n'a satisfait aux examens de sortie desdites écoles.

4. Tous les militaires de l'armée seront reçus jusqu'à vingt-cinq ans à subir les examens pour l'École polytechnique.

5. Nul ne pourra être lieutenant s'il n'a servi au moins deux ans dans le grade de sous-lieutenant.

6. Nul ne pourra être capitaine s'il n'a servi au moins deux ans dans le grade de lieutenant.

7. Nul ne pourra être chef de bataillon, chef d'escadron ou major, s'il n'a servi au moins quatre ans dans le grade de capitaine.

8. Nul ne pourra être lieutenant-colonel s'il n'a servi au moins trois ans dans le grade de chef de bataillon, de chef d'escadron ou de major.

9. Nul ne pourra être colonel s'il n'a servi au moins deux ans dans le grade de lieutenant-colonel.

10. Nul ne pourra être promu à un des grades supérieurs à celui de colonel s'il n'a servi au moins trois ans dans le grade immédiatement inférieur.

11. Un tiers des grades de sous-lieutenant vacans dans les corps de troupes de l'armée sera donné aux sous-officiers des corps où aura lieu la vacance.

12. Les deux tiers des grades de lieutenant et de capitaine seront donnés à l'ancienneté de grade, savoir :

Dans l'infanterie et la cavalerie, parmi les officiers de chaque régiment ;

Dans le corps d'état-major, sur la totalité des officiers du corps;

Et dans l'artillerie et le génie, parmi les officiers susceptibles de concourir entre eux.

13. La moitié des grades de chefs de bataillon et de chefs d'escadron sera donnée à l'ancienneté de grade savoir :

Dans l'infanterie, la cavalerie et le corps d'état-major, aux capitaines sur la totalité de chaque arme ;

Dans l'artillerie et le génie, aux capitaines susceptibles de concourir entre eux.

Les emplois de major seront au choix du Roi.

14. Tous les grades supérieurs à celui de chef de bataillon, chef d'escadron ou major, seront au choix du Roi.

15. L'ancienneté pour l'avancement sera déterminée par la date du brevet du grade, ou, à date semblable, par celle du brevet du grade inférieur.

16. Lorsqu'un officier cessera de faire partie des cadres de l'armée dans tous les autres cas que ceux de mission pour service, de licenciement, ou de suppression d'emploi, le temps qu'il aura passé hors des cadres sera déduit de l'ancienneté.

Sera aussi déduit de l'ancienneté le temps passé dans un service étranger au département de la guerre. Est excepté de cette disposition le temps passé pour le service détaché de la garde nationale, dans la marine, ou dans une mission diplomatique.

Sera déduit, dans tous les cas, le temps passé au service d'une puissance étrangère.

Les officiers qui cesseront de faire partie des cadres de l'armée, à la suite de suppression d'emploi ou de licenciement, seront répartis, pour l'avancement, entre les différens corps de l'arme à laquelle ils appartiennent, et qui seront conservés ou créés.

17. Les officiers, prisonniers de guerre, conserveront leurs droits d'ancienneté pour l'avancement; cependant ils ne pourront obtenir que le grade immédiatement supérieur à celui qu'ils avaient au moment où ils ont été faits prisonniers.

18. Le temps de service exigé pour passer d'un grade à un autre pourra être réduit de moitié à la guerre ou dans les colonies.

19. Il ne pourra être dérogé aux conditions de temps imposées par l'article précédent, pour passer d'un grade à un autre, si ce n'est :

1° Pour action d'éclat dûment justifiée, et mise à l'ordre du jour de l'armée;

2° Lorsqu'il ne sera pas possible de pourvoir autrement au remplacement des vacances dans les corps en présence de l'ennemi.

20. En temps de guerre, et dans les corps qui seront en présence de l'ennemi, seront données, savoir :

A l'ancienneté, la moitié des grades de lieutenant et de capitaine;

Au choix du Roi, la totalité des grades de chef de bataillon et de chef d'escadron.

21. Il ne pourra, dans aucun cas, être nommé à un grade sans emploi ou hors des cadres des états-majors, ni être accordé des grades honoraires.

Il ne pourra également, dans aucun cas, être donné un rang supérieur à celui de l'emploi.

22. Toutes les promotions d'officiers seront immédiatement rendues publiques par insertion au Journal militaire officiel, avec l'indication du tour de l'avancement, du nom de l'officier qui était pourvu de l'emploi devenu vacant, et de la cause de la vacance.

23. Nul officier admis à la retraite ne pourra être replacé dans les cadres de l'armée.

24. L'emploi est distinct du grade.

Aucun officier ne pourra être privé de son grade que dans les cas suivant les formes déterminées par la loi.

25. Toutes les dispositions de la présente loi sont applicables aux troupes d'artillerie et d'infanterie de la marine.

26. Toutes les dispositions contraires à la présente loi sont abrogées.

Fait à Paris, au palais des Tuileries, le 14e jour du mois d'avril 1832.

Signé LOUIS-PHILIPPE.

(11) Page 67, Chapitre III, article 308. — *Dispositions générales.*

Loi du 22 frimaire an VII.

Titre XI. *Des actes qui doivent être enregistrés en débet ou gratis, et de ceux qui sont exempts de cette formalité.*

Art. 70. Seront soumis à la formalité de l'enregistrement, et enregistrés en débet ou gratis, ou exempts de cette formalité, les actes ci-après, savoir :

§ Ier. *A enregistrer en débet.*

1° Les actes et procès-verbaux des juges de paix pour faits de police ; 2° ceux faits à la requête des commissaires du directoire exécutif près les tribunaux ; 3° ceux des commissaires de police ; 4° ceux des gardes établis par l'autorité publique pour délits ruraux et forestiers ; 5° les actes et jugemens qui interviennent sur ces actes et procès-verbaux.

Il y aura lieu de suivre la rentrée des droits d'enregistrement de ces actes, procès-verbaux et jugemens, contre les parties condamnées, d'après les extraits de jugemens qui seront fournis aux préposés de la régie par les greffiers.

§ II. *A enregistrer gratis.*

1° Les acquisitions et échanges faits par la république ; les partages de biens entre elle et les particuliers, et tous autres actes faits à ce sujet ;

2° Les exploits, commandemens, significations, sommations, établissemens de garnison, saisies, saisies-arrêts, et autres actes, tant en action qu'en défense, ayant pour objet le recouvrement des contributions directes ou indirectes, et de toutes autres sommes dues à la république, à quelque titre et pour quelque objet que ce soit, même des contributions locales, lorsqu'il s'agira de cotes de 25 fr. et au-dessous, ou de droits et créances non excédant en total la somme de 25 fr. ;

3° Les actes des huissiers et gendarmes dans les cas spécifiés par le paragraphe suivant, nombre 9.

§ III. *Exempts de la formalité de l'enregistrement.*

9° Tous les actes et procès-verbaux (excepté ceux des huissiers et gendarmes, qui doivent être enregistrés, ainsi qu'il est dit au paragraphe précédent, nombre 4), et jugemens concernant la police générale et de sûreté, et la vindicte publique.

FIN DES NOTES.

On n'a pas imprimé les états prescrits par cette ordonnance, attendu que la plupart ont subi des changemens, et qu'ils sont encore susceptibles d'en éprouver.

RÉGLEMENT

Pour les Chargemens, Transports et Convois de poudre, par terre et par eau, dans l'intérieur du royaume, soit pour le service des Arsenaux de terre et de mer, soit pour le Commerce.

Art. 1ᵉʳ. Les barils de poudre transportés par terre seront assujétis sur les voitures, de manière que le mouvement de ces voitures ne puisse jamais les faire frotter les uns contre les autres. Ils seront toujours bien bâchés en paille et recouverts en outre d'une toile très-serrée.

S'il arrivait des accidens, des pertes ou des avaries par suite de la non exécution des dispositions ci-dessus, l'entrepreneur chargé du transport des poudres en serait responsable, sauf son recours contre le voiturier qui les aurait occasionés par sa négligence.

2. Le transport des poudres, quelles qu'elles soient, par terre ou par eau, ne pourra jamais se faire qu'avec une escorte suffisante, qui sera fournie par la gendarmerie. Cette escorte sera requise par l'agent chargé d'expédier les poudres, auprès du commandant de la force armée du lieu de départ, qui ne pourra le refuser. Le commandant de l'escorte donnera à cet agent un reçu de la réquisition pour l'escorte.

3. Dans le cas d'insuffisance de l'escorte de gendarmerie, le chef de celle-ci requerra de la municipalité la garde nécessaire, laquelle sera aux ordres du commandant du convoi.

4. Le commandant de l'escorte attachera un homme de la troupe à chaque voiture, et visitera fréquemment toutes les voitures pour s'assurer si tout est en bon état, s'il n'y a aucun accident à craindre, et si on prend toutes les précautions nécessaires pour les éviter.

5. Il fera marcher, autant que possible, le convoi sur la terre, jamais plus vite que le pas, et sur une seule file de voitures.

6. Il ne sera souffert près du convoi aucun fumeur, soit de la troupe d'escorte, soit étranger. Le commandant sera responsable des accidens qui pourraient provenir de cette cause, et de tous autres qui pourraient être attribués à sa négligence.

7. Le commandant de l'escorte empêchera que rien d'étranger aux poudres ne soit sur les voitures, particulièrement des métaux et des pierres, qui, par leur choc, peuvent produire du feu; que personne n'y monte qu'en cas de dérangement ou de réparations indispensables à faire à un baril (ce qui doit avoir lieu très-rarement et avec les plus grandes précautions, descendant à cet effet le baril de la voiture et se servant de maillet en bois, etc.); que toutes les voitures étrangères à celles du convoi n'approchent pas de celui-ci : il fera détourner ou arrêter celles qui paraîtraient vouloir le faire.

8. Le commandant de l'escorte ne laissera approcher personne du convoi, et veillera à ce qu'il ne soit pas fait de feu dans les environs.

9. On fera passer les convois en dehors des communes, lorsqu'il y aura possibilité, et, quand on sera forcé de les faire entrer dans les villes, bourgs ou villages, le commandant de l'escorte requerra la municipalité de faire fermer les ateliers et les boutiques d'ouvriers dont les travaux exigent du feu, et de faire arroser, si la route est sèche, les rues par où l'on doit passer.

10. Le convoi ne sera jamais arrêté ni stationné dans les villes, bourgs, ni villages, et on le fera parquer au-dehors, dans un lieu isolé des habitations, sûr, convenable et reconnu à l'avance.

11. La réquisition pour l'escorte sera remise par le commandant de l'escorte à celui qui le relèvera, il en tirera reçu, et ainsi de suite de poste en poste, jusqu'à l'arrivée à destination, où cette réquisition sera remise à l'agent en chef chargé de recevoir les poudres, lequel l'adressera au ministre ou à l'administration dont il dépend, avec les renseignemens qui y seront mentionnés.

12. Dans le cas où des événemens extraordinaires, tels qu'inondations, glaces et fermetures de canaux, empêcheraient des poudres de suivre leur destination, le commandant de l'escorte en préviendrait de suite le commandant de la place, ou, à son défaut, le maire, qui les ferait emmagasiner dans un lieu sec et sûr, jusqu'à ce qu'elles pussent repartir : le chef de l'escorte remettrait le réglement à ces autorités, et il en serait rendu compte, par le commandant ou par le maire, au ministre ou à l'administration qui aurait ordonné le mouvement des munitions.

Lorsque ces poudres seront susceptibles de repartir, l'une ou l'autre de ces autorités requerra l'escorte d'usage, lui remettra le réglement, en tirera reçu, et rendra compte au ministre ou à l'administration qui aura ordonné le transport des poudres.

13. Les poudres emmagasinées comme il a été dit à l'article précédent, par suite de force majeure, seront sous la responsabilité du commandant de la place, et, à son défaut, sous celle du maire; et elles seront en conséquence gardées jour et nuit par la force armée, jusqu'à continuation de route.

14. L'entrepreneur se servira, pour le transport des poudres par eau, de bateaux en bon état, et construits assez solidement pour le cours de navigation où ils devront être employés.

On laissera libre la proue et la poupe pour la manœuvre. On pratiquera dans le milieu du bateau et sur toute sa largeur un chemin ou sentine, large d'environ deux pieds, pour recevoir les eaux et les égoutter; et, si la longueur du bateau l'exige, il en sera pratiqué un ou deux de plus. Les barils seront élevés au-dessus du fond de quatre à cinq pouces au moins, afin de les préserver de l'humidité; et si l'on ne peut y parvenir au moyen des courbes ou traverses du fond, on y suppléera par des planches, des pièces de bois ou fagotages bien serrés.

Les barils seront ensuite arrangés et empilés d'une manière solide sur ce plafond. On aura soin qu'ils soient entièrement isolés de tout autre objet qu'on transporterait à bord du même bateau.

On bâchera en paille ou natte de paille le dessus des barils et de tous les côtés des piles de haut en bas; on les recouvrira partout d'une toile bien serrée ou goudronnée.

S'il arrivait des accidens, des pertes ou des avaries, par le manque de la stricte exécution des dispositions ci-dessus, l'entrepreneur chargé du transport des poudres en serait responsable, comme il a été mentionné à l'article 1er.

15. Le commandant de l'escorte, dans les convois par eau attachera un ou plusieurs hommes de la troupe à chaque bateau, selon leur force; il ne souffrira pas qu'on fasse du feu à leur bord, ni qu'on y fume; il sera responsable des accidens qui proviendraient de contravention à cet article.

16. Il veillera à ce qu'on jette exactement l'eau que le bateau serait dans le cas de faire, et même à ce que l'on bouche ou diminue la voie; s'il fallait travailler au bateau avec quelques outils, on ne se servirait que de maillets de bois, comme il a été dit ci-dessus, pour réparer les barils, et on ôterait avec précaution les barils de poudre des endroits où l'on travaillerait et des parties qui les environneraient.

17. Les mariniers examineront souvent si les barils de poudre ne sont pas susceptibles d'être mouillés en dessus ou en dessous, et ils prendront les mesures que les circonstances nécessiteront.

18. Lorsqu'un convoi par eau traversera une ville, un bourg ou un village, le commandant de l'escorte requerra la municipalité de faire fermer les ateliers et les boutiques d'ouvriers dont les travaux exigent du feu, ainsi qu'il a été prescrit à l'article 9 pour les convois par terre.

19. Les bateaux chargés de poudre seront toujours isolés, soit dans la marche, soit lorsqu'ils seront amarés; en conséquence, le commandant de l'escorte fera éloigner tous les autres bateaux qui voudraient s'en approcher.

20. Le commandant de l'escorte ne laissera pas amarrer les bateaux chargés de poudre à d'autres bateaux, ni près des communes ou habitations, et il veillera à ce qu'aucun étranger n'approche du convoi, et à ce qu'on ne fasse pas de feu dans les environs des endroits où il sera amarré.

21. Lorsqu'un bateau sera amarré, il restera, le jour et la nuit, au moins un gendarme à bord, et le commandant de l'escorte exigera qu'il y reste un marinier pour parer aux événemens qui pourraient arriver.

Le présent réglement sera envoyé aux autorités civiles et militaires chargées de son exécution.

Paris, ce 24 septembre 1812.

Le Ministre de la Guerre,

DUC DE FELTRE.

CIRCULAIRE MINISTÉRIELLE

Relative à la conduite des Déserteurs condamnés à la peine du boulet ou à celle des travaux publics.

Paris, le 22 mai 1818.

Monsieur, d'après les plaintes réitérées qui étaient parvenues à mon prédécesseur sur l'état de nudité dans lequel les déserteurs condamnés à la peine du boulet ou à celle des travaux publics arrivaient dans les ateliers, il avait été enjoint, le 3 juin 1817, dans les divisions militaires du royaume, de veiller à ce que ces condamnés ne fussent dirigés sur les ateliers qu'après qu'ils auraient été pourvus des effets d'habillement et d'équipement désignés dans l'article 14 du décret du 18 juin 1809 et dans l'article 3 du réglement du 30 septembre 1816, et à ce qu'il fût fait mention expresse et détaillée de ces effets sur la feuille de route qui doit accompagner chacun des condamnés.

Il paraît que ces mesures n'ont pas atteint le but que l'on s'était proposé, puisque de nouvelles et fréquentes plaintes attestent que la plupart des condamnés qui sont dirigés sur les ateliers y arrivent presque toujours dénués d'effets d'habillement.

Un tel état de choses, qui compromet tout à la fois les intérêts du Trésor et la santé des condamnés, ne pouvant exister plus long-temps, j'ai pensé que, pour en empêcher le renouvellement, il convenait d'ajouter aux mesures prescrites par la circulaire du 3 juin 1817 (qui continueront d'être exécutées) les dispositions suivantes :

1° Les gendarmes chargés d'escorter un condamné à la peine du boulet ou des travaux publics, dirigé sur un atelier, devront s'assurer, avant leur départ, que le condamné est muni des effets d'habillement et d'équipement détaillés dans la feuille de route. Ils seront responsables de ces effets pendant tout le temps que ce condamné sera entre leurs mains, et le geôlier ou concierge de la prison d'où partira le condamné ne devra remettre celui-ci aux gendarmes qu'après que ces gendarmes auront inscrit, sur une feuille intercalaire qui demeurera jointe à la feuille de route, un reçu daté et signé, dans lequel ils reconnaîtront que le condamné a été remis entre leurs mains pourvu de tous les effets mentionnés dans la feuille de route.

2° A l'arrivée du condamné, soit dans une prison ou un hôpital, soit dans l'atelier, le geôlier ou concierge de la prison, ou l'économe de l'hôpital, ou l'agent d'administration de l'atelier, s'assurera de l'existence des effets mentionnés dans la feuille de route, et inscrira son reçu sur la feuille intercalaire, de la manière ci-dessus indiquée, en présence des gendarmes de l'escorte. S'il existe un déficit, les effets manquans seront détaillés dans le reçu donné par le geôlier ou concierge de la prison, ou par l'économe de l'hôpital, ou par l'agent d'administration de l'atelier; mais, dans ce cas, le reçu devra être écrit sans rature ni interligne, et les gendarmes de l'escorte devront être requis de le signer : en cas de refus de leur part, le reçu en fera mention.

3° Les gendarmes qui reprendront le condamné de la prison ou de l'hôpital où il aura séjourné en useront de même à l'égard du concierge ou geôlier de la prison, ou de l'économe de l'hôpital, c'est-à-dire que le reçu qu'ils signeront sur la feuille intercalaire, au moment où ils recevront le condamné, mentionnera que ce dernier leur a été remis avec tous les objets désignés dans la feuille de route, si en effet il n'en manque aucun. Dans le cas contraire, les objets manquans seront désignés, sans rature ni interligne, dans le reçu des gendarmes, et le geôlier ou concierge, ou l'économe, sera requis d'y apposer sa signature : s'il s'y refuse, le reçu en fera mention.

4° Lorsque le condamné arrivera à l'atelier, et qu'il ne sera pas nanti de la totalité des effets désignés dans la feuille de route, le sous-intendant militaire chargé de la surveillance du service administratif de cet atelier s'assurera si les objets manquans sont constatés dans les reçus portés sur la feuille intercalaire, et fera connaître, dans son procès-verbal, les omissions ou irrégularités qu'il aura reconnues, et les agens qui les auront commises. Il fera ensuite l'envoi, tant de ce procès-verbal que de la feuille de route et de celle intercalaire, au ministre de la guerre, qui fera exercer une retenue égale à la valeur des objets manquans, soit sur la solde ou sur la masse des gendarmes, soit sur le traitement des économes, soit sur les frais de gîte ou geôlage qui seraient dus aux geôliers ou concierges qui n'auront point représenté le condamné avec tous les effets dont il était nanti au moment de sa remise entre leurs mains.

Vous trouverez ci-joint un modèle de la feuille intercalaire qui devra être annexée à la feuille de route de tout condamné qui sera dirigé d'un lieu sur un autre, et notamment sur les ateliers. Je vous recommande de tenir strictement la main à ce que celles de ces dispositions qui vous concernent soient exécutées ponctuellement, à ce que je sois promptement informé des contraventions qui auraient été commises.

Ces dispositions devront être notifiées, savoir :

1° A MM. les maréchaux-de-camp et lieutenans du Roi employés dans les divisions militaires, par MM. les lieutenans-généraux commandant ces divisions;

2° A MM. les sous-préfets et maires, aux geôliers ou concierges des prisons civiles, et aux économes des hôpitaux civils, par MM. les préfets;

3º A MM. les sous-intendans, aux geôliers ou concierges des prisons, et aux économes des hôpitaux militaires, par MM. les intendans;

4º Enfin, à toutes les brigades de gendarmerie royale, par MM. les colonels commandant les légions de cette arme.

Vous voudrez bien m'accuser réception de la présente, et m'informer des dispositions que vous aurez faites pour en assurer la prompte exécution.

HABILLEMENT.

Paris, le 22 septembre 1826.

A MM. les Intendans et Sous-Intendans militaires,
Aux Chefs de légion,
Et aux Conseils d'administration des Compagnies de Gendarmerie

Messieurs, depuis le réglement du 5 février 1819, je vous ai fait connaître successivement les diverses modifications qu'il a paru nécessaire d'apporter à l'uniforme de la Gendarmerie; elles ont été indiquées principalement par les circulaires des 25 mai 1822 et 3 mai 1826.

En s'occupant de l'établissement des modèles expédiés aux compagnies pour servir à la confection des effets dont il y aura lieu d'ordonner le renouvellement, le comité consultatif de l'arme a cru devoir proposer quelques nouveaux et légers changemens dont j'ai également approuvé l'adoption.

Ces décisions éparses régissent aujourd'hui le service de l'habillement. Afin de faciliter aux conseils d'administration l'exécution des rectifications qu'elles ont prescrites, et de prévenir toute omission qui détruirait toute uniformité dans les différentes parties de l'habillement, il m'a paru essentiel de les réunir en un corps de réglement renfermant les dispositions non abrogées du 5 février 1819, et les modifications que, depuis cette époque, il a été reconnu utile d'y apporter.

Je vous adresse ce nouveau réglement, auquel, est annexé le tableau présentant la désignation de chaque partie de l'uniforme, et contenant les indications propres à guider les conseils d'administration sur le choix des fournisseurs qui offrent les conditions les plus avantageuses et les meilleures garanties.

Je dois vous rappeler, à ce sujet, les recommandations contenues dans les diverses instructions relatives au service de l'habillement. Je vous ai signalé, à plusieurs reprises, les plaintes très-fondées qui m'étaient parvenues sur les abus qui tendaient continuellement à s'introduire dans cette partie de l'administration. Dans plusieurs compagnies les infractions que j'avais indiquées n'ont pas cessé d'exister, particulièrement en ce qui concerne les achats de matières, qui se sont élevés à des sommes considérables et tout-à-fait hors de proportion avec les besoins du service courant ; mais, si cette circonstance fâcheuse m'a déterminé à prescrire, sur quelques points, des enquêtes administratives pour faire supporter aux conseils d'administration, s'il y a lieu, les dépenses dont la nécessité n'aurait pas été justifiée et constatée par des délibérations régulières, je me plais à reconnaître que, généralement, les mesures d'ordre et de conservation dont j'avais recommandé l'exécution ont été observées avec plus d'attention; les paiemens pour les fournitures ont été faits avec plus de régularité, et les dispositions suivies à ce sujet ont assuré le service, en donnant aux fournisseurs de justes garanties qui leur ont fait trouver des avantages positifs à remplir avec exactitude les conditions de leurs engagemens.

Les modèles envoyés aux compagnies par le comité consultatif de la gendarmerie ont été établis d'après le nouveau réglement, dont les dispositions devront être rigoureusement observées pour la confection de toutes les parties de l'uniforme qui seront à renouveler.

MM. les inspecteurs-généraux et les chefs de légion sont spécialement chargés, pendant leurs revues, d'examiner si ces dispositions reçoivent une entière exécution. Les infractions qu'ils reconnaîtraient devront m'être signalées sur-le-champ, afin d'être réprimées avec d'autant plus de sévérité qu'elles sont entièrement au préjudice des sous-officiers et gendarmes, qui supportent en totalité les charges de leur habillement.

MM. les sous-intendans ayant la police administrative des compagnies, devront également surveiller l'exécution des mesures nécessaires à la parfaite régularité des opérations du service de l'habillement, et je leur donne, à cet effet, communication de cette circulaire.

Il ne me reste plus à vous entretenir que de quelques objets dont plusieurs sont indiqués dans l'instruction du 3 mai, et sur lesquels il importe que les conseils d'administration soient fixés d'une manière positive.

L'époque précise à laquelle les chapeaux de petite tenue doivent cesser d'être portés n'a pas été déterminée; les sous-officiers et gendarmes ont été autorisés à conserver, jusqu'à ce qu'ils soient usés, ceux qui étaient en service.

En fixant au premier juillet le remplacement total, j'ai pensé que cette mesure, utile au bien du service, ne serait pas nuisible aux intérêts des hommes, la suppression des chapeaux qui existeront à cette époque ne devant pas occasioner une perte sensible aux gendarmes.

La même disposition sera suivie en ce qui concerne la nouvelle plaque adoptée, qui sera la seule en usage au premier juillet prochain.

Il a été ajouté à l'envoi des effets modèles une aiguillette de brigadier. Cette aiguillette étant destinée à constater l'avantage d'un nouveau procédé pour la teinture de la laine, sera mise de suite en service. Les conseils d'administration rendront compte, à la première inspection, du dégré de solidité de la teinture et

de l'usage que l'aiguillette aura été reconnue susceptible de faire, comparativement à celles fournies précédemment.

L'épée-modèle pour les sous-officiers pouvant, si elle n'était pas portée, se détériorer promptement, elle sera également mise en service immédiatement, et il sera tenu note du sous-officier qui l'aura reçue, afin de la faire servir au besoin de pièce de comparaison.

J'ai décidé enfin que la dépense des objets de distinction pour les gendarmes trompettes serait supportée par l'abonnement de secours ; cette dépense ne sera d'ailleurs imputée sur les quatre cinquièmes de fonds qu'autant qu'il serait constaté qu'il y a eu impossibilité d'y pourvoir sur le cinquième destiné aux frais administratifs.

Vous voudrez bien prescrire, en ce qui vous concerne, les mesures nécessaires pour assurer l'effet des dispositions que renferme cette circulaire, dont vous m'accuserez réception.

J'ai l'honneur d'être, avec une considération très-distinguée, Messieurs, votre très-humble et très-obéissant serviteur.

Le Ministre Secrétaire-d'état de la guerre,
DE CLERMONT-TONNERRE.

RÉGLEMENT

SUR L'UNIFORME

DU CORPS DE LA GENDARMERIE,

APPROUVÉ PAR LE MINISTRE SECRÉTAIRE D'ÉTAT DE LA GUERRE, LE 22 SEPTEMBRE 1826.

HABILLEMENT.

La gendarmerie aura une grande et une petite tenue.

Pour la grande tenue, l'habillement des officiers, sous-officiers et gendarmes, sera composé d'un habit de drap bleu de roi, ayant revers et retroussis en drap écarlate, et d'un pantalon de drap chamois (1).

Pour la petite tenue, il sera composé d'un surtout de drap bleu de roi, avec retroussis en drap écarlate, et d'un pantalon de drap gris.

La gendarmerie sera, en outre, pourvue des effets d'habillement, pareillement confectionnés en drap bleu de roi, et ci-après désignés, savoir :

---

(1) Le pantalon en drap blanc a été adopté pour la grande tenue. (*Circulaire du 6 juin 1861.*) Journal militaire, 1er trimestre.

Les officiers, d'un manteau dit manteau-capote, et d'un bonnet de police ;

Les sous-officiers et gendarmes à cheval, d'un manteau-capote, d'un bonnet de police et d'une veste d'écurie;

Les sous-officiers et gendarmes à pied, d'une capote, d'un bonnet de police et d'une veste ronde semblable à celle de la gendarmerie à cheval.

Les officiers, sous-officiers et gendarmes auront pour tenue d'été un pantalon de coutil blanc.

L'habit emboîtera les hanches et sera assez ample pour qu'on puisse porter dessous, pendant l'hiver, un gilet à manches, qui ne devra pas être aperçu.

Coupe de l'habit.

L'habit pouvant, par suite des temps, être transformé en surtout, les devans seront coupés d'un seul morceau, de manière à former la doublure des revers. A partir du bas des revers jusqu'à la naissance des retroussis, l'échancrure des devans de l'habit sera bordée d'un passe-poil écarlate. L'ouverture de l'échancrure sera de 18 à 22 centimètres de chaque côté, selon la grosseur de l'homme. L'habit formera un pli et demi, et croisera par derrière.

Les épaulettes des devans de l'habit seront coupées de manière que, pour les hommes de la plus petite taille, elles aient au moins 96 millimètres à partir de la couture du collet jusqu'à celle du haut de la manche.

Il sera pratiqué dans la partie supérieure de la manche, près de la couture, deux œillets qui seront à 20 millimètres l'un de l'autre, pour fixer les trèfles et les aiguillettes sur le milieu de l'épaule.

Taille.

La longueur de la taille devra toujours descendre jusqu'à la hauteur des hanches; elle aura, par le bas, de 80 à 100 millimètres de largeur, selon la grosseur de l'homme.

Dimension des basques.

Les basques croiseront à leur extrémité inférieure, de manière à ce que la grenade du côté droit se trouve couverte par la pointe du côté opposé. Leur largeur pour le bas sera de 140 à 150 millimètres, selon la taille de l'homme. Leur longueur sera de 50 à 60 millimètres de plus que celle de la taille.

Pattes figurant les poches.

A la hauteur du milieu du bouton de la taille, il sera placé horizontalement, de chaque côté, une patte à trois pointes figurant la poche; sa longueur sera proportionnée à la largeur du haut de la basque, de manière que les deux côtés de cette patte soient parallèles, savoir : l'un au pli de l'habit, à 18 millimètres de distance, l'autre à 40 millimètres du bord du devant de la basque. La patte sera cintrée dans sa partie supérieure, de 3 à 4 millimètres au plus ; sa hauteur sera de 75 millimètres à chacune des pointes, et de 40 entre chaque pointe.

Revers.

Les revers seront fixés et s'agraferont dans toute leur longueur, au moyen de 16 à 18 agrafes noires, également espacées et placées de manière à ne pas être aperçues lorsque les revers seront agrafés. Ils seront coupés carrément par le bas et bordés d'un passe-poil de drap bleu; ils auront, savoir :

Du point de leur jonction avec le collet jusqu'en bas, 390 à 420 millimètres, selon la taille de l'homme; dans la plus grande largeur apparente, c'est-à-dire à partir du point de jonction au bas du collet jusqu'au bord extérieur du passe-poil et à 50 mill. au-dessous de la pointe de l'écusson en ligne horizontale, ils auront 150 millimètres; vers le milieu entre la troisième et la quatrième boutonnières 115 millimètres, et par le bas 95. La largeur de l'écusson, mesurée aux deux pointes latérales, sera de 90 millimètres, et la profondeur de 22.

La partie supérieure des revers suivra exactement le tour du collet sans en dépasser la couture.

Les revers auront chacun sept boutonnières. La première sera placée à 25 millimètres de la pointe du milieu de l'écusson; de la première à la deuxième, la distance sera de 103 millimètres; les autres boutonnières seront ouvertes à des distances égales et proportionnées à la longueur des revers, de manière cependant que la dernière soit à 22 millimètres du bord inférieur.

Collet.

Le collet sera échancré sur le devant de 5 centimètres de chaque côté par le haut, et se joindra à la partie inférieure au moyen d'une forte agrafe noire placée sur la couture entre les deux draps. Il aura 80 à 90 millimètres de hauteur, selon la conformation du cou de l'homme. Il sera de même drap que l'habit, doublé et bordé d'un passe-poil pareil. Entre les deux draps du collet il y aura, au lieu de toile forte, une basanne passée en couleur fauve, afin de lui donner plus de soutien.

Paremens.

Les paremens seront également en drap bleu, hauts de 85 millimètres; ils auront un rempli du même drap en dedans de la manche, large de 30 millimètres au moins; le bas de la manche sera ouvert à la partie supérieure, et fermé par une patte de drap bleu, à trois boutonnières, longues de 110 millimètres, et large de 35. Les paremens et la patte seront bordés d'un passe-poil écarlate.

Retroussis et grenades.

Les retroussis seront en drap pareil aux revers; ceux de derrière commenceront à la partie inférieure de la taille, et auront à leur naissance 15 millimètres de largeur apparente; ceux du devant, taillés en pointe, commenceront à 40 ou 60 millimètres de l'angle de l'échancrure. Ces retroussis se joindront au milieu de l'extrémité inférieure de la basque, et seront ornés, aux angles du bas, d'une grenade qui sera en fil blanc pour les gendarmes, en filé d'argent pour les brigadiers et les maréchaux-des-logis (le centre de la bombe de celle pour sous-officiers sera en laine bleue, du diamètre de 10 millimètres), et pour les officiers entièrement en filé d'argent. Les grenades seront toujours brodées sur drap bleu teint en laine pareil à celui de l'habit.

Poches en dessous.

Les poches seront ouvertes en dessous et en long, à 50 millimètres du bord des retroussis. L'ouverture sera de 180 à 190 millimètres, et fermée au milieu par un bouton de 15 millimètres de diamètre; sous le bouton, il régnera une parementure en drap écarlate, de 25 à 30 millimètres de largeur; la boutonnière sera taillée en ligne horizontale : la partie inférieure de l'ouverture de la poche sera à 200 millimètres du bas de la basque.

La poche en toile sera assez profonde pour arriver à 30 millimètres du bas de la basque; sa largeur ne sera pas moins de 180 millimètres à son ouverture et à la hauteur de sa boutonnière.

Doublure.

La doublure du dos, du corsage, des devans, des manches, et les poches de l'habit des sous-officiers et gendarmes seront en toile bisonne; la doublure des basques, à partir du dos de la taille, sera en drap écarlate.

Il régnera, en dessous des devans, une parementure du même drap que l'habit, large de 70 millimètres, à partir de la naissance du collet jusqu'à l'échancrure, et de 50 millimètres depuis l'échancrure jusqu'à la naissance de la doublure écarlate des basques.

Les habits ne seront ouatés que lorsque la conformation de l'homme l'exigera.

Boutons.

L'habit sera garni de huit gros boutons, de vingt petits, et de deux moyens. Ces boutons seront en argent pour les officiers, et en métal blanc argenté pour la troupe. Ils porteront un écusson à trois fleurs de lis, couronné, environné de branches de laurier et d'olivier; au pourtour de l'écusson seront ces mots : *Gendarmerie royale* (1).

Les boutons seront placés, savoir : deux gros au bas de la taille, trois sur chaque patte de la poche extérieure, sept petits sur chacun des revers de l'habit; trois à chaque manche et un moyen sur chaque épaule, tout près du collet, et à peu près dans l'angle formé par la couture du collet et celle qui réunit l'épaulette de l'habit à la pièce du dos; la queue des boutons moyens aura 8 millimètres.

Les passans d'aiguillettes auront 10 millimètres de largeur et 80 millimètres de longueur; ils seront doublés en drap bleu et placés à 10 millimètres de la couture de la manche.

Quantité de matières nécessaires pour la confection de l'habit.

Habit.

mèt. mill.

Drap bleu de 150/100e de large 1 350

---

(1) Par ordonnance du 8 septembre 1832, le bouton de la gendarmerie est em-

5.

mèt. mill.

Drap écarlate, *idem*. . . . . » 500
Toile bisonne pour doublure et poche, large de
89/100°. 1 800

Le surtout emboîtera les hanches et sera assez aisé pour qu'on puisse porter dessous, pendant l'hiver, un gilet à manches, qui ne devra pas être aperçu.

Coupe du surtout.

Le surtout sera coupé droit par-devant, et boutonné avec neuf gros boutons d'uniforme du point de leur jonction avec le collet; les devans descendront jusqu'à la hauteur du niveau des hanches, et seront coupés carrément. L'échancrure sera la même que celle de l'habit.

Le côté des boutonnières sera bordé d'un passepoil écarlate, depuis le collet jusqu'à la naissance des retroussis; du côté des boutons, ce passe-poil ne commencera qu'au bas du devant.

Boutons.

Le surtout sera garni de onze gros boutons, de six petits et de deux moyens; ils seront placés, savoir: neuf gros sur le devant, à 40 millim. du bord, et deux au bas de la taille; trois petits à chaque manche et un moyen sur chaque épaule.

Les autres parties du surtout, telles que la taille, les basques, le collet, les paremens, les retroussis, les poches de dessous, les passans, les pattes et paremens, ainsi que la doublure, seront conformes en tous points à celles de l'habit.

Quantité de matières nécessaires pour la confection du surtout.

Surtout.

mèt. mill.

Drap bleu de 150° de large 1 300
Drap écarlate, *idem*. . . . . » 350
Toile bisonne, de 89/100° de large, pour doublure et
poches. 1 800

Le pantalon chamois pour les officiers, ainsi que pour les sous-officiers et gendarmes à cheval, sera à petit pont, demi-collant pour porter un caleçon. Il montera à 50 millim. au-dessus des hanches, non compris la ceinture, qui aura 40 millim. de hauteur apparente sur le derrière, et 80 par devant, et descendra jusqu'à la cheville. Il y aura une ouverture par le bas de 160 millim., qui sera fermée au moyen de trois boutons plats, ou de deux cordons placés à l'extrémité inférieure de chaque côté.

Le pantalon aura un gousset ouvert sur chaque cuisse. L'ouverture horizontale du gousset sera de 160 à 180 millim.; celle latérale de 160 millim., et sa profondeur de 222 à 224 millim.

La ceinture, le pont et les deux côtés du devant seront doublés en toile bisonne. La doublure du pont descendra diagonale-

---

ment jusqu'à 250 millim. de distance de chaque côté de la couture de jonction du fond. Il sera garni par derrière d'une pièce de fond, de même toile, qui embrassera toute la partie intérieure du siége; cette pièce, à partir de la couture de jonction de l'enfourchure, aura 250 millim. en remontant du côté de la ceinture, et descendent en diagonale jusqu'à 250 millim. de la couture d'entrecuisse de chaque côté, de manière à former jonction avec la doublure du devant. Elle sera fortement cousue dans tout son pourtour, et aux centres il régnera six points de glaçure ou faufilé à points-arrière, également espacés, trois de chaque côté de la couture du milieu.

La coupe, les proportions et les dimensions seront les mêmes, mais il n'y sera point ajouté de pièce de siége comme à celle de la cavalerie. La toile de doublure du pont descendra de chaque côté, le long de la couture d'entrecuisse, à 150 millim. au-dessus de celle de jonction de l'enfourchure.

Le pantalon de drap gris-bleu sera taillé, dans sa partie supérieure, comme le pantalon chamois. Il devra être un peu plus large, et tomber légèrement jusque sous le coude-pied, l'homme étant debout, et sur le derrière, à 10 millim. au-dessous de la couture du contrefort de la petite botte. Le bas du pantalon sera taillé en biais, de manière à ce que la partie d'entre-jambe soit plus longue de 10 millim. que la partie extérieure, afin qu'étant sur l'homme il tombe également.

Ce pantalon, pour la cavalerie, aura la même garniture intérieure que le pantalon chamois, et comme il doit servir alternativement pour être porté avec la grande et petite botte, il devra légèrement dessiner le genou.

Celui pour la gendarmerie à pied sera confectionné de la même manière, excepté qu'il n'aura point de pièce de siége et qu'il sera coupé droit sans dessiner le genou.

Quantité de matières qui entrent dans la confection des pantalons de drap gris-bleu.

De cavalerie.

	mèt. mill.
Drap gris-bleu, de 150/100e de large	1 240
Toile bisonne pour doublure, pièce de siége et poches, large de 89,100e	1 200

D'infanterie.

	mèt. mill.
Drap gris bleu, *idem*	1 200
Toile bisonne pour doublure et poches, *idem*	» 600

Les sous-officiers et gendarmes à cheval et à pied auront pour tenue d'été un pantalon blanc en coutil de coton (dit russe). La coupe et les dimensions seront les mêmes que le pantalon de drap gris-bleu d'infanterie, excepté qu'il sera à grand pont, que la doublure de ce pont ne sera que de 50 à 60 millim. dans tout son pourtour, et qu'il n'y aura qu'une seule poche.

Quantité de matières nécessaires pour la confection du pantalon de tenue d'été en coutil blanc.

Pantalon de coutil blanc.

mèt. mill.

Coutil blanc, large de 72 à 76°°. 2 500
Toile blanche, dite royale, pour doublure et poches, large de 89/100°° . . . . » 500

Les officiers porteront également le pantalon de coutil blanc de qualité analogue pour tenue d'été.

À chacun des pantalons ci-dessus décrits il y aura un petit gousset, avec patte, ouvert dans la ceinture, du côté droit.

Pendant l'été, on fera usage, en Corse, d'un pantalon de toile blanche; celui de la gendarmerie à pied aura les mêmes dimensions que le pantalon de drap gris. Celui de la gendarmerie à cheval sera porté par-dessus la botte; il sera ouvert sur les faces latérales, à partir du bas jusqu'à la hauteur du genou, et il fermera au moyen de neuf boutons couverts en toile. Il aura des sous-pieds en cuir noir fixés au moyen d'un bouton en os placé en-dessous de chaque côté.

Quantité de toile pour la confection des pantalons, y compris les goussets et garnitures.

Toile de Flandre, dite *fil rond* 2ᵐ 000

Les officiers de tout grade pourront porter, en tenue de société, une culotte blanche, des bas blancs unis et des souliers à boucles d'argent et à jonc. Cette culotte sera, selon la saison, en casimir ou en coton uni.

Le manteau de la gendarmerie à cheval sera à manches et à grand collet. La doublure sur le devant, en forme de parementure, sera en cadis ou blicourt écarlate pour la troupe, et en voile de même couleur pour les officiers.

Le manteau n'aura point de chanteaux par le bas; si la largeur du drap ne permettait pas de le confectionner ainsi, les chanteaux, dans leur plus grande hauteur, ne devront jamais excéder 150 mill.

Il y aura trois pattes de chaque côté attachées au corps du manteau, avec boutonnières et boutons couverts du même drap; elles seront taillées en pointe du côté des boutons et boutonnières, et carrément de l'autre côté. La largeur de chacune sera, du côté de la pointe, de 55 mill., et de 75 du côté opposé. Leur longueur apparente aura 110 millim. Ces pattes seront placées de chaque côté, savoir : la première à 110 millim. de la couture du collet; la seconde, à 240 millim. de la première, et la troisième, à la même distance de la seconde. Les deux premières pattes seront placées de manière à ce que la pointe de l'une à l'autre ne présente que la distance nécessaire pour être commodément boutonnées. Les autres seront cousues à 120 millim. du bord.

À chaque pointe du bas des devans du manteau, il sera pratiqué une boutonnière taillée dans l'angle, et un bouton sera placé au bas de la pointe du gousset sous l'emmanchure, afin de pouvoir relever les deux devans au besoin : ces boutons seront couverts en drap.

Dimensions des parties du manteau.

Corps du manteau.

mèt. mill.

Distance entre la terre et le bord inférieur du manteau dans toutes les parties de sa circonférence, l'homme étant debout. . . . . » 220
Largeur du devant, depuis la couture de l'emmanchure, sous le bras, à la hauteur de la première patte. » 370
Ampleur par le bas. 1 880

Paremenlage.

Longueur des parementages des deux côtés du devant, en cadis ou blicourt écarlate. 1 200
Largeur du parementage. . . . . » 250

Fente de derrière.

Hauteur de la fente. . . . . » 610
Largeur des paremens de la fente. . . . . . » 50
Largeur de la patte portant les boutons de la fente. » 15
Nombre de boutons à la fente, 6.
Ces boutons seront couverts du même drap.

Collet.

Longueur du collet. . . . . » 620
Hauteur du collet par derrière, de. 110à115
Hauteur par-devant, de. 100à105
Longueur entière de l'agrafe. . . . . . . » 30
Le collet sera doublé du même drap. Il y aura entre les deux draps une forte toile pour lui donner plus de soutien.
L'agrafe sera forte, en fer verni noir, et le crochet toujours tourné en dedans; elle s'attachera entre les deux draps sur la toile forte, et ne dépassera pas le bord du collet.

Manches.

Longueur mesurée le long de la couture de dessous jusqu'au pli du parement. . . . . » 340
Développement total mesuré à l'emmanchure. . . » 610
Développement au coude. . . . . » 520
Développement au poignet. . . . . » 130
Il sera placé sur l'emmanchure, au corps du manteau, un gousset taillé en pointe pour donner toute facilité d'entrée et ne gêner aucun mouvement de l'homme. Ce gousset aura par le haut, d'une pointe à l'autre, 280 mill. de largeur : sa hauteur sera de 360 millim. pris aux deux pointes, et de 280 au milieu.
Un autre gousset sera placé sur l'épaulette; il aura 25 mill. mesurés à la couture du collet; dans sa plus grande largeur du côté de l'emmanchure, d'une pointe à l'autre,

230 millim. ; et 120 au milieu, depuis la couture du collet jusqu'à celle de la manche.

Rotonne.

mèt. mill.

Hauteur par derrière. . . . . » 520
Hauteur par devant . . . . » 520
Ampleur du pourtour. 3 800
Largeur de la paramenture sur le devant le long du
bord de la rotonne. . . . . » 50
Nombre de gros boutons d'uniforme, 3.

Le premier bouton est placé à 70 millim. de la couture du collet, le second à 160 millim. du premier, et le troisième à pareille distance du second.

Parement de la manche.

Développement total. . . . . » 440
Hauteur apparente. . . . . » 150
Hauteur du rempli du côté intérieur de la manche et
à son extrémité . . . . » 20

Quantité de matières nécessaires pour la confection du manteau-capote.

Manteau.

Drap bleu, double broche, de 150/100e de large. . . 5 200
Blicourt ou voile écarlate, large de 90/100e. 1 200
Toile bisonne, large de 89/100e, pour doublure des
manches . . . . » 900
Gros boutons d'uniforme pour la rotonne, 3.

La capote de la gendarmerie à pied aura suffisamment d'ampleur pour que l'homme puisse la mettre très-aisément par-dessus l'habit sans déplacer l'aiguillette. Elle sera coupée droit par devant, fermée sur la poitrine au moyen de deux rangs de boutons, et formera la taille par derrière ; son ampleur, au-dessous de la taille, sera assez grande pour marquer un large pli à chaque poche, et pour la croiser par derrière et par devant jusqu'en bas.

Les manches auront des paremens en botte dont la hauteur apparente sera de 160 millim.

Le collet sera debout, doublé du même drap, et entre les deux draps il sera placé une forte toile. Il sera échancré sur le devant de 40 millim. dans sa partie supérieure. Il aura par derrière 100 millim. de hauteur, et par devant 95. Il s'attachera avec une forte agrafe placée à la couture du bas du collet, entre les deux draps.

Il y aura six gros boutons d'uniforme cousus sur chacun des devans de la capote, à une distance de 162 millim. du bord. Le premier sera placé à 30 millim. de la couture du collet, le dernier à 40 millim. plus bas que la taille ; les autres seront également espacés.

La paramenture du devant, à partir du haut de la croisure jusqu'à la dernière boutonnière, aura dans toute cette longueur 135 millim. de large, et depuis cette boutonnière, elle diminuera graduellement en se prolongeant jusqu'au bas de la capote, où elle aura seulement 30 millim. de largeur.

Deux gros boutons d'uniforme marqueront le bas de la taille; ils y seront fixés à une distance, l'un de l'autre, de 150 à 160 millim.

La croisure, fixée au bas de la taille, aura 40 millim. de largeur.

Les poches seront dans les plis et recouvertes chacune d'une patte coupée droit, qui prendra naissance dans le pli sous le bouton au bas de la taille, et aura de 285 millim. de long sur 50 de large par le bas. Chaque patte sera doublée du même drap, et garnie, à son extrémité inférieure, d'un gros bouton d'uniforme. Il sera placé une autre poche en dessous de la partie gauche du devant, à la hauteur du sein; elle aura 190 millim. d'ouverture, et 210 millim. de profondeur.

La longueur de la capote sera proportionnée à la taille de l'homme, de manière qu'étant debout, le bas de la capote arrive à 300 millim. de terre.

Le pourtour du bas de la capote aura 2 m. 300 mill.

Quantité de matières nécessaires pour la confection de la capote.

Capote d'infanterie.

Drap bleu, double broche, pareil à celui du manteau.	2	400
Toile bisonne pour la doublure et les poches. . . .	2	100

Les sous-officiers sont tenus de porter les galons de distinction sur les manches de la capote; ils y seront placés de la même manière que sur l'habit.

La veste d'écurie sera ronde, à manches, assez longue pour emboîter les hanches, et assez large pour pouvoir porter dessous un gilet à manche. Elle sera coupée droit par devant et fermera au moyen de dix petits boutons d'uniforme qui seront placés à 25 ou 35 millim. en arrière du bord. Elle aura de chaque côté une poche ouverte en travers, de 160 à 170 millim. du bas du devant, y compris la patte, qui aura 40 millim. de hauteur. Son ouverture sera de 200 millim., et arrêtée à 100 millim. du bord du devant du côté des boutonnières.

Le collet sera du même drap que la veste, doublé en toile, échancré par devant, et haut de 75 à 80 millim. Il sera placé une parementure en drap de chaque côté du collet, de 90 à 100 mill., et une autre sur les devans, de 70 à 80 millim., descendant jusqu'au quatrième bouton.

La manche sera ouverte sur la couture extérieure du bas, dans une longueur de 130 millim. Le parement et le pli intérieur sous le parement auront la même hauteur que celle déterminée pour l'habit. L'ouverture sera fermée par deux boutons, l'un à 20 millim. au-dessous du bord supérieur du parement, et l'autre à 20 millim. au-dessus du même bord.

La doublure et les poches seront en toile bisonne.

La veste ronde pour la gendarmerie à pied sera de même drap et confectionnée d'après les mêmes proportions et dimensions que la veste d'écurie.

Les vestes seront, autant que possible, confectionnées avec les vieux habits et surtouts.

Les sous-officiers ne porteront aucun galon de distinction sur la veste.

Quantité de matières nécessaires pour la confection de la veste d'écurie ou ronde.

Veste d'écurie ou ronde.

mèt. mill.

Drap bleu teint en laine (qualité spéciale), de 150/000° de large. 1 100
Toile bisonne pour doublure et poches, large de 89/100°. 1 800
Petits boutons d'uniforme, 10. . . . . . . » »

DISTINCTIONS.

Les officiers, sous-officiers et gendarmes porteront l'aiguillette sur l'épaule gauche; les sous-officiers et gendarmes un trèfle sur l'épaule droite.

Les officiers supérieurs, et autres, porteront l'épaulette du grade dont ils sont titulaires dans le corps de la gendarmerie.

Les épaulettes et les contre-épaulettes seront en argent, les franges à torsades seront exclusivement réservées pour les colonels, lieutenans-colonels et chefs d'escadron.

Les capitaines, les lieutenans et les sous-lieutenans ne pourront faire usage que de franges en filé, dites *graines d'épinards*.

Les capitaines porteront deux épaulettes; les lieutenans une épaulette à gauche, et la contre-épaulette à droite; les sous-lieutenans une épaulette à droite, et la contre-épaulette à gauche.

Les corps des épaulettes, des contre-épaulettes et les brides d'épaulettes seront doublés en draps bleu. Leur tissu sera à points de Hongrie, sans broderies, frisures ni ornemens.

Le poids des épaulettes et des contre-épaulettes, avant d'être doublées et garnies, ne devra excéder, savoir :

gram.

Les deux épaulettes des colonels et lieutenans-colonels. 300
L'épaulette et la contre-épaulette des chefs d'escadron. 190
Les deux épaulettes de capitaine . . . 216
L'épaulette et la contre-épaulette des lieutenans et sous-lieutenans 120

Les aiguillettes seront en argent. Le cordon aura 6 mètres 500 millimètres de longueur avant d'être natté; il sera composé d'une âme en soie qui sera couverte, savoir :

Pour les colonels, lieutenans-colonels et chefs d'escadron, en argent mat, du poids de 235 grammes.

Pour les capitaines, lieutenans et sous-lieutenans, en filet d'argent, du poids de 180 grammes.

(*) Décision royale, en date du 10 juillet 1821, insérée au Journal militaire.

Les ferrets seront en argent contrôlé au premier titre ; la paire, pour tous les grades, ne pourra peser plus de 37 grammes.

Les maréchaux-des-logis, tant à pied qu'à cheval, seront distingués par deux galons d'argent tissus à points de Hongrie, large chacun de 22 millimètres pour l'habit, le surtout et la capote d'infanterie. Les galons, sans être doublés, seront cousus en chevron sur l'avant-bras de chaque manche ; le premier à une distance de 50 millimètres de la patte, celui de dessus à 5 millimètres d'intervalle ; les extrémités seront prises dans les coutures latérales de la manche. Ceux placés sur la capote devront être un peu plus longs pour embrasser toute la partie du dessus de la manche, qui est plus large. Les extrémités inférieures prendront naissance immédiatement sous le bord de la botte ou parement.

Les brigadiers porteront sur chaque manche un seul galon pareil à celui des maréchaux-des-logis : il sera placé à la même distance de la patte de l'habit et du parement ou botte de la capote d'infanterie.

L'aiguillette des maréchaux-des-logis sera en laine fine bleu-de-roi et filé d'argent. Le cordon portera alternativement 50 millim. en filé d'argent et 25 en laine.

Le trèfle sera de même alternativement formé de 20 millimètres en filé d'argent et de 10 millimètres en laine bleu-de-roi.

Les aiguillettes et les trèfles des brigadiers seront également en filé d'argent et laine bleu-de-roi ; mais avec cette différence qu'ils seront confectionnés dans des proportions inverses de ceux des maréchaux-des-logis, c'est-à-dire un tiers en filé d'argent et deux tiers en laine.

Les gendarmes porteront les aiguillettes et les trèfles en fil blanc.

Les brides ou passans des épaulettes et aiguillettes seront pour tous les grades en galon à points de Hongrie, de la largeur de 10 millimètres. Ils seront en argent pour les officiers et sous-officiers, et en fil blanc pour les gendarmes.

Les gendarmes-trompettes porteront au collet, et sur les paremens de l'habit seulement, un galon d'argent tissu à points de Hongrie, large de 13 millimètres. Les aiguillettes qu'ils porteront avec cet habit auront alternativement 50 millimètres en filé d'argent, et 50 millimètres en laine fine écarlate. Les trèfles seront pareillement en filé d'argent et laine écarlate, dans les proportions de 15 millimètres chaque.

Les passans et grenades, pour le même habit, seront pareils à ceux des sous-officiers, excepté que le milieu de la bombe de la grenade sera en laine écarlate.

Les trompettes feront usage, pour le service journalier, avec le surtout, de l'aiguillette et du trèfle de gendarme ; il ne sera mis ni passans ni grenades en argent, ni galon au collet, sur le surtout.

Les aiguillettes des sous-officiers et gendarmes seront montées à trèfles et garnies de deux ferrets chaque. Les ferrets seront unis et en argent contrôlé au premier titre ; la paire ne devra pas peser plus de 28 grammes.

Le cordon aura 6 millimètres de diamètre; sa longueur, avant d'être natté, sera de 7 mètres 500 millimètres pour les gendarmes, et de 7 mètres 250 millimètres pour les sous-officiers et les trompettes; mais la longueur des aiguillettes confectionnées devant être la même pour les uns et pour les autres, on supprimera un tour ou deux aux nœuds de celles des sous-officiers et trompettes.

Le trèfle de l'aiguillette, et celui de la contre-aiguillette auront 90 millimètres de longueur à partir du nœud jusqu'à l'extrémité de la boutonnière, pour que la buffleterie puisse être placée dessous; ils seront doublés en drap bleu teint en laine, de même qualité que celui de l'habit. Il y aura au trèfle de la contre-aiguillette, entre la tresse qui le forme et le drap bleu, une forte toile repliée au bord, et faufilée dans tout son pourtour.

Au milieu des nœuds, et en dessous, il sera placé un fort cordonnet double, formant boutonnière à son extrémité pour être fixé au bouton de l'épaulette; de plus, un lacet double avec ferret à chaque bout, destiné à passer dans les deux œillets qui sont pratiqués à la partie supérieure de la manche de l'habit.

Les trèfles et les nœuds étant fixés sur le milieu de l'épaule, l'aiguillette sera partagée également par le bras, et portée ainsi qu'il suit :

Le premier cordon au premier bouton du revers de l'habit ou du devant du surtout; le bras passé dans le deuxième cordon; la grande tresse passée sous le bras, et son ferret venant se placer au troisième bouton; enfin les cordons auxquels sont attachés les ferrets ne dépassant pas à droite 95 millimètres.

COIFFURE.

Les cheveux seront sans poudre et coupés courts, de manière à ce qu'ils aient au plus 25 millimètres sur le derrière de la tête, et 50 sur le dessus et le devant. Les favoris seront également tenus courts, et ne dépasseront pas le bas de l'oreille de plus de 10 millimètres.

La coiffure sera composée :

Pour les compagnies faisant le service dans les départemens et dans les arrondissemens maritimes, d'un chapeau bordé * en galon d'argent et d'un bonnet de police.

Pour la 17e légion de gendarmerie en Corse, et pour le bataillon des voltigeurs corses, d'un schakos et d'un bonnet de police.

Le chapeau sera orné d'une cocarde et d'une ganse; il aura rigoureusement les dimensions suivantes :

	mèt. mill.
Hauteur et profondeur de la forme ou calotte.	» 130
Hauteur de la corne de devant.	» 197
Hauteur de la partie relevée du derrière.	» 270
Longueur des ailes.	» 140

(*) Par ordonnance du 8 septembre 1830, la bordure en galon d'argent a été supprimée et remplacée par un galon en poil de chèvre. Le chapeau est orné de 8 ganses en galon d'argent.

Ouvertures des cornes ou ailes, prises en dedans
    et à l'extrémité. . . . . » 40
    Cambrure. . . . . » 65

La cocarde * sera en basin blanc, sans aucun mélange d'argent, et aura 80 millimètres de diamètre.

La ganse des officiers, sous-officiers et gendarmes sera plate, en argent, tissue à points de Hongrie; elle aura 42 millimètres de largeur, y compris une raie noire de 5 millimètres qui règnera le long de son milieu; sa longueur sera de 210 millimètres. Elle sera fixée sur le côté gauche du chapeau au moyen d'un gros bouton uniforme, cousu à 30 millimètres du bord de la calotte.

Le galon d'argent pour le bord sera tissu à points de Hongrie, large de 55 millimètres pour les sous-officiers et gendarmes. Sa largeur pour les sous-lieutenans, lieutenans et capitaines, sera de 70 millimètres, et pour les officiers supérieurs, de 80. Il sera ajouté au bord du chapeau des officiers de tout grade une double crête en argent qui n'est point comptée dans la largeur du galon.

Le feutre du chapeau pour les sous-officiers et gendarmes sera tout en laine mélangée d'indigène et de Hambourg, ce mélange ayant été reconnu produire un meilleur effet pour la durée du chapeau.

Le chapeau ne sera jamais porté de travers. La corne du devant sera placée perpendiculairement au dessus de l'œil gauche. Le bord de la forme ou calotte arrivera à 25 millimètres du sourcil gauche et couvrira en partie le sourcil droit.

Le schakos pour la gendarmerie de la 17ᵉ légion, en Corse, est en carton imperméable recouvert d'un tissu de coton noir, bon teint.

La calotte est en fort cuir de vache noirci et ciré, son bord est paré et cousu sur le corps du schako, à raison d'un point par centimètre, et recouvert tout autour par un galon en argent à points de Hongrie, lézardé, ayant 20 millimètres de largeur.

Le bourdalou est en cuir de vache, mince, noirci et ciré; il est cousu au moyen de deux rangs de points, à raison de 5 par 27 millimètres.

La visière est en cuir de vache verni noir, et bordée d'un cercle en cuivre doublé argent au 40ᵉ.

La coiffe se compose d'un turban en basane, noircie et coppelée, et d'une toile écrue cylindrée; elle se ferme au moyen d'un fort lacet en fil noir passé dans une coulisse.

La plaque, placée sur le devant, est en cuivre doublé argent au 40ᵉ et estampée; elle représente les armes de France, surmontées d'une couronne, ayant au bas la légende: *Gendarmerie royale*. Au-dessus de cette plaque est placée une cocarde en cuivre estampé doublé argent au 40ᵉ; elle a 70 millimètres de diamètre **.

---

* La cocarde tricolore y est substituée.
** Cette plaque est conforme au bouton adopté par l'ordonnance du 8 septembre 1830, et elle est surmontée de la cocarde tricolore.

Les jugulaires sont à 16 écailles bombées en cuivre doublé argent au 40°, montées sur basane, avec attache en ruban de fil noir ; elles sont garnies d'une rosace estampée, portant une grenade.

L'anneau qui sert à relever les jugulaires est en cuivre argenté ; son diamètre est de 6 à 7 millimètres.

Les dimensions du schako sont :

Hauteur { devant.	. . . .	205 mill.
derrière.	. . . .	215
Diamètre de la calotte.	. . . .	240
Visière, largeur au milieu.	. . . .	65
Bourdalou, largeur.	. . . .	25

Coiffe.

Largeur de la basane.	. . . .	70
Largeur de la toile.	. . . .	70

Le couvre-schako est en toile de coton cirée et noire ; il est coupé et assemblé de manière à couvrir entièrement le schako avec ses ornemens. Son couvre-nuque a 160 millimètres de hauteur, 310 de largeur à sa naissance, et 380 à son extrémité.

Le bonnet de police figurera celui dit à la dragonne ; il sera du même drap que celui de l'habit.

Hauteur totale prise au milieu, 250 millimètres. La coupe de la demi-flamme sera faite de manière à n'avoir que deux coutures perpendiculaires, l'une sur le devant, l'autre sur le derrière. Il n'en sera point pratiqué à la partie supérieure ; mais on pourra tolérer une pièce rapportée sous le turban, de la hauteur de 100 millimètres au plus. La partie supérieure sera plus étroite de 50 millimètres que la partie inférieure.

Le turban aura sur le derrière 190 millimètres de hauteur, au milieu 140, et sur le devant aux pointes, 200. La profondeur de l'échancrure sur le devant sera de 30 millimètres.

Le bonnet sera doublé d'une forte peau de mouton passée, de couleur fauve, qui régnera dans toute la partie intérieure du bonnet.

Le turban sera orné, à sa partie supérieure, pour les gendarmes, de deux galons en fil blanc, tissus à points de Hongrie. Celui destiné pour le haut aura 22 millimètres de large, celui du bas 13. Il y aura entre les deux galons une distance de 3 millimètres.

Il sera placé une grenade au milieu du devant du turban, à 25 millimètres du bord inférieur. Cette grenade sera semblable à celle de l'habit.

Le gland sera attaché sous le turban, au moyen d'un cordonnet pendant entre les deux pointes du devant du turban ; ce cordonnet n'aura que 25 millimètres apparent. Il sera placé des cordonnets en fil blanc figurant la flamme retroussée sur le côté droit, à la hauteur du turban ; ils seront à une distance de 50 millimètres de celui qui partage le milieu.

Pour les maréchaux-des-logis et les brigadiers, les mêmes dimensions et proportions seront observées ; mais le galon, la grenade, le gland et le cordonnet en fil seront remplacés par, savoir :

Un galon en argent tissu à points de Hongrie, large de 22 millimètres;

Un deuxième galon de même forme, large de 13 millimètres;

Un cordonnet et un gland mélangés par moitié en filé d'argent et laine bleu-de-roi;

Et une grenade pareille à celle décrite pour l'habit des sous-officiers.

Le bonnet de police pour les officiers sera des mêmes formes et dimensions que celui de la troupe.

Le cordonnet sera en filé d'argent; les franges du gland seront à graines pour les sous-lieutenans, lieutenans et capitaines, et à torsades pour les officiers supérieurs. La grenade sera pareille à celle des retroussis de l'habit.

Les galons seront en argent, tissus à points de Hongrie; l'un aura 30 millimètres de large, et l'autre 13; ils seront placés à 3 millimètres de distance l'un de l'autre.

Détail des matières et objets nécessaires pour la confection du bonnet de police.

Bonnet de police des sous-officiers et gendarmes.

	mèt.	mill.
Drap bleu, pareil à celui de l'habit.	»	200
Cordonnet.	1	100
Galons en fil, de 22 millimètres de large.	1	290
Idem de 13	1	100
Grenade, 1	»	»
Gland, 1.	»	»
Basane pour doublure.	»	»

ÉQUIPEMENT (*).

Le col pour les sous-officiers et gendarmes sera en étoffe de laine noire, *dite alépine*, qui sera plissée dans une longueur de 250 millimètres, chaque pli, de deux millimètres au plus, se recouvrant du haut en bas.

La hauteur du col sera de 85 à 90 millimètres sur le devant, de 95 à 100 sur les côtés, et à chaque extrémité de 65 à 70.

Il sera bordé par le haut d'un liséré en forme de passe-poil en peau noire maroquinée.

Sa longueur totale sera de 400 à 420 millimètres.

Il y aura du côté droit une patte en peau noire maroquinée, doublée en toile noire, d'environ 90 à 100 millimètres de longueur, et placée à 25 millimètres de l'extrémité. Du côté opposé, il y aura une demi-boucle à trois ardillons, fixée à la même distance du bord.

La doublure sera en percaline gris foncé.

La carcasse sera formée en toile forte, garnie de baleines flexibles et bordée dans tout le pourtour d'une basane en peau de

---

(*) Voir ci-après la circulaire du 13 juillet 1835.

mouton. Entre la doublure et la carcasse, le col sera légèrement ouaté en filasse de lin.

L'étoffe du dessus sera cousue, en plissant, sur la toile de la carcasse pour plus de solidité.

Il y aura, au bas du milieu du col, une petite pièce arrondie de même étoffe. Sa longueur sera de 90 millimètres, sa hauteur de 70 à 75. Cette pièce sera ourlée dans tout son pourtour jusqu'à ses points de jonction au col.

Le col pour les officiers sera en soie noire, des mêmes formes et dimensions.

Les gants des officiers, sous-officiers et gendarmes à cheval seront en peau de daim, avec paremens (dits à la Crispin). Le parement sera en buffle et aura 125 millimètres de hauteur, sur 310 de développement à son ouverture; il sera piqué à jonc.

Les gants pour les sous-officiers et gendarmes à pied seront sans paremens, en peau de mouton, façon de daim.

Les officiers, les sous-officiers et gendarmes à cheval feront usage desmêmes gants dans le service à pied : ceux des officiers pourront être en daim.

Les deux espèces de gants ci-dessus seront toujours entretenues dans les mêmes couleur et nuance que la buffleterie.

Le cordon de sabre, pour les officiers, sera formé d'un cordonnet en soie, câblé à quatre brins et recouvert d'une natte exécutée au moyen de l'enlacement de huit lanières de maroquin noir, de la même manière que le fouet de bride de cavalerie légère. Ce cordon aura 7 à 8 millimètres de diamètre, et portera un coulant en fil d'or de 10 millimètres de largeur; sa longueur sera de 800 millimètres au moins.

Le gland sera en or, il aura une hauteur de 60 millimètres; il sera formé d'un corps, ou tête, à travers lequel passeront les extrémités du cordon; il sera terminé par une frange en or, à graines pour les capitaines, lieutenans et sous-lieutenans, et à torsades pour les officiers supérieurs. Le corps et la frange auront leur réunion marquée par un contour composé d'une torsade. La hauteur apparente de la tête sera de 20 millimètres; celle de la frange sera de 30 millimètres.

Le cordon de sabre, le gland et le passe-coulant seront en fil blanc pour les sous-officiers et gendarmes à pied. Le cordon sera plat, tissu à points de Hongrie et large de 22 millimètres; le gland et la frange réunis n'auront que 50 millimètres de longueur le passe-coulant 10 millimètres de hauteur. Le cordon étant doublé, sa longueur apparente sera de 375 millimètres.

Le cordon de sabre des sous-officiers et gendarmes à cheval sera de buffle, entretenu dans les couleur et nuance de la buffleterie; sa longueur totale, étant déployée, sera de 800 millimètres au moins, et large de 25. Le gland, la frange et le passe-coulant seront en buffle. La hauteur de la tête du gland sera de 20 millimètres, la largeur de chaque brin de la frange sera de 5 millimètres; la longueur apparente de la frange de 40 millimètres, le passe-coulant aura 20 millimètres de hauteur.

Les bottes seront d'une longueur proportionnée à la jambe de l'homme; elles dépasseront l'extrémité supérieure de la rotule de 35 millimètres; elles auront par derrière une échancure de 100 millimètres de largeur; cette échancrure arrivera au pli du jarret. Les bottes seront demi-fortes, en cuir retourné, adouci au coude-pied : le talon sera large et d'à-plomb; il aura 35 millimètres de hauteur : le porte-éperon sera double et placé à 15 millimètres au-dessus du talon, qui sera garni d'un fer de 5 millimètres d'épaisseur attaché avec quatre vis; la semelle sera garnie de deux rangées de clous.

Les éperons pour les sous-officiers et gendarmes à cheval seront en fer poli; la tige, mesurée en dedans, sera d'une longueur de 50 millimètres; la molette aura 23 millimètres de diamètre, et portera douze pointes; du défaut du talon au bouton il y aura 80 millimètres; la boucle sera carrée et à charnière brisée; elle aura, dans œuvre, 20 millimètres.

Les éperons pour les officiers seront des mêmes formes et dimensions, mais en fer bruni fin.

La garniture de l'éperon sera en cuir de veau ciré; elle aura 50 millimètres de largeur sur le coudepied et décroîtra graduellement vers le bouton et la boucle.

Les officiers, sous officiers et gendarmes à cheval feront usage, pour le service à pied, sous le pantalon de drap gris-bleu et de coutil blanc, de petites bottes. Les officiers seulement sont autorisés à y ajouter des éperons en fer verni noir.

La hauteur de la tige ne sera pas moins de 320 millimètres, à partir de la semelle; la hauteur du talon, y compris le fer, sera de 30 millimètres; la semelle sera garnie d'une double rangée de clous.

Les sous-officiers et gendarmes à cheval de la 17° légion, en Corse, ne feront usage que de petites bottes, qui seront portées par-dessous le pantalon. Elles seront des mêmes formes et dimensions que celles décrites ci-dessus, mais il y sera ajouté des éperons fixés au talon par des clous à vis : ces éperons seront en fer verni noir.

Les sous-officiers et gendarmes à pied auront trois paires de guêtres : l'une longue pour être portée sur le pantalon chamois, et les deux autres courtes. La paire de guêtres longues et l'une des courtes seront en étamine noire; la troisième paire sera en coutil blanc, pareil à celui adopté pour le pantalon de tenue d'été.

Les guêtres longues arriveront au-dessous du genou; elles seront fermées par 14 boutons noirs, en os, à 5 trous.

Le gousset sera entièrement doublé en toile bisonne; de chaque côté, sous les boutons, aux boutonnières et par le haut, il régnera une parementure en toile, large de 40 millimètres, et par le bas une autre parementure de toute la hauteur du quartier du soulier.

Les guêtres courtes, en étamine noire et en coutil blanc, ne dépasseront pas le dessous du mollet et n'auront que sept boutons. Elles seront doublées et confectionnées de la même manière que les guêtres longues. La doublure des guêtres de coutil sera en toile blanche dite royale, et les boutons seront en os, couverts de même étoffe.

Quantité de matières nécessaires pour la confection des guêtres.

			mèt.	mill.
Guêtres longues.	Étamine noire, de 119/103ᵉ : de large. . .		»	400
	Toile bisonne, large de 891/00ᵉ		»	300
Guêtres courtes.	en étamine.	Étamine noire	»	260
		Toile bisonne.	»	200
	en coutil.	Coutil blanc, large de 72 à 76.	»	360
		Toile blanche, dite royale, de 89/100ᵉ	»	200

Les sous-officiers et gendarmes à pied auront, pour le cas de détachement, le havre-sac à poil de veau passé en mégie.

Lors des correspondances et des conduites de prisonniers, on se servira du havre-sac pour le transport des papiers et des pièces qui devront être remis ou signés aux correspondances.

Le havre-sac aura 380 millimètres de largeur; son développement sera de 1 mètre 20 millimètres, le fonds compris; les côtés et le fond auront 110 millimètres de large. Il sera fait en forme de portefeuille carré, bordé sur tous sens en basane. Il sera doublé en forte toile écrue, et garni de courroies de capote, d'une grande courroie de charge, de bretelles, contre-sanglons, passans et porte-olives. Les courroies de bretelles seront distantes l'une de l'autre de 60 millimètres.

Les officiers, sous-officiers et gendarmes seront pourvus; savoir:

Les officiers, d'un ceinturon à belières en buffle, et d'un porte-épée;

Les maréchaux-de-logis à cheval, d'un ceinturon à belières en buffle, et d'une banderolle avec sa giberne;

Les brigadiers et gendarmes à cheval, d'un ceinturon à belières, d'une banderolle de giberne, d'une bretelle de mousqueton, d'une giberne et d'un fourreau de baïonnette;

Les sous-officiers et gendarmes à pied, d'un beaudrier de sabre, d'une banderolle de giberne, d'une bretelle de mousqueton, d'une giberne et d'un fourreau de baïonnette.

Tous les objets en buffle seront entretenus en couleur chamois.

Le ceinturon des sous-officiers et gendarmes à cheval sera large de 65 millim. et bordé d'un galon en fil blanc, à cul-de-dé, large de 15 millim.; les belières auront 35 millim. de largeur, et ne seront point bordées en galon. La grande belière aura 810 millim. de longueur, et la petite 410; la longueur du grand côté du ceinturon sera de 1 mètre 170 millim.; celle du petit côté 210, et celle de la pièce dite entre-deux, 190. Les boucles, anneaux, boutons à double face, et le porte-agrafe, seront en cuivre bruni, ainsi que le crochet ou S placé dans l'anneau et en avant de la petite belière. Le bouton de la petite belière devant servir à fixer le porte-baïonnette, son essieu aura un tiers plus de longueur que les autres.

En dessous du grand côté et près de l'anneau, il sera fixé un bouton de cuir roulé, cousu sous le rempli, lequel, avec une boutonnière placée vers l'extrémité opposée et cousue à demi-épaisseur, servira à ajuster le ceinturon, selon la grosseur de

l'homme *. Vers la boutonnière, il sera également placé une traverse en buffle mince, cousue aux deux côtés et par le milieu,
sous laquelle passeront les ardillons de la plaque sans percer le
buffle de la bande, lorsque le ceinturon sera porté en baudrier;
cette traverse sera plus ou moins rapprochée de l'extrémité, suivant la taille de l'homme.

Les officiers seront pourvus d'un ceinturon ayant les mêmes
formes et dimensions que celui des sous-officiers et gendarmes.
Il sera bordé en galon d'argent, tissu à points de Hongrie, large
de 13 millim. Il n'en sera point mis aux bellières.

Le porte-épée pour les officiers et les sous-officiers sera en cuir
noir verni. Il sera confectionné en forme de ceinturon ou de baudrier; mais, étant porté, il n'y aura de partie apparente que
celle destinée à porter l'épée.

Au ceinturon des brigadiers et gendarmes il sera adapté un
porte-baïonnette qui sera échancré en arrondissant, dans sa partie supérieure, de manière à former deux espèces de courroies,
dont l'une sera placée au bouton de la première bellière en dessous, et l'autre également en dessous, à un bouton placé au milieu de la partie dite entre deux du ceinturon, afin que la baïonnette tombe perpendiculairement sur le côté; la longueur totale
du porte-baïonnette, par derrière, sera de 280 millim., et par devant 200; excepté le pourtour de l'échancrure, il sera porté en
même galon que le ceinturon. Le bouton destiné à fixer le contre-sanglon du fourreau de baïonnette sera en buffle découpé à
l'emporte-pièce.

Le baudrier des sous-officiers et gendarmes à pied aura 70
millim. de largeur; il sera bordé d'un galon en fil blanc tissu à
cul-de-dé. Sa longueur totale sera de 1 mètre 600 millim., non
compris le porte-sabre. Au milieu de la partie du porte-sabre, il
sera placé une petite boucle en cuivre avec enchappure et passant, pour recevoir le contre-sanglon du fourreau de sabre.

Le fourreau de baïonnette devant être fixé au baudrier, il sera
placé un bouton en buffle cousu au milieu de la partie extérieure
du passant du fourreau.

Le fourreau de baïonnette sera en cuir de vache étiré et noirci;
il aura 510 millim. de longueur, et sera garni d'un bout en cuivre, long de 55 millim., terminé par un bouton à cul-de-lampe
et arrêté par trois points de fil de laiton. Le collier sera en cuivre, large de 30 millim., enchappant un contre-sanglon en
buffle jaune, qui sera fixé au fourreau par quatre points de fil de
laiton. Une boutonnière sera percée à l'extrémité du contre-sanglon pour fixer le fourreau au porte-baïonnette.

La couture du fourreau de baïonnette sera faite dans toute l'é-
paisseur du cuir; pour plus de solidité, elle sera pratiquée sur
l'un des côtés de l'arête, et non sur le plat du fourreau.

Le baudrier et le ceinturon seront ornés d'une plaque** portant

---

* Pour maintenir constamment le ceinturon à la hauteur des hanches, la gendarmerie à cheval fera usage d'une bretelle dont le modèle a été envoyé aux compagnies.

** Cette plaque est conforme au bouton adopté par l'ordonnance du 8 septembre 1830.

l'écusson au trois fleurs-de-lis couronnées, environnées de branches de laurier et de chêne, avec ces mots pour légende : *Gendarmerie royale*. Cette plaque sera en cuivre coulé massif, estampée en relief dans l'épaisseur de la matière même. Elle sera en angles coupés, et formera parallélogramme, dont le petit côté aura 76 millim., et le grand 95 avant sa cambrure. L'écusson de la plaque de cavalerie sera perpendiculaire à la largeur, et celui pour l'infanterie, perpendiculaire à la longueur.

Le crochet de la plaque de cavalerie qui est en dessous sera soudé à 21 millim. du bord. La barre dite du ceinturon sera assez forte pour qu'il y soit fait deux échancrures pour le placement de deux ardillons, qui devront avoir entre eux la distance de la moitié de la barre. Elle sera assez élevée pour que le buffle garni de sa bordure et de la traverse puisse passer dessous : ainsi son ouverture devra être de 8 millim. au moins.

L'agrafe fixée au petit côté du ceinturon n'aura que l'ouverture nécessaire pour l'épaisseur du buffle, afin de ne laisser apercevoir aucun vide entre la plaque et le ceinturon.

Les officiers auront la même plaque; elle sera dorée sur toutes les faces apparentes.

La plaque pour le baudrier de sous-officiers et gendarmes à pied, au lieu de crochet, aura deux barres, dont la longueur sera de 70 millim. au moins, et l'élévation de 6 millimètres.

La giberne des maréchaux-des-logis, brigadiers et gendarmes à cheval, aura les dimensions suivantes :

	millim.
Largeur du coffret par devant.	200
Idem par derrière.	190
Hauteur	75
Épaisseur	55

Le bois du coffret sera percé à six trous de cartouches dans sa moitié du côté droit, l'autre moitié sera creusée et restera vide.

Les côtés extérieurs de la giberne seront garnis en cuivre bruni, avec des anneaux applatis; la patelette, découpée en accolade, aura 120 millim. de hauteur au milieu. Une grenade de cuivre à neuf flammes, haute de 85 millim., sera fixée sur la patelette, à 25 millim. de son bord.

La banderolle de la giberne aura 70 millim. de largeur, et sera bordée, comme le ceinturon, d'un galon de fil blanc. La grande bande aura 1 mètre 120 millim. de longueur, et la petite 220, non compris l'enchappure. Les boucles, coulans, agrémens et boutons seront en cuivre bruni et à biseau.

Les boucles, coulans, agrémens et boutons seront également en cuivre et du modèle de ceux de la banderolle de giberne, le crochet sera en fer bruni.

La giberne des sous-officiers et gendarmes à pied aura les dimensions suivantes :

	millim.
Largeur du coffret, bordure comprise.	220
Épaisseur	90
Largeur	70

Le bois du coffret sera percé dans toute sa profondeur aux deux extrémités, de manière à former des auges de la longueur de 65 millim. chacune ; le milieu, du côté extérieur, aura deux trous, dont l'un est destiné au tire-balle, et l'autre pour la fiole à l'huile ; en regard, il sera pratiqué un petit auget pour y placer le monte-ressort.

La patelette débordera le coffret de 20 millim. à ses côtés latéraux, et de 40 millim. par le bas. Une martingale en buffle, arrondie par le bout, et longue de 135 millim. sur 30 de large, sera fixée au côté gauche du coffret, pour pouvoir assujétir la giberne au baudrier du sabre, au moyen d'un bouton de cuivre placé à 80 millim. du porte-sabre. Il sera aussi placé, derrière la giberne, une traverse large de 50 millim., cousue au milieu et aux deux extrémités, pour servir de passans à la banderolle. Il sera également fixé sous le coffret trois boucles en cuivre, dont deux doivent servir à arrêter les contre-sanglons de la banderolle, et celle du milieu le contre-sanglon de la patelette.

Une grenade, pareille à celle désignée pour la giberne de cavalerie, sera placée sur la patelette, à 55 millim. de son bord inférieur.

La banderolle, large de 70 millim., aura 1 mètre 460 millimètres de longueur. Elle sera bordée d'un galon de fil blanc semblable à celui du baudrier. Il y aura à chaque extrémité un contre-sanglon de buffle jaune destiné à la fixer au moyen des boucles qui se trouvent placées en dessous du coffret de la giberne.

La bretelle du mousqueton aura 35 millim. de largeur et 950 de longueur. A l'une des extrémités, il sera fixé une demi-boucle en cuivre bruni, avec ardillon ; à l'autre extrémité et au milieu, il y aura deux boutonnières percées à 30 millim. de distance pour recevoir un bouton à double face *.

Les brigadiers et gendarmes à cheval auront un couvre-platine dont ils ne devront pas faire usage pour le service journalier, mais seulement en route dans le cas de détachement.

Ce couvre-platine sera en cuir de vache, corroyé à grains, de couleur fauve : il sera formé de trois pièces : celle du fond aura, dans sa plus grande longueur, 295 millim. ; l'extrémité vers la crosse aura 75 millim. de large ; celle vers le canon aura 100 millim. : sa forme sera bombée au centre, de manière à envelopper le chien et la sous-garde, et aura dans sa plus grande largeur 175 millim. La pièce de recouvrement aura la même longueur que celle du fond ; elle aura du côté de la crosse 60 millimètres de large, et du côté du canon 70 millim. : sa forme suivra le renflement de la pièce du fond du côté du chien, et aura dans sa plus grande largeur 150 millim. La pièce du dedans aura la même forme et les mêmes dimensions, excepté qu'elle sera, dans sa plus grande largeur, de 140 millim., et suivra le renflement de la sous-garde.

La fonte de pistolets pour les sous-officiers et gendarmes à pied

---

* Toutes les parties en cuivre employées dans l'équipement et le harnachement seront toujours en *cuivre jaune*, à moins d'indications contraires.

est en cuir de vache de couleur fauve, et bordée en peau de veau de même couleur. Elle est composée de la pièce de dessus, d'une pièce de dessous, d'un rond de bout de canon, d'une pièce de recouvrement, d'un bouton et de deux passes.

Cette fonte, devant se porter à la ceinture du côté gauche, est taillée de manière à ce que la crosse du pistolet soit tournée en avant.

La pièce de dessus est jointe à celle de dessous, du côté de la crosse, au moyen d'une couture bordée en veau, et du côté opposé par un jonc en vache au milieu de la couture, et à 15 millimètres de son bord est fixé un bouton en cuir roulé. L'orifice de la fonte est bordé en veau, et l'extrémité est jointe au rond de fonte par une couture à deux branches.

La pièce de dessous porte les deux passes qui y sont fixées par deux coutures le long de sa base.

Le recouvrement est taillé en accolade dont la pointe est arrondie et la branche prolongée inégalement. Il est bordé en peau de veau et percé d'une boutonnière à 15 millimètres de la pointe.

La ceinture est formée d'une courroie en cuir de bœuf corroyé en couleur fauve : à l'une de ses extrémités est enchappée une boucle à rouleau en fer poli, ayant dessous une pièce en cuir pour garantir le vêtement. Cette courroie a un passant fixe et un autre coulant; elle est percée de trous à l'autre extrémité.

Dimensions de la fonte :

millim.

			millim.
Par devant.	Hauteur.	Du côté de la crosse.	240
		Au milieu.	228
		Du côté de la batterie.	260
	Largeur.	A l'orifice.	185
		Au milieu de sa hauteur.	120
		Au rond de fonte.	75
Pièce de derrière.	Hauteur.	Du côté de la crosse.	240
		Au milieu.	240
		Du côté de la batterie.	260
	Largeur.	A l'orifice.	160
		Au milieu de sa hauteur.	120
		Au rond de fonte.	70
		Rond de fonte, diamètre.	25
Recouvrem.	Largeur.		175
	Hauteur.	Du côté de la batterie.	130
		Au milieu.	160
		Du côté de la crosse.	180
Passes.	Hauteur.		50
	Largeur.		30
Ceinture.	Longueur		1 280
	Largeur.		29

HARNACHEMENT.

L'équipement et le harnachement des chevaux d'officiers, de

sous-officiers et de gendarmes seront composés ainsi qu'il suit :

La selle uniforme des chevaux d'officiers sera de drap fin bleu de roi, confectionnée dans le modèle des selles rases dites à la française. Les quartiers auront 540 millimètres de largeur ; leur plus grande hauteur sera de 400 millimètres, mesurée du siége, et à partir du galbe, y compris la pièce jointe au quartier, de 470 millimètres sur le devant, et 490 millimètres sur le derrière. L'angle des quartiers sera arrondi à 25 millimètres du coin. Les quartiers seront bordés d'un galon bleu de soie de grenade, large de 50 millimètres.

Le coussinet sera en cuir noir : sa longueur sera de 235 millimètres, et sa largeur de 180 millimètres. Il aura un passant pour la croupière. Les angles seront arrondis.

Les fontes seront en cuir noir et montées à chapelet : elles auront 280 millimètres de hauteur apparente sur le devant, et 290 millimètres sur le derrière. Elles seront garnies, à la partie inférieure, d'un bout de cuivre sur-argenté, ayant 55 millimètres de hauteur. Il sera cousu, sur le derrière et à l'ouverture de la fonte, un morceau de cuir bordé et coupé en forme de visière, ayant dans sa plus grande largeur 45 millimètres et 100 millimètres de longueur. Il sera fixé à ce morceau de cuir un bouton destiné à maintenir la calotte du chaperon ; la largeur dans œuvre, à la partie supérieure de la fonte, sera de 130 millimètres, et de 80 millimètres de hauteur. Sur le devant de la fonte, à 50 millimètres de l'extrémité de la partie supérieure, il sera placé en travers un passant destiné à recevoir le contre-sanglon du chaperon, lequel devra être fixé au moyen d'une boucle cousue à 20 millimètres au-dessous du passant.

Le chapelet sera de deux morceaux de cuir fort, le contre-sanglon, ayant 480 millimètres de longueur, et le boucleteau 200, enchappure comprise, tiendront au moyen de deux dés en fer qui seront fixés au chapelet entre deux cuirs. La longueur du chapelet sera, sur le derrière, de 315 millimètres, et de 100 millimètres sur le devant ; de 130 millimètres de large aux deux extrémités, et de 100 millimètres au milieu. Le chapelet sera couvert en drap et bordé d'un galon pareil à celui des quartiers ; sur le devant de chacun des deux côtés du chapelet, il y aura une boucle enchappée avec passant sous le chapelet, pris dans la couture. Une courroie ayant 350 millimètres de longueur sera fixée sur le derrière du chapelet à la même hauteur que la boucle à laquelle elle doit venir se réunir pour assujétir le chaperon à la fonte.

Les étriers seront forgés à banquet et en fer bronzé ; ils seront du poids d'un kilogramme, et auront par le bas de 100 à 105 millimètres de largeur dans œuvre.

L'étrivière sera en cuir noir ; sa longueur sera de 1 mètre 500 millimètres, non compris l'enchappure, et sa largeur de 30 millimètres. La boucle sera en fer poli et à rouleau.

Les sangles et surfaix seront en tissus de fil fin, blanc et croisé. Leur largeur sera de 95 millimètres ; les boucles seront en fer poli et à rouleau.

Il y aura trois courroies de charge en cuir fauve, ayant à l'une de leurs extrémités une boucle en fer poli et à rouleau. Celles des côtés auront 1 mètre 220 millimètres de longueur, et un boucleteau long de 420 millimètres enchappure comprise, sera fixé à 320 millimètres de la boucle ; celle du milieu aura 1 mètre de longueur.

Ces trois courroies seront en cuir fauve.

La croupière sera en cuir noir, semblable à celle de la troupe, dont il sera parlé ci-après.

La bride, le filet, le poitrail et les ronds de fonte seront également en cuir noir; leurs formes et dimensions seront semblables à celles de la troupe; mais les boucles, carrées et plates, seront, ainsi que les passans, de fer plaqué en argent.

La selle des chevaux d'officiers aura, pour le service journalier, une couverture de basane doublée de cadis bleu.

La selle du cheval de troupe sera confectionnée en cuir fauve et à troussequin. Les quartiers, toujours très-forts, auront 560 millimètres de largeur ; leur plus grande hauteur, mesurée du siége, sera de 410 millimètres, et à partir du galbe, y compris la pièce jointe au quartier, de 470 millimètres sur le devant et de 500 sur le derrière. Les angles des quartiers seront arrondis à 25 millimètres du coin.

Le coussinet sera en cuir fauve ; sa longueur sera de 280 millimètres, et sa largeur de 100; il y aura deux passans pour la croupière, et à son angle extérieur du côté montoir, un anneau en cuir destiné à recevoir la courroie du portefeuille de correspondance. Les angles seront arrondis.

Les fontes seront en cuir fauve, et auront 270 millimètres de hauteur apparente sur le devant et 285 sur le derrière. Il sera cousu sur le derrière et à l'ouverture de la fonte un morceau de cuir fort, bordé et coupé en forme de visière, ayant dans sa plus grande largeur, 45 millimètres, et 160 millimètres de longueur ; il sera fixé à ce morceau de cuir un bouton destiné à maintenir la calotte du chaperon. Sa largeur dans œuvre, à la partie supérieure de la fonte, sera de 130 millimètres, et de 80 millimètres de hauteur. Sur le devant de la fonte, à 50 millimètres de l'extrémité de la partie supérieure, il sera placé en travers un passant destiné à recevoir le contre-sanglon, qui devra être fixé au moyen d'une boucle cousue à 20 millimètres au-dessous du passant.

Le chapelet sera de deux morceaux de cuir fort ; le contre-sanglon, ayant 380 millimètres de longueur et le boucleteau 200, enchappure comprise, tiendront au moyen de deux dés en fer qui seront fixés au chapelet entre deux cuirs. La longueur du chapelet sur le derrière sera de 375 millimètres et de 300 millimètres sur le devant, de 110 millimètres de large aux deux extrémités, et de 100 millimètres au milieu. L'ouverture pratiquée au milieu du chapelet et à 25 millimètres du bord des côtés de derrière, pour le passage des anneaux de dragonne et de porte-crosse, aura 35 millimètres dans sa plus grande hauteur et 40 de largeur. Sur le devant de chacun des côtés du chapelet, il y aura une boucle enchappée avec passant sous le chapelet, pris dans la couture. Une courroie ayant 350 millimètres de longueur sera fixée sur le derrière du chapelet, à la même hauteur que la boucle à laquelle elle doit venir se réunir pour assujétir le chaperon à la fonte.

Les étriers sont forgés à banquet et en fer bronzé. Ils seront du poids d'un kilogramme. Leur largeur dans œuvre, à partir du bouton de la branche, sera de 100 à 105 millimètres.

L'étrivière sera en cuir noir avec coulant. Sa longueur sera de 1 mètre 500 millimètres, non compris l'enchappure, et sa largeur de 30 millimètres. La boucle sera en fer poli et à rouleau.

Les sangles et surfaix seront en tissu de fil écru croisé, *uni ou rayé*; leur largeur sera de 95 millimètres et leur longueur ne sera pas moins de 1 mètre 300 millimètres. Les boucles seront en fer poli et à rouleau.

Il y aura cinq courroies en cuir fauve, dont trois de charge, une dite porte-crosse et une dite dragonne, toutes avec boucle, à l'une de leurs extrémités; leur largeur sera de 25 millimètres.

Les deux courroies de charge de côté auront 1 mètre 220 millimètres de longueur; il sera fixé à chacune et à 320 millimètres de la boucle, un boucleteau long de 420 millimètres, enchappure comprise. La courroie de charge du milieu aura 1 mètre de long, y compris l'enchappure; celle dite porte-crosse aura 1 mètre 90 millimètres, et celle dite dragonne 700 millimètres.

La croupière sera en cuir noir large de 50 millimètres près de la fourche, de 35 au milieu, et à son extrémité 30. Il sera fixé sur le milieu de la longe, pour joindre la croupière à la selle, une boucle en fer poli et à rouleau, dans laquelle entrera le bout de la longe, taillée en forme de boucleteau. Cette longe sera de deux pièces cousues chair sur chair et sous la boucle. La longueur totale de ces deux pièces sera de 970 millimètres, non compris le culeron, qui doit être fixé aux extrémités de la fourche.

Au moyen de trous placés de distance en distance, on pourra alonger ou racourcir la longe à volonté, de telle sorte cependant que la boucle porte toujours sur le coussinet.

Le grand côté du poitrail aura 900 millim. de long y compris le rempli formé par l'œillet. Le petit côté, enchappure comprise, aura 780 millim. de longueur. La boucle du poitrail sera pareille à celles de la bride. Les montans seront fixés à 320 millim. de l'extrémité de l'œillet; leur longueur sera de 480 millim. A la partie du côté de la boucle, il sera placé un coulant pour arrêter le bout du côté opposé.

Il sera passé dans chaque montant un rond de fonte à boucle, en fer bronzé noir.

Tous les cuirs du poitrail seront noirs et auront 25 millim. de largeur.

La courroie, en cuir noir, de la botte du mousqueton, aura 1 mètre 710 de long sur 25 de large, et une boucle en fer, bronzé noir, avec passant, sera fixée à l'une des extrémités. La botte aura 120 millim. de profondeur et 40 dans œuvre de largeur; sa longueur apparente sera de 150 millim.

Le portefeuille destiné à enfermer les papiers et pièces portés aux correspondances des brigades sera coupé en forme de sabretache; le fond sera en cuir fort de vache, noir et doublé en toile grise de lin; les angles seront arrondis.

La poche et la patelette seront en veau fauve et doublées de toile de lin grise : la bordure de la poche et de la patelette sera à deux branches et en veau.

Dimensions du portefeuille.

Portefeuille.

mill.

Dans sa plus grande hauteur. 380
Dans sa plus petite. 360
La partie du bas aura, dans sa plus grande largeur. . . 300
La largeur du haut à 40 millim. du bord. 370

Il sera fixé, à la partie supérieure, deux boucles et deux contre-sanglons de 230 millim. de long, enchappure comprise, destinés, l'un à passer dans un boucleteau attaché au derrière de l'arçon, et l'autre dans un anneau en cuir fixé à l'angle du coussinet.

La patelette aura, dans sa plus grande hauteur, 170 millim., et 140 dans sa plus petite : la largeur sera égale à celle de la poche : Il sera pratiqué sous la patelette une boutonnière destinée à recevoir le bouton en cuir fixé sur la poche à 40 millim. de l'ouverture. Une boucle, destinée à recevoir le contre-sanglon placé à la patelette pour fermer le portefeuille sera cousue au milieu de la poche. A 80 mill. du bas du portefeuille, sera attachée une courroie longue de 330 millim., enchappée d'une boucle destinée à recevoir un contre-sanglon de 180 millim. de longueur : cette courroie devra passer dans les sangles de la selle.

Le portefeuille sera placé du côté du montoir.

La têtière de bride, les rênes, le filet et le licol de parade, avec sa longe, seront en cuir noir.

Le cuir de la têtière de bride et des rênes aura 25 millim. de large ; celui du filet 20 millim. ; celui du licol, 30 ; et celui de la longe, 27. Toutes les boucles seront en fer bronzé, carrées et à jonc.

La longueur des rênes de la bride sera de 1 mètre 500 millim. ; celle de la rêne du filet, 2 mètres 200 millim. en totalité, et celle de la longe du licol, 2 mètres 50 millim., non compris les enchappures. Il y aura aux rênes de la bride un passe-coulant, et à la longe, il sera placé, sous l'enchappure de la boucle, un contre-sanglon destiné à la fixer à l'anneau disposé, à cet effet, à la têtière du licol ; au-dessous de la boucle il y aura un passant.

Le mors de la bride sera à la française, et ses branches seront courbes ; elles auront de 180 à 185 millim. de longueur, et seront garnies de tourets et d'anneaux pour fixer les rênes ; les extrémités des deux branches seront réunies par une barrette. Aux deux côtés des branches seront appliquées deux bossettes rondes et bombées portant une grenade en relief, sur un fond sablé ; la gourmette sera plate.

Pour les chevaux d'officiers, les branches, les tourets et les anneaux seront en fer plaqué en argent ; la chaînette et la gourmette seront en cuivre doublé argent, et les bossettes en cuivre sur-argenté.

Pour les chevaux des sous-officiers et gendarmes, toutes ces parties seront en fer étamé, et les bossettes en cuivre ciselé et bruni.

Le bridon d'abreuvoir sera en cuir dit de Hongrie, et se composera d'une têtière avec frontail, sous-gorge, d'un mors et d'une rêne.

Il y aura, du côté du montoir, deux boucles en fer étamé et à rouleau, et deux passans pour ajuster le montant à la sous-gorge.

Le mors sera en fer étamé, brisé au milieu et portant à ses extrémités anneaux avec barrettes, de la longueur de 100 à 115 millim. Les montans seront fixés aux anneaux du mors par une double couture dans laquelle sera arrêté un passant destiné à recevoir la branche supérieure de la barrette.

La rêne sera fixée à l'anneau du côté hors montoir par une double couture, et arrêtée à l'autre anneau par une olive en bois. Sa longueur sera de 2 mètres 240 millim.; sa largeur, ainsi que celle du montant, de 25 millim.; et celle de la sous-gorge, de 23.

La housse de pied sera à demi-pointe et doublée d'une forte toile grise (après avoir été mouillée à pleine eau). Il y aura, entre la doublure et le drap, une toile cirée imperméable.

Dimensions de la housse.

	millim.
Longueur latérale.	920
Hauteur par devant de chaque côté.	500
Idem par derrière.	600

Les devans et derrières seront joints par une pièce de cuir noir en vache, dite entre-jambe. Sa largeur sera de 180 millim. par le bas, et de 150 par le haut; sa hauteur, au milieu, sera de 360 millim., y compris la bordure.

L'entre-jambe sera placée à 130 millim. du bord du devant de la housse dans toute sa largeur, et couvrira, des deux côtés, le drap et le galon dans une largeur de 15 millim.

La housse sera fermée par devant, au moyen de deux boucleteaux et deux demi-boucles enchappées et à rouleau avec passans. L'échancrure sera bordée, dans tout son pourtour, par une bande de cuir noir, de la largeur de 15 à 20 millim. de chaque côté.

La housse des officiers sera bordée d'un galon d'argent, tissu à points de Hongrie. Sa largeur, pour chaque grade, sera, pour le

	millim.
Lieutenant et sous-lieutenant.	50
Capitaine.	55
Chef d'escadron.	60
Lieutenant-colonel et colonel.	65

Le galon de la housse, pour les sous-officiers et gendarmes, sera en fil blanc, également tissu à points de Hongrie, et aura 50 millim. de largeur.

La housse sera ornée, de chaque côté, à ses demi-pointes, d'une grenade à dix-huit flammes entrelacées, brodée sur drap bleu teint en laine. La bombe aura 50 millim. de diamètre, et la hauteur totale de la grenade, y compris la bombe, sera de 120 millim.

6..

Cette grenade sera en filé d'argent pour les sous-lieutenans, lieutenans et capitaines, et la bombe en argent mat pour les officiers supérieurs. Pour les sous-officiers et gendarmes, elle sera en fil blanc.

Les chaperons seront à double calotte et doublés de même toile que la housse. Leur longueur apparente sera de 475 mill., leur plus grande largeur, de 270. Ils formeront trois parties qui se rabattront l'une sur l'autre à des distances inégales. La partie de dessous, dite le tablier, aura 310 millim. de longueur et 300 de largeur. Elle sera arrondie par le bas, et coupée carrément à son extrémité supérieure, qui sera bordée d'un cuir long de 215 millim., auquel tiendra une petite patte de cuir fort, de 30 millim. de large, sur laquelle seront cousus quatre passans pour recevoir la courroie qui doit fixer les chaperons à la fonte, et au milieu un contre-sanglon de 180 millim. La seconde partie des chaperons, dite la calotte, aura 340 millim. de longueur; elle sera arrondie à ses deux extrémités, et fixée par ses bords latéraux à la bordure du cuir du tablier, à une distance de deux tiers de sa longueur totale, à partir de son extrémité inférieure. La troisième partie, dite la dernière calotte, aura 145 millim. de hauteur, avec une boutonnière au milieu; sa forme sera la même que celle de la partie supérieure de la calotte, au bord de laquelle elle sera cousue de manière à faire poche, pour pouvoir couvrir les pistolets. Cette partie supérieure de la calotte, lorsqu'elle sera rabattue, devra laisser apercevoir les pistolets, et donner la facilité de les tirer de la fonte.

Les chaperons seront bordés d'un galon semblable à celui de la housse.

Indépendamment de ce galon, la housse et les chaperons des officiers supérieurs auront un autre galon de 20 millim. de large, qui sera cousu intérieurement à 5 millim. du premier.

Quantité de matières et objets nécessaires à la confection des housses et chaperons.

mét. mill.

Drap bleu de roi, pareil à celui de l'habit. . .	»	980
Toile grise, large 119/100°.	1	500
Toile cirée imperméable.	1	779
Galon en fil blanc.	8	850
Grenades, 2.		
Cuir pour la pièce d'entre-jambe, cuir pour bordure et la garniture des chaperons, boucles, boucleteaux, ruban, etc.; le tout évalué . . 5 f. 8 c.		
Façon 4		

Les officiers auront, pour leur service isolé et particulier comme les tournées, des housses et chaperons également en drap bleu qui, pour les sous-lieutenans, lieutenans et capitaines, seront bordés d'un galon bleu en poil de chèvre, large de 55 mill., et pour les officiers supérieurs, de deux galons de même espèce, dont l'un aura 65 millim. de large, et l'autre 20; mais en aucun cas, lorsqu'ils sont à la tête de la troupe, ils ne peuvent y paraître qu'avec les chaperons bordés de galons d'argent.

Le porte-manteau aura la forme d'un carré long; sa longueur apparente sera de 660 millim. ; ses extrémités ou fonds auront 210 millim. de largeur sur 90 de hauteur; il sera doublé en coutil, rayé bleu et blanc.

Une grande patte, pareillement doublée en coutil, et large de 330 millim., sera fixée à 110 millim. de la couture du corps du porte-manteau; elle règnera dans toute sa longueur et sera poche au moyen d'une ouverture au milieu de la doublure, laquelle sera en outre garnie, à ses deux côtés latéraux, d'une bande de drap pareil à celui du porte-manteau : ces bandes auront chacune 55 millim. de large, sur 340 de long. Trois contre-sanglons de cuir noir seront assujétis à cette grande patte, l'un au centre, et les deux autres à 230 millim. de distance de celui du milieu. Ces contre-sanglons seront cousus à 60 millim. du bord : ils serviront à fermer le porte-manteau au moyen de trois boucles de fer à rouleau, qui seront fixées au corps du porte-manteau. Les chapes et passans de ces boucles seront de même en cuir noir.

Une autre patte, longue de 400 millim. et large de 70, sera placée à l'ouverture du porte-manteau pour le fermer; elle aura six boutonnières, qui seront ouvertes à des distances égales, et dans chacune desquelles passera une tresse en forme de lacet; la dernière s'attachera à un gros bouton cousu au porte-manteau, à une distance de 55 millim. de l'une des extrémités de la patte. La jonction du corps du porte-manteau et du fond contiendra un jonc ou liséré de drap blanc pour la troupe, et un cordonnet en argent pour les officiers. Le pourtour des fonds sera garni à plat d'un galon à points de Hongrie, large de 22 millim. Il sera en argent pour les officiers, et en fil blanc pour les sous officiers et gendarmes.

Quantité de matières et objets nécessaires pour la confection du Porte-Manteau.

mèt. mill.

Drap bleu pareil à celui de l'habit	»	620
Coutil rayé bleu et blanc	1	580
Galon en fil blanc	1	120
Cuir fort pour le fond	2 f.	72 c.
Trois contre-sanglons et trois boucles enchappées.	1	05
Jonc en drap blanc, tresse noire bouton et cordon	»	05

La gendarmerie ne pouvant se remonter en Corse que sur des chevaux d'une très-petite tail l'équipement sera dans les dimensions proportionnées.

La selle, pour les chevaux d'officiers et des brigades à cheval de la Corse, sera en cuir fauve et confectionnée dans le modèle de celles dites à l'anglaise. Les quartiers seront grenés, prolongés et arrondis; ils auront 300 millim. dans leur plus grande largeur, et 450 millim. dans leur plus grande hauteur, à partir du jonc. Le siége sera en peau de cochon, et le troussequin sera contourné en cuivre argenté. Les panneaux seront à flancs avec bourrelet; ils seront piqués et prolongés de manière à former le coussinet, qui aura 60 millim. de long, à partir du troussequin, et de 230 de large. Les fontes auront les mêmes dimensions que celles adoptées pour les autres compagnies : elles seront tenues au chapelet par une brédissure. La calotte sera en drap galonné argent, et fixée au chapelet à 30 millim. au-dessus de la fonte qu'elle devra emboîter ; elle descendra jusqu'à 60 millim. au-dessus de la partie inférieure de la fonte.

Le chapelet sera de deux morceaux de cuir fort; sa longueur sur le derrière sera de 300 millim., et de 230 sur le devant : il aura au milieu 100 millim. de largeur et aux extrémités 135. Il sera pratiqué au milieu du chapelet une ouverture pour faciliter le passage des crampons et des anneaux. Le chapelet sera fixé à la selle par deux courroies longues de 550 millim., enchappure comprise, qui passeront dans un crampon placé aux pointes, et dans les mortaises pratiquées au chapelet, ainsi que dans un passant fixé au milieu de la fonte.

Les étriers seront forgés à banquet et en fer bronzé; ils seront du poids de 750 grammes : l'œil de l'étrier sera renversé.

Les deux courroies de charge de côté auront 1 mètre 120 millimètres de longueur; il sera fixé, à 220 millim. de la boucle, un boucleteau long de 350 millim., enchappure comprise. La courroie de charge du milieu aura 1 mètre de long.

La croupière aura 42 millim. de largeur : sa longueur, avec le contre-sanglon, sera de 850 millim. : à 370 millim. de l'extrémité de la fourche, il sera fixé une boucle couverte d'un morceau de cuir.

Les étrivières, la courroie de porte-crosse, la dragonne, le poitrail, la courroie de la botte de mousqueton, la botte de mousqueton, la bride, le filet, le licol, le mors de bride, seront conformes à ceux des autres compagnies.

Le porte-feuille de correspondance sera coupé en forme de sabretache; le fond sera noir en cuir de vache et doublé en toile; les angles seront arrondis. La poche et la patelette seront en veau fauve et doublées de toile grise. La bordure de la poche et de la patelette sera à deux branches et en veau.

Dimensions du porte-feuille.

		millim.
Hauteur.	. . . .	330
Largeur du haut.	. . . .	255
Largeur du bas	. . . .	280

Le porte-feuille sera placé sur la fonte gauche, où il sera arrêté par la même courroie qui tient les fontes. Il sera fixé, à la partie supérieure du fond, un passant destiné à recevoir le rond de la fonte. La patelette aura dans sa plus grande hauteur 150 millim., la moindre sera de 140 millim. : la largeur sera égale à celle de la poche. Il sera placé une boutonnière sous la patelette, destinée à recevoir le bouton en cuir, fixé sur la poche à 40 millimètres de l'ouverture. Il sera cousu au milieu de la poche une boucle destinée à recevoir le contre-sanglon de la palette, qui doit fermer le porte-feuille.

La housse sera remplacée par un tapis qui sera coupé en plein drap en forme de housse, et doublé d'une toile écrue (après avoir été mouillé à pleine eau). Entre le drap et la doublure, il y aura une toile cirée imperméable. La longueur de ce tapis aux deux extrémités sera de 850 millim., et dans le milieu, en suivant la couture, de 700 millim. Sa hauteur, sur le devant, depuis la couture jusqu'à l'angle, aura 450 millim., et 570 sur le derrière.

Le galon du tapis des sous-officiers et gendarmes sera en fil blanc, à points de Hongrie; il aura 50 millim. de largeur.

Le tapis sera orné de chaque côté, à ses pointes, d'une grenade brodée, semblable à celle de la housse des autres compagnies. Il sera placé, à 100 millim. de l'extrémité du devant du tapis, un morceau de cuir noir de vache, dit entre-jambe, haut de 150 millim. et long de 300; l'entre-jambe fera partie de la longueur du tapis.

Il sera placé devant et derrière deux lanières à 40 millim. du bord, pour fixer le tapis à la selle.

Le galon, pour le tapis de la selle des chevaux des officiers, sera, ainsi que la grenade, en tout conforme à ceux déterminés pour les autres légions.

Quantité de matières et objets nécessaires pour la confection du tapis.

	mèt.	mill.
Drap bleu pareil à celui de l'habit	»	800
Toile cirée imperméable	1	»
Toile écrue de 110/100ᵉ de large	1	»
Galon	3	220
Grenade, deux	»	»

Le porte-manteau aura la forme d'un carré long; sa longueur apparente sera de 600 millim.; ses extrémités ou fonds auront 200 millim. de largeur sur 85 de hauteur; il sera doublé en coutil rayé bleu et blanc.

Une grande patte, pareillement doublée en coutil, et large de 320 millim., sera fixée à 100 millim. de la couture du corps du porte-manteau; elle régnera dans toute sa longueur; et fera poche au moyen d'une ouverture au milieu de la doublure, laquelle sera en outre garnie, à ses deux côtés latéraux, d'une bande de drap pareille à celui du porte-manteau; ces bandes auront chacune 55 millim. de large sur 330 de long. Trois contre-sanglons de cuir noir seront assujétis à cette grande patte, l'un au centre, et les deux autres à 200 millim. de distance de celui du milieu. Ces contre-sanglons seront cousus à 40 millim. du bord; ils serviront à fermer le porte-manteau au moyen de trois bandes de fer poli, à rouleau, qui seront fixées au corps du porte-manteau. Les chappes et passans de ces boucles seront de même en cuir noir.

Une autre patte, longue de 400 millim., et large de 70, sera placée à l'ouverture du porte-manteau pour le fermer : elle aura cinq boutonnières qui seront ouvertes à des distances égales, et dans chacune desquelles passera une tresse en forme de lacet; la dernière s'attachera à un gros bouton cousu au porte-manteau près de l'une des extrémités de cette patte. La jonction du corps du porte-manteau et du fond contiendra un jonc ou liséré de drap blanc pour la troupe, et d'un cordonnet en argent pour les officiers. Le pourtour du fond sera garni à plat d'un galon à points de Hongrie, en.argent pour les officiers, et en fil blanc pour les sous-officiers et gendarmes ; il aura 22 millim. de large.

Quantité de matières et objets nécessaires pour la confection du porte-manteau

	mèt.	mill.
Drap bleu pareil à celui de l'habit	»	680
Drap blanc pour liséré	»	»
Coutil pour doublure	1	450
Galon en fil blanc	1	110

Les jours de parade et de revue, il sera ajouté à l'équipement du cheval, pour toute l'arme, des rosettes de tête et de queue en laine écarlate ; leur largeur, mesurée diamétralement, sera, savoir :

	millim.
La rosette de tête	130
La rosette de queue	150

Ces rosettes auront au milieu un flocon, et seront garnies de bouffettes qui seront assujéties au moyen d'un lacet avec ferrets. Leur longueur, y compris le ruban, sera de 108 millim.; le ruban du toupet, pareillement en laine écarlate, aura un mètre de long sur 27 millim. de large. Les flocons et les bouffettes seront en argent pour les officiers, suivant les distinctions de leur grade, et en laine blanche pour la troupe.

17e LÉGION DE GENDARMERIE EN CORSE.

La 17e légion de gendarmerie en Corse, en raison de sa position particulière, n'aura pas la grande tenue ; en conséquence, elle ne sera pas pourvue des objets ci-après, savoir :

Habit à revers,
Pantalon chamois,
Bottes à l'écuyère.

Le pantalon de drap gris-bleu prescrit dans toute la gendarmerie sera le même pour la 17e légion, excepté que, pour les sous-officiers et gendarmes dans le service à cheval, il sera garni d'une peau de veau noire, depuis le bas de la jambe jusqu'au genou, en forme de botte, et qu'il y sera placé un sous-pied en cuir noir.

Les effets non compris dans les exceptions mentionnées au présent réglement seront, quant aux qualités, dimensions et prix, en tout conformes à ceux déterminés pour toute la gendarmerie.

BATAILLON DE VOLTIGEURS CORSES.

L'habillement et l'équipement de ce corps seront composés ainsi qu'il suit :

Habit court en drap bleu de roi,
Pantalon de drap gris-bleuté,

Capote en drap bleu de roi,

Veste ronde à manches, également en drap bleu de roi.

Pantalon en coutil de coton, dit russe, teint en bleu pour la tenue d'été,

Bonnet de police,

Demi-guêtres en étoffe noire,

Demi-guêtres en toile écrue pour la tenue d'été,

Schakos.

L'habit emboîtera les hanches, et sera assez ample pour qu'on puisse porter dessous, pendant l'hiver, un gilet à manches qui ne devra pas être aperçu.

Coupe de l'habit.

L'habit est coupé droit par devant, boutonné avec neuf gros boutons d'uniforme. Du point de leur jonction avec le collet, les devans descendront jusqu'à 100 mill. au-dessous du niveau du bas de la taille; le côté droit sera de 10 millim. plus large que le côté gauche. L'ouverture de l'échancrure, au bas des devans, sera de 220 à 225 millim. du côté des boutonnières. Les épaulettes des devans de l'habit seront coupées de manière que, pour les hommes de la plus petite taille, elles aient au moins 90 millim., à partir de la couture du collet jusqu'à celle du haut de la manche.

Il sera pratiqué dans la partie supérieure de la manche, près de la couture, deux œillets qui seront à 20 millim. l'un de l'autre, pour fixer les trèfles sur le milieu de l'épaule.

Taille.

La longueur de la taille est proportionnée à celle de l'homme, elle aura par le bas 70 millim. de largeur, et descendra à 10 millim. au-dessous du niveau des hanches, pour que le ceinturon de giberne, soutenu par les hanches, soit maintenu au-dessus des bottons de la taille. Pour le même objet, il est adapté au côté gauche de l'habit une patte à trois pointes, avec une boutonnière à son extrémité supérieure. Elle sera cousue par sa base sur la ligne des boutons de la taille, et aura 120 millim. de hauteur.

Dimensions des basques.

Les basques se croisent à leur extrémité inférieure, de manière à couvrir le corps-de-chasse du côté opposé. Leur largeur par le bas est de 115 millim., et leur longueur égale aux deux tiers de celle de la taille au moins.

Il est placé, sur chaque pli des basques, une patte, dite soubise, formant écusson par le haut, et une pointe à 110 ou à 120 millim. de la partie supérieure de l'écusson en regard de la pointe de la patte placée du côté opposé. Ces deux pattes se prolongent jusqu'au bas de la basque et la partagent.

Collet.

Le collet aura les mêmes proportions et dimensions que celui de l'habit de la gendarmerie.

Paremens.

Les paremens seront du même drap que l'habit et coupés en pointes ; la pointe partage le milieu du dessous de la manche ; le parement est de 70 millim. de hauteur, et la pointe de 125 millim. Il aura un rempli intérieur de 30 millim. de hauteur, et qui sera la continuation du même drap que le parement. La manche est ouverte en dessous du parement, de 120 millim., et fermée avec deux boutonnières, dont la 2ᵉ est sur le parement, à 15 mill. du bord supérieur.

Retroussis.

Les retroussis sont de drap pareil à celui de l'habit. Ceux du devant commencent à l'angle de l'échancrure, et ont à leur naissance 10 millim. de largeur apparente ; ceux de derrière commencent au bas de la taille, et ont également à leur naissance 15 millim. de largeur ; ils se joignent au milieu de l'extrémité inférieure de la basque ; ces retroussis sont ornés aux angles d'un corps-de-chasse en drap jonquille.

Poches.

Les poches sont ouvertes horizontalement, en dessous, à 130 millim. plus bas que l'échancrure du devant, à 30 millim du bord de la basque par devant, et à égale distance de celui de derrière. Elles descendront à 20 millim. du bas de la basque.

Passe-poil.

Le collet, les devans et échancrures, les retroussis, les pattes soubise, la patte de ceinturon, les paremens et ouvertures de manches seront bordés d'un passe-poil en drap jonquille.

Doublure.

La doublure du dos, du corsage, des devans et des manches, ainsi que les poches d'habit, sont de toile bisonne ; celle des basques, à partir du bas de la taille, est du même drap que celui de l'habit. Il règne en dessous une parmenture également du même drap, de 60 millim., à partir de la naissance du collet jusques et compris l'échancrure.

Boutons.

L'habit est garni de 13 gros boutons et de 7 petits portant ' une fleur-de-lis dans le milieu, entourée d'un cor-de-chasse, et au pourtour du cor-de-chasse sont ces mots : *Voltigeurs corses.*

Les boutons sont placés, savoir :

9 gros sur le devant, à 40 millim. en arrière du bord ;

2 gros au bas de la taille, fixés sur l'écusson de la patte dite soubise et les

2 autres à la hauteur de la pointe au milieu de la patte ;

2 petits à chaque manche ;

1 sur chaque épaule, et

1 sur le côté gauche de l'habit, au haut de la patte destinée à soutenir le ceinturon de giberne.

★ Les fleurs-de-lis sont supprimées.

Trefles.

Les sous-officiers et soldats porteront sur chaque épaule de l'habit un trefle en laine jonquille, des mêmes formes et dimensions que celui de la gendarmerie. Ils y seront fixés de la même manière, au moyen des œillets pratiqués au haut de la manche. Les passans seront en galon de laine jonquille, large de 10 mill. doublés en drap bleu, et cousus sur le milieu de l'épaule près de la couture de la manche.

Quantité de matières nécessaires pour la confection de l'habit.

	mèt.	mill.
Drap bleu pareil à celui de l'habit de la gendarmerie.	1	250
Drap jonquille.	»	60
Toile bisonne pour doublure et poches.	1	800
Boutons. { petits, 7.	»	»
{ gros, 13.	»	»

Le pantalon sera en drap gris-bleu, et aura les mêmes formes et dimensions que celui de la gendarmerie à pied.

Le pantalon pour la tenue d'été sera en coutil de coton, dit *russe*, teint en bleu et de même nuance que celui du pantalon de drap gris. Sa coupe, sa forme et ses dimensions seront de mêmes que celles déterminées par le pantalon de coutil blanc de la gendarmerie.

Ce coutil aura de 72 à 76 centimètres de largeur, et ne sera livré qu'après avoir été décati en pleine eau.

Quantité de matières nécessaires pour la confection du pantalon de coutil.

	mèt.	mill.
Coutil de coton teint en bleu.	2	400
Toile bisonne pour doublure et parementure.	»	333

Les officiers pourront faire usage du pantalon de coutil blanc semblable à celui de la gendarmerie.

La capote des sous-officiers et voltigeurs sera des mêmes formes et dimensions que celle de la gendarmerie à pied, excepté que le drap sera semblable à celui de l'habit.

Il sera ajouté à chacun des côtés du collet, par devant, une patte en drap jonquille, taillée en trois pointes, et qui sera placée dans toute la hauteur du collet; elle aura 50 millim. de largeur à chaque pointe, et entre les pointes 35 millim.

Quantité de matières nécessaires pour la confection de la capote.

	mèt.	mill.
Drap bleu pareil à celui de l'habit.	2	400
Toile bisonne.	2	100
Drap jonquille.	»	020
Boutons gros, 16.	»	»

La veste ronde aura les mêmes formes et dimensions que celle de la gendarmerie, et le drap sera de même qualité.

Les demi-gêtres en étamine noire seront confectionnées de la même manière que celles de la gendarmerie à pied.

Les demi-guêtres en toiles forte écrue, dite de *Flandre*, pour la tenue d'été, seront, quand aux formes et dimensions, semblables à celles de coutil blanc de la gendarmerie ; les boutons seront en os ou en corne, percés à cinq trous.

Quantité de toile nécessaire pour la confection des demi-guêtres de tenue d'été.

mèt. mill.

Toile écrue, y compris la doublure, large de 120/100e. » 270

Les sous-officiers et voltigeurs auront pour chaussure une paire de souliers semblable à celle de la gendarmerie à pied.

Les chakos est en carton imperméable recouvert d'un tissus semblable à celui de la gendarmerie de la 17e légion. Ses garnitures sont en cuivre, pour les sous-officiers et voltigeurs, la cocarde en fer blanc estampé; la plaque porte en exergue les mots : *Voltigeurs corses*, et son écusson est orné d'un cor-de-chasse, avec fleur-de-lis * au milieu. Il est en outre garni, au pourtour supérieur, d'un galon en laine jonquille, tissu à cul-de-dé, large de 40 millim. Les mentonnières seront en cuivre et à écailles.

Les garnitures du schakos seront en galon d'argent et plaqué argent pour les officiers.

Les dimensions du schakos sont :

mill.

	mill.
Hauteur totale.	215
Diamètre de la calotte.	250
Largeur de la visière.	65
Idem du bourdalou.	20
Coiffe. { Largeur de la basane.	70
{ *Idem* de la toile.	70

Le couvre-schakos est semblable à celui de la 17e légion, mais confectionné sur les dimensions du schakos des voltigeurs.

Le schakos sera en outre orné d'un pompon jonquille en laine coupée; sa forme est sphérique et à flamme. Le diamètre de la boule est de 65 millimètres et la hauteur de la flamme de 60 millimètres.

Le bonnet de police sera de même drap que l'habit et en tout conforme à celui de la gendarmerie, quant à la coupe et aux dimensions. Les ornemens seront en laine jonquille, le galon tissu à points de Hongrie.

Le baudrier est en buffle, large de 65 millimètres **, entretenu en couleur stil-de-grain. Il est confectionné de la même manière que celui de la gendarmerie, mais sans être bordé en galon.

---

* La fleur-de-lis est supprimée.
** Voir ci-après la circulaire du 3 juillet 1832.

Le coffret de la giberne est en fer-blanc ceintré, ayant une auge pour un paquet de cartouches et une division percée à dix trous de cartouche, et dessous un bouton de cuivre rivé : ce coffret a 95 millimètres de hauteur, 175 de largeur et 45 d'épaisseur.

L'enveloppe et les côtés sont en cuir noir de vache; les côtés sont bordés en veau et forment chacun un recouvrement intérieur de 120 millimètres de long sur 40 de large. Derrière le coffret il y a deux passes en cuir couleur fauve; elles ont 100 millimètres de hauteur sur 35 de largeur. La patelette est composée de deux pièces de cuir noir de vache, la chair en dehors; la petite pièce est taillée en ceintre et cousue, d'une part, au travers du coffret, et de l'autre elle est jointe à la grande pièce par un jonc en veau. La petite pièce a 60 millimètres de large sur 190 de long assurée au milieu, et la grande pièce a 125 millimètres de hauteur sur 215 mesurée au milieu; sous la grande pièce est cousu un contre-sanglon de 115 millimètres de long sur 25 de large.

La buffleterie de giberne est composée de deux bandes, l'une appelée ceinture, l'autre banderolle; elles ont chacune 1 mètre 20 millimètres de longueur et 65 millimètres de largeur; elles sont entretenues en même couleur que le baudrier.

La banderolle-ceinture est destinée à porter la giberne sur le devant et la fonte de pistolet sur le côté gauche. Elle enchappe à son extrémité une boucle en cuivre limé et plate ayant deux ardillons. Cette boucle a 70 millimètres dans œuvre de largeur, sur 38. Son cadre est de 10 millimètres de large : elle est destinée à fixer l'autre extrémité de la ceinture. Contre la boucle et sous la bande est cousue l'extrémité de la banderolle, de manière à former un angle de 75 degrés; l'autre extrémité de cette bande est garnie de deux boutons en cuivre à double face destinés à la fixer sur la ceinture afin de croiser avec le baudrier par devant et par derrière.

Sur la banderolle, à l'endroit où elle croise le baudrier, par devant, est placé un écusson en cuivre limé, à tenons et ayant la forme d'un bouclier. Cet écusson, destiné à porter une épinglette et un sifflet, a une petite tablette en cuivre percée de quatre trous : le premier fixe la chaîne de l'épinglette, le second reçoit l'épinglette, le troisième fixe un crochet pour retrousser le sifflet, et le quatrième fixe la chaîne du sifflet. Cet écusson a 95 millimètres de hauteur, mesuré au milieu, et 50 de largeur vers la tablette : les chaînes, en fil de laiton, ont 260 millimètres de long. Le sifflet est en os, avec un anneau d'alliance, en fer, traversant la queue.

La fonte de pistolet est semblable en matière, formes et dimensions, à celle de la gendarmerie à pied, à l'exception que le recouvrement et la partie extérieure de cette fonte sont en cuir noir, et que les passes ont 95 millimètres de long sur 30 de large. Elle s'adapte à la ceinture de la banderolle de giberne du côté gauche.

La bretelle du mousqueton est en tout semblable à celle de la gendarmerie.

Le cordon de sabre en laine jonquille, tissu à points de Hongrie, est dans les mêmes formes et dimensions que celui de la gendarmerie à pied.

Le havre-sac est en tout conforme à celui de la gendarmerie.

ARMEMENT.

L'armement sera composé :

Pour les officiers, d'un sabre et d'une paire de pistolets;

Pour les sous-officiers et gendarmes à pied, d'un mousqueton armé de sa baïonnette, d'un sabre briquet et d'un pistolet ;

Pour les maréchaux-des-logis à cheval, d'un sabre et d'une paire de pistolets;

Pour les brigadiers et gendarmes à cheval, d'un sabre, d'un mousqueton armé de sa baïonnette et d'une paire de pistolets.

Le sabre des officiers sera à lame de Klingenthal, évidée, légèrement courbe, longue de 900 millimètres. La monture aura trois branches évidées et surdorées; la poignée sera noire, en peau de chagrin et garnie de filigrane doré ; le fourreau sera en fer poli ; les bracelets et anneaux seront en cuivre doré : le premier bracelet sera placé à 80 millimètres de l'orifice du fourreau et à la distance de 200 millimètres du second bracelet.

Les branches de la monture du sabre des officiers supérieurs seront ciselées.

Les pistolets d'officiers seront du même calibre et des mêmes dimensions que les pistolets de la troupe, mais montés d'après le modèle dit à la Mandrin, avec bois uni. Le canon sera à pans jusqu'au tiers de sa longueur, le reste arrondi jusqu'à son embouchure, qui sera en forme de trombe à l'extérieur. Le canon sera bronzé gris de cendre; la platine sera semblable à celle des pistolets de gendarmes ; la platine, la calotte, la sous-garde, la capuche et la baguette seront en fer poli, gris, de trempe variée; le bassinet sera en cuivre.

A pied et en tenue de société, les officiers pourront porter une épée avec poignée ciselée et dorée, ayant une grenade sur le pommeau et les armes de France en relief sur la coquille; la lame carrelée fine, de Klingenthal, aura 890 millimètres de longueur et 25 millimètres de largeur au talon.

Pour la tenue de résidence seulement, les sous-officiers pourront porter une épée conforme au modèle adopté qui a été envoyé dans chaque compagnie.

Le prix de cette épée ne sera jamais porté en dépense sur la masse de compagnie ni aux comptes ouverts des sous-officiers.

Le mousqueton de la gendarmerie à pied et à cheval sera conforme au modèle de 1801 (an 9), et aura deux battans pour fixer les bretelles.

Les pistolets de la troupe devant réunir à l'avantage d'être portés dans les fontes celui de pouvoir être mis dans les poches de l'habit, seront conformes au modèle adopté.

Le sabre-briquet de la gendarmerie à pied sera pareil à celui des grenadiers des troupes de ligne.

Le sabre de la gendarmerie à cheval sera à lame demi-courbe avec fourreau en fer, du modèle adopté pour les troupes légères à cheval.

L'armement des sous-officiers et gendarmes sera fourni par les arsenaux de l'état; les réparations provenant de la faute des hommes seront à leur charge.

Les munitions de guerre seront également fournies par les arsenaux, d'après les demandes qui devront en être faites conformément aux réglemens.

DISPOSITIONS GÉNÉRALES.

Tous les draps devront être livrés aux conseils d'administration après avoir été décatis et ayant 150/100ᵉ de largeur entre les lisières; mais le décatissage et le foulage opérant une diminution plus ou moins grande dans la largeur, il sera dû par les fournisseurs une compensation en longueur à ce qui manquerait sur la largeur. Les draps au-dessous de 110/100ᵉ de largeur *entre les deux lisières* seront refusés, attendu qu'ils ne peuvent plus servir aux confections de l'habillement du corps.

Tous les draps bleu de roi et gris-bleu seront toujours teints en laine. Ils seront fournis, ainsi que les autres étoffes, objets ou effets confectionnés, dans les qualités, nuances et dimensions exactement conformes aux échantillons-types envoyés aux conseils d'administration.

Les coutils blancs pour la tenue d'été de la gendarmerie, et gris-bleu pour la même tenue du bataillon des voltigeurs corses, ne seront livrés aux conseils d'administration qu'après avoir été décatis à pleine eau; leur largeur devra toujours être de 72 à 76 centimètres.

Les toiles blanche et bisonne devront avoir 89/100ᵉ de largeur.

Toutes les étoffes, matières, effets confectionnés ou autres objets nécessaires à l'habillement, l'équipement et harnachement de la troupe devront toujours parvenir franc de port et d'emballage au lieu de la résidence de chaque conseil d'administration, et garantis de toute détérioration quelconque.

Toutes les parties de l'habillement, de l'équipement et du harnachement seront renouvelées, selon les besoins des sous-officiers et gendarmes, aux époques déterminées lors des revues d'inspection.

Dans l'intervalle des revues, les renouvellemens d'effets n'ont lieu qu'avec la plus grande réserve et sur les demandes des sous-officiers et gendarmes transmises par les lieutenans, qui en certifient la nécessité; les conseils d'administration n'autorisent les remplacemens qu'après s'être assurés qu'il y a urgence, et leurs décisions doivent être, autant que le permettent les besoins du service, subordonnées à la situation des hommes à la masse de compagnie.

L'habit de grande tenue ne sera jamais retourné, et lorsqu'il aura besoin de subir cette opération ou qu'il deviendra trop étroit, il sera transformé en surtout ou en veste.

Pour les hommes nouvellement admis, les conseils d'administration peuvent ajourner jusqu'à la première revue après leur nomination, la délivrance des objets qui composent la grande tenue.

Lorsque la veste ronde ou d'écurie ne pourra être confectionnée avec les vieux habits ou surtouts, on emploiera du drap spécial dont l'échantillon a été envoyé aux conseils d'administration.

L'uniforme ci-dessus déterminé sera généralement de rigueur. Il est expressément défendu d'y apporter aucune espèce de changement. Si, lors de leurs revues, les inspecteurs-généraux s'apercevaient de quelque contravention à cet égard, ils en puniraient les auteurs, qui seraient, en outre, responsables des dépenses dans lesquelles ils auraient indûment constitué les sous-officiers et gendarmes.

Le Ministre secrétaire d'état de la guerre,
Signé Mis DE CLERMONT-TONNERRE.

———

Marques distinctives des officiers de l'armée de terre.

Décision du 20 juin 1821.

Art. 1er. A compter du 1er janvier 1822, les marques distinctives des officiers de l'armée de terre, depuis le grade de sous-lieutenant jusques et y compris celui de capitaine, seront, savoir :

Pour les capitaines, deux épaulettes ;

Pour les lieutenans, une épaulette placée à gauche et une contre-épaulette placée à droite ;

Pour les sous-lieutenans, une épaulette placée à droite et une contre épaulette placée à gauche.

2. Les adjudans-majors, les officiers comptables et les porte-drapeaux porteront les épaulettes et les contre-épaulettes de leur grade, telles qu'elles sont déterminées par l'article précédent, avec cette différence toutefois que celles des adjudans-majors seront en or dans les corps dont les insignes sont en argent, et en argent dans les corps dont les insignes sont en or.

3. Dans les corps où il existe des grades subdivisés, les épaulettes de l'officier en second seront distinguées par une raie en soie ponceau de 5 millimètres de large, qui sera appliquée sur le tissu, et régnera dans toute la longueur du corps de l'épaulette ou de la contre-épaulette.

4. Les épaulettes des lieutenans et des sous-lieutenans seront du même poids, de même forme et de même dimension que celles des capitaines ; mais celles des sous-lieutenans seront distinguées par la raie ponceau prescrite à l'art. 3.

Pour tous les officiers de l'armée, elles seront à petites franges dites à graines.

5. Pour tous les officiers, sauf les exceptions indiquées ci-des-

sus, les épaulettes seront en totalité en fil d'or ou d'argent, selon l'arme.

Approuvé : *Signé* LOUIS.

Par le roi :

Le Ministre secrétaire d'état de la guerre,
Signé M^{lⁱ} V. DE LATOUR-MAUBOURG.

Modifications apportées à différentes parties de l'uniforme de la gendarmerie, et notification du tarif des prix auxquels doivent être passés les marchés pour l'habillement de cette arme.

Paris, le 13 juillet 1830.

Messieurs, le renouvellement triennal des marchés pour l'habillement de la gendarmerie, qui devait avoir lieu dans le courant de 1829, a été ajourné au 1er janvier 1831, afin de pouvoir consulter MM. les inspecteurs-généraux réunis en comité sur les améliorations que pourraient recevoir les dispositions des réglemens et les réductions qu'il paraîtrait possible d'obtenir sur les prix des fournitures.

Dans les rapports qui m'ont été faits pour apporter quelques changemens à différentes parties de l'uniforme, le comité m'a proposé :

1° De supprimer les paremens des gants en peau de daim des sous-officiers et gendarmes à cheval, et de n'admettre que les mêmes gants pour la cavalerie et l'infanterie ;

2° De faire remplacer le col actuellement en usage par un col confectionné en étoffe dite satin turc ;

3° D'adopter un nouveau modèle de trefle qui offrit plus de solidité, et de substituer un second trefle, placé sur l'épaule gauche, au cordon qui attache l'aiguillette ;

4° D'approuver que les modèles d'effets d'habillement soient établis en toile forte, afin d'éviter la perte qui résulte de la détérioration des modèles en drap, lors de leur mise en service ;

5° De remplacer le chapeau actuellement en usage par un chapeau imperméable, tiré des fabriques de Lyon.

J'ai cru, sous le rapport de la tenue et pour l'avantage des sous-officiers et gendarmes, devoir adopter ces légères modifications, qui ne peuvent altérer d'ailleurs le caractère distinctif de l'uniforme de la gendarmerie, mais cependant avec cette restriction, en ce qui concerne la coiffure, que le modèle proposé sera seulement mis à l'essai, à raison de deux chapeaux par compagnie, qui seront donnés à un sous-officier et à un gendarme, pour être portés constamment,

L'envoi de ces chapeaux sera fait par les soins du conseil d'administration de la compagnie de gendarmerie du Rhône, qui y devra apposer son cachet après les avoir reconnus conformes au modèle présenté par le comité consultatif de l'arme.

Les modèles d'aiguillettes, de cols et d'effets d'habillement en toile forte, seront expédiés par la compagnie de la Seine et revêtus de son cachet.

La dépense sera supportée par la masse de compagnie pour les modèles d'aiguillettes, de cols et de chapeaux; et par la masse de secours pour les modèles d'effets d'habillement.

Les paiemens seront faits directement aux fabricans par les conseils d'administration des compagnies.

Ces fabricans sont :

Pour les *aiguillettes*, le sieur Benzart, passementier, rue de la Monnaie, n° 10, à Paris ;

Pour les *chapeaux*, le sieur Seive, fabricant, rue de Pazzy, aux Célestins, à Lyon;

Pour les *cols*, le sieur Pardon, chaussée des Minimes, n° 0, à Paris ;

Pour les *modèles en toile forte*, le sieur Degeorges, tailleur, rue Saint-Antoine, passage Charlemagne.

Au fur et à mesure de la réception des nouveaux modèles, ceux qui existent aux chefs-lieux des compagnies seront mis en service.

En cas de détérioration, il sera procédé à une estimation en présence du sous-intendant, et les militaires auxquels les anciens modèles seront distribués recevront une indemnité équivalente sur le fonds de secours ; les effets seront d'ailleurs portés en dépense à leurs comptes ouverts pour la valeur qu'ils représentaient en caisse.

Les aiguillettes et les cols confectionnés d'après le nouveau modèle ne seront distribués que partiellement et suivant les besoins du service; toutefois il est à désirer que le remplacement total soit effectué à la revue des inspecteurs-généraux, en juillet 1831.

J'ai de plus autorisé, dans la 17e légion de gendarmerie et le bataillon de voltigeurs corses, l'usage et le remplacement d'effets qui ne seront pas dispendieux et dont l'utilité est évidente.

Dans la 17e légion, et pour le service journalier, les officiers, sous-officiers et gendarmes porteront le pantalon de croisé de coton bleu, semblable à celui du bataillon de voltigeurs corses ; et dans ce dernier corps, pour la grande tenue et le service de résidence seulement, les hommes porteront le pantalon de coutil blanc de la gendarmerie à pied.

La giberne actuelle sera remplacée par une giberne à un rang de cartouches, et la banderolle de la giberne sera supprimée; enfin un porte-baïonnette et un couvre-platine ont été ajoutés à l'équipement des sous-officiers et voltigeurs.

Le comité a dû s'occuper ensuite des fournitures pour l'habillement, et d'après les renseignemens recueillis pour connaître les variations qui ont pu survenir dans les prix des matières premières depuis l'époque des dernières fixations, j'ai acquis la certitude que l'on pouvait obtenir des réductions sur le prix du tarif annexé au règlement du 22 septembre 1826, non seulement pour les draps et étoffes, mais encore pour une grande partie des objets d'équipement et de passementerie.

Les marchés que les compagnies auront à renouveler, à partir du 1er janvier 1831, ne pourront en conséquence dépasser aucune des fixations indiquées dans le tableau ci-joint.

La durée de ces marchés sera de cinq années, et les qualités des matières devront être exactement semblables à celles des échantillons types qui ont été adressés en 1826 aux compagnies de gendarmerie.

Pour éviter toute réclamation ultérieure provenant de la différence des prix entre les anciens et les nouveaux marchés, les étoffes et autres objets d'habillement dont les prix sont modifiés seront écoulés, s'il est possible, avant le 1er janvier prochain ; à cet effet, les commandes seront restreintes, jusqu'à cette époque, au plus strict nécessaire.

Au moyen de ces dispositions, rien ne s'oppose à ce que les conseils d'administration procèdent, dès à présent, à la passation de leurs marchés ; ils seront dressés en triple expédition dont une me sera transmise par le colonel dans un seul et même envoi pour toutes les compagnies de la légion, et après qu'elle aura été certifiée par le sous-intendant militaire chargé de la surveillance administrative de la compagnie.

La forme de ces marchés est d'ailleurs maintenue telle qu'elle a été déterminée en 1822. Les chefs de légion et les sous-intendans militaires veilleront à ce que les conditions qui y sont établies soient de part et d'autre fidèlement exécutées.

L'extension donnée à la durée des marchés fait aux fournisseurs une obligation plus rigoureuse encore de remplir leurs engagemens avec exactitude ; les conseils d'administration apporteront une attention spéciale dans l'examen des différens objets qui leur sont expédiés, afin de s'assurer s'ils sont conformes aux modèles adoptés, et ils devront refuser et mettre à la charge de qui de droit les fournitures qui seraient d'une qualité inférieure à celle des échantillons.

Je renouvelle ici la recommandation expresse aux conseils d'administration de ne jamais s'adresser à de simples marchands et commissionnaires pour les achats qu'ils auraient à faire, et sans ôter aux compagnies la faculté de se fournir chez des fabricans des lieux à proximité de leurs résidences, lorsqu'ils confectionnent eux-mêmes les objets à l'usage des corps. J'ai dû leur indiquer, dans le tableau des prix des matières, les fabricans et manufacturiers qui m'ont été désignés par MM. les inspecteurs-généraux comme offrant les meilleures garanties ; plusieurs d'entre eux ont été appelés par le comité pour les rectifications et nouvelles conditions que j'ai approuvées.

J'invite MM. les chefs de légion à exercer la surveillance la plus active pour maintenir les principes qui servent de base à l'administration de l'habillement de la gendarmerie. Le port d'objets non approuvés, ou qui ne seraient pas conformes aux modèles, est rigoureusement interdit, et toute infraction à cet égard, dont il doit m'être rendu compte, est sévèrement réprimée.

MM. les intendans et sous-intendans militaires doivent également coopérer aux mesures qui seraient nécessaires pour assurer

7

une parfaite régularité dans les opérations du service de l'habillement. Cette partie essentielle de l'administration réclame toute
leur attention, et j'attends de leur zèle qu'elle sera l'objet d'une
surveillance particulière et continue.

Vous voudrez bien m'accuser réception de cette lettre.

*Tarif des Prix auxquels doivent être passés les Marchés
pour l'habillement de la Gendarmerie en 1831.*

(Il n'est apporté aucune modification au prix des objets non
indiqués dans le présent tableau.)

ÉTOFFES.

DÉSIGNATION de chaque espèce d'étoffe nécessaire à la confection.	PRIX par MÈTRES.	
Drap bleu pour habit.	17ᶜ	00
double broche pour manteau.	19	00
gris-bleu pour pantalon.	14	00
bleu pour veste d'écurie.	13	00
chamois pour pantalon.	14	75
écarlate.	18	00
blicourt écarlate.	2	25
étamine noire.	10	00
Coutil blanc.	2	60
Coutil bleu.	3	50
Toile royale.	1	60
Toile bisonne.	1	50

ÉQUIPEMENT ET HARNACHEMENT.

DÉSIGNATION des ARTICLES.	PRIX PAR ARTICLE.		
	Gend. des départ.	17 Lég.	Batail. de Volt. corses.
Col en satinsture.	1ᶠ 40ᶜ	1ᶠ 40ᶜ	1ᶠ 40ᶜ
Petits gants en daim.	2 80	2 01	2 01
Cordon de sabre de cavalerie. . .	1 »	1 01	»
Éperons (la paire).	2 »	2 08	»
Couvre-platine.	2 »	2 08	2 »
Ceinturon de sabre de cavalerie. .	9 »	9 36	»
Fourreau de baïonnette.	1 20	1 25	1 25
Giberne de cavalerie avec grenade.	7 »	7 28	»
Porte-giberne de cavalerie. . .	7 50	7 80	»
Plaque de ceinturon ou de baudrier.	2 »	2 02	»
Bretelle de mousqueton. . . .	1 20	1 25	1 25
Selle équipée au complet. . . .	75 »	90 »	»

DÉSIGNATION des ARTICLES.	PRIX PAR ARTICLE.		
	Gend. des départ.	17 Lég.	Batail. de Volt. corses.
Selle équipée à Versailles. . . .	72 »	»	»
à Paris.	70 »	»	»
Têtières et rênes (à fouet) pour la Corse.	6 50	6 75	»
Filets avec mors.	3 »	3 »	»
Licol de parade.	4 50	4 50	»
Mors avec bossettes.	6 »	6 24	»
Bridon d'abreuvoir.	4 25	4 42	»
Rosettes de tête et de queue. . .	2 »	2 08	»
Portefeuille de correspondance. .	7 »	7 28	»
Housse et chaperons.	39 »	»	»
à pointes pour la Corse. .	»	26 »	»
Porte-manteau.	18 »	18 72	»
Havre-sac et sa grande courroie. .	8 50	8 84	8 84
Giberne d'infanterie avec grenade	4 »	4 16	»
pour le bat. (nouv. modèle).	»	»	4 »
Ceinturon , id.	»	»	3 50
Banderolle de giberne.	5 50	5 72	»
Baudrier.	6 50	6 76	5 »
Fonte de pistolet avec ceinture. .	3 »	3 12	»
sans ceinture. .	»	»	2 30
Porte-épée pour les offic. et sous-officiers	2 25	2 25	2 25
Porte-mousqueton avec crochet. .	»	9 »	»
Calottes de fonte.	»	7 »	»
Schakos garni avec couvre-schakos.	»	16 85	9 »
Porte-baïonnette.	»	»	» 90
Bretelle porte-sabre en fil. . .	» 65	» 65	»

PASSEMENTERIE.

DÉSIGNATION des ARTICLES.	PRIX.
Boutons. . . . { gros, la douzaine.	»f 60
moyens, ...	» 45
petits, ...	» 30

DÉSIGNATION DES ARTICLES.	PRIX.
Aiguillettes (1) avec trefles pour gendarme. (nouveau modèle).	4 »
id pour brigadier. . . .	25 »
id pour m.-des-log. . .	42 »
id pour gend.-tromp. . .	35 50
Ferrets en argent, contrôle au titre du poids de 28 grammes (la paire).	9 25
Grenades brodées en fil blanc (4).	1 10
pour sous-officier (4). . .	3 50
pour officier (4).	6 50
en fil blanc pour la housse (2).	1 80
Galon argent fin pour border le chapeau (la garniture).	15 75
Ganse argent fin, lame forte (poids 5 gram.).	1 25
Cocarde en basin, doublure imperméable. . .	» 18
Galon argent fin, tissu à points de Hongrie. . (large de 22mm). pour distinction de grade et de bonnet de police des sous-officiers (le mètre du poids de 22 grammes). . . .	5 »
Galon pour deuxième bord du bonnet de police, large de 13mm du poids de 13 grammes.	3 50
Gland à frange de laine bleue, mélange d'argent; pour bonnets de police des s.-offi. .	2 50
Cordonnets en fil d'argent et laine bleue, pour sous-officiers.	1 15
Galon en fil blanc tissu à points de Hongrie pour housse et chaperons des sous-officiers et gendarmes.	» 85
Galon en fil blanc pour le deuxième galon du bonnet de police des gendarmes. . . .	» 35
—— tissu à cul-de-dé, pour bordure de buffleterie.	» 35
Cordon de sabre en fil blanc pour gend. à pied.	1 10

Approuvé par le Ministre Secrétaire d'État de la guerre. Le 13 Juillet 1830.

(1) Dimensions du trefle du nouv. modèle. {
Largeur à partir du nœud jusqu'à l'extrémité de la patte. 115
Largeur de la patte. 57
Longueur du nœud. 79
Largeur du nœud. 120
} mm.

Ordonnance du Roi qui détermine les Dénominations et l'Uniforme des Corps de la Gendarmerie destinés à la surveillance des départemens, des arrondissemens maritimes et des colonies.

Paris, le 8 septembre 1830.

LOUIS-PHILIPPE, Roi des Français, à tous présens et à venir, salut.

Sur le rapport de notre ministre secrétaire d'état au département de la guerre,

Avons ordonné et ordonnons ce qui suit :

Art. 1er. Les corps de gendarmerie destinés à la surveillance des départemens, des arrondissemens maritimes et des colonies, prendront à l'avenir les dénominations suivantes, savoir :

1° Gendarmerie départementale,
2° Gendarmerie des ports et arsenaux,
3° Gendarmerie des colonies.

2. Sur la plaque du baudrier et du ceinturon, ainsi que sur les boutons, l'écusson actuel sera remplacé par le coq gaulois avec la légende : *Gendarmerie départementale, des ports et arsenaux*, ou *des colonies*, et l'exergue : *Sûreté publique*.

3. Les paremens de l'habit et du surtout seront en drap écarlate, et fermés en-dessus par une patte à trois pointes en drap blanc avec passe-poil écarlate.

Le pantalon chamois sera remplacé dans la grande tenue par un pantalon blanc, en peau de mouton pour la cavalerie, et en drap blanc pour l'infanterie.

La bordure du chapeau en galon d'argent est supprimée. Il y sera substitué un galon noir en poil de chèvre uni. La corne du devant et la partie relevée du derrière seront ornées chacune de quatre passans en galon d'argent, à cul-de-dé, suivant le modèle qui sera adopté.

4. Notre ministre secrétaire d'état au département de la guerre est chargé de l'exécution de la présente ordonnance.

Signé LOUIS-PHILIPPE.

———————

Mesures relatives à l'uniforme de la Gendarmerie départementale.

Paris, le 5 juin 1831.

Messieurs, l'essai de la botte à la sowarow a signalé des inconvéniens auxquels on ne pourrait remédier qu'en adoptant dans le reste de l'uniforme, et notamment dans le harnachement, des changemens onéreux qu'il importe d'éviter dans l'intérêt des gendarmes.

En conséquence, la botte à la sowarow cessera désormais de

faire partie de l'uniforme de la gendarmerie départementale, qui sera composé, savoir :

POUR LA GRANDE TENUE,

1º De l'habit à revers écarlates,

2º De la grande botte,

3º D'un pantalon en drap blanc, qui sera toujours porté dans la grande botte, pour l'arme à cheval, et sous la guêtre longue en étamine noire, pour l'arme à pied.

POUR LA PETITE TENUE.

1º Du surtout,

2º Du pantalon gris-bleu,

3º Du pantalon de coutil blanc en été,

4º De la petite botte ou de la grande botte, suivant les localités, les saisons et la nature du service;

5º Des guêtres courtes sous le pantalon pour les hommes à pied.

L'ancien équipement et le harnachement avec housse et charerons sont maintenus.

Vous remarquerez que ces changemens se bornent à remplacer le pantalon en drap bleu par le pantalon en drap blanc, et à supprimer les bottes à la sowarow, dont les gendarmes continueront toutefois de se servir jusqu'à ce qu'elles soient usées, en diminuant assez la hauteur de la tige pour qu'elle ne heurte pas les quartiers de la selle.

Quant au pantalon en drap bleu, attendu que j'avais prescrit d'en ajourner la confection, il ne peut encore être en service.

Tous les modèles des effets maintenus existent dans les compagnies; celui du pantalon en drap blanc doit seul être modifié. Puisqu'il sera toujours porté dans la grande botte ou sous la guêtre longue, il dessinera le genou et la jambe, au bas de laquelle il sera retenu par trois boutons en os. Les conseils d'administration feront immédiatement des dispositions pour que tous les hommes en soient pourvus.

Le ministre secrétaire-d'état de la guerre,

Signé Maréchal Duc de DALMATIE.

Pour ampliation :

Le secrétaire général,

BARADÈRE.

───────────

Formalités à remplir pour la passation et exécution des marchés relatifs à l'Habillement, à l'Équipement et au Harnachement.

Paris, le 10 juillet 1831.

Messieurs, au moment où la composition des conseils d'administration des compagnies de gendarmerie vient d'être renouvelée en grande partie, j'ai jugé utile de faire connaître les formalités à remplir pour la passation et l'exécution des marchés, afin que les conseils d'administration et les fournisseurs fussent bien pénétrés des obligations auxquelles ils sont astreints réciproquement.

J'ai, en conséquence, posé dans l'instruction ci-jointe, des règles dont on ne devra pas s'écarter, et attendu qu'elles seront appliquées, dès à présent, aux marchés existans, sauf toutefois en ce qui serait contraire aux stipulations de ces mêmes marchés, j'ai notifié cette instruction aux maisons ci-après, avec lesquelles beaucoup de conseils d'administration ont traité.

MM.

Germain-Petit, fabricant de draps.
Taconet, fabriquant d'équipemens militaires.
Poirier Tirouflet, de toiles.
Dret-Rousselet, fabriquant de toiles.
Hébert. . . . . ⎫
Vautrin . . . . ⎬ Passementiers.
Benzart. . . . . ⎭
Maillard, chapelier.
Wirts, Bottier.
Grand, fabricant de cols.

Une semblable notification sera faite immédiatement par les conseils d'administration aux autres fournisseurs qui ne se trouvent pas désignés ci-dessus.

Je recommande à MM. les intendans et sous-intendans militaires de tenir la main à la stricte et entière exécution des dispositions prescrites par cette instruction. J'appelle surtout leur attention et celle de MM. les chefs de légion sur le remplacement anticipé des effets de toute nature : cette tendance des conseils d'administration est trop préjudiciable aux hommes, au service et au trésor, à raison des insolvabilités, pour qu'on ne s'applique pas à la détruire.

Ces remplacemens n'auront lieu à l'avenir que sur l'ordre écrit de MM. les inspecteurs-généraux et chefs de légion, lorsqu'ils se seront assurés par eux-mêmes qu'ils sont rigoureusement nécessaires, et ils détermineront pour chaque homme l'époque à laquelle ils seront effectués.

Lorsque dans leurs tournées les commandans de compagnie jugeront que des effets ne peuvent rester en service jusqu'à l'époque de l'inspection générale ou de la tournée du chef de légion, ils feront à ce dernier une proposition motivée de remplacement et attendront ses ordres.

Les distributions de bottes et de souliers sont seules exceptées; mais la demande des sous-officiers et gendarmes sera jointe à l'ordre que donneront les commandans de compagnie aux trésoriers.

MM. les sous-intendans militaires ne viseront les commandes adressées aux fournisseurs qu'après un sévère examen d'un rapport détaillé sur la situation des objets à remplacer, ou d'après l'exhibition des ordres du chef de légion et de l'inspecteur-général.

La comptabilité de l'habillement n'est pas tenue dans toutes les compagnies de gendarmerie d'une manière uniforme, et l'on a depuis long-temps reconnu la nécessité d'adopter un registre qui permît de constater facilement les opérations de cette partie de l'administration intérieure, et d'en vérifier en tout temps les résultats.

A cet effet, j'ai approuvé le modèle de registre ci-joint qui m'a été proposé par le comité des inspecteurs-généraux de l'arme, sauf quelques modifications dont il m'a paru susceptible. Ce registre devra être établi dans toutes les compagnies de gendarmerie, à dater du 1er octobre prochain.

Il est divisé en quatre parties : la première est relative aux étoffes qui entrent dans la confection des effets d'habillemens. Les conseils d'administration qui traitent de la fourniture d'effets confectionnés seront par suite dispensés de tenir cette première partie.

La seconde est relative aux effets d'habillement confectionnés,

La troisième aux effets d'équipement,

La quatrième au harnachement.

A ce registre sont annexés trois modèle d'états distincts, et destinés 1° à constater la remise au maître tailleur des étoffes qui entrent dans la confection des effets d'habillement; 2° à régulariser la distribution des effets de toute nature aux sous-officiers et gendarmes; 3° à présenter sommairement à la fin de chaque trimestre la valeur des effets en magasin. Ce dernier état sera toujours déposé dans la caisse du corps comme effet représentatif. Il sera vérifié et arrêté par MM. les sous-intendans militaires, qui indépendamment apposeront, après chaque trimestre écoulé, leur visa daté sur les quatre parties du registre de l'habillement; MM. les inspecteurs-généraux de l'arme et les Intendans militaires les arrêteront définitivement lors de leur inspection.

L'instruction placée en tête du modèle dispense d'entrer ici dans plus de détails sur la tenue du registre d'habillement. J'invite MM. les sous-intendans militaires à recueillir les observations auxquelles donnera lieu le nouveau mode d'ici au 1er octobre 1832; ils les adresseront à cette époque à MM. les Intendans militaires, qui me les transmettront avec leurs observations particulières.

Les livrets en usage dans la gendarmerie, et qui présentent la situation de la masse individuelle, ne semblent devoir éprouver aucun changement. Les commandans des lieutenances y feront l'inscription des effets qu'ils seront chargés de distribuer avec l'indication de leur valeur; ils veilleront avec soin à ce que ces effets soient entièrement conformes aux réglemens, sous le rapport de la qualité et de la confection.

Quant aux inscriptions de recettes et dépenses en deniers autres que celles qui résulteront de ces distributions, elles n'auront lieu qu'à la fin de chaque trimestre, à moins que le porteur du livret ne quitte la lieutenance ou la compagnie. Dans ce dernier cas, le compte de l'homme sera arrêté par le conseil d'administration, vérifié et visé par le sous-intendant militaire.

7.

Chaque année , le trésorier remettra à l'inspecteur-général,
ou au colonel, au moment de la revue, un état indiquant par
lieutenance le résultat du compte de chaque sous-officier et gendarme, afin qu'il puisse vérifier si les livrets sont en rapport avec
le registre des comptes ouverts, et ordonner les rectifications qui
seraient nécessaires.

Sous aucun prétexte, les militaires de la gendarmerie ne pourront être dessaisis de leur livret, sauf pendant le temps indispensable pour y faire les inscriptions de recettes et de dépenses.

Le ministre secrétaire d'état de la guerre,

Signé maréchal duc de DALMATIE.

---

*Instruction pour la passation et exécution des Marchés
relatifs à l'Habillement, à l'Équipement, au Harnachement et à la Remonte des Sous-officiers et Gendarmes.*

Les conseils d'administration des corps de la gendarmerie départementale choisissent, sous leur responsabilité, les fournisseurs avec lesquels ils traitent pour l'habillement, l'équipement,
le harnachement et la remonte. Il leur est toutefois interdit de
traiter avec des marchands qui ne fabriquent pas par eux-mêmes
les objets qu'il s'agit de fournir.

Le ministre arrête les modèles des effets, et détermine le prix
au-dessus duquel il est défendu de traiter. Il fixe l'époque de la
passation des marchés et leur durée. Lorsque ces formalités sont
remplies, les marchés souscrits en vertu d'une délibération du
conseil d'administration, consignée sur son registre des délibérations, et approuvée par le sous-intendant militaire, sont définitifs. Il en est adressé une copie au ministre par l'intendant militaire.

Les fournitures doivent toujours parvenir au conseil d'administration franches de port et de frais d'emballage, et garanties
de toute détérioration qui pourrait être causée par leur transport.

Lorsque le conseil d'administration traite d'une fourniture
d'objets dont les modèles et les prix n'ont pas été déterminés par
le ministre, le marché n'est définitif qu'après qu'il a été soumis
à son approbation par l'intendant ou le sous-intendant militaire.

Tout marché pour lequel l'une des formalités ci-dessus n'a pas
été remplie n'engage, vis-à-vis du fournisseur, que les membres
du conseil d'administration signataires.

Au fur et à mesure des besoins, le conseil d'administration
adresse au fournisseur avec lequel il a traité une commande conforme au modèle ci-joint; elle relate la date de la délibération
du conseil d'administration qui a constaté la nature et la quantité des effets; elle est signée par tous les membres présens du
conseil, et visée par le sous-intendant militaire, qui s'assure que
la commande est en rapport avec les besoins du corps.

Il est expressément défendu au conseil d'administration d'adresser ses commandes à des fabricans autres que ceux avec lesquels il a traité, sauf le cas de résiliation du marché. Les expéditions faites par double emploi restent pour le compte des signataires de la commande.

Toute commande indique le délai dans lequel la livraison doit être réalisée. On a égard, dans la fixation de ce délai, aux distances à parcourir, au temps nécessaire pour la confection, et aux circonstances qui peuvent en retarder l'exécution.

Toute livraison effectuée après les délais déterminés par la commande ne peut être acceptée qu'en vertu de l'autorisation du Ministre, et moyennant une réduction de 10 pour 100 sur les prix des effets ainsi livrés et sur ceux qui resteraient encore à livrer.

L'agent judiciaire du trésor sera chargé de poursuivre le recouvrement des sommes dues par le fournisseur, par suite de l'inexécution des conditions de son traité.

Les fournitures présentées dans le délai de la commande ne peuvent être refusées, nonobstant toutes les circonstances indépendantes du fait du fournisseur qui les rendraient inutiles en tout ou en partie.

Si le fournisseur reprend les objets qui lui ont été commandés moyennant indemnité, elle est réglée par le ministre sur la proposition de l'intendant militaire.

Le sous-intendant militaire ou le conseil d'administration refuse les fournitures qui ne sont pas conformes aux modèles ou échantillons, et il prévient le livrancier qu'elles sont à sa disposition. Ce dernier peut réclamer une expertise, à laquelle il est procédé par trois experts désignés, l'un par le fournisseur, et les deux autres par le sous-intendant militaire et le conseil d'administration.

Si des fournitures reçues par le conseil d'administration paraissent ne pas réunir les qualités nécessaires pour faire un bon service, il est procédé à une expertise en présence du sous-intendant militaire.

A cet effet, un expert est choisi par ce fonctionnaire, et l'autre par le conseil d'administration; en cas de partage, un tiers expert est désigné par l'autorité civile, sur l'invitation du sous-intendant militaire.

Les fournitures ainsi expertisées sont alors distribuées aux hommes pour leur valeur réelle, et les membres du conseil d'administration signataires de la délibération qui en a approuvé la réception versent à la masse de compagnie le montant de la différence entre le prix d'expertise et la valeur réelle des fournitures.

Si les fournitures sont reconnues ne pouvoir être distribuées, elles sont immédiatement remises au domaine, afin d'être vendues pour le compte du conseil d'administration, qui rembourse la différence.

Lorsqu'il y a lieu à expertise, les frais en sont supportés par le conseil d'administration, ou par le fournisseur s'il est condamné, et par le fonds de secours, après l'autorisation du ministre, si l'expertise provoquée par le sous-intendant militaire a déclaré les fournitures recevables.

Tout changement dans l'uniforme entraîne la résiliation du marché, en ce qui concerne les effets supprimés ou modifiés, sans que le fournisseur puisse prétendre à une indemnité, à moins qu'il n'ait reçu antérieurement une commande de ces effets.

Le défaut de livraison dans les délais déterminés par la commande est constaté, le lendemain du jour de l'expiration de ce délai, par un procès-verbal du sous-intendant militaire, qui donne ordre, s'il y a lieu, au conseil d'administration de passer, et sans qu'il soit besoin de mise en demeure préalable, un marché par défaut, aux risques et périls du fournisseur, pour tout ou partie des effets et matières dont la livraison est en retard.

Ce marché, dans lequel est rappelé le procès-verbal constatant le fait de la non-livraison dans les délais de la commande, et tenant lieu de la mise en demeure, peut avoir pour objet, suivant les circonstances, la fourniture des effets ou matières compris dans une commande non exécutée, ou avoir la durée qui reste à courir au marché résilié.

Le décès du titulaire d'un marché ou sa faillite dûment constatée entraîne de droit la résiliation de ce marché, sauf le cas où les ayant-cause offriraient d'en continuer l'exécution, et seraient agréés par acte spécial.

À moins d'impossibilité, dont les motifs sont constatés par une délibération du Conseil d'administration, approuvée par le sous-intendant militaire, les sous-officiers et gendarmes ont la faculté de présenter eux-mêmes les chevaux dont ils se pourvoient à leurs frais.

Lorsque le Conseil d'administration croit devoir intervenir dans les contestations élevées entre un sous-officier ou un gendarme et celui qui lui a vendu son cheval, il ne peut commencer une instance judiciaire, sauf le cas d'urgence, et seulement pour des actes conservatoires, sans y avoir été autorisé par le ministre de la guerre.

Quand l'on est contraint de donner commission à des marchands de chevaux de livrer ceux qui sont nécessaires pour la remonte des militaires de la gendarmerie, ceux auxquels ils sont destinés conservent la faculté d'assister à la livraison, de refuser les chevaux et d'en débattre le prix. Le sous-intendant militaire est toujours présent à ces réceptions, et prononce sur les contestations qui s'élèvent relativement à l'acceptation et au prix.

Si dans des cas extraordinaires le conseil d'administration est forcé de passer un marché à prix fixe par tête de cheval, il se conforme au modèle de marché ci-joint; le sous-intendant militaire se concerte avec l'autorité civile pour provoquer la concurrence lorsqu'il s'agit d'une fourniture de plus de vingt-cinq chevaux.

Les militaires auxquels les chevaux sont destinés assistent également à la réception. La valeur relative de chaque cheval est déterminée alors de manière à ce que le prix commun de ces chevaux soit égal à celui du marché, et leur répartition est faite ensuite au sort ou à l'amiable entre les hommes démontés.

Les difficultés ou contestations qui surviennent dans l'exécution ou l'interprétation d'un marché sont soumises par les parties au sous-intendant militaire chargé de la police administrative de la compagnie, pour en être référé par l'intendant militaire au ministre, qui statue définitivement, sauf le recours au conseil d'état.

L'enregistrement des marchés soumis par la loi du 15 mai 1818 au droit fixe d'un franc, ainsi que les frais de timbre, sont à la charge du traitant.

Les dispositions de la présente instruction seront toujours portées à la connaissance des traitans; elles sont applicables aux marchés textuellement existans, sauf en ce qui serait contraire aux clauses de ces marchés.

Paris, le 10 juillet 1831.

Le Ministre secrétaire d'état de la guerre,
Signé Maréchal DUC DE DALMATIE.

Modèle de marché pour l'Habillement des Sous-Officiers et Gendarmes (1).

Le conseil d'administration de la gendarmerie d
composé de MM.
ayant à pourvoir à l'habillement des sous-officiers et gendarmes de la compagnie, est convenu de ce qui suit avec le sieur (*Mentionner exactement les noms et demeure du fabricant et le lieu de sa fabrique*).

1° Le sieur   s'engage à fournir au conseil d'administration de la gendarmerie d   les draps bleus, écarlates, blancs, gris-bleus, etc., aux prix et conditions stipulés ci-après, et des mêmes qualités et nuances que ceux employés dans les modèles envoyés par M. le ministre de la guerre.

2° Les draps bleus, blancs et gris-bleus auront subi le décatissage par les soins et aux frais du fournisseur. Ils auront après ce décatissage 150 centimètres de large entre les lisières. Le fournisseur tiendra compte sur la longueur de la perte sur la largeur. Quand les draps auront moins de 150 centimètres de large, il en sera fait mention dans la facture, ainsi que de la compensation due.

Tous les draps qui auront moins de 140 centimètres de large seront refusés, attendu qu'ils ne pourraient plus servir aux confections de l'habillement de la gendarmerie.

3° Les draps et les étoffes seront estampillés par mètre, de la marque du fabricant. Ils seront, à leur arrivée, examinés en conseil d'administration, qui en approuvera immédiatement la réception, ou les tiendra, s'il y a lieu, à la disposition du sieur

4° Le paiement des fournitures qui auront été admises s'effec-

(1) Ce modèle de marché doit être également suivi pour tous les autres achats, avec le simple changement de la dénomination des objets.

tuera avant l'expiration du trimestre qui suivra celui pendant lequel la réception des fournitures aura été prononcée. Les envois de fonds seront faits, autant que possible, par l'intermédiaire des receveurs-généraux, aux risques et périls du fournisseur, comme tout autre mode de paiement qui serait préféré par lui, et agréé par le conseil d'administration.

5° Les prix et largeur des draps et étoffes sont, conformément aux tarifs approuvés par M. le ministre de la guerre, fixés au présent marché de la manière suivante :

Drap bleu, teint en laine, de 150 centimètres de large, au prix de   le mètre.

Drap écarlate, de 150 centimètres de large, au prix de le mètre.

Drap blanc, de 150 centimètres de large, au prix de le mètre

Drap gris-bleu teint en laine, de 150 centimètres de large, au prix de   le mètre.

Drap bleu teint en laine, dit double-broche, pour manteau et capote, de 150 centimètres de large, au prix de le mètre.

Drap bleu pour veste d'écurie, teint en laine, de 150 centimètres de large, au prix de   le mètre.

6° Le fournisseur s'engage à envoyer sur la demande du conseil d'administration tous les draps nécessaires à la compagnie de gendarmerie d   quels que puissent être les besoins et l'importance des commandes.

7° La durée du présent marché est fixée du 183 au 183 .

8° Les dispositions de l'instruction ministérielle du 10 juillet 1831 , dont le sieur   déclare avoir pris pleine et entière connaissance, régissent le présent marché.

Fait double (1) à   , le   183 .

Vu et approuvé :

A   , le   183 .

Le sous-intendant militaire,

Modèle de marché pour la Remonte des Sous-officiers et Gendarmes.

Le conseil d'administration de la gendarmerie d composé de MM.   ,

---

(1) Conformément à l'article 1325 du Code civil, les marchés, pour être valables, doivent être faits en autant d'originaux qu'il y a de parties ayant un intérêt distinct.

ayant à pourvoir à la remonte des sous-officiers et gendarmes de
la compagnie, est convenu de ce qui suit avec le sieur

1º Le sieur   s'engage à
fournir au conseil d'administration de la gendarmerie d
                                                    chevaux
propres au service de l'arme, de l'âge de cinq ans au moins et
de huit ans au plus, de la taille d'un mètre 510 millimètres
sous potence, à tous crins, noirs, bais ou alezans nets, bien tour-
nés, hors des dangers de la castration, en bon état de ferrure, et
pourvus d'un licol.

Les chevaux d'un tempérament mou et lymphatique seront
expressément exclus.

2º Le fournisseur est responsable de tous les cas redhibitoires
qui se manifesteraient dans le délai fixé par les usages du commerce de l'arrondissement où aura lieu la réception.

On entend par cas redhibitoires la morve, la pousse, la cour-
bature, le cornage ou sifflage, l'épilepsie, la fluxion périodique et
la claudication ancienne.

Les chevaux rétifs qui n'auront pu être réduits dans le délai
d'un mois, à dater de la réception, seront rendus au fournisseur.

3º Les jumens ne seront reçues que dans la proportion d'un
                        ; les chevaux entiers ne seront point
admis.

4º La livraison devra commencer le
et être terminée le   pour tout délai.

5º Les receptions seront faites dans les quarante-huit heures
de l'arrivée, par le conseil d'administration, assisté d'un artiste
vétérinaire, et en présence de M. le sous-intendant militaire, qui
dressera procès-verbal des réceptions.

6º Le prix de la présente remonte est fixé à   fr.
par tête de cheval hongre, et à   fr. par tête de
jument.

Les frais de conduite et de nourriture sont à la charge du
sieur   jusqu'au
jour inclus de la réception.

7º Les chevaux refusés seront immédiatement repris par le
fournisseur, sans qu'il puisse prétendre à aucune indemnité.

8º Les dispositions de l'instruction ministérielle du 10 juillet
1831, dont le sieur   déclare
avoir pris pleine et entière connaissance, régissent le présent
marché.

Fait double (1) à   , le   183 .

Vu et approuvé :

A   , le   183 .

Le sous-intendant militaire,

_____

(1) Conformément à l'article 1325 du Code civil, les marchés, pour être valables, doivent être faits en autant d'originaux qu'il y a de parties ayant un intérêt
distinct.

COMMANDE

ADRESSÉE A M. (*Indiquer les noms et profession*),

DEMEURANT A

En exécution du marché passé le   183
avec M.   , le conseil
d'administration de (*Indiquer le corps.*), en vertu de sa délibération de ce jour, le charge de lui livrer les objets ci-après,
savoir :

M.   se conformera aux
modèles (*ou échantillons*) approuvés par M. le ministre secrétaire d'état de la guerre, et qui lui seront au besoin communi-
qués par le conseil d'administration de la compagnie de gendarmerie du lieu de sa résidence.

La livraison devra être effectuée à (*indiquer la ville*) d'ici au
(*mettre la date en toutes lettres*) pour tout délai.

Fait à   , le   183 .

Les membres du conseil d'administration,

Vu et approuvé :

A   , le   183 .

Le sous-intendant militaire,

Nouvelle fixation du prix des effets d'habillement.

Paris, le 15 novembre 1831.

Messieurs, pour obtenir une régularité parfaite dans la dimension de toutes les parties des effets d'habillement de la gendarmerie, il était nécessaire de faire établir, pour cette arme, des
tracés de coupe dont on a déjà reconnu l'utilité pour les corps
de l'armée; un exemplaire de ces tracés sera incessamment
adressé à toutes les compagnies.

En vérifiant de nouveau avec soin si toutes les parties de l'habillement étaient en rapport avec la taille qu'on exige des
hommes, pour le recrutement de la gendarmerie, l'on s'est convaincu que quelques-unes des quantités d'étoffes déterminées par
le réglement du 22 septembre 1820 étaient susceptibles d'être
restreintes dans une proportion raisonnable sans compliquer la
coupe, sans entraver les confections et en laissant aux parementages toute l'ampleur convenable.

Le tracé du manteau donne lieu à une économie assez forte;
vous remarquerez néanmoins que le grand collet, dit rotonde,
a pu être agrandi de 8 centimètres; ainsi le pourtour de ce collet
qui, d'après le réglement du 22 septembre 1826, devait être de

3 mètres 800 millim., sera désormais de 3 mètres 880 millim. Les autres indications mises en marge des tracés serviront de règle pour la dimension des effets à confectionner.

Nonobstant le bénéfice de coupe obtenu par la doublure des basques de l'habit et du surtout, on a fait partir dans les tracés le drap écarlate du haut de la taille sans aucun vide, tandis que dans les modèles en toile les basques ne sont pas couvertes dans le haut par la couleur distinctive.

En se conformant exactement aux tracés et aux dimensions décrites en marge de ces tracés pour les diverses parties des effets d'habillement, le devis des étoffes, et par suite les prix auxquels ces effets seront portés au compte des hommes, sont réglés comme ci-après, pour tous les corps de la gendarmerie, savoir:

DEVIS DES ÉTOFFES.		Quantités allouées par les tracés.	
		mèt.	mill.
Habit.	drap bleu.	1	310
	drap écarlate.	0	435
	toile à doublure. . . .	1	800
Surtout.	drap bleu.	1	280
	drap écarlate.	0	330
	toile à doublure. . . .	1	800
Veste.	drap bleu.	1	050
	toile à doublure. . . .	1	800
Capote.	drap bleu.	2	400
	toile à doublure. . . .	2	100
Manteau.	drap bleu.	4	700
	toile à doublure. . . .	0	000
	bli court de 40 à 50c de larg.	1	200
Pantalon de petite tenue de cavalerie. .	drap gris bleu. . . .	1	210
	toile à doublure. . . .	1	100
id. d'infanterie. .	drap gris bleu. . . .	1	200
	toile à doublure. . . .	0	650
Pantalon de grande tenue de cavalerie.	drap blanc.	1	150
	toile à doublure. . . .	1	100
id. d'infanterie.	drap blanc.	1	150
	toile à doublure. . . .	0	650
Bonnet de police. .	drap bleu.	0	200
	galon large de 22 mm.	1	200
	galon large de 13 mm.	1	000
	cordonnet en fil blanc.	0	880

PRIX DES EFFETS CONFECTIONNÉS.

			fr.	c.
Habit.		de Gendarme. . .	41	93
		de Brigadier. . . .	48	02
		de Maréc.-des-log.	52	37
Surtout.		de Gendarme. . .	38	33
		de Brigadier. . . .	45	02
		de Maréc.-des-log.	49	77
Manteau.			100	61
Capote.			54	55
Bonnet de police. . . .		de Gendarme . . .	7	37
		de Brig. et de Mar.	10	78
Veste d'écurie.			10	73
Pantalon de grande tenue.		d'infanterie. . . .	19	58
		de cavalerie. . . .	20	75
———— de petite tenue. .		d'infanterie. . . .	21	18
		de cavalerie. . . .	22	50
Pantalon de coutil blanc.			9	30
Guêtres.	noires.	longues. .	5	60
		courtes. .	3	58
	d'été.		1	85

En conséquence, on devra veiller avec soin à ce que les effets qui seront confectionnés pour les sous-officiers et gendarmes, à dater de la réception de la présente, ne soient pas portés au débit de leur masse à un prix supérieur à celui indiqué ci-dessus.

Le ministre secrétaire d'état de la guerre,

Signé Maréchal duc de DALMATIE.

Pour ampliation :

Le secrétaire-général,

DARADÈRE.

SERVICE ADMINISTRATIF.

Propositions d'indemnités ou de secours sur le fonds d'abonnement d'entretien et de remonte, en faveur des Sous-Officiers et Gendarmes, pour remplacement de chevaux et d'effets perdus ou mis hors de service.

Paris, 28 décembre 1821.

Messieurs, l'ordonnance du 10 octobre dernier, dont je vous fais l'envoi, détermine les nouveaux avantages que Sa Majesté a daigné assurer à la gendarmerie, d'après ses intentions bienveillantes pour l'amélioration du sort de tous les militaires de ce corps.

Ces avantages sont appropriés à la position respective des officiers et de la troupe. Les lieutenans qui n'avaient point participé à l'augmentation de 200 fr. accordée aux lieutenans de la ligne obtiennent une fixation de solde plus favorable. Les sous-officiers et gendarmes cessent d'être astreints à des retenues pour la masse des secours : l'arme à pied va jouir d'une augmentation qui devenait indispensable pour ses besoins.

L'indemnité représentative des fourrages ne devant plus faire partie de la solde des officiers, la quotité annuelle de cette solde se trouve être, à compter de janvier 1822, savoir :

Pour les colonels, de 5905 f. dans les dép^{ts}. et de 7305 f. à Paris.
Pour les chefs d'esc. de 4170 *idem*. . . . et de 5510 *idem*.
Pour les capitaines de 2270 *idem*. . . . et de 3020 *idem*.
Pour les lieutenans de 1785 *idem*. . . . et de 2401 *idem*.

La dissémination de la gendarmerie sur un très-grand nombre de points peu fourrageux et privés de communications faciles mettait la plupart des officiers dans l'impossibilité de subvenir à la dépense des fourrages avec l'allocation du franc par ration à la solde, et pendant les années de cherté ils ne pourvoyaient à la nourriture de leurs chevaux qu'en supportant de pénibles privations. Maintenant l'application des dispositions de la circulaire du 11 août 1818 offre aux officiers de tout grade une indemnité toujours proportionnée aux prix courans des denrées dans les diverses localités. Les fixations du prix commun des fourrages par compagnie, réglées, en octobre dernier, pour les gendarmes, pendant 1822, seront communes aux officiers, à partir du premier janvier et jusqu'au premier octobre prochain.

Les dépenses de l'habillement, de l'équipement et de la remonte principalement, ont occasioné la gêne des sous-officiers et gendarmes, en obérant leurs masses individuelles. Ces charges pèsent plus encore sur les hommes, dont le zèle et une grande activité amènent un prompt dépérissement des effets et des chevaux. La création d'un abonnemens de remonte et de secours, en procurant des ressources indépendantes de la masse de compagnie, qui est la propriété des sous-officiers et gendarmes, permettra de terminer, sans faire naître de prétentions personnelles, les indemnités et secours, dans les différentes proportions des besoins et suivant les droits particuliers des hommes.

Le sous-officier ou gendarme qui perdra son cheval par maladie ou par accident, et sans qu'il y ait de sa faute, recevra une indemnité basée à la fois sur le prix d'acquisition du cheval, sur sa valeur réelle au moment de la perte, et sa durée au service du corps (1). Les pertes et détériations, dans le service ordinaire et extraordinaire, d'effets d'habillement, d'équipement et de harnachement, donnent également droit à des indemnités, suivant l'espèce et la durée de ces objets. Il sera juste d'aider avec plus de faveur les hommes qui auront supporté ces pertes en remplissant les devoirs les plus importans de l'arme.

Pour les cas ordinaires de remplacemens d'effets dispendieux et de chevaux, il pourra être accordé aux hommes de bonne conduite les secours que des charges de famille, ou leur situation financière, rendraient nécessaires.

Les conseils d'administration se conformeront aux modèles ci-joints pour leurs propositions, qui peuvent m'être soumises à chaque époque des remplacemens, mais en évitant de multiplier celles qui seraient susceptibles d'être présentées collectivement.

Les demandes pour les hommes détachés hors de leur département seront faites par les compagnies auxquelles ils appartiennent, et d'après les renseignemens que leur fourniront les conseils administrant les détachemens.

Lorsque le fond d'abonnement destiné à l'entretien et à la remonte se sera accru de manière à former un excédant disponible pour aider les nouveaux gendarmes dans leurs dépenses de premier établissement, les compagnies auront la faculté de faire des avances qui ne pourront dépasser la somme de 400 fr. que sur mon autorisation, en faveur de ceux qui offriraient les meilleurs gages de leurs bonnes dispositions et de leur aptitude au service de la gendarmerie (2). Les avances seront remboursables par portions de 50 fr. chaque année, et les retenues se feront par mois, concurremment avec celles pour la masse de compagnie. La solde d'absence ne sera passible de ces retenues que pour moitié seulement, afin que les gendarmes n'éprouvent point trop de gêne pour la subsistance de leur famille.

Les conseils d'administration ne seront point assujétis à la réintégration des avances dans le cas d'insolvabilité des hommes par force majeure ; cependant ils deviendraient responsables des remboursemens s'ils avaient négligé les précautions convenables pour recouvrer les fonds au moyen des retenues mensuelles ou de la reprise de l'habillement et des chevaux des gendarmes qui abandonneraient le service.

Le fonds de l'abonnement réservé pour le paiement des frais

---

(1) La durée commune d'un cheval est évaluée à neuf ans de service.
(2) Cette disposition a été modifiée par la circulaire du 10 janvier 1831.

administratifs et pour les répartitions annuelles confiées aux inspecteurs-généraux, continuera d'être géré d'après les principes établis dans la circulaire du 30 mai 1818.

L'allocation de l'abonnement de remonte et de secours dans les revues trimestrielles se règle au complet de six hommes par brigade, et suivant les variations du nombre des brigades affecté à chaque compagnie. La comptabilité des deux fonds de l'abonnement exigera de grands soins, et les sous-intendans militaires en surveilleront tous les détails avec une sévère attention, pour que les recettes et leur emploi légal soient toujours constatés, dans les compagnies, de la manière la plus exacte et la plus régulière. Tous les ans, il me sera adressé, dans le courant du premier trimestre, un compte détaillé de l'abonnement de remonte et de secours, que les conseils d'administration soumettront à la vérification et au visa des sous-intendans militaires.

Tels sont les développemens qui m'ont paru nécessaires afin d'assurer l'exécution de l'ordonnance du 10 octobre dernier. La gendarmerie trouvera dans les dispositions de cette ordonnance les preuves de la sollicitude de Sa Majesté pour tout ce qui tient au bien-être de l'arme, et elle ne manquera pas, sans doute, de mériter de plus en plus les honorables témoignages donnés à son zèle et à son dévouement pour maintenir l'ordre et la tranquillité publique dans le royaume.

Vous voudrez bien m'accuser réception de cette circulaire.

J'ai l'honneur d'être, avec une considération très-distinguée, Messieurs, votre très-humble et très-obéissant serviteur.

Le Ministre secrétaire d'état de la guerre,

Maréchal duc DE BELLUNE.

———◆◆———

Réduction, pour la Gendarmerie des départemens, du fonds de remonte et d'entretien.

Paris, le 24 décembre 1829.

Messieurs, vous avez été déjà informés que, dans des vues d'économie compatibles avec les besoins du service, des modifications avaient été apportées dans l'effectif de la gendarmerie des départemens.

Cet effectif a été réduit de 1400 hommes dans l'arme à pied, et 200 nouvelles brigades ont été créées dans l'arme à cheval au moyen du prélèvement d'un homme sur les brigades dont le service est le moins multiplié.

La nouvelle répartition de la gendarmerie a été arrêtée dans chaque compagnie par les commissions départementales instituées à cet effet, et les dispositions nécessaires pour arriver progressivement au but indiqué par la décision royale, et renfermer les dépenses dans les limites tracées par le budget, reçoivent successivement leur exécution.

Une autre source d'économie a paru se trouver dans la possibilité de supprimer le fonds d'entretien du bataillon de voltigeurs corses, et de réduire, pour la gendarmerie des départemens, le fonds de remonte et d'entretien, dans la proportion suivante, savoir :

Pour la gendarmerie d'élite, à 35 fr. au lieu de 60 fr.
Pour la gendarmerie à cheval à 20 au lieu de 30
Pour la gendarmerie à pied, à 10 au lieu de 15

Cette mesure a reçu également l'approbation de Sa Majesté, pour être mise à exécution à compter du premier janvier prochain.

L'abonnement continuera d'être alloué par an et par homme au complet de chaque brigade et conformément aux dispositions des articles 135 et 243 du règlement du 21 novembre 1823.

A cet effet, les conseils d'administration de gendarmerie remettront à MM. les intendans militaires une copie certifiée de l'état qui leur est adressé pour leur faire connaître la nouvelle composition de chaque compagnie arrêtée de concert entre les départemens de l'intérieur et de la guerre.

L'allocation de l'abonnement sera suspendue pour les compagnies dont l'organisation n'est pas encore approuvée définitivement, et le rappel des sommes qui seront dues sera effectué sur les plus prochains états de solde au fur et à mesure que les tableaux de la nouvelle composition parviendront aux conseils d'administration.

Je vous invite à donner les ordres nécessaires pour assurer la parfaite exécution des dispositions de cette lettre, dont vous voudrez bien m'accuser réception.

J'ai l'honneur d'être, etc.

***

Ordonnance du 10 octobre 1821.

LOUIS, par la grâce de Dieu, ROI DE FRANCE ET DE NAVARRE,

D'après le compte qui nous a été rendu de l'insuffisance des traitemens des sous-officiers et gendarmes pour subvenir aux dépenses d'entretien d'habillement et de remonte, et des difficultés qu'éprouve le recrutement de la gendarmerie des départemens, à défaut de ressources dans les compagnies pour des avances de premier établissement aux nouveaux admis;

Ayant été également informé de la position des officiers de l'arme, qui, pour la plupart ne peuvent pourvoir, dans les lieux où ils sont disséminés, à la nourriture de leurs chevaux avec l'indemnité ordinaire des fourrages;

Voulant faire cesser un état de choses aussi préjudiciable aux intérêts de ces militaires que nuisible à notre service;

Sur le rapport de notre ministre secrétaire d'état de la guerre

Nous avons ordonné et ordonnons ce qui suit :

Art. 1er. Il sera formé dans chaque compagnie de gendarmerie un abonnement de remonte et de secours destiné à aider les sous-officiers et gendarmes dans leurs dépenses d'habillement, d'équipement et de remonte; à indemniser ceux qui auront éprouvé des accidens ou des pertes dans le service; enfin à faire des avances de premier établissement aux nouveaux admis sortant des corps de l'armée.

A cet effet, il sera alloué, par an et par homme, au complet de chaque brigade, savoir :

A la compagnie de la Seine.	Arme à cheval.	55 f.
	Arme à pied.	35
Aux comp. des autres dép.	Arme à cheval.	45
	Arme à pied.	30

2. Cet abonnement sera divisé, 1° en fonds de secours ordinaires, composé d'une somme annuelle de 15 francs par homme, au complet, et dont une portion, jusqu'à la concurrence du cinquième du produit, sera affectée aux dépenses administratives de chaque compagnie ; 2° en fonds d'entretien et de remonte, dont l'emploi n'aura lieu que sur des décisions spéciales de notre ministre de la guerre, d'après les demandes des conseils d'administration et les propositions motivées des colonels.

3. La solde des sous-officiers et gendarmes ne sera plus passible des retenues annuelles affectées aux fonds de secours.

Il est accordé à l'arme à pied une augmentation qui élevera la solde ainsi qu'il suit :

Compagnie de la Seine.	Maréchal-des-logis. . .	950 f.
	Brigadier	800
	Gendarme.	720
Compagnies des autres dép.	Maréchal-des-logis . . .	750
	Brigadier	650
	Gendarme.	550

4. Les officiers auront droit, suivant le nombre des rations assigné à chaque grade, à la même indemnité de fourrages que celle déterminée annuellement, par compagnie, pour les sous-officiers et gendarmes. Les rations leur seront, en conséquence, payées d'après les prix moyens arrêtés par les intendans des divisions militaires, et sans aucune différence pour les lieux de résidence du même département.

D'après cette disposition, la portion représentative des fourrages de chaque grade sera déduite de la solde. Toutefois, il ne sera pas fait de changement à l'allocation actuelle du supplément de Paris dont jouissent les officiers de la gendarmerie de la Seine.

5. Les lieutenans recevront une augmentation de solde dans la proportion de 100 francs pour les officiers de ce grade employés dans la compagnie de la Seine, et de 150 francs pour les lieutenans des autres départemens.

6. Notre ministre secrétaire d'état de la guerre est chargé de l'exécution de la présente ordonnance, qui aura son effet à partir du 1er janvier 1822, et sera applicable à la gendarmerie des ports et arsenaux.

Donné au château des Tuileries, le dixième jour du mois d'octobre de l'an de grâce 1821, et de notre règne le vingt-septième.

Signé LOUIS.

Par le Roi :

Le ministre secrétaire d'état de la guerre,

Signé M¹ˢ V. DE LATOUR-MAUBOURG.

Allocation des indemnités de première mise et des avances de 400 francs aux nouveaux admis dans la Gendarmerie.

Paris, 10 janvier 1831.

Messieurs, l'art. 13 de l'ordonnance du 20 octobre 1820, et le réglement du 21 novembre 1823, autorisent l'allocation d'une indemnité de première mise de 150 fr. pour l'arme à pied et de 300 fr. pour l'arme à cheval, aux sous-officier et soldats admis dans la gendarmerie, qui satisfont aux conditions ci-après, savoir :

1° Les sous-officiers et soldats qui sont extraits des corps de l'armée pour passer dans la gendarmerie ;

2° Ceux qui, ayant accompli un rengagement, y sont reçus, ou qui, sans avoir contracté un rengagement, forment la demande de leur admission dans le seul délai de six mois, à dater de la réception de leurs congés ;

3° Les militaires qui, ayant été dans les positions ci-dessus au moment de leur admission dans la gendarmerie de Paris (qui a pris la dénomination de garde municipale) passent dans les légions départementales dans un délai de six mois.

Ces conditions sont précises, et l'état des services des militaires admis dans la gendarmerie suffit pour reconnaître si elles sont remplies. Cependant, jusqu'à ce jour les indemnités dont il s'agit n'ont pu être comprises par les conseils d'administration dans leurs états de paiement qu'après l'autorisation ministérielle.

Cette marche, qui donne lieu à beaucoup d'écritures et ajourne le paiement des premières mises d'habillement, m'a paru susceptible d'être modifiée. En conséquence, j'ai décidé qu'à l'avenir ces allocations seraient faites, comme celles qui sont payables sur les fonds de la solde, par les conseils d'administration, sous leur responsabilité et sous la surveillance de MM. les sous-intendans militaires. Les paiemens seront d'ailleurs contrôlés comme tous ceux qui sont régularisés par les revues, et si dans quelques cas le droit à la première mise paraissait douteux, il en serait référé au ministre par MM. les intendans militaires.

Les relevés des premières mises payées continueront d'être joints à ces revues, et l'on y ajoutera la date de la sortie du corps de la ligne dans lequel chaque nouvel admis aura servi.

En cas d'allocation illégale, le montant en sera déduit du plus prochain état de paiement, et restera à la charge du conseil d'administration, sauf son recours contre les militaires qui auront touché indûment l'indemnité.

D'après l'art. 140 du règlement du 21 nov. 1823, des avances de 100 fr. sont faites avec l'autorisation ministérielle aux militaires sortant de la ligne, et dépourvus de ressources pour se monter.

Le fonds d'entretien et de remonte pourvoit à ces avances qui sont remboursées par portion de 50 fr. chaque année, au moyen des retenues mensuelles sur la solde, effectuées confusément avec celles destinées à former la masse individuelle de chaque homme.

La complication des écritures à tenir par les compagnies de gendarmerie, pour faire dépense des avances au fond remonte, et en débiter la masse de compagnie, qui, à la fin de chaque semestre, et jusqu'à parfait remboursement, doit restituer, au fonds de remonte, le montant des retenues opérées sur la solde, m'ont porté à changer ce mode, et j'ai décidé que les conseils d'administration pourront, sur une délibération approuvée par MM. les sous-intendans militaires, accorder des avances aux militaires sortant de la ligne, dépourvus de ressources pour se monter, et que ces avances seront faites sur la masse de compagnie.

En cas d'insolvabilité de la part des militaires qui auront reçu des avances, les conseils d'administration m'en rendront compte par l'intermédiaire de MM. les sous-intendans militaires, qui donneront leur avis sur les précautions prises par les membres du conseil d'administration pour recouvrer les avances au moyen des retenues mensuelles ou de la reprise des effets militaires et des chevaux. Les déficits seront ensuite imputés sur le fonds d'entretien et de remonte; dans le cas où ils proviendraient de force majeure, ils seront mis à la charge des conseils d'administration s'ils sont le résultat de leur négligence.

En laissant aux conseils d'administration à apprécier le droit des nouveaux admis aux indemnités de première mise, j'ai compté sur la surveillance de MM. les sous-intendans militaires pour éviter que des paiemens ne soient pas faits indûment; ils devront surveiller avec soin l'exécution des dispositions qui précèdent, et les allocations dont il s'agit nécessiteront un examen particulier lors de l'établissement et de la vérification des revues.

Recevez, messieurs, l'assurance de ma considération distinguée.

Le ministre secrétaire d'état de la guerre,
Signé Maréchal DUC DE DALMATIE.

Pour ampliation :
Le secrétaire général,
BARADÈRE.

Fixation de la gratification pour captures de réfractaires ou de déserteurs.

Paris, 20 Janvier. 1811.

Divers décrets avaient accordé, messieurs, des gratifications pour arrestations de réfractaires. Le taux de ces récompenses n'était pas le même pour tous les capteurs. Les gendarmes et les gardes champêtres pouvaient prétendre à un complément qui devait porter la gratification au quinzième du montant de l'amende encourue par l'individu capturé, mais seulement lorsqu'elle était soldée, et cet espoir était rarement réalisé; tous les autres capteurs ne recevaient que 12 fr. une fois payés.

Sa majesté veut que les départemens soient purgés du reste des conscrits insoumis qui existent encore, et qu'aucun réfractaire ne puisse trouver asile. Le décret dont copie est ci-jointe, vous mettra à portée d'atteindre ce but; il excitera le zèle de tous les capteurs, et leur assurant des récompenses égales, plus promptes et plus considérables que ne l'étaient les précédentes.

MM. les préfets et les membres des conseils d'administration de gendarmerie, feront respectivement former des états particuliers pour les captures faites jusqu'au jour de la promulgation de ce décret, qui est inséré au Bulletin des Lois; la gratification devant être payée pour celles-là sur l'ancien pied. Les arrestations qui auront eu lieu après cette promulgation et jusqu'au 31 mars, figureront sur d'autres états: et il n'en sera établi ensuite que par trimestre, comme cela s'est pratiqué jusqu'ici.

Ces états seront conformes aux modèles joints à la circulaire de mon prédécesseur, du 10 février 1806, au contenu de laquelle je me réfère, en exceptant toutefois le dernier paragraphe, que l'article 4 du nouveau décret rend sans objet.

MM. les préfets comprendront sur les états qu'ils doivent particulièrement faire dresser, toutes les captures qui auront été faites par les sous-officiers de recrutement, les sous-officiers et soldats des compagnies de réserve, les divers agens civils, enfin par les simples particuliers.

Comme ces derniers n'ont aucun caractère public, ils ne seront pas tenus de dresser et de fournir des procès-verbaux de capture; il suffira qu'ils produisent des récépissés délivrés par le commandant de la brigade de gendarmerie, à laquelle les individus capturés auront été remis.

MM. Les préfets et les membres des conseils d'administration de gendarmerie veilleront à ce que la gratification ne soit jamais demandée deux fois pour le même réfractaire.

S'il arrive qu'un conscrit remis par des agens civils ou militaires, ou par des particuliers, à la gendarmerie, n'ait pas été conduit de brigade en brigade au dépôt départemental, MM. les préfets en énonceront les motifs dans la colonne d'observations de leurs états. Ils feront connaître aussi le résultat des mesures qui auront été prises, en exécution du titre IV de l'instruction du 8 décembre 1808, contre ceux qui, par connivence ou même par négligence, auront pu donner lieu à l'évasion du réfractaire arrêté.

Les états de la gendarmerie continueront de m'être adressés directement, ainsi que ceux de MM. les préfets. Les uns et les autres devront me parvenir, sous peine de déchéance, dans les délais déterminés par ma circulaire du 20 août 1810.

J'ai l'honneur de vous saluer, etc. Décret du 12 janvier 1811.

ART. 1er. A l'avenir, la gendarmerie, les sous-officiers de recrutement, les sous-officiers et soldats des compagnies de réserve, les préposés des douanes, les agens de police, les gardes forestiers, les gardes champêtres et les consignes des places, recevront, à titre de gratification, *vingt-cinq francs* pour chaque arrestation de réfractaire ou de déserteur.

2. Cette gratification sera payée à la gendarmerie sur les états par elle fournis, appuyés de procès-verbaux de capture : elle sera avancée à tous les autres agens civils et militaires, sur le vu de leurs procès-verbaux, par les préfets, qui en seront ensuite remboursés en vertu d'ordonnances délivrées par notre ministre de la guerre.

3. La même gratification sera accordée à tout individu qui la réclamera comme ayant arrêté un réfractaire ou un déserteur, en justifiant l'avoir remis à la gendarmerie. L'avance en sera également faite par les préfets.

4. Par suite de l'art. 1er, les dispositions des lois antérieures, qui accordaient pour chaque arrestation un supplément de gratification payable après le versement de l'amende imposée à tout réfractaire et à tout déserteur sont rapportées.

5. Notre ministre de la guerre et notre ministre du trésor public sont chargés, chacun en ce qui le concerne, de l'exécution du présent décret.

Pour copie conforme :

Le Conseiller d'état Directeur général de la conscription et des revues,

Comte DUMAS.

Circulaire du 30 janvier 1811.

En vous communiquant, messieurs, par ma circulaire du 29 de ce mois, le décret impérial du 12 janvier, qui fixe à 25 fr. la gratification accordée aux capteurs des déserteurs et des réfractaires, je vous ai tracé la marche que vous auriez à suivre pour l'exécution de ce décret, à l'égard de ceux-ci. Il me reste à vous entretenir des formalités relatives au paiement de cette gratification pour l'arrestation des déserteurs.

Vous avez dû remarquer que l'article 2 de ce décret prescrit de payer cette gratification au vu des procès-verbaux qui doivent constater l'état réel des détenus. A cet effet, MM. les préfets veilleront à ce que conformément à mon instruction du 13 juin 1810, les capteurs à qui ils doivent faire l'avance de la gratification de 25 francs conduisent les individus arrêtés comme déserteurs devant le commandant de la brigade de gendarmerie la plus voisine du lieu de l'arrestation. À la place du récépissé prescrit par ladite instruction, ce commandement délivrera aux capteurs une copie du procès-verbal qu'il devra rédiger en leur présence. Si les capteurs sont dans l'intention de réclamer gratification, ils remettront ce procès-verbal au préfet du département, pour être par lui transmis de suite au capitaine de la gendarmerie, qui devra y mettre son visa, et attester la destination donnée à l'individu arrêté. S'il résulte de la déclaration du capitaine de gendarmerie que le déserteur a été dirigé sur son corps stationné dans l'intérieur de la France, ou sur le dépôt de réfractaires, comme appartenant à un corps inconnu, ou dont le dépôt soit hors de France, il paiera sur-le-champ la gratification ; et dans les dix jours qui suivront l'expiration de chaque trimestre, il m'adressera un état, en double expédition, appuyé des procès-verbaux, au vu desquels j'ordonnerai le remboursement de ses avances pendant le trimestre précédent.

Pour que je puisse faire payer aux sous-officiers et gendarmes les gratifications qui leur seront dues, les conseils d'administration de gendarmerie continueront à adresser à Son Excellence M. le premier inspecteur général de l'arme, qui me les transmettra, des états trimestriels, en double expédition, constatant les captures des déserteurs faites pendant chaque trimestre. Ils y joindront, en exécution de l'art. 2 du décret du 12 janvier, les procès-verbaux d'arrestation, au bas desquels le capitaine aura attesté la destination donnée à chaque déserteur.

Les états, ainsi que les procès-verbaux qui devront me parvenir, seront conformes aux modèles ci-joints ; mais, attendu que la gratification de 25 fr. n'est accordée que pour les arrestations faites à dater de la promulgation du décret, vous voudrez bien, messieurs, m'envoyer pour celles antérieures à cette promulgation, des états particuliers rédigés suivant les anciens modèles, et vous conformer aux dispositions de la présente, pour les captures qui auront eu lieu, tant pendant le surplus du premier trimestre que pour les trimestres qui suivront.

Je crois devoir vous rappeler, messieurs, que le fonds de la conscription n'étant point chargé du paiement des gratifications pour l'arrestation des déserteurs de corps étrangers qui sont au service de France, et de corps hors ligne ayant une masse de recrutement, MM. les préfets, en se conformant à la circulaire de mon prédécesseur, en date du 8 septembre 1807, ne doivent faire aucune avance à cet égard, et qu'ils doivent, ainsi que les conseils d'administration de gendarmerie, continuer à m'adresser des états particuliers, afin que je prenne les mesures nécessaires pour faire payer la gratification par les corps eux-mêmes, lorsque leurs déserteurs leur auront été remis.

En appelant toute votre attention, messieurs, sur cette nouvelle et si utile disposition, je vous recommande spécialement de veiller à ce que vos états ne comprennent que des déserteurs dont l'état militaire soit tellement reconnu par le capitaine de gendarmerie, qu'il ne puisse y avoir aucun doute sur le droit des capteurs à la récompense. Vous tiendrez aussi la main à ce que, conformément à ma circulaire du 3 mai dernier, les états me parviennent exactement avant le délai fixé pour la prescription, afin d'éviter les rejets de demandes de gratification et une correspondance de détails dont j'ai eu trop souvent occasion de me plaindre.

Arrêté sur la conservation, dans les caisses du trésor royal, des fonds alloués à la gendarmerie sous le titre d'abonnement d'entretien, d'habillement, de remonte et de secours, et de fonds de réserve des fourrages.

Du 30 juin 1820.

ART. 1er. A partir du 1er août 1820, le fonds de l'abonnement d'entretien d'habillement, de remonte et de secours, et celui de réserve des fourrages accordés à la gendarmerie par les ordonnances spéciales à cette arme, seront versés au trésor royal, suivant les formes ci-après déterminées, et sous la réserve des sommes applicables aux besoins présumés du service courant.

2. A cet effet, il sera procédé, à la réception du présent arrêté, à une vérification extraordinaire de la situation desdits fonds dans la gendarmerie d'élite, dans les légions des départemens et dans le bataillon des voltigeurs corses, par le sous-intendant militaire chargé de la police administrative, qui fera convoquer le conseil d'administration au lieu ordinaire des séances, et fera établir, en sa présence, le relevé exact de l'abonnement de remonte, de secours et d'entretien, et du fonds de réserve des fourrages.

3. Procédant ensuite à l'examen du registre des recettes et dépenses de ces abonnemens, il vérifiera et arrêtera la situation des abonnemens au moment de l'opération.

4. Il déduira les sommes qu'il croira indispensable de laisser en espèces dans la caisse, à l'effet de pourvoir aux dépenses courantes et aux avances pour l'approvisionnement des fourrages des brigades. Le surplus sera versé, à titre de dépôt, dans la caisse du receveur général du département, au moyen d'un mandat conforme au modèle n° 1er.

5. Les versemens ne pourront avoir lieu pour moins de mille francs sur chacun des deux fonds.

6. Le conseil d'administration est autorisé à désigner un de ses membres pour opérer, de concert avec le trésorier, le versement de la somme déterminée, dans la caisse du receveur général.

7. Le conseil ne devant pas cesser d'être gara. t et responsable des fonds extraits de la caisse, jusqu'à leur versement dans celle du receveur général, est d'ailleurs autorisé à prendre telles mesures de sûreté et de précaution qu'il jugera convenable pour éviter toutes chances de pertes.

8. Le receveur général délivrera au conseil d'administration, en échange de la somme versée, un récépissé à talon, qui sera soumis aux formalités prescrites par le décret du 4 janvier 1808.

9. Au retour des officiers chargés d'effectuer le versement au nom du conseil d'administration, le récépissé à talon sera présenté au sous-intendant militaire, qui le visera. Ce visa sera daté. Il sera ensuite déposé dans la caisse du corps, avec le livret dont il sera parlé ci-après, à l'art 14, pour y figurer comme effet représentatif.

10. Le sous-intendant militaire dressera un procès-verbal très détaillé et circonstancié de cette opération, et le fera transcrire textuellement et en entier, sur le registre des délibérations; il en sera adressé une copie au ministre.

11. Au moyen des fonds laissés à sa disposition en vertu de l'art. 4 et de leur accroissement, par le produit mensuel de l'allocation de l'abonnement de remonte, de secours et d'entretien, et du fonds de réserve des fourrages, le conseil d'administration devra pourvoir, dans l'intervalle d'un arrêté à l'autre, aux dépenses nécessaires, tant pour le paiement des indemnités autorisées par décisions ministérielles, que pour les avances reconnues nécessaires pour les approvisionnemens de fourrages des brigades. En cas d'insuffisance constatée par une délibération régulière et motivée, indiquant la situation des deux fonds et le détail des indemnités ou des avances à payer, il tirera sur le receveur général un *bon payable à vue*, conforme au modèle n° 2.

12. Le montant de ce bon sera toujours fixé en sommes rondes; il ne sera acquittable qu'après avoir été revêtu du *vu bon à acquitter* du sous-intendant militaire chargé de la police administrative de la compagnie.

Avant d'apposer son visa sur ledit bon, le sous-intendant militaire exigera la représentation du livret et du registre des délibérations; il pourra réduire la demande du conseil si elle lui paraît exagérée.

13. Les remboursemens seront toujours égaux au montant des *bons* visés par le sous-intendant militaire.

14. Les versemens et les remboursemens seront inscrits à leur date, par le receveur général qui les aura effectués, sur un livret spécial établi par le conseil d'administration et ayant pour titre : *Livret de compte courant pour les fonds d'abonnement d'entretien d'habillement, de remonte et de secours, et de réserve des fourrages de la gendarmerie, déposé au trésor royal.* Ce livret sera revêtu des formalités prescrites pour le livret de solde, mais sa durée sera illimitée.

Il sera, en outre, fait inscription des paiemens, aux dos des récépissés délivrés aux compagnies, en commençant par le plus ancien de dates.

15. A partir du 1er août 1820, il sera ouvert, dans chaque compagnie, un registre spécial, conforme au modèle n° 3, ayant pour titre : *Registre de compte courant des fonds d'abonnement d'entretien, d'habillement, de remonte et de secours, et de réserve des fourrages, avec le trésor royal.*

16. Ce registre sera destiné à recevoir l'inscription par ordre

de date, des versemens et remboursemens. Il sera arrêté le premier jour de chaque trimestre par le conseil d'administration, et soumis à la vérification du sous-intendant militaire.

Le résultat formera, sur l'état de situation de caisse, un article spécial intitulé :

EN DÉPÔT AU TRÉSOR :

Sur le fonds
{
D'abonnement d'entretien d'habillement
de remonte et de secours, ci. . . . . . » »
De réserve des fourrages, ci. . . . . . » »
}

17. Il sera procédé, d'après les mêmes erremens, à la vérification du fonds d'abonnement d'entretien d'habillement, de remonte et de secours, dans les forces publiques organisées à l'intérieur ou faisant le service aux armées et s'administrant séparément.

18. Pour les forces publiques à l'intérieur, et pour les compagnies des arrondissemens maritimes, les receveurs particuliers pourront intervenir pour les versemens, comme pour les remboursemens; toutefois ils ne pourront être tenus d'acquitter les bons visés par les sous-intendans militaires qn'après qu'ils auront été revêtus du *vu bon à payer* du receveur général.

19. Pour les forces publiques aux armées, le sous-intendant militaire. après avoir constaté la situation du fonds d'abonnement, et déterminé les sommes qui doivent être laissées à la disposition des conseils d'administration pour les dépenses courantes, fera verser le surplus dans la caisse du payeur de la division ou de la place.

20. Au lieu du récépissé à talon dont il est question dans l'article 8, le payeur délivrera aux conseils d'administration, en échange des sommes versées, des traites du caissier général sur lui-même. Ces traites resteront en dépôt dans la caisse du corps, et ne pourront être recouvrées, ou négociées qu'avec l'autorisation expresse du sous-intendant militaire, suivant la forme voulue par l'article 11.

Cette condition sera indiquée expressément dans le libellé de l'endossement.

21. Il sera établi par les conseils d'administration des forces publiques, ainsi qu'il est prescrit par l'article 11, un livret spécial pour servir à l'enregistrement des sommes versées chez le payeur, et retirées en espèces, en vertu de l'autorisation du sous-intendant militaire. Mais si le corps vient à être rappelé dans l'intérieur, ou s'il est attaché à un autre corps d'armée, le conseil ne sera pas tenu de régler son compte avec le payeur et de se procurer d'autres valeurs; les traites seront payables à toute autre caisse après avoir été revêtus des formalités indiquées dans l'article 20·

22. Les dispositions du présent arrêté sont exclusivement applicables aux fonds d'abonnement d'entretien d'habillement, de remonte et de secours, et de réserve des fourrages, et ne pourront, sous aucun prétexte, être étendues à d'autres fonds, sauf

les mesures particulières que réclame la position de la 17ᵉ légion de gendarmerie et du bataillon des voltigeurs corses.

Le Ministre Secrétaire d'état de la guerre

DE CLERMONT-TONNERRE.

━━◆◆◆━━

Cinquième du produit annuel de l'allocation du fonds de secours.

Paris, le 20 janvier 1828.

Messieurs, l'article 138 du règlement d'administration de la gendarmerie porte que le 5ᵉ du produit annuel de l'allocation pour le fonds de secours est affecté au paiement des dépenses administratives de chaque compagnie.

En général, les compagnies se renferment dans les limites du 5ᵉ; beaucoup d'entre elles n'en dépensent même qu'une partie; néanmoins les détails des frais administratifs sont chaque année l'objet d'une vérification minutieuse dont les résultats donnent lieu à de continuelles réclamations de la part des conseils d'administration et même des commandans de compagnie pour les imprimés que ces officiers sont obligés de se procurer pour les états d'arrestation, les rapports mensuels, les rapports spéciaux de déserteurs, etc., etc.

Ces considérations m'ont déterminé à examiner s'il ne conviendrait pas d'adopter une mesure qui, en dégageant l'administration centrale de tout contrôle sur les frais administratifs des compagnies rentrerait d'ailleurs dans le principe déjà déterminé pour les autres corps de l'armée, dont les dépenses intérieures ont été fixées par abonnement, et l'application de cette mesure à la gendarmerie me paraissant avantageuse sous ce rapport qu'elle doit encore simplifier la comptabilité spéciale pour cette arme, sans s'écarter des règles de la comptabilité générale de l'arme, j'ai arrêté les dispositions suivantes :

Le 5ᵉ du produit annuel de l'allocation du fonds de secours est désormais affecté, à titre d'abonnement, au paiement de tous les frais administratifs des compagnies, à l'exception du 10ᵉ qui est alloué aux commandans de compagnie pour les indemniser de leurs dépenses d'imprimés.

Le trésorier est chargé, sous la surveillance du conseil d'administration, de l'emploi du 5ᵉ administratif.

Tous les trois mois et plus souvent, s'ils en reconnaissent l'utilité, les sous-intendans vérifient l'état des registres et des contrôles, ils examinent s'ils ont besoin d'être renouvelés, si le lieu des séances du conseil est chauffé et éclairé convenablement, et fournit de tous les objets nécessaires.

Toute contestation qui s'élèverait à ce sujet entre le trésorier et les membres du conseil, sera jugée par le sous-intendant et sans autre appel qu'à l'inspecteur général, qui décidera en dernier ressort.

L'indemnité allouée aux commandans de compagnie leur sera payée par 12e à la fin de chaque mois.

Le 5e administratif, quoique considéré comme abonnement, devra continuer à être administré avec une juste économie. Le moins dépensé servira à couvrir les dépenses imprévues, et, à défaut d'emploi, il sera reporté sur l'exercice suivant et versé au fonds de secours.

La justification de la dépense sera établie, chaque année, sur le procès-verbal de comptabilité et de la manière suivante :

Recettes. 5e du fonds de secours. . . . .

Dépenses. { Frais d'impression aux commandans de compagnie. . . . .
Frais administratifs. . . . .
Dépenses imprévues (*en donner le détail succinct*). . . . . }

Versé au fonds de secours. . . . .

Je vous invite à prendre toutes les mesures nécessaires pour assurer, en ce qui vous concerne, l'effet de ces dispositions dont la mise à exécution aura lieu à dater du 1er janvier 1828.

Il est fait toutefois exception pour les compagnies de la gendarmerie du département de la Seine; ces officiers, en raison de leur position spéciale, ne recevront pas le 10e de l'abonnement, qui sera tenu en réserve dans ce corps; pour couvrir, avec le moins dépensé du 5e, les dépenses imprévues, ou rentrer au fonds de secours.

J'ai l'honneur d'être, Messieurs, etc., etc.

Le ministre secrétaire d'état de la guerre,
Signé Vicomte DE CAUX.

Indemnité de literie.

Paris, le 14 août 1828.

Messieurs, le paiement de l'indemnité de literie due aux sous-officiers et gendarmes a été le sujet de fréquentes discussions entre les conseils généraux de départemens et l'administration de la guerre; convaincu que de semblables difficultés ne pouvaient se prolonger sans compromettre le bien du service, j'ai appelé sur cette partie importante de l'administration de la gendarmerie, l'attention du ministre de l'intérieur; il a reconnu la nécessité de faire cesser à cet égard toute incertitude, et, afin de mettre un terme à un état de choses qu'elle regarde comme essentiellement contraire à l'intérêt bien entendu des départemens, elle a décidé :

1° Que les indemnités de literie à payer aux gendarmes qui sont dans la position indiquée dans l'art. 101 du réglement d'administration du 21 novembre 1823, seront imputées, à partir de 1829, sur les fonds alloués aux budgets départementaux pour le casernement de la gendarmerie, sauf, dans le cas d'insuffisance de ces fonds, à reporter l'excédant sur le crédit ouvert pour dépenses imprévues.

2° Que relativement aux gendarmes détachés en force supplétive ou appelés à former des postes provisoires, les départemens continueront à payer annuellement une indemnité égale de trente francs par chaque homme, à moins que les conseils généraux ne préfèrent charger les préfets de pourvoir directement à la fourniture et à l'entretien des lits nécessaires pour le service desdits postes provisoires et forces supplétives.

Afin d'ailleurs de lever tous les doutes sur la légitimité de la dépense, les indemnités de literie ont été mentionnées spécialement dans le budget du ministère de l'intérieur et dans les modèles des budgets départementaux.

Enfin, pour les sommes qui sont dues actuellement ou qui pourront l'être d'ici au commencement de l'exercice 1829, le ministère de l'intérieur avisera aux moyens de paiement sur les fonds non répartis et restant disponibles des centimes ordinaires des exercices de 1827 et 1828.

Il importe, pour assurer le succès de ces dispositions, que les réclamations à former auprès des préfets pour le paiement de l'indemnité de literie, soient faites exactement, et je vous recommande à ce sujet l'exécution des mesures prescrites par les réglemens.

J'ai l'honneur d'être, Messieurs, etc., etc.

Le Ministre secrétaire d'état de la guerre,

Signé Vicomte De CAUX.

Paiement des indemnités et gratifications extraordinaires acquises à la Gendarmerie sur les fonds des divers départemens ministériels.

Paris, le 15 septembre 1831.

Messieurs, par suite des dispositions arrêtées de concert avec les ministres de la guerre, des finances, de la justice et de la marine, les mandats de paiement des indemnités et gratifications acquises à la gendarmerie dans l'exercice des fonctions ressortissant à ces divers départemens, sont délivrés au profit des conseils d'administration des compagnies, qui font immédiatement la répartition des sommes ordonnancées entre les militaires qui y ont droit ou les versent à la masse de compagnie jusqu'à concurrence du débet des hommes.

Cette mesure a eu essentiellement pour objet de garantir le

plus possible les intérêts du trésor en diminuant les chances d'insolvabilité des gendarmes qui, précédemment, étaient payés, sur leur acquit, des indemnités et gratifications extraordinaires dont il s'agit. Cependant on a craint qu'une trop grande latitude laissée aux conseils d'administration ne refroidît le zèle des gendarmes dans l'accomplissement des devoirs qui sont de nature à leur donner droit à la répartition des amendes, parce que les militaires en débet n'ayant pas un intérêt immédiat à la répress'on des délits ou de la fraude, pourraient ne plus apporter le même soin à constater les contraventions et à en signaler les auteurs.

Ces objections paraîtraient fondées jusqu'à un certain point ; dans tous les cas, pour les faire cesser, sans toutefois abandonner entièrement les moyens de garantie pour le trésor, j'ai décidé que les conseils d'administration acquitteront, sans aucun délai, aux ayant droit, quoique débiteurs à la masse de compagnie, moitié des sommes qui leur reviendront à titre d'indemnités et de gratifications extraordinaires, ainsi que pour la part dans les amendes et saisies des sommes allouées sur les fonds des divers départemens ministériels, afin de récompenser la gendarmerie, et d'entretenir et exciter son zèle.

Il est bien entendu que les indemnités de découcher et de service extraordinaire continueront d'être versées intégralement à la masse des militaires des bataillons mobiles et des gendarmes surnuméraires qui ont reçu des avances assez considérables pour rendre insuffisantes à l'acquittement de leurs dettes, les retenues ordinaires sur la solde.

Lorsque les conseils d'administration des corps de la gendarmerie croiront devoir me faire des demandes de gratifications extraordinaires pour bons services, ils auront soin de faire toujours connaître la situation de la masse individuelle des hommes qui seront l'objet de leur proposition.

Je recommande à MM. les sous-intendans qui doivent viser tous les mandats de paiement, de veiller à ce que la répartition des sommes à toucher par les sous-officiers et gendarmes soit effectuée immédiatement après qu'elles auront été reçues par les conseils d'administration, et de s'assurer que les résultats de cette opération soient toujours consignés au registre des délibérations.

Le Ministre secrétaire d'état de la guerre,
Signé Maréchal Duc De DALMATIE.

ADMINISTRATION DES FOURRAGES.

Paris, 1er août 1831.

Messieurs, les dispositions prescrites, pour le service des fourrages de la gendarmerie, par la circulaire du 14 août 1818, m'ont paru susceptibles de recevoir, dans leur exécution, quelques modifications que je vais indiquer.

D'après cette circulaire, les mercuriales des douze mois précédens sont prises pour une des bases de l'évaluation du prix commun à allouer à chaque compagnie, à partir du 1er octobre. Il est évident cependant que ces mercuriales ne peuvent toujours être en rapport avec le prix des fourrages de l'année suivante, puisque les produits des récoltes et l'importance des consommations éprouvent de grandes variations d'une année à l'autre.

Il m'a semblé, en outre, que la circulaire du 14 août faisait dépendre à tort la fixation du prix particulier à allouer à chaque brigade, du prix commun accordé à la compagnie, et que ce dernier devait au contraire être la conséquence de l'allocation reconnue indispensable pour assurer la subsistance des chevaux dans chaque localité.

Comme c'est pendant le troisième trimestre que les résultats de la récolte sont généralement appréciés, et qu'à cette époque on peut déterminer avec quelque certitude le prix des fourrages pour les douze mois suivans, j'ai décidé que, chaque année, les conseils d'administration donneront, dans les premiers jours de septembre, l'ordre aux commandans de brigades de traiter de la fourniture de ces fourrages pendant un an, à dater du 1er octobre; ils réuniront de suite les marchés, qui ne seront toutefois définitifs qu'après l'approbation de MM. les sous-intendans militaires.

Ces fonctionnaires, de concert avec les conseils d'administration, discuteront les prix des marchés, à l'aide des mercuriales de juillet, août et septembre, qu'ils auront réclamées de MM. les préfets, et des renseignemens recueillis avec soin à l'avance près des autorités civiles, des propriétaires ruraux et des grands cultivateurs, afin d'être bien fixés sur les ressources du département et de chaque localité.

Ils soumettront immédiatement à MM. les intendans militaires, avec tous les motifs et les explications nécessaires, la fixation du prix commun qui leur paraîtra devoir être alloué à la compagnie dans ses revues. Ils joindront à leur proposition un état conforme au modèle n° 1, ainsi que les mercuriales et les autres documens qu'ils se seront procurés. Les marchés ne feront pas partie de cet envoi.

MM. les intendans militaires qui, à cette époque, seront bien éclairés sur le prix des denrées, soit par les adjudications du service des fourrages de la cavalerie, soit par les rapports des directeurs et des agens comptables des subsistances, statueront provisoirement sur ces propositions, et me les transmettront avec leur avis accompagné du rapport des états fournis par MM. les sous-intendans militaires.

C'est du soin que mettront MM. les sous-intendans militaires à examiner et discuter les demandes des brigades que dépendra l'économie dans cette partie de l'administration. Je leur recommande donc de n'omettre aucune des investigations propres à les éclairer dans le jugement qu'ils auront à porter sur ces demandes. J'appelle surtout leur attention sur la fixation du prix particulier du chef-lieu du département, attendu que j'ai eu l'occasion de remarquer que ce prix était souvent plus élevé que ne le comportait le cours réel des denrées.

Les comptes de dépense du service des fourrages que m'adres-
saient chaque année MM. les intendans militaires, en exécution
de la circulaire du 14 août 1818, seront dressés désormais conformément au modèle n° 2; ils comprendront la situation du fonds
de réserve des fourrages qui était l'objet d'un état distinct. Ces
comptes devront me parvenir avant le 1er avril de chaque année
pour l'exercice précédent.

L'arrêté trimestriel de situation et de consommation des fourrages qui, d'après l'article 242 du réglement d'administration,
était joint aux revues, cessera d'être établi. Il suffira que les conseils d'administration fassent dresser mensuellement dans les brigades, et remettent à MM. les sous-intendans militaires, pour
servir à la vérification des feuilles de journées, des états de situation et de consommation conformes au modèle n° 3, et qui resteront déposés dans les archives de ces fonctionnaires.

J'adresserai incessamment aux conseils d'administration des
modèles de nouveaux registres à tenir par les commandans de
brigade, dans le double objet de simplifier les écritures et de
rendre le travail plus uniforme. Un de ces registres présentera la
comptabilité en matières et en deniers des fourrages de chaque
brigade, avec tous les développemens qui m'ont paru utiles pour
la régularité de cette partie de l'administration.

Les dispositions de la circulaire du 14 août 1818 qui ne sont
pas modifiées par la présente continueront, d'ailleurs, d'être
exécutées.

Recevez, Messieurs, l'assurance de ma considération distinguée.

Le Ministre secrétaire d'état de la guerre,
Signé Maréchal DUC DE DALMATIE.

Service des fourrages des Brigades de Gendarmerie.

Paris, 1er juillet 1832.

Messieurs, la circulaire du 1er août 1831, relative au service
des fourrages de la gendarmerie départementale, prescrivait de
réunir les divers marchés passés par les brigades pour assurer la
nourriture de leurs chevaux, et ces pièces ont servi de base pour
la fixation du prix commun qu'on proposait d'allouer à quelques
compagnies.

Mais il a été reconnu qu'en général ces marchés étaient fictifs,
qu'ils servaient à appuyer les prétentions exorbitantes des brigades et à donner une idée fausse du prix des denrées. Ces marchés ne devront donc être exigés qu'à titre de renseignemens, et
les conseils d'administration n'interviendront dans les transactions
des brigades que pour veiller à ce qu'elles soient fidèlement exécutées par les parties.

Désormais MM. les intendans militaires ne joindront plus à leur
rapport sur la fixation du prix commun, les documens que doi-

vent réunir MM. les sous-intendans militaires conformément au
5e paragraphe de la circulaire du 1er août dernier, mais seulement un état présentant pour chaque compagnie les résultats de
ces documens.

La circulaire du 1er août dernier ne m'a paru susceptible d'aucune autre modification, ainsi le système mis en vigueur par la
circulaire du 14 août 1818 est maintenu; c'est-à-dire que dans
toutes les compagnies, sans qu'il soit permis de recourir à un
marché général, les brigades assureront elles-mêmes la nourriture de leurs chevaux au moyen du prix particulier et d'après
les avances qui leur seront faites, en temps opportun, sous l'autorisation de MM. les sous-intendans militaires.

Il me reste à signaler quelques erreurs que j'ai eu l'occasion
de remarquer.

Dans plusieurs départemens on a jugé que le prix obtenu par
l'adjudicataire du service des fourrages de la cavalerie devait
être appliqué à la compagnie de gendarmerie. Dans d'autres on
a cru que cette dernière arme étant autorisée à acheter des fourrages de première qualité, il y avait lieu d'augmenter de 10 p. %
environ le prix de l'entrepreneur. Il en est enfin où l'on a vu une
analogie parfaite entre le service des gîtes d'étape et celui des
brigades de gendarmerie, et l'on a en conséquence fait la même
évaluation en faveur de ces dernières.

Quelques explications démontreront que ces comparaisons ne
sont pas exactes.

Le service de la cavalerie oblige les entrepreneurs à réunir
dans des villes où l'industrie et le luxe rassemblent ordinairement un grand nombre de chevaux, des approvisionnemens tirés
de plus ou moins loin. Ils supportent des frais considérables de
transport, d'octroi, de manutention, de loyer et de personnel, et
ils doivent se réserver un bénéfice qu'on ne saurait élever à
moins de 5 p. %. De plus, la consommation devant varier
beaucoup, les prévisions sur l'époque et l'importance des achats
sont toujours fort incertaines.

Cette incertitude est surtout onéreuse dans le service des gîtes
d'étape, qui ne permet aucune prévoyance dans les approvisionnemens, lesquels occasioneraient d'ailleurs des frais de loyer, de
préposés et de conservation pour des distributions qui peuvent
être presque nulles.

Tout est prévu, au contraire, dans le service des brigades;
placées en grande partie à la proximité des producteurs, et devant manutentionner elles-mêmes leurs fourrages, elles n'ont que
peu ou point de frais accessoires au prix de la denrée et elles
profitent des avantages que presque partout le vendeur fait à
l'acheteur tant sur le poids et le nombre des bottes que sur le
mesurage de l'avoine.

Toutes les causes qui peuvent amener une diminution dans le
prix de la ration de fourrages sont donc favorables aux brigades
de gendarmerie, sauf la qualité du foin et de la paille seulement; car les entrepreneurs distribuant aujourd'hui l'avoine au
poids, ils ont, sous ce rapport, un intérêt positif à acheter la
première qualité.

Je désire que MM. les intendans militaires me fassent connaître, avant le 20 octobre prochain, la fixation provisoire des prix communs. Jusqu'à ce qu'elle soit arrêtée définitivement par moi, cette fixation sera obligatoire dans chaque compagnie, sauf décompte, s'il y a lieu, dans l'établissement des états de solde ultérieurs.

Le ministre secrétaire d'état de la guerre,

Signé Maréchal duc de DALMATIE.

Pour ampliation :

Le secrétaire-général,

BARADÈRE.

COMPAGNIES SÉDENTAIRES DE GENDARMERIE ET GARDE MUNICIPALE DE PARIS.

COMPAGNIES SÉDENTAIRES.

Ordonnance du 25 avril 1830.

Vu la loi du 10 mars 1818 et les ordonnances des 2 août 1818 et 17 octobre 1821;

Sur le rapport de notre ministre secrétaire d'état des affaires étrangères, président du conseil des ministres, chargé du portefeuille de la guerre;

Et sur la présentation de notre bien-aimé fils le Dauphin,

Nous avons ordonné et ordonnons ce qui suit :

Art. 1er. Deux des compagnies de fusiliers sédentaires existantes seront affectées au placement exclusif des officiers, sous-officiers et militaires de la gendarmerie qui auront été jugés susceptibles d'y être admis.

Ces compagnies prendront le titre de compagnies sédentaires de gendarmerie, et chacune demeurera composée ainsi qu'il suit :

Officiers.	Troupe.
1 Capitaine en premier.	1 Sergent-major.
1 Capitaine en second.	3 Sergens.
1 Lieutenant en premier.	1 Fourrier.
1 Lieutenant en second.	6 Caporaux.
—	65 Fusiliers.
4	2 Tambours.
	—
	78 Hommes et 2 enf. de troupe.

2. La première compagnie sédentaire de gendarmerie sera immédiatement organisée à Riom (Puy-de-Dôme), et le personnel

de la 33ᵉ compagnie de fusiliers sédentaires sera, à cet effet, réparti dans les autres compagnies de la même arme.

3. La solde des officiers, sous-officiers et gendarmes sédentaires sera la même que celle attribuée aux militaires des grades correspondans dans les compagnies de fusiliers sédentaires; mais il nous sera rendu compte des dispositions à adopter pour ce qui concerne les subventions accessoires qui pourraient être allouées aux sous-officiers et gendarmes sédentaires.

4. Les modifications qu'il sera convenable d'apporter à l'uniforme des compagnies de fusiliers sédentaires, pour l'approprier à la composition et au service spécial des compagnies sédentaires de gendarmerie, seront l'objet d'un règlement particulier.

5. Notre ministre secrétaire d'état des affaires étrangères, président du conseil des ministres, chargé du portefeuille de la guerre, est chargé de l'exécution de la présente ordonnance.

Ordonnance du 16 juin 1830.

Vu notre ordonnance du 25 avril 1830;

Sur le rapport de notre ministre secrétaire d'état de la guerre,

Nous avons ordonné et ordonnons ce qui suit :

Art. 1ᵉʳ. La solde des sous-officiers et gendarmes des compagnies sédentaires de gendarmerie est fixée pour chaque grade, conformément au tableau annexé à la présente ordonnance.

2. L'uniforme des compagnies sédentaires de gendarmerie sera semblable à la petite tenue de la gendarmerie à pied, à l'exception de la plaque, qui sera supprimée; du chapeau et de l'aiguillette, qui seront remplacés par le schakos des compagnies de fusiliers sédentaires et les épaulettes de grenadiers.

Les boutons porteront l'inscription suivante : *Compagnie sédentaire de gendarmerie.*

L'armement se compose du mousqueton (modèle de 1801) et du sabre des grenadiers de la ligne.

3. Les sous-officiers et gendarmes désignés pour passer dans les compagnies sédentaires de gendarmerie auront droit, sur le fonds d'entretien de la compagnie de gendarmerie dont ils font partie, à une somme de soixante-dix francs destinée à former leur masse individuelle.

4. Notre ministre secrétaire d'état de la guerre est chargé de l'exécution de la présente ordonnance.

Tableau de la Solde attribuée à chaque grade dans les Compagnies sédentaires de Gendarmerie.

		fr.	c.	m.
Capitaines...	en 1ᵉʳ.	2,230	51	5
	en 2ᵉ.	1,825	»	»
Lieutenans...	en 1ᵉʳ.	1,419	12	»
	en 2ᵉ.	1,216	64	5

	fr.	c.	m.
Sergent-major.	609	55	»
Sergent.	390	55	»
Fourrier.	390	55	»
Caporal.	273	85	»
Gendarme.	178	85	»
Tambour.	233	60	»
Enfans de troupes.	16	80	»

GARDE MUNICIPALE DE PARIS.

Ordonnance du 16 août 1830.

LOUIS-PHILIPPE, etc.

Sur la proposition de notre ministre secrétaire d'état au département de la guerre,

Nous avons ordonné et ordonnons ce qui suit :

ART, 1er. Le corps de la gendarmerie de Paris est supprimé.

2. Un corps spécial est institué pour le service de garde et de police de la capitale; il prendra la dénomination de *garde municipale de Paris*.

Ce corps est mis à la disposition immédiate du préfet de police.

3. La garde municipale de Paris sera commandée par un colonel.

4. Le complet de la garde municipale de Paris est fixé à mille quatre cent quarante-trois hommes. Sa composition est déterminée ci-après :

ÉTAT-MAJOR.

Colonel commandant.	1.	
Major chef d'escadron.	1.	
Capitaine-trésorier.	1.	
Capitaine d'habillement.	1.	11.
Chirurgien-major.	1.	
Chirurgiens aides-majors.	2.	
Maîtres ouvriers.	4.	

INFANTERIE.

(Deux bataillons de quatre compagnies chaque).

État-major.

Lieutenant-colonel.	1.	
Chefs de bataillon.	2.	
Capitaines adjudans-majors.	2.	8.
Adjudans sous-officiers.	2.	
Tambour-major.	1.	

A reporter. . . . . 19.

Report. . . . . .   19.

Compagnies.

		Pour une compagnie.	Pour huit compagnies.	
Officiers.	Capitaine. . .	1.	8.	} 24.
	Lieutenans. . .	2.	16.	
Troupe..	Sergent-major. .	1.	8.	
	Fourrier. . . .	1.	8.	
	Sergens. . . .	6.	48.	
	Caporaux. . .	12.	96.	} 1000.
	Soldats. . .	103.	824.	
	Tambours. . .	2.	16.	

128.

CAVALERIE.

(Deux escadrons de deux compagnies chaque).

Etat-major.

Lieutenant-colonel	1.
Chefs d'escadron.	2.
Capitaine adjudant-major.	1.
Adjudans sous-officiers.	2.
Maréchal vétérinaire.	1.
Trompette-major.	1.

8.

Compagnies.

		Pour une compagnie.	Pour quatre compagnies.	
Officiers.	Capitaine. . .	1.	4.	} 16.
	Lieutenans. . .	3.	12.	
Troupe..	Mar.-des-log.-ch.	1.	4.	
	Fourrier . . .	1.	4.	
	Mar.-des-logis. .	6.	24.	
	Brigadiers. . .	12.	48.	} 376.
	Cavaliers, . .	72.	288.	
	Trompettes.. .	2.	8.	

98.   1,443.

A l'exception des lieutenans d'infanterie, les officiers de la garde municipale de Paris seront montés.

Les officiers seront nommés par nous, sur la proposition de notre ministre secrétaire d'état au département de la guerre, pour la première formation seulement. Les nominations ultérieures à tous les emplois d'officiers seront faites sur la proposition du ministre secrétaire d'état au département de la guerre, d'après la présentation au ministre secrétaire d'état au département de l'intérieur.

Le capitaine trésorier sera nommé sur la proposition de notre ministre secrétaire d'état au département de la guerre, d'après la présentation du préfet de police.

Les sous-officiers et soldats seront nommés et commissionnés par notre ministre secrétaire d'état au département de la guerre, sur la proposition du préfet de police.

5. Les dispositions de l'ordonnance du 29 octobre 1820, concernant l'avancement, les conditions d'admission, le rang dans l'armée et le droit aux récompenses militaires, seront applicables à la garde municipale de Paris.

Toutefois, et pour la première formation seulement, les hommes appartenant à la garde nationale de Paris pourront être reçus lors même qu'ils n'auraient pas de services militaires antérieurs, et s'ils justifient d'ailleurs des autres conditions prescrites.

6. La solde, les masses et les indemnités attribuées aux officiers, sous-officiers et soldats de la garde municipale de Paris, sont fixées conformément au tarif annexé à la présente ordonnance.

Elles seront payées sur les états d'effectif vérifiés et arrêtés par le sous-intendant militaire chargé de la surveillance administrative du corps, et au moyen d'un crédit ouvert à la caisse municipale de la ville de Paris.

7. L'uniforme de la garde municipale de Paris est réglé ainsi qu'il suit :

Habit en drap bleu, revers blancs et retroussis écarlate, paremens bleus et pattes en drap blanc; surtout boutonné droit, pour la petite tenue.

Pantalon en drap bleu.

Petites guêtres pour l'infanterie.

Bottes demi-fortes pour la cavalerie.

Schakos pour l'infanterie et casque pour la cavalerie.

Buffleterie blanche.

La plaque du ceinturon, celle de la giberne et les boutons seront jaunes, aux armes de la ville, entourées de la légende : *garde municipale de Paris.*

Distinctions en or.

Les officiers des deux armes et les sous-officiers et cavaliers porteront une aiguillette sur l'épaule gauche; cette aiguillette sera en or pour les officiers, et en laine de couleur aurore pour les sous-officiers et cavaliers.

Les sous-officiers et soldats d'infanterie porteront les épaulettes de grenadiers.

Pour la grande tenue, les officiers de cavalerie et les sous-officiers et cavaliers auront un pantalon de peau de daim.

Pour la tenue d'été, les deux armes porteront le pantalon de coutil blanc.

L'armement sera le même que celui de l'ancien corps.

L'équipement se composera d'une bride garnie et d'une selle

dite *à la française*, avec housse et chaperon en drap bleu, bordés d'un galon d'or pour les officiers, et en fil couleur aurore pour les sous-officiers et cavaliers.

La housse sera ornée, à ses demi-pointes, d'une grenade brodée sur drap blanc.

8. Nos ministres secrétaire d'état aux départemens de la guerre et de l'intérieur sont chargés de l'exécution de la présente ordonnance.

Signé LOUIS-PHILIPPE.

Par le Roi :

Le Ministre secrétaire d'état de la guerre,

Signé Comte GÉRARD.

CIRCULAIRES ET INSTRUCTIONS

SUR DIVERS OBJETS QUI SE RATTACHENT AU SERVICE DE LA GENDARMERIE.

Dette des Officiers.

Paris, 28 avril 1818.

Messieurs, l'article 63 de la loi du 10 juillet 1791, non abrogée, s'exprime ainsi :

Tout militaire en activité qui, étant majeur, aura contracté des engagemens pécuniaires par lettres-de-change ou par toute autre espèce d'obligation emportant la contrainte par corps, et qui, s'étant laissé poursuivre pour le paiement de semblables dettes, aura, par jugement définitif été condamné par corps, ne pourra rester au service, si, dans le délai de deux mois, il ne satisfait pas à ses engagemens; dans ce cas, la sentence portée contre lui équivaudra, après le délai de deux mois, à une démission précise de son emploi.

Les motifs qui donnèrent lieu à ces dispositions, reposent sur des considérations morales et et sur l'intérêt même du service militaire. Ces motifs sont les mêmes en tout temps.

En effet, la loi doit toujours, d'une part, veiller au maintien de la dignité du corps des officiers, et de l'autre, conserver à l'autorité toute la force dont elle a besoin.

Elle atteint le premier but, en fortifiant, par une crainte salutaire, les idées de morale et d'ordre qui doivent sans cesse diriger les militaires, et le second, en établissant la règle d'après laquelle l'emploi dont était pourvu l'officier condamné, devient vacant de droit et de fait.

Il est hors de doute, d'après l'article 63, que le délai de deux mois dans lequel un officier détenu pour dettes sera tenu de se libérer, ne doive courir de la date de la sentence contre lui. Cependant, comme il est vraisemblable que des officiers actuellement poursuivis, détenus pour dettes, ou qui se trouvent sous le poids d'un jugement de contrainte par corps, n'ont point connaissance de cette condition indispensable à remplir pour la conservation de leur état, j'ai décidé que l'application de la loi du 10 juillet 1791 sera faite à dater du 1er juillet prochain, seulement, à tout officier qui, à cette époque, se trouvera dans le cas prévu par la loi.

Telles sont, messieurs, les dispositions que j'ai cru devoir arrêter, autant par un sentiment d'humanité pour les officiers dont la conduite aurait déjà provoqué l'action des tribunaux, que pour rappeler les autres aux principes d'ordre et d'économie qu'ils doivent observer dans leur vie habituelle.

Vous voudrez bien, messieurs, en donner connaissance aux officiers par la voie de l'ordre.

Je ne puis vous dissimuler que l'on aurait moins à se plaindre de la facilité avec laquelle les officiers contractent des dettes, si MM. les chefs et officiers supérieurs des corps apportaient plus de soin à surveiller la conduite de leurs subordonnés et à provoquer ma sévérité envers ceux qui donneraient le fâcheux exemple de la prodigalité et surtout de l'habitude du jeu, qui devient pour eux la source de tous les désordres.

Je rappelle particulièrement à MM. les lieutenans-colonels que le règlement sur le service intérieur leur fait une obligation spéciale de cette surveillance, et j'invite MM. les colonels et officiers-généraux à tenir la main à son exécution ponctuelle.

INSTRUCTION

SUR LA MANIÈRE D'ENTRETENIR LA BUFFLETERIE,
LES GALONS EN ARGENT,
ET LES CUIRS DU HARNACHEMENT.

Composition du jaune pour la Buffleterie, afin d'obtenir la même nuance dans toutes les brigades.

Pour deux litres d'eau froide, demi-kilogramme de colle de pâte (1 livre); 90 grammes (environ 3 onces) de stil de grain pur, première qualité.

On dissout à la main toutes les parties de la colle de pâte qui seraient encore agglomérées; on y ajoute peu à peu les deux litres d'eau, en continuant toujours à diviser la pâte, de manière à ce qu'elle devienne une eau blanche égale dans toutes ses parties; enfin on y ajoute le stil-de-grain réduit en poudre, et l'on s'assure à la main de sa parfaite dissolution et du mélange.

L'emploi s'en fait au moyen d'une petite éponge trempée dans cette couleur, à froid, et, que l'on remuera avant de s'en servir, parce que le sill-de-grain tend toujours à se précipiter au fond du vase.

Le galon qui borde la buffleterie doit être entretenu en blanc mat et non en blanc azuré.

Manière de nettoyer et blanchir les galons en argent lorsqu'ils sont sales ou ternis.

Pour cette opération on se sert de poudre de talc très-fine, mélangée avec de la mie de pain très-menue. Pour l'employer, on étend un peu de ce mélange sur le galon que l'on frotte légèrement avec une brosse très-douce et peu long-temps, autrement cela donnerait une couleur de plomb au galon.

Dans le cas où l'on ne trouverait pas cette poudre toute prête, on peut la faire soi-même en prenant de la pierre dite à *Jesus*, que l'on fait calciner sur les charbons ardens ; après l'avoir laissé refroidir, on la réduit en poudre impalpable, qui, mélangée avec la mie de pain, comme il est dit ci-dessus, peut s'employer pour le nétoyage des galons. On peut aussi se servir de la même manière, de crème de tartre en poudre, mais sans mie de pain.

Manière d'entretenir les Cuirs du harnachement.

Quand les cuirs sont trop secs, les laver, les essuyer, les exposer à l'air et à l'ombre, et lorsqu'ils conservent encore un peu d'humidité, mettre sur la fleur une couche d'un corps gras, composé, moitié par moitié, d'huile de poisson et de dégras (*), les laisser ensuite sécher à l'ombre et les essuyer avec un chiffon de laine.

Si les cuirs avaient perdu de leur couleur, il faudrait, après les avoir lavés et essuyés, ainsi qu'il a été dit ci-dessus, y appliquer une légère couche de boue d'encre, et opérer ensuite avec le corps gras après que la boue d'encre serait à peu près sèche.

Lorsque les cuirs auront subi les opérations ci-dessus, ou qu'ils auront simplement besoin d'être nettoyés, on emploiera le procédé suivant :

Composition du vernis pour lustrer les Cuirs noirs du harnachement.

Un litre et demi de vinaigre blanc ; demi-kilogramme (une livre) de gomme arabique commune ; 122 grammes (deux onces) de noir d'ivoire en poudre.

(*) Le dégras se trouve chez tous les corroyeurs. Dans le cas où on ne pourrait s'en procurer, on se servirait de saindoux ou de suif de bœuf.

Pulvériser la gomme et la mettre dans le vinaigre que l'on fait bouillir à petit bouillon, en ayant soin de remuer constamment jusqu'à parfaite dissolution (ce qui doit avoir lieu en trente ou quarante minutes. Ajouter ensuite le noir d'ivoire que l'on mêle complétement; enfin, passer le tout dans un tamis ou morceau de toile claire.

Le résultat de ce mélange ne doit pas produire plus d'un litre et quart, et souvent moins, ce qui dépend du plus ou moins de pureté de la gomme et de l'évaporation par l'ébullition.

Un litre de ce vernis coûtera environ 3 fr. 50 c., et doit suffire à lustrer plus de cent équipages complets.

Lorsque le vernis devient trop épais, on y ajoute une certaine quantité de vinaigre froid, et s'il n'était pas assez noir, on y ajouterait aussi un peu de noir d'ivoire.

Manière d'en faire usage.

Les cuirs ayant été préparés comme il a été dit, et bien essuyés, on étendra le vernis sur la fleur au moyen d'une petite éponge avec laquelle on frottera légèrement et promptement le cuir destiné à recevoir le lustre.

Instruction sur l'entretien et la conservation des armes portatives.

(Extrait du supplément ou Manuel de cavalerie et d'infanterie.)

CAVALERIE.

CHAPITRE II.

Entretien des armes entre les mains des soldats.

Ordre suivant lequel on doit démonter les armes à feu de la Cavalerie pour les nettoyer à fond.

MOUSQUETON.

1. Les deux grandes vis de la platine. — 2. Le porte-vis. — 3. La platine. — 4. La vis qui fixe le triangle entre les pivots de l'embouchoir. — 5. Les deux anneaux. — 6. La tringle. — 7. La vis du pontet. — 8. Le pontet. — 9. L'embouchoir. — 10. La vis de culasse. — 11. Le canon. — 12. La culasse (1). — 13. La vis de l'écusson. — 14. L'écusson. — 15. La vis de détente. — 16. La détente. — 17. Les vis de la plaque de couche (2). — 18. La plaque de couche (2).

---

(1) Cette pièce ne doit être démontée que par un armurier.
(2) On ne doit déplacer cette pièce que lorsque la rouille ne permet pas de la nettoyer en place.

MOUSQUETON (MODÈLE DE L'AN 9).

1. La baïonnette. — 2. La baguette. — 3. Les deux grandes vis de la platine. — 4. Le porte-vis. — 5. La platine. — 6. La vis qui fixe la tringle entre les pivots de la grenadière. — 7. Les deux anneaux. — 8. La tringle. — 9. La vis du pontet. — 10. Le pontet. — 11. La goupille de la détente. — 12. La détente. — 13. L'embouchoir. — 14. Le ressort de l'embouchoir (1). — 15. La grenadière. — 16. La vis de culasse. — 17. Le canon. — 18 La culasse. — 19. Les deux vis de l'écusson. — 20. L'écusson. — 21. La goupille du ressort de baguette. — 22. Le ressort de baguette. — 23. Les deux vis de la plaque de couche (1). — 24. La plaque de conche.

PISTOLET.

L'ordre suivant lequel on doit démonter le pistolet est analogue à celui qui est indiqué pour le mousqueton; la pièce qui doit s'ôter la dernière est la bride de poignée.

On remonte chaque espèce d'armes en suivant un ordre inverse, c'est-à-dire en replaçant les premières les pièces que l'on a ôtées les dernières.

Ordre suivant lequel on doit démonter la Platine avec le nouveau Monte-ressort,

Il faut commencer par abattre le chien.

1. La vis du grand ressort. — 2. Le grand ressort. (On l'ôte à à l'aide d'une pression qu'on fait avec le monte-ressort; on le remet par une opération inverse, quand il s'agit de remonter la platine.) — 3 La vis du ressort de gâchette. (Avant de la retirer entièrement, on frappe sur le cul du ressort, de manière à faire sortir le pivot de son encastrement.) — 4. Le ressort de gâchette. — 5. La vis de gâchette. — 6. La gâchette. — 7. La vis de bride. — 8. La bride. — 9. La vis de noix. — 10. La noix. (Il faut la repousser avec un poinçon qui entre facilement dans le trou destiné à recevoir sa vis.) — 11. Le chien. — 12. La vis de batterie. (On fait auparavant une pression sur le ressort de la batterie avec le monte-ressort.) — 13. La batterie. — 14. La vis du ressort de batterie. — 15. Le ressort de batterie. — 16. La vis du bassinet. — 17. Le bassinet. — 18. La vis du chien. — 19. La mâchoire.

On doit remonter la platine dans un ordre inverse, c'est-à-dire, en commençant par les n.° 19, 18, 17, etc.

Pour reconnaître les vis de la platine, on observera que la vis du chien a la tête percée; celle du bassinet a la tête fraisée; celle de la noix a la tête d'un plus grand diamètre que les autres. Les six autres vis suivent cet ordre de longueur, en commençant par la plus courte :

---

(1) On ne doit déplacer cette pièce que lorsque la rouille ne permet pas de la nettoyer en place.

1. Vis du grand ressort. — 2. du ressort de gâchette. — 3. de bride. — 4. du ressort de batterie, à peu près égale en longueur à la précédente. — 5. de gâchette. — 6. de batterie.

Les deux grandes vis doivent être égales en longueur comme en grosseur.

Il n'y a que trois grosseurs différentes pour toutes ces vis :

La première et la plus forte, pour la vis du chien ;

La deuxième, pour les deux grandes vis et la vis de batterie ;

La troisième, pour toutes les autres vis.

Dans la platine modèle 1777 corrigé, les grosseurs des vis présentent un plus grand nombre de différences.

Les deux grandes vis ne sont pas égales en longueur ; celle du milieu est un peu plus longue que l'autre.

L'ordre de grandeur qui vient d'être indiqué, est le même pour toutes les autres vis, et il peut servir également pour les faire reconnaître.

Avant de replacer les vis, il faut mettre une petite goutte d'huile à chaque trou, ou sur l'extrémité de chaque tige ; il faut avoir la même précaution pour les trous qui reçoivent l'axe et le pivot de la noix. Quand la platine est remontée, il faut également mettre un peu d'huile entre les branches mobiles des ressorts et le corps de la platine, ainsi que sur la griffe et les crans de la noix. Il faut s'assurer si les vis ne sont pas trop serrées, et si les pièces rodent bien ; c'est-à-dire, si elles tournent ou se meuvent d'une manière uniforme.

Nettoiement des Armes à feu.

Lorsque les pièces d'armes seront fortement rouillées, on emploiera, pour les nettoyer, de l'émeri bien pulvérisé et de l'huile d'olive. On se servira, pour les frotter, de curettes de bois tendre et de brosses rudes. A défaut d'émeri pour enlever les grosses taches, on se servira de grès pulvérisé, tamisé et humecté d'huile. Quand les armes seront légèrement rouillées, on se servira seulement de brique brûlée, pulvérisée, tamisée, et humectée d'huile.

Lorsqu'on opérera sur le canon, il faudra, pour l'empêcher de se courber sous l'effort que l'on fera, le poser à plat sur un banc ou sur une table.

Les soldats feront usage d'un linge pour essuyer toutes les pièces ; mais celles de l'intérieur de la platine devront conserver un peu d'onctuosité. On essuiera le bois avec un linge propre, pour qu'il ne graisse pas les vêtemens. Avant de remonter les différentes pièces des armes, on aura l'attention de ne pas laisser, dans les trous des vis, de l'émeri, de la brique, ni d'autres substances.

Les pièces en cuivre se nettoient avec du tripoli ou de la brique bien pilée et du vinaigre. Si on les graissait ensuite, elles seraient promptement couvertes d'oxide, toutes les substances grasses agissant sur le cuivre comme l'eau, les acides, etc.

9

Entretien des Sabres et de la Lance.

Tout ce qui a été dit relativement au nettoiement des parties
en fer et en cuivre des armes à feu, s'applique également aux
parties du même métal des armes blanches. On ajoutera toutefois
les observations suivantes :

Lorsque l'huile ou la graisse qu'on a mise sur une lame, s'est
desséchée dans le fourreau, il ne faut employer pour l'enlever
que de l'huile nouvelle, qu'on laisse sur la tache pendant quelque temps, après quoi on enlève le tout en frottant avec un
linge.

On aura soin de graisser les lames avant de mettre les armes
en magasin ; car, si on les laissait rouiller fortement, elles deviendraient trop minces, et par conséquent hors de service, après
quelques nettoyages.

CHAPITRE III.

PRÉCAUTIONS A PRENDRE POUR NE PAS DÉGRADER LES ARMES A FEU PORTATIVES.

L'ordre qu'on vient d'indiquer pour démonter et remonter les
armes à feu, est essentiel à suivre, principalement en ce qui
concerne les pièces de la platine, plus susceptibles que les autres
parties de l'arme de se détériorer; mais indépendamment de
l'observation de cet ordre, il convient de prendre les précautions
suivantes, sans lesquelles l'arme entre les mains du soldat se
dégraderait bientôt.

Pour repousser les goupilles, il faut se servir du chasse goupille ou d'un poinçon cylindrique dont le diamètre soit un peu
moindre que celui des goupilles. Les clous et les autres instrumens dont on fait quelquefois usage, agrandissent les trous, ce
qui est très-nuisible.

Il faut éviter avec soin de trop serrer les vis, surtout celles
de la batterie, parce qu'il en résulte des frottemens qui diminuent l'action des ressorts, et par conséquent l'effet de la platine.

On ne doit jamais remettre le grand ressort de platine au feu,
comme on le fait quelquefois, dans l'intention de le rendre
moins dur. Cette pratique est très-nuisible; elle détruit l'effet
de la trempe, et fait perdre au grand ressort la vivacité dont il
a besoin pour communiquer le mouvement aux autres pièces de
la platine; le chien s'abat lentement; la pierre ne frappe plus
le batterie avec assez de force; celle-ci ne découvre pas le bassinet et ne donne pas de feu.

La batterie ne doit s'enlever qu'à l'aide du monte-ressort.
Lorsqu'on fait usage, pour cette opération, de la pointe de la
baïonnette, on dégrade le bassinet; lorsqu'on se sert de la baguette, on s'expose à la casser.

La baguette se rompt aussi très-facilement, lorsqu'on cherche
à la faire plier, parce que la trempe, qui lui donne de l'élasti-
cité, la rend en même temps cassante.

Il est très-important que les crans de la noix, la griffe du grand ressort, le pied de la batterie, et généralement toutes les articulations de la platine, soient fréquemment humectées avec de l'huile fraîche; sans cette précaution, une arme dont on se sert journellement est promptement dégradée.

On doit faire beaucoup d'attention à la manière de placer la pierre entre les mâchoires du chien. Le biseau doit être en-dessus, et le tranchant parallèle à la face de la batterie, car s'il était incliné par rapport à cette face, on sent que la pierre ne frapperait plus que sur une très-petite étendue, et qu'il en résulterait très-peu de feu, qui, en outre, pourrait n'être pas porté au milieu du bassinet.

Quand la pierre est émoussée, elle ne peut que très-faiblement détacher de la batterie les particules d'acier que le frottement doit enflammer pour mettre le feu à la poudre; il faut, dans ce cas, rétablir le tranchant en frappant sur le bord du biseau. Il ne faut pas frapper trop fort, afin de ne pas détacher de gros éclats, ce qui contribuerait à détruire la pierre en peu de temps.

Lorsqu'une pierre est assez usée pour ne dépasser que d'environ 7 millim. (3 lignes) les mâchoires du chien, il faut l'avancer, s'il est possible, ou bien la remplacer.

Le plomb qui enveloppe la pierre ne doit jamais déborder les mâchoires du chien; car, si la pierre était usée, ce plomb pourrait frapper la face de la batterie, ce qui occasionerait des ratés.

Il faut éviter, autant que possible, de démonter les culasses, et il ne faut jamais essayer de le faire en frappant dessus avec un marteau; car les queues de culasse restant marquées par les coups de marteau, elles perdent leur pente, et font ensuite éclater le bois. Cette opération ne doit se faire que pour retirer une balle qui se trouverait forcée dans le canon; et, dans ce cas, elle ne doit être exécutée que par le maître armurier, qui se sert d'un étau et d'un tourne-à-gauche.

On évitera également, autant que possible, de démonter l'écusson, la goupille du battant de sous-garde, le bassinet et la goupille de la détente, dans les armes du modèle de 1777.

Toutes les fois que l'on cesse de tirer avec une arme à feu, il est nécessaire que le canon soit lavé. Pour laver le canon, on prendra une baguette de fer à laquelle on attachera un morceau de chiffon; on la fera entrer dans le tube, qu'on aura rempli d'eau, et qu'on frottera jusqu'à ce que l'eau, qu'on aura renouvelée, en sorte claire, après quoi on passera un linge sec dans ce canon, puis un autre humecté d'huile.

Le poli brillant que l'on exige ordinairement des armes, demande de fréquens nettoyages. Cette opération, qui n'est pas toujours faite avec des attentions convenables, fausse souvent et use presque toujours le canon au point de le mettre hors de service avant le terme de sa durée. Pour éviter, au moins en partie, cet inconvénient grave, il ne faut jamais, après avoir nettoyé une arme à feu et l'avoir essuyée avec un linge, frotter les pièces en fer, et surtout le canon, avec de la cendre, de la craie ou d'autres matières mordantes.

9.

INFANTERIE.

CHAPITRE II.

ENTRETIEN DES ARMES ENTRE LES MAINS DES SOLDATS.

Ordre suivant lequel on doit démonter un fusil pour le nettoyer à fond.

1. La baïonnette. — 2. La baguette. — 3. Les deux grandes vis. — 4. Le porte-vis. — 5. La platine. — 6. La goupille du battant de sous-garde. — 7. Le battant de sous-garde. — 8. Le pontet. — 9. L'embouchoir. — 10. Le ressort de l'embouchoir (1). — 11. La grenadière (1). — 12. Le ressort de la grenadière (1). — 13. La capucine. — 14. Le ressort de la capucine (1). — 15. La vis de culasse. — 16. Le canon. — 17. La culasse (2). — 18. La vis de l'écusson. — 19. L'écusson. — 20. La vis de la détente. — 21. La détente. — 22. La goupille du ressort de baguette (3), — 23. Le ressort de baguette (3). — 24. Les vis de la plaque de couche (3). — 25. La plaque de couche.

On doit remonter le fusil dans un ordre inverse, c'est-à-dire en commençant par les n°s 25, 24, 23, etc.

Pour démonter le fusil modèle 1777 corrigé, on suit le même ordre, excepté qu'après avoir ôté le pontet n° 8, on doit ôter la goupille de la détente et la détente, avant d'ôter l'embouchoir n° 9; qu'après avoir ôté l'écusson n° 19, on ôte de suite la goupille du ressort de baguette n° 22.

On observe les mêmes différences en remontant le fusil, c'est-à-dire qu'après avoir remis le ressort de baguette, on remet de suite l'écusson, et qu'après avoir remis l'embouchoir, on remet la détente et la goupille de détente avant de remettre le pontet.

Ordre suivant lequel on doit démonter la platine avec le nouveau monte-ressort.

(Voir page 191, Instruction pour la cavalerie.)

———

Envoi d'une instruction sur l'emploi des petits Nécessaires d'armes.

Paris, le 1er mai 1824.

Messieurs, je vous adresse ci-joint une instruction sur l'emploi

---

(1) On ne doit déplacer cette pièce que lorsque la rouille ne permet pas de la nettoyer en place.
(2) Cette pièce ne peut être démontée que par un armurier.
(3) On ne doit déplacer cette pièce que lorsque la rouille ne permet pas de la nettoyer en place.

des petits nécessaires d'armes et des nouveaux monte ressorts à l'usage des troupes, et un tarif qui fixe la valeur de ces objets, afin que vous puissiez faire remplacer les pièces perdues ou détériorées, et en porter la valeur au compte des soldats.

La fabrication de ces petits Nécessaires d'armes et Monte-ressorts est confiée au sieur *Manceaux*, demeurant à Paris, rue du Milieu des Ursins, n° 2.

En conséquence, vous vous adresserez à ce fabriquant pour vous procurer les pièces de remplacement dont vous aurez besoin, à la charge par vous de lui en payer la valeur.

J'ai l'honneur d'être avec considération, Messieurs, votre très-humble et très-obéissant serviteur.

Le Ministre-Secrétaire d'état de la guerre.

Pour son Excellence et par son ordre :

Le Directeur général,

Comte DU GOETLOSQUET.

———

Instruction sur la manière de se servir du Nécessaire à l'usage des soldats pour l'entretien des armes.

Le Nécessaire est formé d'un étui en tôle d'acier, renfermant :
 Une petite fiole pour l'huile,
 Une lame de tourne-vis,
 Un bourre-noix servant aussi de chasse-goupille,
 Un chasse-noix servant aussi de tige pour tourner la vis du chien.
 Une petite spatule pour prendre de l'huile.

La fiole pour l'huile est adaptée sur le fond de l'étui qui sert de couvercle.

Les quatre autres pièces sont réunies dans une trousse en drap.

Lorsqu'on veut se servir de ces instrumens pour démonter ou remonter une arme, on ouvre l'étui, on pose la fiole à l'huile sur son fond, on fait sortir la trousse au moyen d'une légère secousse.

La lame du tourne-vis s'introduit dans la fente pratiquée sur le côté de l'étui : on laisse en dehors le côté de cette lame dont les dimensions sont appropriées au diamètre des têtes de vis que l'on doit ôter ou remplacer. Le corps de l'étui sert de manche au tourne-vis : il sert aussi de marteau pour chasser les goupilles et rafraîchir la pierre.

On emploie le bourre-noix pour réunir le chien avec la noix. Après avoir présenté le carré de la noix dans l'ouverture du carré du chien, la platine étant posée sur un banc, sur une table, ou sur un morceau de bois, le chien en dessous, on loge le pivot de la noix dans le trou du bourre-noix et on frappe sur le bourre-noix.

Pour se servir de cet instrument comme chasse-goupille, on introduit la tige dans le trou des goupilles et on frappe sur la partie opposée.

Pour faire sortir la noix on introduit la tige du chasse-noix dans le trou de la vis de la noix, et on frappe sur le côté opposé.

Le chasse-noix servant en même temps de tige pour tourner la vis du chien, et l'occasion d'en faire usage pouvant se présenter à l'exercice ou devant l'ennemi, il convient, dans ces circonstances, de le tirer d'avance de l'étui et de le placer soit dans la poche de la giberne, soit dans tout autre endroit où il soit facile de le prendre et de le remettre.

Pour prendre de l'huile dans la fiole, on se sert de la petite spatule : on est assuré, avec cet instrument, de n'en pas prendre une trop grande quantité et de la porter avec précision sur les endroits où elle est utile. Ces endroits sont les tiges ou les trous des vis lorsqu'on remonte l'arme après l'avoir nettoyée et lorsqu'on doit en faire usage, la griffe, l'arbre et le pivot de la noix et le pied de la batterie.

Le bouchon de la fiole à l'huile étant à vis, si on éprouvait de la résistance pour le retirer, on pourrait prendre la tête de ce bouchon dans la fente de l'étui, et faire effort avec celui-ci comme avec un levier.

Le nouveau monte-ressort ne différant de l'ancien que par de légères modifications qui n'apportent aucun changement dans la manière de s'en servir, il est inutile de donner ici aucune explication sur ce sujet.

Paris, le 1er mai 1824.

Le Ministre Secrétaire d'état de la guerre,

Signé, Baron de DAMAS.

Pour copie conforme :

Le Directeur général du Personnel,

Comte DU COETLOSQUET.

Prix des pièces faisant partie de la boîte à tourne-vis.

Corps de la Boîte.		0 f 050 m	
HUILIER. { Corps de l'huilier.	0 f 350 m.		
Vis d'huilier servant de bouchon.	0 f 100	0 470	
Rondelle en cuir.	0 020		
Lame de tourne-vis.		0 230	
Bourre-noix.		0 150	
Chasse-noix.		0 115	
Spatule..		0 020	
Trousse.		0 100	
		1 f 735 m	

Monte-ressort pour infanterie et cavalerie.

Griffe.	1 f 060	m
Barrette.	0 600	
Grande vis.	0 430	
Petite vis.	0 160	
	2 f 250	m

Paris, le 1er mai 1824.

Le Ministre secrétaire d'état de la guerre,

Signé, Baron de DAMAS.

Pour son Excellence et par son ordre :

Le Directeur général,

Comte DU COETLOSQUET.

TABLE

Pour convertir les lignes , pouces, pieds et toises en mètres.

La toise contenait 6 pieds , le pied 12 pouces , le pouce 12 lignes , la ligne 12 points ; cette dernière division , presqu'imperceptible, était de peu d'usage. On doit remarquer , comme un avantage du mètre sur la toise et le pied , l'extrême facilité avec laquelle la nouvelle mesure se prête aux plus petites divisions : le mètre est divisé en mille parties sensibles , tandis que la toise , qui est d'une longueur à peu près double , n'en offrait que 864.

Les objets à mesurer , dont la dimention est moindre que la toise , étant d'un usage très-familier , et se représentant à chaque instant , on donne ici l'évaluation , en mesure métrique , des lignes , pouces et pieds.

Les décimales expriment des millimètres ; en les prenant une à une , la première représente des décimètres , la seconde des centimètres , la troisième des millimètres.

pi.	po.	lig.	mètr.	pi.	po.	lig.	mètr.	pi.	po.	lig.	mètr.
»	1	»	0,027	»	9	»	0,244	5	»	1	1,626
»	2	»	0,054	»	10	»	0,271	5	»	2	1,629
»	3	»	0,081	»	11	»	0,298	5	»	3	1,631
»	4	»	0,108	1	»	»	0,325	5	»	4	1,633
»	5	»	0,135	2	»	»	0,650	5	»	5	1,635
»	6	»	0,162	3	»	»	0,975	5	»	6	1,638
»	7	»	0,189	4	»	»	1,299	5	»	7	1,640
»	8	»	0,217	5	»	»	1,624	5	»	8	1,642

pi.	po.	lig.	mètr.	pi.	po.	lig.	mètr.	pi.	po.	lig.	mètr.
5	»	9	1,644	5	4	7	1,748	5	8	5	1,852
5	»	10	1,647	2	4	8	1,750	5	8	6	1,854
5	»	11	1,649	5	4	9	1,753	5	8	7	1,856
5	1	»	1,651	5	4	10	1,755	5	8	8	1,859
5	1	1	1,653	5	4	11	1,757	5	8	9	1,861
5	1	2	1,656	5	5	»	1,759	5	8	10	1,863
5	1	3	1,658	5	5	1	1,762	5	8	11	1,865
5	1	4	1,660	5	5	2	1,764	5	9	»	1,868
5	1	5	1,662	5	5	3	1,766	5	9	1	1,870
5	1	6	1,665	5	5	4	1,768	5	9	2	1,872
5	1	7	1,667	5	5	5	1,771	5	9	3	1,874
5	1	8	1,669	5	5	6	1,773	5	9	4	1,877
5	1	9	1,671	5	5	7	1,775	5	9	5	1,879
5	1	10	1,674	5	5	8	1,777	5	9	6	1,881
5	1	11	1,676	5	5	9	1,780	5	9	7	1,884
5	2	»	1,678	5	5	10	1,782	5	9	8	1,886
5	2	1	1,681	5	5	11	1,784	5	9	9	1,888
5	2	2	1,683	5	6	»	1,787	5	9	10	1,890
5	2	3	1,685	5	6	1	1,789	5	9	11	1,893
5	2	4	1,687	5	6	2	1,791	5	10	»	1,895
5	2	5	1,690	5	6	3	1,793	5	10	1	1,897
5	2	6	1,692	5	6	4	1,796	5	10	2	1,899
5	2	7	1,694	5	6	5	1,798	5	10	3	1,902
5	2	8	1,696	5	6	6	1,800	5	10	4	1,904
5	2	9	1,699	5	6	7	1,802	5	10	5	1,906
5	2	10	1,701	5	6	8	1,805	5	10	6	1,908
5	2	11	1,703	5	6	9	1,807	5	10	7	1,911
5	3	»	1,705	5	6	10	1,809	5	10	8	1,913
5	3	1	1,708	5	6	11	1,811	5	10	9	1,915
5	3	2	1,710	5	7	»	1,814	5	10	10	1,917
5	3	3	1,712	5	7	1	1,816	5	10	11	1,920
5	3	4	1,714	5	7	2	1,818	5	11	»	1,922
5	3	5	1,717	5	7	3	1,820	5	11	1	1,924
5	3	6	1,719	5	7	4	1,823	5	11	2	1,926
5	3	7	1,721	5	7	5	1,825	5	11	3	1,929
5	3	8	1,723	5	7	6	1,827	5	11	4	1,931
5	3	9	1,726	5	7	7	1,829	5	11	5	1,933
5	3	10	1,728	5	7	8	1,832	5	11	6	1,934
5	3	11	1,730	5	7	9	1,834	5	11	7	1,938
5	4	»	1,732	5	7	10	1,836	5	11	8	1,940
5	4	1	1,735	5	7	11	1,838	5	11	9	1,942
5	4	2	1,737	5	8	»	1,841	5	11	10	1,944
5	4	3	1,739	5	8	1	1,843	5	11	11	1,947
5	4	4	1,741	5	8	2	1,845	6	»	»	1,949
5	4	5	1,744	5	8	3	1,847				
5	4	6	1,746	5	8	4	1,850				

EXTRAITS DES CODES

APPLICABLES

AUX FONCTIONS DE LA GENDARMERIE.

CODE D'INSTRUCTION CRIMINELLE.

DISPOSITIONS PRÉLIMINAIRES.

Art. 1er. L'action pour l'application des peines n'appartient qu'aux fonctionnaires auxquels elle est confiée par la loi.

L'action en réparation du dommage causé par un crime, par un délit ou par une contravention, peut être exercée par tous ceux qui ont souffert de ce dommage.

2. L'action publique pour l'application de la peine s'éteint par la mort du prévenu. L'action civile, pour la réparation du dommage, peut être exercée contre le prévenu et contre ses représentans.

L'une et l'autre action s'éteignent par la prescription, ainsi qu'il est réglé au livre II, titre VII, chapitre V, *de la Prescription.*

3. L'action civile peut être poursuivie en même temps et devant les mêmes juges que l'action publique.

Elle peut aussi l'être séparément; dans ce cas, l'exercice en est suspendu, tant qu'il n'a pas été prononcé définivement sur l'action publique intentée avant ou pendant la poursuite de l'action civile.

4. La renonciation à l'action civile ne peut arrêter ni suspendre l'exercice de l'action publique.

5. Tout Français qui se sera rendu coupable, hors du territoire de France, d'un crime attentatoire à la sûreté de l'état, de contrefaçon du sceau de l'état, de monnaies nationales ayant cours, de papiers nationaux, de billets de banque autorisés par la loi, pourra être poursuivi, jugé et puni en France, d'après les dispositions des lois françaises.

6. Cette disposition pourra être étendue aux étrangers qui, auteurs ou complices des mêmes crimes, seraient arrêtés en France, ou dont le gouvernement obtiendrait l'extradition.

7. Tout Français qui se sera rendu coupable, hors du territoire du royaume, d'un crime contre un Français, pourra à son retour en France, y être poursuivi et jugé, s'il n'a pas été poursuivi et jugé en pays étranger, et si le Français offensé rend plainte contre lui.

9..

LIVRE Ier.

DE LA POLICE JUDICIAIRE ET DES OFFICIERS DE POLICE QUI L'EXERCENT.

CHAPITRE Ier.

De la Police judiciaire.

8. La police judiciaire recherche les crimes, les délits et les contraventions, en rassemble les preuves, et en livre les auteurs aux tribunaux chargés de les punir.

9. La police judiciaire sera exercée sous l'autorité des cours royales, et suivant les distinctions qui vont être établies.

Par les gardes champêtres et les gardes forestiers;
Par les commissaires de police;
Par les maires et les adjoints de maire;
Par les procureurs du roi et leurs substituts;
Par les juges de paix;
Par les officiers de gendarmerie;
Par les commissaires généraux de police,
Et par les juges d'instruction.

10. Les préfets des départemens, et le préfet de police à Paris, pourront faire personnellement, ou requérir les officiers de police judiciaire, chacun en ce qui le concerne, de faire tous actes nécessaires à l'effet de constater les crimes, délits et contraventions, et d'en livrer les auteurs aux tribunaux chargés de les punir, conformément à l'art. 8 ci-dessus.

CHAPITRE II.

Des Maires, des Adjoints de maire, et des Commissaires de police.

11. Les commissaires de police, et dans les communes où il n'y en a point, les maires, au défaut de ceux-ci les adjoints de maire, rechercheront les contraventions de police, même celles qui sont sous la surveillance spéciale des gardes forestiers et champêtres, à l'égard desquels ils auront concurrence et même prévention.

Ils recevront les rapports, dénonciations et plaintes qui seront relatifs aux contraventions de police.

Ils consigneront dans les procès-verbaux qu'ils rédigeront à cet effet, la nature et les circonstances des contraventions, le temps et le lieu où elles auront été commises, les preuves ou indices à la charge de ceux qui en seront présumés coupables.

CHAPITRE III.

Des Gardes champêtres et forestiers.

16. Les gardes champêtres et les gardes forestiers, considérés

comme officiers de police judiciaire, sont chargés de rechercher, chacun dans le territoire pour lequel ils auront été assermentés, les délits et les contraventions de police qui auront porté atteinte aux propriétés rurales et forestières.

Ils dresseront des procès-verbaux, à l'effet de constater la nature, les circonstances, le temps, le lieu des délits et des contraventions, ainsi que les preuves et les indices qu'ils auront pu en recueillir.

Ils suivront les choses enlevées dans les lieux où elles auront été transportées, et les mettront en séquestre; ils ne pourront néanmoins s'introduire dans les maisons, ateliers, bâtimens, cours adjacentes et enclos, si ce n'est en présence soit du juge de paix, soit de son suppléant, soit du commissaire de police, soit du maire du lieu, soit de son adjoint; et le procès-verbal qui devra en être dressé, sera signé par celui en présence duquel il aura été fait.

Ils arrêteront et conduiront devant le juge de paix ou devant le maire, tout individu qu'ils auront surpris en flagrant délit, ou qui sera dénoncé par la clameur publique, lorsque ce délit emportera la peine d'emprisonnement, ou une peine plus grave.

Ils se feront donner, pour cet effet, main-forte par le maire ou par l'adjoint de maire du lieu, qui ne pourra s'y refuser.

CHAPITRE IV.

DES PROCUREURS DU ROI ET DE LEURS SUBSTITUTS.

SECTION Ire. *De la compétence des Procureurs du Roi, relativement à la Police judiciaire.*

22. Les procureurs du roi sont chargés de la recherche et de la poursuite de tous les délits dont la connaissance appartient aux tribunaux de police correctionnelle, ou aux cours spéciales, ou aux cours d'assises.

23. Sont également compétens pour remplir les fonctions déléguées par l'article précédent, le procureur du roi du lieu du crime ou délit, celui de la résidence du prévenu, et celui du lieu où le prévenu pourra être trouvé.

24. Ces fonctions, lorsqu'il s'agira de crimes ou de délits commis hors du territoire français, dans les cas énoncés aux articles 5, 6 et 7, seront remplies par le procureur du roi du lieu où résidera le prévenu, ou par celui du lieu où il pourra être trouvé, ou par celui de sa dernière résidence connue.

25. Les procureurs du roi et tous autres officiers de police judiciaire auront, dans l'exercice de leurs fonctions, le droit de réquérir directement la force publique.

26. Le procureur du roi sera, en cas d'empêchement, remplacé par son substitut, ou, s'il a plusieurs substituts, par le plus ancien. S'il n'a pas de substitut, il sera remplacé par un juge commis à cet effet par le président.

27. Les procureurs du roi seront tenus, aussitôt que les délits

parviendront à leur connaissance, d'en donner avis au procureur-général près la cour royale, et d'exécuter ses ordres relativement à tous actes de police judiciaire.

28. Ils pourvoiront à l'envoi, à la notification et à l'exécution des ordonnances qui seront rendues par le juge d'instruction, d'après les règles qui seront ci-après établies au chapitre *des juges d'instruction.*

SECTION II. *Mode de procéder des Procureurs du Roi dans l'exercice de leurs fonctions.*

29. Toute autorité constituée, tout fonctionnaire ou officier public, qui, dans l'exercice de ses fonctions, acquerra la connaissance d'un crime ou d'un délit, sera tenu d'en donner avis sur-le-champ au procureur du roi près le tribunal dans le ressort duquel ce crime ou délit aura été commis ou dans lequel le prévenu pourrait être trouvé, et de transmettre à ce magistrat tous les renseignemens, procès-verbaux et actes qui y sont relatifs.

30. Toute personne qui aura été témoin d'un attentat, soit contre la sûreté publique, soit contre la vie ou la propriété d'un individu, sera pareillement tenue d'en donner avis au procureur du roi, soit du lieu du crime ou délit, soit du lieu où le prévenu pourra être trouvé.

31. Les dénonciations seront rédigées par les dénonciateurs, ou par leurs fondés de procuration spéciale, ou par le procureur du roi, s'il en est requis ; elles seront toujours signées par le procureur du roi à chaque feuillet, et par les dénonciateurs ou par leurs fondés de pouvoir.

Si les dénonciateurs ou leurs fondés de pouvoir ne savent ou ne veulent pas signer, il en sera fait mention.

La procuration demeurera toujours annexée à la dénonciation ; et le dénonciateur pourra se faire délivrer, mais à ses frais, une copie de sa dénonciation.

32. Dans tous les cas de flagrant délit, lorsque le fait sera de nature à entraîner une peine afflictive ou infamante, le procureur du roi se transportera sur le lieu, sans aucun retard, pour y dresser les procès-verbaux nécessaires à l'effet de constater le corps du délit, son état, l'état des lieux, et pour recevoir les déclarations des personnes qui auraient été présentes, ou qui auraient des renseignemens à donner.

Le procureur du Roi donnera avis de son transport au juge d'instruction, sans être toutefois obligé de l'attendre pour procéder, ainsi qu'il est dit au présent chapitre.

33. Le procureur du Roi pourra aussi, dans le cas de l'article précédent, appeler à son procès-verbal les parens, voisins ou domestiques présumés en état de donner des éclaircissemens sur le fait ; il recevra leurs déclarations, qu'ils signeront : les déclarations reçues en conséquence du présent article et de l'article précédent, seront signées par les parties, où, en cas de refus, il en sera fait mention.

34. Il pourra défendre que qui que ce soit sorte de la maison,

ou s'éloigne du lieu, jusqu'après la clôture de son procès-verbal.

Tout contrevenant à cette défense sera, s'il peut être saisi, déposé dans la maison d'arrêt; la peine encourue pour la contravention, sera prononcée par le juge d'instruction, sur les conclusions du procureur du Roi, après que le contrevenant aura été cité et entendu, ou par défaut, il ne comparaît pas, sans autre formalité ni délai, et sans opposition ni appel.

La peine ne pourra excéder dix jours d'emprisonnement et cent francs d'amende.

35. Le procureur du Roi se saisira des armes et de tout ce qui paraîtra avoir servi ou avoir été destiné à commettre le crime ou le délit, ainsi que tout ce qui paraîtra en avoir été le produit, enfin de tout ce qui pourra servir à la manifestation de la vérité : il interpellera le prévenu de s'expliquer sur les choses saisies qui lui seront représentées; il dressera du tout un procès-verbal, qui sera signé par le prévenu, ou mention sera faite de son refus.

36. Si la nature du crime ou du délit est telle, que la preuve puisse vraisemblablement être acquise par les papiers ou autres pièces et effets en la possession du prévenu, le procureur du Roi se transportera de suite dans le domicile du prévenu, pour y faire la perquisition des objets qu'il jugera utiles à la manifestation de la vérité.

37. S'il existe, dans le domicile du prévenu, des papiers ou effets qui puissent servir à conviction ou à décharge, le procureur du Roi en dressera procès-verbal, et se saisira desdits effets ou papiers.

38. Les objets saisis seront clos et cachetés, si faire se peut; ou s'ils ne sont pas susceptibles de recevoir des caractères d'écriture, ils seront mis dans un vase ou dans un sac, sur lequel le procureur du Roi attachera une bande de papier qu'il scellera de son sceau.

39. Les opérations prescrites par les articles précédens seront faites en présence du prévenu; s'il a été arrêté; et s'il ne veut ou ne peut y assister, en présence d'un fondé de pouvoir qu'il pourra nommer. Les objets lui seront présentés à l'effet de les reconnaître et de les parapher, s'il y a lieu; et, au cas de refus, il en sera fait mention au procès-verbal.

40. Le procureur du Roi, audit cas de flagrant délit, et lorsque le fait sera de nature à entraîner peine afflictive ou infamante, fera saisir les prévenus présens contre lesquels il existerait de indices graves.

Si le prévenu n'est pas présent, le procureur du Roi rendra une ordonnance à l'effet de le faire comparaître; cette ordonnance s'appelle *mandat d'amener*.

La dénonciation seule ne constitue pas une présomption suffisante pour décerner cette ordonnance contre un individu ayant domicile.

Le procureur du Roi interrogera sur le champ le prévenu amené devant lui.

41. Le délit qui se commet actuellement, ou qui vient de se commettre, est un flagrant délit.

Seront aussi réputés flagrant délit, le cas où le prévenu est poursuivi par la clameur publique, et celui où le prévenu est trouvé saisi d'effets, armes, instrumens ou papiers faisant présumer qu'il est auteur ou complice, pourvu que ce soit dans un temps voisin du délit.

42. Les procès-verbaux du procureur du Roi, en exécution des articles précédens, seront faits et rédigés en la présence et revêtus de la signature du commissaire de police de la commune dans laquelle le crime ou le délit aura été commis, ou du maire, ou de l'adjoint du maire, ou de deux citoyens domiciliés dans la même commune.

Pourra néanmoins le procureur du Roi dresser les procès-verbaux sans assistance de témoins, lorsqu'il n'y aura pas possibilité de s'en procurer tout de suite.

Chaque feuillet du procès-verbal sera signé par le procureur du Roi et par les personnes qui y auront assisté : en cas de refus ou d'impossibilité de signer de la part de celles-ci, il en sera fait mention.

43. Le procureur du Roi se fera accompagner, au besoin, d'une ou de deux personnes, présumées par leur art et profession, capables d'apprécier la nature et les circonstances du crime ou du délit.

44. S'il s'agit d'une mort violente, ou d'une mort dont la cause soit inconnue et suspecte, le procureur du Roi se fera assister d'un ou de deux officiers de santé, qui feront leur rapport sur les causes de la mort et sur l'état du cadavre.

Les personnes appelées, dans les cas du présent article et de l'article précédent, prêteront devant le procureur du Roi, le serment de faire leur rapport et de donner leur avis en leur honneur et conscience.

45 Le procureur du Roi transmettra sans délai, au juge d'instruction, les procès-verbaux, actes, pièces ou instrumens dressés ou saisis en conséque ce des articles précédens, pour être procédé ainsi qu'il sera dit au chapitre des *Juges d'instruction*; et cependant le prévenu restera sous la main de la justice en état de mandat d'amener.

46. Les attributions faites ci-dessus au procureur du Roi pour les cas de flagrant délit, auront lieu aussi toutes les fois que, s'agissant d'un crime ou délit, même non flagrant, commis dans l'intérieur d'une maison, le chef de cette maison requerra le procureur du Roi de le constater.

47. Hors les cas énoncés dans les articles 32 et 46, le procureur du Roi, instruit, soit par une dénonciation, soit par toute autre voie, qu'il a été commis dans son arrondissement un crime ou un délit, ou qu'une personne qui en est prévenue se trouve dans son arrondissement, sera tenu de requérir le juge d'instruction d'ordonner qu'il en soit informé, même de se transporter, s'il est besoin, sur les lieux, à l'effet d'y dresser tous les procès-verbaux nécessaires, ainsi qu'il sera dit au chapitre *des Juges d'instruction*.

CHAPITRE V.

Des Officiers de police auxiliaires du Procureur du Roi.

48. Les juges de paix, les officiers de gendarmerie, les com-

missaires généraux de police, recevront les dénonciations de crimes ou délits commis dans les lieux où ils exercent leurs fonctions habituelles.

49. Dans les cas de flagrant délit, ou dans le cas de réquisition de la part d'un chef de maison, ils dresseront les procès-verbaux, recevront les déclarations des témoins, feront les visites et les autres actes qui sont, auxdits cas, de la compétence des procureurs du Roi, le tout dans les formes et suivant les règles établies au chapitre *des Procureurs du Roi.*

50. Les maires, adjoints de maire, et les commissaires de police, recevront également les dénonciations, et feront les actes énoncés en l'article précédent, en se conformant aux mêmes règles.

51. Dans les cas de concurrence entre les procureurs du Roi et les officiers de police énoncés aux articles précédens, le procureur du Roi fera les actes attribués à la police judiciaire : s'il a été prévenu, il pourra continuer la procédure, ou autoriser l'officier qui l'aura commencée à la suivre.

52. Le procureur du Roi, exerçant son ministère dans les cas des articles 32 et 46, pourra, s'il le juge utile et nécessaire, charger un officier de police auxiliaire de partie des actes de sa compétence.

53. Les officiers de police auxiliaires renverront, sans délai, les dénonciations, procès-verbaux et autres actes par eux faits dans les cas de leur compétence, au procureur du Roi, qui sera sera tenu d'examiner sans retard les procédures, et de les transmettre, avec les réquisitions qu'il jugera convenables, au juge d'instruction.

54. Dans les cas de dénonciation de crimes ou délits autres que ceux qu'ils sont directement chargés de constater, les officiers de police judiciaire transmettront aussi sans délai au procureur du Roi les dénonciations qui leur auront été faites; et le procureur du Roi les remettra au juge d'instruction, avec son réquisitoire.

CHAPITRE VI.

Des Juges d'instruction.

SECTION Ire. *Du Juge d'instruction.*

55. Il y aura, dans chaque arrondissement communal, un juge d'instruction. Il sera choisi par Sa Majesté parmi les juges du tribunal civil, pour trois ans : il pourra être continué plus long-temps, et il conservera séance au jugement des affaires civiles, suivant le rang de sa réception.

56. Il sera établi un second juge d'instruction dans les arrondissemens où il pourrait être nécessaire; ce juge sera membre du tribunal civil.

Il y aura à Paris six juges d'instruction.

57. Les juges d'instruction seront, quant aux fonctions de police judiciaire, sous la surveillance du procureur général près la cour royale.

58. Dans les villes où il n'y a qu'un juge d'instruction; s'il est absent, malade ou autrement empêché, le tribunal de première instance désignera l'un des juges de ce tribunal pour le remplacer.

SECTION II. *Fonctions du Juge d'instruction.*

DISTINCTION Ire. *Des cas de flagrant délit.*

59. Le juge d'instruction, dans tous les cas réputés flagrant délit, peut faire directement et par lui-même, tous les actes attribués au procureur du Roi, en se conformant aux règles établies au chapitre *des Procureurs du Roi et de leurs Substituts.* Le juge d'instruction peut requérir la présence du procureur du Roi, sans aucun retard néanmoins des opérations prescrites dans ledit chapitre.

60. Lorsque le flagrant délit aura déjà été constaté, et que le procureur du Roi transmettra les actes et pièces au juge d'instruction, celui-ci sera tenu de faire, sans délai, l'examen de la procédure.

Il peut refaire les actes ou ceux des actes qui ne lui paraîtraient pas complets.

DISTINCTION II. *De l'Instruction.*

§ Ier. *Dispositions générales.*

61. Hors les cas de flagrant délit, le juge d'instruction ne fera aucun acte d'instruction et de poursuite qu'il n'ait donné communication de la procédure au procureur du roi. Il la lui communiquera pareillement lorsqu'elle sera terminée; et le procureur du roi fera les réquisitions qu'il jugera convenables, sans pouvoir retenir la procédure plus de trois jours.

Néanmoins, le juge d'instruction délivrera, s'il y a lieu, le mandat d'amener, et même le mandat de dépôt, sans que ces mandats doivent être précédés des conclusions du procureur du roi.

62. Lorsque le juge d'instruction se transportera sur les lieux, il sera toujours accompagné du procureur du roi et du greffier du tribunal.

§ II. *Des Plaintes.*

63. Toute personne qui se présentera lésée par un crime ou délit pourra en rendre plainte, et se constituer partie civile devant le juge d'instruction, soit du lieu du crime ou délit, soit du lieu de la résidence du prévenu, soit du lieu où il pourra être trouvé.

64. Les plaintes qui auraient été adressées au procureur du roi seront par lui transmises au juge d'instruction avec son réquisitoire; celles qui auraient été présentées aux officiers auxiliaires de police seront par eux envoyées au procureur du roi, et transmises par lui au juge d'instruction, aussi avec son réquisitoire.

Dans les matières du ressort de la police correctionnelle, la partie lésée pourra s'adresser directement au tribunal correctionnel, dans la forme qui sera ci-après réglée.

65. Les dispositions de l'art. 31', concernant les dénonciations, seront communes aux plaintes.

66. Les plaignans ne seront réputés partie civile s'ils ne le déclarent formellement, soit par la plainte, soit par acte subséquent, ou s'ils ne prennent, par l'un ou p'r l'autre, des conclusions en dommages-intérêts : ils pourront se départir dans les vingt-quatre heures ; dans le cas du désistement, ils ne sont pas tenus des frais depuis qu'il aura été signifié, sans préjudice néanmoins des dommages-intérêts des prévenus, s'il y a lieu.

67. Les plaignans pourront se porter partie civile en tout état de cause jusqu'à la clôture des débats ; mais en aucun cas le désistement après le jugement ne peut être valable, quoiqu'il ait été donné dans les vingt-quatre heures de leur déclaration qu'ils se portent partie civile.

68. Toute partie civile qui ne demeurera pas dans l'arrondissement communal où se fait l'instruction sera tenue d'y élire domicile par acte passé au greffe du tribunal.

A défaut d'élection de domicile par la partie civile, elle ne pourra opposer le défaut de signification contre les actes qui auraient dû lui être signifiés aux termes de la loi.

69. Dans le cas où le juge d'instruction ne serait ni celui du lieu du crime ou délit, ni celui de la résidence du prévenu, ni celui du lieu où il pourra être trouvé, il renverra la plainte devant le juge d'instruction qui pourrait en connaître.

70. Le juge d'instruction compétent pour connaître de la plainte, en ordonnera la communication au procureur du roi, pour être par lui requis ce qu'il appartiendra.

§ III. *De l'Audition des Témoins.*

71. Le juge d'instruction fera citer devant lui les personnes qui auront été indiquées par la dénonciation, par la plainte, par le procureur du roi, ou autrement, comme ayant connaissance, soit du crime ou délit, soit de ses circonstances.

72. Les témoins seront cités par un huissier, ou par un agent de la force publique, à la requête du procureur du roi.

73. Ils seront entendus séparément, et hors de la présence du prévenu, par le juge d'instruction, assisté de son greffier.

74. Ils représenteront, avant d'être entendus, la citation qui leur aura été donnée pour déposer ; et il en sera fait mention dans le procès-verbal.

75. Les témoins prêteront serment de dire toute la vérité, rien que la vérité ; le juge d'instruction leur demandera leurs noms, prénoms, âge, état, profession, demeure, s'ils sont domestiques, parens ou alliés des parties, et à quel degré : il sera fait mention de la demande, et des réponses des témoins.

76. Les dépositions seront signées du juge, du greffier et du témoin, après que lecture lui en aura été faite, et qu'il aura déclaré y persister : si le témoin ne veut ou ne peut signer, il en sera fait mention.

Chaque page du cahier d'information sera signée par le juge et par le greffier.

77. Les formalités prescrites par les trois articles précédens se-

ront remplies, à peine de cinquante francs d'amende contre le greffier, même, s'il y a lieu, de prise à partie contre le juge d'instruction.

78. Aucune interligne ne pourra être faite : les ratures et les renvois seront approuvés et signés par le juge d'instruction, par le greffier et par le témoin, sous les peines portées en l'article précédent. Les interlignes, ratures et renvois non approuvés seront réputés non avenus.

79. Les enfans de l'un et l'autre sexe, au-dessous de l'âge de quinze ans, pourront être entendus, par forme de déclaration et sans prestation de serment.

80. Toute personne citée pour être entendue en témoignage sera tenue de comparaître et de satisfaire à la citation : sinon, elle pourra y être contrainte par le juge d'instruction, qui, à cet effet, sur les conclusions du procureur du roi, sans autre formalité ni délai, et sans appel, prononcera une amende qui n'excédera pas cent francs, et pourra ordonner que la personne citée sera contrainte par corps à venir donner son témoignage.

81. Le témoin, ainsi condamné à l'amende sur le premier défaut, et qui, sur la seconde citation, produira devant le juge d'instruction des excuses légitimes, pourra, sur les conclusions du procureur du roi, être déchargé de l'amende.

82. Chaque témoin qui demandera une indemnité sera taxé par le juge d'instruction.

83. Lorsqu'il sera constaté, par le certificat d'un officier de santé, que des témoins se trouvent dans l'impossibilité de comparaître sur la citation qui leur aura été donnée, le juge d'instruction se transportera en leur demeure, quand ils habiteront dans le canton de la justice de paix du domicile du juge d'instruction.

Si les témoins habitent hors du canton, le juge d'instruction pourra commettre le juge de paix de leur habitation, à l'effet de recevoir leur déposition, et il enverra au juge de paix des notes et instructions qui feront connaître les faits sur lesquels les témoins devront déposer.

84. Si les témoins résident hors de l'arrondissement du juge d'instruction, celui-ci requerra le juge d'instruction de l'arrondissement dans lequel les témoins sont résidans de se transporter auprès d'eux pour recevoir leurs dépositions

Dans le cas où les témoins n'habiteraient pas le canton du juge d'instruction ainsi requis, il pourra commettre le juge de paix de leur habitation, à l'effet de recevoir leurs dépositions, ainsi qu'il est dit dans l'article précédent.

85. Le juge qui aura reçu les dépositions en conséquence des articles 83 et 84 ci-dessus, les enverra closes et cachetées au juge d'instruction du tribunal saisi de l'affaire.

86. Si le témoins auprès duquel le juge se sera transporté, dans le cas prévu par les trois articles précédens, n'était pas dans l'impossibilité de comparaître sur la citation qui lui avait été donnée, le juge décernera un mandat de dépôt contre le témoin et l'officier de santé qui aura délivré le certificat ci-dessus mentionné.

La peine portée en pareil cas sera prononcée par le juge d'instruction du même lieu, et sur la réquisition du procureur du Roi, en la forme prescrite par l'art. 80.

§ IV. *Des Preuves par écrit, et des Pièces de conviction.*

87. Le juge d'instruction se transportera, s'il en est requis, et pourra même se transporter d'office dans le domicile du prévenu, pour y faire la perquisition des papiers, effets, et généralement de tous les objets qui seront jugés utiles à la manifestation de la vérité.

88. Le juge d'instruction pourra pareillement se transporter dans les autres lieux où il présumerait qu'on aurait caché les objets dont il est parlé dans l'article précédent.

89. Les dispositions des articles 35, 36, 37, 38, 39, concernant la saisie des objets dont la perquisition peut être faite par le procureur du Roi, dans le cas de flagrant délit, sont communes au juge d'instruction.

90. Si les papiers ou les effets dont il y aura lieu de faire la perquisition, sont hors de l'arrondissement du juge d'instruction, il requerra le juge d'instruction du lieu où l'on peut les trouver, de procéder aux opérations prescrites par les articles précédens.

CHAPITRE VII.

Des Mandats de comparution, de dépôt, d'amener et d'arrêt.

91. Lorsque l'inculpé sera domicilié, et que le fait sera de nature à ne donner lieu qu'à une peine correctionnelle, le juge d'instruction pourra, s'il le juge convenable, ne décerner contre l'inculpé qu'un mandat de comparution, sauf, après l'avoir interrogé, à convertir le mandat en tel autre mandat qu'il appartiendra.

Si l'inculpé fait défaut, le juge d'instruction décernera contre lui un mandat d'amener.

Il décernera pareillement mandat d'amener contre toute personne, de quelque qualité qu'elle soit, inculpée d'un délit emportant peine afflictive ou infamante.

92. Il peut aussi donner des mandats d'amener contre les témoins qui refusent de comparaître sur la citation à eux donnée, conformément à l'article 80, et sans préjudice de l'amende portée en cet article

93. Dans le cas de mandat de comparution, il interrogera de suite; dans le cas de mandat d'amener, dans les vingt-quatre heures au plus tard.

74. Il pourra, après avoir entendu les prévenus, et le procureur du Roi ouï, décerner, lorsque le fait emportera peine afflictive ou infamante ou emprisonnement correctionnel, un mandat d'arrêt dans la forme qui sera ci-après présentée.

95. Les mandats de comparution, d'amener et de dépôt, seront signés par celui qui les aura décernés, et munis de son sceau.

Le prévenu y sera nommé ou désigné le plus clairement qu'il sera possible.

96. Les mêmes formalités seront observées dans le mandat d'arrêt; ce mandat contiendra de plus l'énonciation du fait par lequel il est décerné, et la citation de la loi qui déclare que ce fait est un crime ou délit.

97. Les mandats de comparution, d'amener, de dépôt ou d'arrêt seront notifiés par un huissier, ou par un agent de la force publique, lequel en fera l'exhibition au prévenu, et lui en délivrera copie.

Le mandat d'arrêt sera exhibé au prévenu, lors même qu'il serait déjà détenu, et il lui en sera délivré copie.

98. Les mandats d'amener, de comparution, de dépôt et d'arrêt, seront exécutoires dans toute l'étendue du royaume.

Si le prévenu est trouvé hors de l'arrondissement de l'officier qui aura délivré le mandat de dépôt ou d'arrêt, il sera conduit devant le juge de paix ou son suppléant, et, à leur défaut, devant le maire ou l'adjoint de maire, ou le commissaire de police du lieu, lequel visera le mandat, sans pouvoir en empêcher l'exécution.

99. Le prévenu qui refusera d'obéir au mandat d'amener, ou qui, après avoir déclaré qu'il est prêt à obéir, tentera de s'évader, devra être contraint.

Le porteur du mandat d'amener, emploiera, au besoin, la force publique du lieu le plus voisin : elle sera tenue de marcher, sur la réquisition contenue dans le mandat d'amener.

100. Néanmoins, lorsqu'après plus de deux jours depuis la date du mandat d'amener, le prévenu aura été trouvé hors de l'arrondissement de l'officier qui a délivré ce mandat, et à une distance de plus de cinq myriamètres du domicile de cet officier, ce prévenu pourra n'être pas contraint de se rendre au mandat ; mais alors le procureur du Roi de l'arrondissement où il aura été trouvé, et devant lequel il sera conduit, décernera un mandat de dépôt, en vertu duquel il sera retenu dans la maison d'arrêt.

Le mandat d'amener devra être pleinement exécuté, si le prévenu a été trouvé muni d'effets, de papiers ou d'instrumens qui feront présumer qu'il est auteur ou complice du délit pour raison duquel il est recherché, quels que soient le délai et la distance dans lesquels il aura été trouvé.

101. Dans les vingt-quatre heures de l'exécution du mandat de dépôt, le procureur du Roi qui l'aura délivré, en donnera avis, et transmettra les procès-verbaux, s'il en a été dressé, à l'officier qui a décerné le mandat d'amener.

102. L'officier qui a délivré le mandat d'amener, et auquel les pièces sont ainsi transmises, communiquera le tout, dans un pareil délai, au juge d'instruction près duquel il exerce; ce juge se conformera aux dispositions de l'article 90.

103. Le juge d'instruction saisi de l'affaire directement, ou par renvoi, en exécution de l'article 90, transmettra, sous cachet, au juge d'instruction du lieu où le prévenu a été trouvé, les pièces, notes et renseignemens relatifs au délit, afin de faire subir interrogatoire à ce prévenu.

Toutes les pièces seront ensuite également renvoyées, avec l'interrogatoire, au juge saisi de l'affaire.

104. Si, dans le cours de l'instruction, le juge saisi de l'affaire décerne un mandat d'arrêt, il pourra ordonner, par ce mandat, que le prévenu sera transféré dans la maison d'arrêt du lieu où se fait l'instruction.

S'il n'est pas exprimé dans le mandat d'arrêt que le prévenu sera ainsi transféré, il restera en la maison d'arrêt de l'arrondissement dans lequel il aura été trouvé, jusqu'à ce qu'il ait été statué par la chambre du conseil, conformément anx articles 127, 128, 129, 130, 131, 132 et 133 ci-après.

105. Si le prévenu contre lequel il a été décerné un mandat d'amener, ne peut être trouvé, ce mandat sera exhibé au maire, ou à l'adjoint ou au commissaire de police de la commune de la résidence du prévenu.

Le maire, l'adjoint ou le commissaire de police, mettra son visa sur l'original de l'acte de notification.

106. Tout dépositaire de la force publique, et même toute personne, sera tenu de saisir le prévenu surpris en flagrant délit, ou poursuivi, soit par la clameur publique, soit dans les cas assimilés au flagrant délit, et de le conduire devant le procureur du Roi, sans qu'il soit besoin de mandat d'amener, si le crime ou délit emporte peine afflictive ou infamante.

107. Sur l'exhibition du mandat de dépôt, le prévenu sera reçu et gardé dans la maison d'arrêt établie près le tribunal correctionnel; et le gardien remettra à l'huissier ou à l'agent de la force publique chargé de l'exécution du mandat, une reconnaissance de la remise du prévenu.

108. L'officier chargé de l'exécution d'un mandat de dépôt ou d'arrêt, se fera accompagner d'une force suffisante pour que le prévenu ne puisse se soustraire à la loi.

Cette force sera prise dans le lieu le plus à portée de celui où le mandat d'arrêt ou de dépôt devra s'exécuter; et elle est tenue de marcher, sur la réquisition directement faite au commandant et contenue dans le mandat.

109. Si le prévenu ne peut être saisi, le mandat d'arrêt sera notifié à sa dernière habitation; et il sera dressé procès-verbal de perquisition.

Ce procès-verbal sera dressé en présence des deux plus proches voisins du prévenu que le porteur du mandat d'arrêt pourra trouver; ils le signeront, ou, s'ils ne savent ou ne veulent pas signer, il en sera fait mention, ainsi que de l'interpellation qui en aura été faite.

Le porteur du mandat d'arrêt fera ensuite viser son procès-verbal par le juge de paix ou son suppléant, ou, à son défaut, par le maire, l'adjoint ou le commissaire de police du lieu, et lui en laissera copie.

Le mandat d'arrêt et le procès-verbal seront ensuite remis au greffe du tribunal.

110. Le prévenu saisi en vertu d'un mandat d'arrêt ou de dépôt, sera conduit, sans délai, dans la maison d'arrêt indiquée par le mandat.

111. L'officier chargé de l'exécution du mandat d'arrêt ou de dépôt, remettra le prévenu au gardien de la la maison d'arrêt,

qui lui en donnera décharge. le tout dans la forme prescrite par l'art. 107

Il portera ensuite au greffe du tribunal correctionnel les pièces relatives à l'arrestation, et en prendra une reconnaissance. .

Il exhibera ces décharges et reconnaissance dans les vingt-quatre heures au juge d'instruction : celui-ci mettra sur l'une et sur l'autre son vu, qu'il datera et signera.

112. L'inobservation des formalités prescrites pour les mandats de comparution, de dépôt, d'amener et d'arrêt, sera tou-jours punie d'une amende de cinquante francs au moins contre le greffier, et, s'il y a lieu, d'injonctions au juge d'instruction et au procureur du Roi, même de prise à partie s'il y échet.

CHAPITRE VIII.

De la Liberté provisoire et du Cautionnement.

113. La liberté provisoire ne pourra jamais être accordée au prévenu, lorsque le titre de l'accusation emportera une peine afflictive ou infamante.

114. Si le fait n'emporte pas une peine afflictive ou infamante, mais seulement une peine correctionnelle, la chambre du conseil pourra, sur la demande du prévenu, et sur les conclusions du procureur du Roi. ordonner que le prévenu sera mis provi-soirement en liberté; moyennant caution solvable de se représenter à tous les actes de la procédure, et, pour l'exécution du jugement, aussitôt qu'il en sera requis.

La mise en liberté provisoire avec caution pourra être deman-dée et accordée en tout état de cause.

115. Néanmoins les vagabonds et les repris de justice ne pourront, en aucun cas, être mis en liberté provisoire.

116. La demande en liberté provisoire sera notifiée à la partie civile, à son domicile, ou à celui qu'elle aura élu.

117. La solvabilité de la caution offerte sera discutée par le procureur du Roi, et par la partie civile, dûment appelée.

Elle devra être justifiée par des immeubles libres, pour le montant du cautionnement et une moitié en sus, si mieux n'aime la caution déposer dans la caisse de l'enregistrement et des do-maines le montant du cautionnement en espèces.

118. Le prévenu sera admis à être sa propre caution, soit en déposant le montant du cautionnement, soit en justifiant d'im-meubles, libres pour le montant du cautionnement et une moitié en sus, et en faisant, dans l'un ou l'autre cas, la soumission dont il sera parlé ci-après.

119. Le cautionnement ne pourra être au-dessous de cinq cents francs.

Si la peine correctionnelle était à la fois l'emprisonnement et une amende dont le double excéderait cinq cents francs, le cau-tionnement ne pourrait pas être exigé d'une somme plus forte que le double de cette amende.

S'il avait résulté du délit un dommage civil appréciable en ar-gent, le cautionnement sera triple de la valeur du dommage,

ainsi qu'il sera arbitré, pour cet effet seulement, par le juge
d'instruction, sans néanmoins que, dans ce cas, le cautionnement puisse être au dessous de cinq cents francs.

120. La caution admise fera sa soumission, soit au greffe du
tribunal, soit devant notaires, de payer entre les mains du receveur de l'enregistrement le montant du cautionnement, en cas
que le prévenu soit constitué en défaut de se représenter.

Cette soumission entraînera la contrainte par corps contre la
caution : une expédition en forme exécutoire en sera remise à la
partie civile, avant que le prévenu soit mis en liberté provisoire.

121. Les espèces déposées et les immeubles servant de cautionnement, seront affectés par privilège, 1° au paiement des
réparations civiles et des frais avancés par la partie civile; 2°
aux amendes; le tout néanmoins sans préjudice du privilége du
trésor royal, à raison des frais faits par la partie publique.

Le procureur du roi et la partie civile pourront prendre inscription hypothécaire, sans attendre le jugement définitif. L'inscription prise à la requête de l'un ou de l'autre; profitera à tous
les deux.

122. Le juge d'instruction rendra, le cas arrivant, sur les conclusions du procureur du roi ou sur la demande de la partie civile, une ordonnance pour le paiement de la somme cautionnée.

Ce paiement sera poursuivi à la requête du procureur du roi,
et à la diligence du directeur de l'enregistrement. Les sommes
recouvrées seront versées dans la caisse d'enregistrement sans
préjudice des poursuites et des droits de la partie civile.

123. Le juge d'instruction délivrera, dans la même forme et
sur les mêmes réquisitions, une ordonnance de contrainte contre
la caution ou les cautions d'un individu mis sous la surveillance
spéciale du gouvernement, lorsque celui-ci aura été condamné,
par un jugement devenu irrévocable, pour un crime ou pour un
délit commis dans l'intervalle déterminé par l'acte de cautionn-
nement.

124. Le prévenu ne sera mis en liberté provisoire sous caution,
qu'après avoir élu domicile dans le lieu où siége le tribunal correctionnel, par un acte reçu au greffe de ce tribunal.

125. Outre les poursuites contre la caution, s'il y a lieu, le
prévenu sera saisi et écroué dans la maison d'arrêt, en exécution
d'une ordonnance du juge d'instruction.

126. Le prévenu qui aurait laissé contraindre sa caution au
paiement, ne sera plus, à l'avenir, recevable en aucun cas à demander de nouveau sa liberté provisoire moyennant caution.

CHAPITRE IX.

Du Rapport des Juges d'instruction quand la procédure est complète.

127. Le juge d'instruction sera tenu de rendre compte, au
moins une fois par semaine, des affaires dont l'instruction lui est
dévolue.

Le compte sera rendu à la chambre du conseil, composée de

trois juges au moins, y compris le juge d'instruction, communication préalablement donnée au procureur du roi, pour être par lui requis ce qu'il appartiendra.

128. Si les juges sont d'avis que le fait ne présente ni crime, ni délit, ni contravention, ou qu'il n'existe aucune charge contre l'inculpé, il sera déclaré qu'il n'y a pas lieu à poursuivre; et si l'inculpé avait été arrêté, il sera mis en liberté.

129. S'ils sont d'avis que le fait n'est qu'une simple contravention de police, l'inculpé sera renvoyé au tribunal de police, et il sera remis en liberté, s'il est arrêté.

Les dispositions du présent article et de l'article précédent ne pourront préjudicier aux droits de la partie civile ou de la partie publique, ainsi qu'il sera expliqué ci-après.

130. Si le délit est reconnu de nature à être puni par des peines correctionnelles, le prévenu sera renvoyé au tribunal de police correctionnelle.

Si, dans ce cas, le délit peut entraîner la peine d'emprisonnement, le prévenu, s'il est en arrestation, y demeurera provisoirement.

131. Si le délit ne doit pas entraîner la peine de l'emprisonnement, le prévenu sera mis en liberté, à la charge de se représenter, à jour fixe, devant le tribunal compétent.

132. Dans tous les cas de renvoi, soit à la police municipale, soit à la police correctionnelle, le procureur du roi est tenu d'envoyer dans les vingt-quatre heures au plus tard, au greffe du tribunal qui doit prononcer, toutes les pièces après les avoir cotées.

133. Si, sur le rapport fait à la chambre du conseil par le juge d'instruction, les juges ou l'un d'eux estiment que le fait est de nature à être puni de peines afflictives ou infamantes, et que la prévention contre l'inculpé est suffisamment établie, les pièces d'instruction, le procès-verbal constatant le corps du délit, et un état des pièces servant à conviction, seront transmis sans délai, par le procureur du roi, au procureur général près la cour royale, pour être procédé ainsi qu'il sera dit au chapitre *des Mises en accusation*.

Les pièces de conviction resteront au tribunal d'instruction, sauf ce qui sera dit aux articles 248 et 291.

134. La chambre du conseil décernera dans ce cas, contre le prévenu, une ordonnance de prise de corps, qui sera adressée avec les autres pièces au procureur-général.

Cette ordonnance contiendra le nom du prévenu, son signalement, son domicile, s'ils sont connus, l'exposé du fait et la nature du délit.

135. Lorsque la mise en liberté des prévenus sera ordonnée conformément aux articles 128, 129 et 131 ci-dessus, le procureur du roi ou la partie civile pourra s'opposer à leur élargissement. L'opposition devra être formée dans un délai de vingt-quatre heures, qui courra, contre le procureur du roi, à compter du jour de l'ordonnance de mise en liberté, et contre la partie civile, à compter du jour de la signification à elle faite de ladite ordonnance au domicile par elle élu dans le lieu où siège le tribunal. L'envoi des pièces sera fait ainsi qu'il est dit à l'article 132.

Le prévenu gardera prison jusqu'après l'expiration du susdit délai.

130. La partie civile qui succombera dans son opposition, sera condamnée aux dommages-intérêts envers le prévenu.

LIVRE II.

DE LA JUSTICE.

TITRE 1er.

DES TRIBUNAUX DE POLICE.

CHAPITRE 1er.

Des Tribunaux de simple police.

137 Sont considérés comme contraventions de police simple, les faits qui, d'après les dispositions du quatrième livre du Code pénal, peuvent donner lieu, soit à quinze francs d'amende ou au-dessous, soit à cinq jours d'emprisonnement ou au-dessous, qu'il y ait ou non confiscation des choses saisies, et quelle qu'en soit la valeur.

138. La connaissance des contraventions de police est attribuée au juge de paix et au maire, suivant les règles et les distinctions qui seront ci-après établies.

§ 1er. Du Tribunal du Juge de paix comme Juge de police.

139. Les juges de paix connaîtront exclusivement :

1º Des contraventions commises dans l'étendue de la commune du chef-lieu de canton ;

2º Des contraventions dans les autres communes de leur arrondissement, lorsque, hors le cas où les coupables auront été pris en flagrant délit, les contraventions auront été commises par des personnes non domiciliées ou non présentes dans la commune, ou lorsque les témoins qui doivent déposer n'y sont pas résidens ou présens ;

3º Des contraventions à raison desquelles la partie qui réclame conclut, pour ses dommages-intérêts, à une somme indéterminée ou à une somme excédant quinze francs ;

4º Des contraventions forestières poursuivies à la requête des particuliers ;

5º Des injures verbales ;

6º Des affiches, annonces, ventes, distributions ou débit d'ouvrages, écrits ou gravures contraires aux mœurs;

7º De l'action contre les gens qui font le métier de deviner et pronostiquer, ou d'expliquer les songes.

140. Les juges de paix connaîtront aussi, mais concurremment avec les maires, de toutes autres contraventions commises dans leur arrondissement.

141. Dans les communes dans lesquelles il y a qu'un juge de

paix, il connaîtra seul des affaires attribuées à son tribunal : les greffiers et les huissiers de la justice de paix feront le service pour les affaires de police.

142. Dans les communes divisées en deux justices de paix au plus, le service au tribunal de police sera fait successivement par chaque juge de paix, en commençant par le plus ancien : il y aura, dans ce cas, un greffier particulier pour le tribunal de police.

143. Il pourra aussi, dans le cas de l'article précédent, y avoir deux sections pour la police : chaque section sera tenue par un juge de paix, et le greffier aura un commis assermenté pour le suppléer.

144. Les fonctions du ministère public, pour les faits de police, seront remplies par le commissaire du lieu où siégera le tribunal; en cas d'empêchement du commissaire de police, ou s'il n'y en a point, elles seront remplies par le maire, qui pourra se faire remplacer par son adjoint.

S'il y a plusieurs commissaires de police, le procureur-général près la cour royale nommera celui ou ceux d'entre eux qui feront le service.

145. Les citations pour contraventions de police seront faites à la requête du ministère public, ou de la partie qui réclame.

Elles seront notifiées par un huissier; il en sera laissé copie au prévenu, ou à la personne civilement responsable.

146. La citation ne pourra être donnée à un délai moindre de vingt-quatre heures, outre un jour par trois myriamètres, à peine de nullité tant de la citation que du jugement qui serait rendu par défaut. Néanmoins, cette nullité ne pourra être proposée qu'à la première audience, avec toute exception et défense.

Dans les cas urgens, les délais pourront être abrégés et les parties citées à comparaître, dans le jour même et à l'heure indiquée, en vertu d'une cédule délivrée par le juge de paix.

§ II. *De la Juridiction des Maires comme Juges de police.*

166. Les maires des communes non chef-lieux de canton connaîtront, concurremment avec les juges de paix, des contraventions commises dans l'étendue de leur commune, par des personnes prises en flagrant délit, ou par des personnes qui résident dans la commune ou qui y sont présentes, lorsque les témoins y sont aussi résidens ou présens, et lorsque la partie réclamante conclura, pour ses dommages intérêts, à une somme déterminée, qui n'excèdera pas celle de quinze francs.

Ils ne pourront jamais connaître des contraventions attribuées exclusivement aux juges de paix par l'article 139, ni d'aucune des matières dont la connaissance est attribuée aux juges de paix considérés comme juges civils.

167. Le ministère public sera exercé auprès du maire, dans les matières de police, par l'adjoint : en l'absence de l'adjoint, ou lorsque l'adjoint remplacera le maire comme juge de police, le ministère public sera exercé par un membre du conseil municipal, qui sera désigné à cet effet par le procureur du roi, pour une année entière.

168. Les fonctions de greffier des maires, dans les affaires de police, seront exercées par un citoyen que le maire proposera, et qui prêtera serment en cette qualité au tribunal de police correctionnelle; il recevra, pour ses expéditions, les émolumens attribués au greffier du juge de paix.

169. Le ministère des huissiers ne sera pas nécessaire pour les citations aux parties; elles pourront être faites par un avertissement du maire, qui annoncera au défenseur le fait dont il est inculpé, le jour et l'heure où il doit se présenter.

170. Il en sera de même des citations aux témoins; elles pourront être faites par un avertissement qui indiquera le moment où leur déposition sera reçue.

171. Le maire donnera son audience dans la maison commune; il entendra publiquement les parties et les témoins.

CHAPITRE II.

Des Tribunaux en matière correctionnelle.

179. Les tribunaux de première instance en matière civile connaîtront en outre, sous le titre de tribunaux correctionnels, de tous les délits forestiers poursuivis à la requête de l'administration, et de tous les délits dont la peine excède cinq jours d'emprisonnement et quinze francs d'amende.

TITRE III.

DES AFFAIRES QUI DOIVENT ÊTRE SOUMISES AU JURY.

CHAPITRE Ier.

Des Mises en accusation.

217. Le procureur-général près la cour royale sera tenu de mettre l'affaire en état dans les cinq jours de la réception des pièces qui lui auront été transmises en exécution de l'art 133 ou de l'article 135, et de faire son rapport dans les cinq jours suivans, au plus tard.

Pendant ce temps, la partie civile et le prévenu pourront fournir tels mémoires qu'ils estimeront convenables, sans que le rapport puisse être retardé.

218. Une section de la cour royale, spécialement formée à cet effet, sera tenue de se réunir, au moins une fois par semaine, à la chambre du conseil, pour entendre le rapport du procureur-général, et statuer sur ses réquisitions.

232. Toutes les fois que la cour décernera des ordonnances de prise de corps, elle se conformera au second paragraphe de l'art. 134.

233. L'ordonnance de prise de corps, soit qu'elle ait été rendue par les premiers juges, soit qu'elle l'ait été par la cour, sera insérée dans l'arrêt de mise en accusation, lequel contiendra l'ordre de conduire l'accusé dans la maison de justice établie près la cour où il sera renvoyé.

231. Les arrêts seront signés par chacun des juges qui les auront rendus; il y sera fait mention, à peine de nullité, tant de la réquisition du ministère public, que du nom de chacun des juges.

241. Dans tous les cas où le prévenu sera renvoyé à la cour d'assises ou à la cour spéciale, le procureur-général sera tenu de rédiger un acte d'accusation.

L'acte d'accusation exposera : 1° la nature du délit qui forme la base de l'accusation; 2° le fait et toutes les circonstances qui doivent aggraver ou diminuer la peine; le prévenu y sera dénommé et clairement désigné.

L'acte d'accusation sera terminé par le résumé suivant :

En conséquence, N..... est accusé d'avoir commis tel meurtre, tel vol, ou tel autre crime, avec telle et telle circonstance.

242. L'arrêt de renvoi et l'acte d'accusation seront signifiés à l'accusé, et il lui sera laissé copie du tout.

243. Dans les vingt-quatre heures qui suivront cette signification, l'accusé sera transféré de la maison d'arrêt dans la maison de justice établie près la cour où il doit être jugé.

246. Le prévenu à l'égard duquel la cour royale aura décidé qu'il n'y a pas lieu au renvoi à l'une de ces cours ne pourra plus y être traduit à raison du même fait, à moins qu'il ne survienne de nouvelles charges.

247. Sont considérés comme charges nouvelles les déclarations des témoins, pièces et procès-verbaux qui, n'ayant pu être soumis à l'examen de la cour royale, sont cependant de nature, soit à fortifier les preuves que la cour aurait trouvé trop faibles, soit à donner aux faits de nouveaux développemens utiles à la manifestation de la vérité.

248. En ce cas, l'officier de police judiciaire, ou le juge d'instruction, adressera, sans délai, copie des pièces et charges au procureur-général près la cour royale; et, sur la réquisition du procureur-général, le président de la section criminelle indiquera le juge devant lequel il sera, à la poursuite de l'officier du ministère public, procédé à une nouvelle instruction, conformément à ce qui a été prescrit.

Pourra, toutefois, le juge d'instruction, décerner, s'il y a lieu, sur les nouvelles charges, et avant leur envoi au procureur-général, un mandat de dépôt contre le prévenu qui aurait été déjà mis en liberté.

CHAPITRE II.

De la Formation des Cours d'assises.

251. Il sera tenu des assises dans chaque département pour juger les individus que la cour royale y aura renvoyés.

252. Dans le département où siége la cour royale, les assises seront tenues par cinq de ses membres, dont l'un sera président.

Le procureur-général, ou l'un de ses substituts, y remplira les fonctions du ministère public.

Le greffier de la cour y exercera ses fonctions.

253. Dans les autres départemens, la cour d'assises sera composée : 1° d'un membre de la cour royale, délégué à cet effet, et sera le président des assises; 2° de quatre juges pris parmi les présidens et les juges plus anciens du tribunal de première instance du lieu de la tenue des assises; 3° du procureur du Roi près ce tribunal, ou de l'un de ses substituts (1); 4° du greffier du même tribunal.

254. La cour royale pourra cependant déléguer un ou plusieurs de ses membres pour compléter le nombre des quatre juges de la cour d'assises.

258. Les assises se tiendront ordinairement dans le chef-lieu de chaque département.

La cour royale pourra néanmoins désigner un tribunal autre que celui du chef-lieu.

259. La tenue des assises aura lieu tous les trois mois.

Elles pourront se tenir plus souvent, si le besoin l'exige.

260. Le jour où les assises doivent s'ouvrir sera fixé par le président de la cour d'assises.

Les assises ne seront closes qu'après que toutes les affaires criminelles qui étaient en état, lors de leur ouverture, y auront été portées.

261. Les accusés qui ne seront arrivés dans la maison de justice qu'après l'ouverture des assises, ne pourront y être jugés que lorsque le procureur-général l'aura requis, lorsque les accusés y auront consenti, et lorsque le président l'aura ordonné.

En ce cas, le procureur-général et les accusés seront considérés comme ayant renoncé à la faculté de se pourvoir en nullité contre l'arrêt portant renvoi à la cour d'assises.

265. Le procureur-général pourra, même étant présent, déléguer ses fonctions à l'un de ses substituts.

Cette disposition est commune à la cour royale et à la cour d'assises.

§ 1er. *Fonctions du président.*

266. Le président est chargé : 1° d'entendre l'accusé lors de son arrivée dans la maison de justice; 2° de convoquer les jurés, et de les tirer au sort,

Il pourra déléguer ces fonctions à l'un des juges.

267. Il sera de plus chargé personnellement de diriger les jurés dans l'exercice de leurs fonctions, de leur exposer l'affaire sur laquelle ils auront à délibérer, même de leur rappeler leur devoir, de présider à toute l'instruction, et de déterminer l'ordre entre ceux qui demanderont à parler.

Il aura la police de l'audience.

268. Le président est investi d'un pouvoir discrétionnaire, en

_____

(1) *Loi du 25 Décembre* 1815. Art. 2. « Les fonctions du ministère public qui » étaient attribuées à nos procureurs au criminel, seront exercées par nos procu- » reurs près les tribunaux de première instance des arrondissemens dans lesquels » siégeront les cours d'assises, ou par leurs substituts. »

vertu duquel il pourra prendre sur lui tout ce qu'il croira utile pour découvrir la vérité; et la loi charge son honneur et sa conscience d'employer tous ses efforts pour en favoriser la manifestation.

269. Il pourra, dans le cours des débats, appeler, même par un mandat d'amener, et entendre toutes personnes, ou se faire apporter toutes nouvelles pièces qui lui paraîtraient, d'après les nouveaux développemens donnés à l'audience, soit par les accusés, soit par les témoins, pouvoir répandre un jour utile sur le fait contesté.

Les témoins ainsi appelés ne prêteront point serment, et leurs déclarations ne seront considérées que comme renseignemens.

§ II. *Fonctions du Procureur-général près la Cour royale.*

271. Le procureur-général près la cour royale poursuivra, soit par lui-même, soit par son substitut, toute personne mise en accusation suivant les formes prescrites au chapitre Ier du présent titre. Il ne pourra porter à la cour aucune autre accusation, à peine de nullité, et, s'il y a lieu, de prise à partie.

279. Tous les officiers de police judiciaire, même les juges d'instruction, sont soumis à la surveillance du procureur-général.

Tous ceux qui, d'après l'article 9 du présent code, sont, à raison de fonctions, même administratives, appelés par la loi à faire quelques actes de la police judiciaire, sont, sous ce rapport seulement, soumis à la même surveillance.

280. En cas de négligence des officiers de police judiciaire et des juges d'instruction, le procureur-général les avertira; cet avertissement sera consigné par lui sur un registre tenu à cet effet.

281. En cas de récidive, le procureur-général les dénoncera à la cour.

Sur l'autorisation de la cour, le procureur-général les fera citer à la chambre du conseil.

La cour leur enjoindra d'être plus exacts à l'avenir, et les condamnera aux frais, tant de la citation, que de l'expédition et de la signification de l'arrêt.

282. Il y aura récidive lorsque le fonctionnaire sera repris, pour quelque affaire que ce soit, avant l'expiration d'une année, à compter du jour de l'avertissement consigné sur le registre.

283. Dans tous les cas où les procureurs du Roi et les présidens sont autorisés à remplir les fonctions d'officier de police judiciaire ou de juge d'instruction, ils pourront déléguer au procureur du Roi, au juge d'instruction, et au juge de paix, même d'un arrondissement communal voisin du lieu du délit, les fonctions qui leur sont respectivement attribuées, autres que le pouvoir de délivrer les mandats d'amener, de dépôt et d'arrêt contre les prévenus.

§ III. *Fonctions du Procureur du Roi près la Cour d'assises, comme substitut du Procureur-général.*

284. Le procureur du Roi, dont il est parlé en l'article 253,

remplacera, près la cour d'assises, le procureur-général dans les départemens autres que celui où siége la cour royale, sans préjudice de la faculté que le procureur-général aura toujours de s'y rendre lui-même pour y exercer ses fonctions.

285. Ce substitut (1) résidera dans le chef-lieu du département.

286. Si les assises se tiennent dans une autre ville que le chef-lieu, il s'y transportera (2).

287. Le procureur du Roi (3) remplira aussi les fonctions du ministère public dans l'instruction et dans le jugement des appels de police correctionnelle.

288. En cas d'empêchement momentané, il sera remplacé par le procureur du Roi près le tribunal de première instance du chef-lieu (4).

289. Il surveillera les officiers de police judiciaire du département.

CHAPITRE III.

De la Procédure devant la Cour d'assises.

291. Quand l'accusation aura été prononcée, si l'affaire ne doit pas être jugée dans le lieu où siége la cour royale, le procès sera, par les ordres du procureur-général, envoyé, dans les vingt-quatre heures, au greffe du tribunal de première instance du chef-lieu du département, ou au greffe du tribunal qui pourrait avoir été désigné.

Dans tous les cas, les pièces servant à conviction qui seront restées déposées au greffe du tribunal d'instruction, ou qui auraient été apportées à celui de la cour royale, seront réunies dans le même délai au greffe où doivent être remises les pièces du procès.

309. Au jour fixé pour l'ouverture des assises, la cour ayant pris séance, douze jurés se placeront, dans l'ordre désigné par le sort, sur des siéges séparés du public, des parties et des témoins, en face de celui qui est destiné à l'accusé.

CHAPITRE IV.

De l'Examen, du Jugement et de l'Exécution.

Section Ire. De l'Examen.

310. L'accusé comparaîtra libre, et seulement accompagné de gardes pour l'empêcher de s'évader. Le président lui demandera son nom, ses prénoms, son âge, sa profession, sa demeure et le lieu de sa naissance.

---

(1) *Nota.* La loi du 25 décembre 1815 a rendu cet article sans objet.
(2) *Voyez* la note sur l'article 285.
(3) *Voyez* la note sur l'article 253.
(4) *Ibid.*

SECTION II. *Du Jugement et de l'Exécution.*

369. Les juges délibéreront et opineront à voix basse; ils pourront, pour cet effet, se retirer dans la chambre du conseil; mais l'arrêt sera prononcé à haute voix par le président, en présence du public et de l'accusé.

Avant de le prononcer, le président est tenu de lire le texte de la loi sur laquelle il est fondé.

Le greffier écrira l'arrêt; il y insérera le texte de la loi appliquée, sous peine de cent francs d'amende.

373. Le condamné aura trois jours francs après celui où son arrêt aura été prononcé, pour déclarer au greffe qu'il se pourvoit en cassation.

Le procureur-général pourra, dans le même délai, déclarer au greffe qu'il demande la cassation de l'arrêt.

La partie civile aura aussi le même délai; mais elle ne pourra se pourvoir que quant aux dispositions relatives à ses intérêts civils.

Pendant ces trois jours, et s'il y a eu recours en cassation, jusqu'à la réception de l'arrêt de la cour de cassation, il sera sursis à l'exécution de l'arrêt de la cour.

376. La condamnation sera exécutée par les ordres du procureur général; il aura le droit de requérir directement, pour cet effet, l'assistance de la force publique.

TITRE III.

DES MANIÈRES DE SE POURVOIR CONTRE LES ARRÊTS OU JUGEMENS.

CHAPITRE II.

Des demandes en cassation.

421. Les condamnés, même en matière correctionnelle ou de police, à une peine emportant privation de la liberté, ne seront pas admis à se pourvoir en cassation, lorsqu'ils ne seront pas actuellement en état, ou lorsqu'ils n'auront pas été mis en liberté sous caution.

L'acte de leur écrou, ou de leur mise en liberté sous caution, sera annexé à l'acte de recours en cassation.

Néanmoins, lorsque le recours en cassation sera motivé sur l'incompétence, il suffira au demandeur, pour que son recours soit reçu, de justifier qu'il s'est actuellement constitué dans la maison de justice du lieu où siège la cour de cassation : le gardien de cette maison pourra l'y recevoir, sur la représentation de sa demande adressée au procureur-général près cette cour, et visée par ce magistrat.

422. Le condamné ou la partie civile, soit en faisant sa déclaration, soit dans les dix jours suivans, pourra déposer au greffe de la cour ou du tribunal qui aura rendu l'arrêt ou le jugement

attaqué, une requête contenant ses moyens de cassation. Le greffier lui en donnera reconnaissance, et remettra sur-le-champ cette requête au magistrat chargé du ministère public.

423. Après les dix jours qui suivront la déclaration, ce magistrat fera passer au ministre de la justice les pièces du procès, et les requêtes des parties, si elles en ont déposé.

Le greffier de la cour, ou le tribunal qui aura rendu l'arrêt ou le jugement attaqué, rédigera sans frais, et joindra un inventaire des pièces, sous peine de cent francs d'amende, laquelle sera prononcée par la cour de cassation.

424. Dans les vingt-quatre heures de la réception de ces pièces, le ministre de la justice les adressera à la cour de cassation, et il en donnera avis au magistrat qui les lui aura transmises.

Les condamnés pourront aussi transmettre directement au greffe de la cour de cassation, soit leurs requêtes, soit les expéditions ou copies signifiées tant de l'arrêt ou du jugement que de leurs demandes en cassation. Néanmoins la partie civile ne pourra user du bénéfice de la présente disposition sans le ministère d'un avocat à la cour de cassation.

425. La cour de cassation, en toute affaire criminelle, correctionnelle ou de police, pourra statuer sur le recours en cassation, aussitôt après l'expiration des délais portés au présent chapitre, et devra y statuer, dans le mois au plus tard, à compter du jour où ces délais seront expirés.

426. La cour de cassation rejetera la demande ou annulera l'arrêt ou le jugement, sans qu'il soit besoin d'un arrêt préalable d'admission.

427. Lorsque la cour de cassation annulera un arrêt ou un jugement rendu soit en matière correctionnelle, soit en matière de police, elle renverra le procès et les parties devant une cour ou un tribunal de même qualité que celui qui aura rendu l'arrêt ou le jugement annulé.

428. Lorsque la cour de cassation annulera un arrêt rendu en matière criminelle, il sera procédé comme il est dit aux sept articles suivants.

429. La cour de cassation prononcera le renvoi du procès, savoir :

Devant une cour royale autre que celle qui aura réglé la compétence et prononcé la mise en accusation, si l'arrêt est annulé pour l'une des causes exprimées en l'article 299 ;

Devant une cour d'assises autre que celle qui aura rendu l'arrêt, si l'arrêt et l'instruction sont annulées pour cause de nullités commises à la cour d'assises ;

Devant un tribunal de première instance autre que celui auquel aura appartenu le juge d'instruction, si l'arrêt et l'instruction sont annulés aux chefs seulement qui concernent les intérêts civils : dans ce cas, le tribunal sera saisi sans citation préalable en conciliation.

Si l'arrêt et la procédure sont annulés pour cause d'incompétence, la cour de cassation renverra le procès devant les juges qui en doivent connaître, et les désignera : toutefois, si la compétence se trouvait appartenir au tribunal de première instance où siége le juge qui aurait fait la première instruction, le renvoi sera fait à un autre tribunal de 1re instance.

Lorsque l'arrêt sera annulé parce que le fait qui aura donné lieu à une condamnation se trouvera n'être pas un délit qualifié par la loi, le renvoi, s'il y a une partie civile, sera fait devant un tribunal de première instance autre que celui auquel aura appartenu le juge d'instruction ; et, s'il n'y a pas de partie civile, aucun renvoi ne sera prononcé.

TITRE IV.

DE QUELQUES PROCÉDURES PARTICULIÈRES.

CHAPITRE III.

Des crimes commis par les Juges, hors de leurs fonctions, et dans l'exercice de leurs fonctions.

SECTION Ire. *De la poursuite et instruction contre des Juges, pour crimes et délits par eux commis hors de leurs fonctions.*

479. Lorsqu'un juge de paix, un membre du tribunal correctionnel ou de première instance, ou un officier chargé du ministère public près l'un de ces tribunaux, sera prévenu d'avoir commis, hors de ses fonctions, un délit emportant une peine correctionnelle, le procureur-général près la cour royale le fera citer devant cette cour, qui prononcera sans qu'il puisse y avoir appel.

SECTION II. *De la poursuite et instruction contre des Juges et Tribunaux autres que les Membres de la Cour de cassation, les Cours royales et les Cours d'assises, pour forfaiture et autres crimes et délits relatifs à leurs fonctions.*

483. Lorsqu'un juge de paix ou de police, ou un juge faisant partie d'un tribunal de commerce, un officier de police judiciaire, un membre de tribunal correctionnel ou de première instance, ou un officier chargé du ministère public près l'un de ces juges ou tribunaux, sera prévenu d'avoir commis, dans l'exercice de ses fonctions, un délit emportant une peine correctionnelle, ce délit sera poursuivi et jugé comme il est dit à l'article 479.

CHAPITRE IV.

Des Délits contraires au respect dû aux autorités constituées.

504. Lorsqu'à l'audience ou en tout autre lieu où se fait publi-

quement une instruction judiciaire, l'un ou plusieurs des assistans donneront des signes publics soit d'approbation, soit d'improbation, ou exciteront du tumulte, de quelque manière que ce soit, le président ou le juge les fera expulser ; s'ils résistent à ses ordres, ou s'ils rentrent, le président ou le juge ordonnera de les arrêter et conduire dans la maison d'arrêt : il sera fait mention de cet ordre dans le procès-verbal ; et sur l'exhibition qui en sera faite au gardien de la maison d'arrêt, les perturbateurs y seront reçus et détenus pendant vingt-quatre heures.

505. Lorsque le tumulte aura été accompagné d'injures ou voies de fait donnant lieu à l'application ultérieure des peines correctionnelles ou de police, ces peines pourront être, séance tenante et immédiatement après que les faits auront été constatés, prononcées, savoir :

Celles de simple police, sans appel, de quelque tribunal ou juges qu'elles émanent ;

Et celles de police correctionnelle, à la charge de l'appel, si la condamnation a été portée par un tribunal sujet à appel, ou par un juge seul.

506. S'il s'agit d'un crime commis à l'audience d'un juge seul, ou d'un tribunal sujet à appel, le juge ou le tribunal, après avoir fait arrêter le délinquant et dressé procès-verbal des faits, enverra les pièces et le prévenu devant les juges compétens.

507. A l'égard des voies de fait qui auraient dégénéré en crimes, ou de tous autres crimes flagrans et commis à l'audience de la cour de cassation, d'une cour royale ou d'une cour d'assises ou spéciale (1), la cour procédera au jugement de suite et sans désemparer.

Elle entendra les témoins, le délinquant et le conseil qu'il aura choisi ou qui lui aura été désigné par le président ; et, après avoir constaté les faits et ouï le procureur-général ou son substitut, le tout publiquement, elle appliquera la peine par un arrêt qui sera motivé.

509. Les préfets, sous-préfets, maires et adjoints, officiers de police administrative ou judiciaire, lorsqu'ils rempliront publiquement quelques actes de leur ministère, exerceront aussi les fonctions de police réglées par l'art. 504 ; et, après avoir fait saisir les perturbateurs, ils dresseront procès-verbal du délit, et enverront ce procès-verbal, s'il y a lieu, ainsi que les prévenus, devant les juges compétens.

TITRE VII.

DE QUELQUES OBJETS D'INTÉRÊT PUBLIC ET DE SURETÉ GÉNÉRALE.

CHAPITRE II.

Des Prisons, Maisons d'arrêt et de justice.

603. Indépendamment des prisons établies pour peines, il y

---

(1) Voyez la note sur le titre VI du livre II.

aura dans chaque arrondissement, près du tribunal de première instance, une maison d'arrêt pour y retenir les prévenus; et, près de chaque cour d'assises, une maison de justice pour y retenir ceux contre lesquels il aura été rendu une ordonnance de prise de corps.

604. Les maisons d'arrêt et de justice seront entièrement distinctes des prisons établies pour peines.

605. Les préfets veilleront à ce que ces différentes maisons soient non seulement sûres, mais propres, et telles que la santé des prisonniers ne puisse être aucunement altérée.

606. Les gardiens de ces maisons seront nommés par les préfets.

607. Les gardiens des maisons d'arrêt, des maisons de justice et des prisons, seront tenus d'avoir un registre.

Ce registre sera signé et paraphé à toutes les pages, par le juge d'instruction, pour les maisons d'arrêt ; par le président de la cour d'assises, ou, en son absence, par le président du tribunal de première instance, pour les maisons de justice; et par le préfet, pour les prisons pour peines.

608. Tout exécuteur de mandat d'arrêt, d'ordonnance de prise de corps, d'arrêt ou de jugement de condamnation, est tenu, avant de remettre au gardien la personne qu'il conduira, de faire inscrire sur le registre l'acte dont il sera porteur; l'acte de remise sera écrit devant lui.

Le tout sera signé tant par lui que par le gardien.

Le gardien lui en remettra une copie signée de lui, pour sa décharge.

CHAPITRE III.

Des moyens d'assurer la liberté individuelle contre les détentions illégales ou d'autres actes arbitraires.

615. En exécution des articles 77, 78, 79, 80, 81 et 82 de l'acte du 13 décembre 1779 (1), quiconque aura connaissance qu'un individu est détenu dans un lieu qui n'a pas été destiné à servir de maison d'arrêt, de justice, ou de prison, est tenu d'en

---

(1) ART. 77. « Pour que l'acte qui ordonne l'arrestation d'une personne puisse être » exécuté, il faut, 1° qu'il exprime formellement le motif de l'arrestation ; et la loi » en exécution de laquelle elle est ordonnée ; 2° qu'il émane d'un fonctionnaire à » qui la loi ait donné formellement ce pouvoir; 3° qu'il soit notifié à la personne » arrêtée et qu'il lui en soit laissé copie.

78. « Un gardien ou geolier ne peut recevoir ou détenir aucune personne qu'après » avoir transcrit sur son registre l'acte qui ordonne l'arrestation ; cet acte doit être » un mandat donné dans les formes prescrites par l'article précédent, ou une or- » donnance de prise de corps, ou un décret d'accusation, ou un jugement.

79. « Tout gardien ou geolier sera tenu, sans qu'aucun ordre puisse l'en dispenser, » de représenter la personne détenue à l'officier civil ayant la police de la maison » de détention, toutes les fois qu'il en sera requis par cet officier.

80. « La représentation de la personne détenue ne pourra être refusée à ses pa- » rens et amis porteurs de l'ordre de l'officier civil, lequel sera toujours tenu de » l'accorder, à moins que le gardien ou le geolier ne représente une ordonnance » du juge pour tenir la personne au secret.

81. « Tous ceux qui, n'ayant point reçu de la loi le pouvoir de faire arrêter don- » neront, signeront, exécuteront l'arrestation d'une personne quelconque; tous » ceux qui, même dans le cas de l'arrestation autorisée par la loi, recevront ou re-

donner avis au juge de paix, au procureur du Roi ou à son substitut, ou au juge d'instruction, ou au procureur-général près la
cour royale.

616. Tout juge de paix, tout officier chargé du ministère public,
tout juge d'instruction, est tenu d'office, ou sur l'avis qu'il en
aura reçu, sous peine d'être poursuivi comme complice de détention arbitraire, de s'y transporter aussitôt, et de faire mettre en
liberté la personne détenue, ou, s'il est allégué quelque cause
légale de détention, de la faire conduire sur-le-champ devant le
magistrat compétent.

Il dressera du tout son procès-verbal.

617. Il rendra, au besoin, une ordonnance, dans la forme
prescrite par l'article 95 du présent Code.

En cas de résistance, il pourra se faire assister de la force nécessaire, et toute personne requise est tenue de prêter main-forte.

618. Tout gardien qui aura refusé, ou de montrer au porteur
de l'ordre de l'officier civil ayant la police de la maison d'arrêt,
de justice, ou de la prison, la personne du détenu, sur la réquisition qui en sera faite, ou de montrer l'ordre qui le lui défend,
ou de faire au juge de paix l'exhibition de ses registres, ou de
lui laisser prendre telle copie que celui-ci croira nécessaire de
partie de ses registres, sera poursuivi comme coupable ou complice de détention arbitraire.

CHAPITRE V.

De la Prescription.

635. Les peines portées par les arrêts ou jugemens rendus en
matière criminelle, se prescriront par vingt années révolues, à
compter de la date des arrêts ou jugemens.

Néanmoins le condamné ne pourra résider dans le département
où demeureraient, soit celui sur lequel ou contre la propriété
duquel le crime aurait été commis, soit ses héritiers directs.

Le Gouvernement pourra assigner au condamné le lieu de son
domicile.

» tiendront la personne arrêtée, dans un lieu de détention non publiquement et lé-
» galement désigné comme tel, et tous les gardiens ou geôliers qui contreviendront
» aux dispositions des trois articles précédens, seront coupables du crime de déten-
» tion arbitraire.

82. » Toutes rigueurs employées dans les arrestations, détentions ou exécutions,
» autres que celles autorisées par les lois, sont des crimes. »

FIN DU CODE D'INSTRUCTION CRIMINELLE.

CODE PÉNAL

D'APRÈS LES RÉFORMES INTRODUITES PAR LA LOI
DU 28 AVRIL 1832.

(Extrait pour les attributions de la Gendarmerie.)

DISPOSITIONS PRÉLIMINAIRES.

Art. 1er. L'infraction que les lois punissent des peines de police est une *contravention*.

L'infraction que les lois punissent de peines correctionnelles est un *délit*.

L'infraction que les lois punissent d'une peine afflictive ou infamante est un *crime*.

2. Toute tentative de *crime* qui aura été manifestée par un commencement d'exécution, si elle n'a été suspendue ou si elle n'a manqué son effet que par des circonstances indépendantes de la volonté de son auteur, est considérée comme le *crime* même.

3. Les tentatives de *délits* ne sont considérées comme *délits* que dans les cas déterminés par une disposition spéciale de la loi.

4. Nulle contravention, nul délit, nul crime, ne peuvent être punis de peines qui n'étaient pas prononcées par la loi avant qu'ils fussent commis.

5. Les dispositions du présent Code ne s'appliquent pas aux contraventions, délits et crimes *militaires*.

LIVRE Ier.

DES PEINES EN MATIÈRE CRIMINELLE ET CORREC-TIONNELLE, ET DE LEURS EFFETS.

6. Les peines en matière criminelle sont ou afflictives et infamantes, ou seulement infamantes.

7. Les peines afflictives et infamantes sont : 1° La mort ; 2° Les travaux forcés à perpétuité ; 3° La déportation ; 4° Les travaux forcés à temps ; 5° La détention ; 6° La reclusion.

8. Les peines infamantes sont : 1° Le bannissement ; 2° La dégradation civique.

9. Les peines en matière correctionnelle sont : 1° L'emprisonnement à temps dans un lieu de correction ; 2° L'interdiction à temps de certains droits-civiques, civils ou de famille; 3° L'amende.

10. La condamnation aux peines établies par la loi est toujours prononcée sans préjudice des restitutions et dommages-intérêts qui peuvent être dus aux parties.

11. Le renvoi sous la surveillance spéciale de la haute police, l'amende et la confiscation spéciale, soit du corps du délit, quand la propriété en appartient au condamné, soit des choses produites par le délit, soit de celles qui ont servi ou qui ont été estimées à le commettre, sont des peines communes aux matières criminelles et correctionnelles.

CHAPITRE PREMIER.

Des Peines en matière criminelle.

12. Tout condamné à mort aura la tête tranchée.

13. Le coupable condamné à mort pour parricide sera conduit sur le lieu de l'exécution, en chemise, nu-pieds, et la tête couverte d'un voile noir.

Il sera exposé sur l'échafaud pendant qu'un huissier fera au peuple lecture de l'arrêt de condamnation, et il sera immédiatement exécuté à mort.

15. Les hommes condamnés aux travaux forcés seront employés aux travaux les plus pénibles; ils traîneront à leurs pieds un boulet, ou seront attachés deux à deux avec une chaîne, lorsque la nature du travail auquel ils seront employés le permettra.

16. Les femmes et les filles condamnées aux travaux forcés n'y seront employées que dans l'intérieur d'une maison de force.

17. La peine de la déportation consistera à être transporté et à demeurer à perpétuité dans un lieu déterminé par la loi, hors du territoire continental du royaume.

Si le déporté rentre sur le territoire du royaume, il sera, sur la seule preuve de son identité, condamné aux travaux forcés à perpétuité.

Le déporté qui ne sera pas rentré sur le territoire du royaume, mais qui sera saisi dans les pays occupés par les armées françaises, sera conduit dans le lieu de sa déportation.

Tant qu'il n'aura pas été établi un lieu de déportation, ou lorsque les communications seront interrompues entre le lieu de la déportation et la métropole, le condamné subira à perpétuité la peine de la détention.

18. Les condamnations aux travaux forcés à perpétuité et à la déportation emporteront mort civile.

Néanmoins le Gouvernement pourra accorder au condamné à la déportation l'exercice des droits civils ou de quelques-uns de ces droits.

20. Quiconque aura été condamné à la détention sera renfermé dans l'une des forteresses situées sur le territoire continental du royaume, qui auront été déterminées par une ordonnance du Roi rendue dans la forme des réglemens d'administration publique.

Il communiquera avec les personnes placées dans l'intérieur du lieu de la détention ou avec celles du dehors, conformément aux réglemens de police établis par une ordonnance du Roi.

La détention ne peut être prononcée pour moins de cinq ans, ni pour plus de vingt ans, sauf le cas prévu par l'art. 33.

21. Tout individu de l'un ou de l'autre sexe, condamné à la peine de la réclusion, sera renfermé dans une maison de force, et employé à des travaux dont le produit pourra être en partie appliqué à son profit, ainsi qu'il sera réglé par le Gouvernement.

La durée de cette peine sera au moins de cinq années, et de dix ans au plus.

22. Quiconque aura été condamné à l'une des peines des travaux forcés à perpétuité, des travaux forcés à temps ou de la réclusion, avant de subir sa peine, demeurera, pendant une heure, exposé aux regards du peuple sur la place publique. Au-dessus de sa tête sera placé un écriteau portant, en caractères gros et lisibles, ses noms, sa profession, son domicile, sa peine et la cause de sa condamnation.

En cas de condamnation aux travaux forcés à temps ou à la réclusion, la cour d'assises pourra ordonner, par son arrêt, que le condamné, s'il n'est pas en état de récidive, ne subira pas l'exposition publique.

Néanmoins, l'exposition publique ne sera jamais prononcée à l'égard des mineurs de dix-huit ans et des septuagénaires.

25. Aucune condamnation ne pourra être exécutée les jours de fête nationales ou religieuses, ni les dimanches.

28. La condamnation à la peine des travaux forcés à temps, de la détention, de la réclusion ou du bannissement, emportera la dégradation civique. La dégradation civique sera encourue du jour où la condamnation sera devenue irrévocable, et, en cas de condamnation par contumace, du jour de l'exécution par effigie.

32. Quiconque aura été condamné au bannissement sera transporté, par ordre du Gouvernement, hors du territoire du royaume.

La durée du bannissement sera au moins de cinq années et de dix ans au plus.

34. La dégradation civique consiste :

1° Dans la destitution et l'exclusion des condamnés de toutes fonctions, emplois ou offices publics;

2° Dans la privation du droit de vote, d'élection, d'éligibilité, et, en général, de tous les droits civiques et politique, et du droit de porter aucune décoration ;

3° Dans l'incapacité d'être juré-expert, d'être employé comme témoin dans des actes, et de déposer en justice, autrement que pour y donner de simples renseignemens;

4° Dans l'incapacité de faire partie d'aucun conseil de famille, et d'être tuteur curateur, subrogé-tuteur ou conseil judiciaire, si ce n'est de ses propres enfans, et sur l'avis conforme de la famille;

5° Dans la privation du droit de port d'armes, du droit de faire partie de la garde nationale, de servir dans les armées françaises, de tenir école, ou d'enseigner et d'être employé dans aucun établissement d'instruction, à titre de professeur, maître ou surveillant.

36. Tous arrêts qui porteront la peine de mort, des travaux

forcés à perpétuité et à temps, la déportation, la détention, la reclusion, la dégradation civique et le bannissement, seront imprimés par extrait.

Ils seront affichés dans la ville centrale du département, dans celle où l'arrêt aura été rendu, dans la commune du lieu où le délit aura été commis, dans celle où se fera l'exécution, et dans celle du domicile du condamné.

LIVRE II.

DES PERSONNES PUNISSABLES, EXCUSABLES OU RESPONSABLES POUR CRIMES OU POUR DÉLITS.

CHAPITRE UNIQUE.

73. Les aubergistes et hôteliers, convaincus d'avoir logé plus de vingt-quatre heures quelqu'un qui, pendant son séjour, aurait commis un crime ou un délit, seront civilement responsables des restitutions, des indemnités et des frais adjugés à ceux à qui ce crime ou ce délit aurait causé quelque dommage, faute par eux d'avoir inscrit sur leur registre le nom, la profession et le domicile du coupable; sans préjudice de leur responsabilité dans le cas des articles 1952 et 1953 du Code civil.

LIVRE III.

DES CRIMES, DES DÉLITS, ET DE LEUR PUNITION.

TITRE PREMIER.

CRIMES ET DÉLITS CONTRE LA CHOSE PUBLIQUE.

CHAPITRE 1er.

Crimes et Délits contre la sûreté de l'État.

SECTION Ire. *Des Crimes et Délits contre la sûreté extérieure de l'État.*

75. Tout Français qui aura porté les armes contre la France sera puni de mort.

83. Quiconque aura recélé ou aura fait recéler les espions ou les soldats ennemis envoyés à la découverte, et qu'il aura connus pour tels, sera condamné à la peine de mort.

84. Quiconque aura, par des actions hostiles non approuvées par le Gouvernement, exposé l'État à une déclaration de guerre, sera puni du bannissement; et si la guerre s'en est suivie, de la déportation.

85. Quiconque aura, par des actes non approuvés par le Gouvernement, exposé des Français à éprouver des représailles, sera puni du bannissement.

Section II. *Des Crimes contre la sûreté intérieure de l'État.*

§ 1er. *Des Attentats et Complots dirigés contre le Roi et sa famille.*

86. L'attentat contre la vie ou contre la personne du Roi est puni de la peine du parricide.

L'attentat contre la vie ou contre la personne des membres de la famille royale, est puni de la peine de mort.

Toute offense commise publiquement envers la personne du Roi sera punie d'un emprisonnement de six mois à cinq ans et d'une amende de cinq cents francs à dix mille francs. Le coupable pourra en outre être interdit de tout ou partie des droits mentionnés en l'art. 42, pendant un temps égal à celui de l'emprisonnement auquel il aura été condamné. Ce temps courra à compter du jour où le coupable aura subi sa peine.

87. L'attentat dont le but sera, soit de détruire, soit de changer le Gouvernement ou l'ordre de successibilité au trône, soit d'exciter les citoyens ou habitans à s'armer contre l'autorité royale, sera puni de mort.

§ II. *Des crimes tendant à troubler l'État par la guerre civile, l'illégal emploi de la force armée, la dévastation et le pillage public.*

94. Toute personne qui, pouvant disposer de la force publique, en aura requis ou ordonné, fait requérir ou ordonner l'action ou l'emploi contre la levée des gens de guerre légalement établie, sera puni de la déportation.

Si cette réquisition ou cet ordre ont été suivis de leur effet, le coupable sera puni de mort.

96. Quiconque, soit pour envahir des domaines, propriétés ou deniers publics, places, villes, forteresses, postes, magasins, arsenaux, ports, vaisseaux ou bâtimens appartenant à l'État, soit pour piller ou partager des propriétés publiques ou nationales, ou celles d'une généralité de citoyens, soit enfin pour faire attaque ou résistance envers la force publique agissant contre les auteurs de ces crimes, se sera mis à la tête de bandes armées, ou y aura exercé une fonction ou commandement quelconque, sera puni de mort.

Les mêmes peines seront appliquées à ceux qui auront dirigé l'association, levé ou fait lever, organisé ou fait organiser les bandes, ou leur auront, sciemment et volontairement, fourni ou procuré des armes, munitions et instrumens de crime, ou envoyé des convois de subsistances, ou qui auront, de toute autre manière, pratiqué des intelligences avec les directeurs ou commandans des bandes.

100. Il ne sera prononcé aucune peine, pour le fait de sédition, contre ceux qui, ayant fait partie de ces bandes sans y exercer aucun commandement et sans y remplir aucun emploi ni fonctions, se seront retirés au premier avertissement des autorités civiles ou militaires, ou même depuis, lorsqu'ils n'auront été

saisis que hors des lieux de la réunion séditieuse, sans opposer de résistance et sans armes.

Ils ne seront punis, dans ces cas, que des crimes particuliers qu'ils auraient personnellement commis; et néanmoins ils pourront être renvoyés, pour cinq ans ou au plus jusqu'à dix, sous la surveillance spéciale de la haute police.

101. Sont compris dans le mot *armes*, toutes machines, tous instrumens ou ustensiles tranchans, perçans ou contondans.

Les couteaux et ciseaux de poche, les cannes simples, ne seront réputés armes qu'autant qu'il en aura été fait usage pour tuer, blesser ou frapper.

CHAPITRE II.

CRIMES ET DÉLITS CONTRE LA CHARTE CONSTITUTIONNELLE.

SECTION II. *Attentats à la liberté.*

121. Seront, comme coupables de forfaiture, punis de la dégradation civique, tout officier de police judiciaire, tous procureurs-généraux ou du Roi, tous substituts, tous juges, qui auront provoqué, donné ou signé un jugement, une ordonnance ou un mandat tendant à la poursuite personnelle ou accusation, soit d'un ministre, soit d'un membre de la Chambre des pairs, de la Chambre des députés ou du conseil d'état, sans les autorisations prescrites par les lois de l'Etat; ou qui, hors les cas de flagrant délit ou de clameur publique, auront, sans les mêmes autorisations, donné ou signé l'ordre ou le mandat de saisir ou arrêter un ou plusieurs ministres ou membres de la Chambre des pairs, de la Chambre des députés ou du conseil d'Etat.

122. Seront ainsi punis de la dégradation civique les procureurs-généraux ou du Roi, les substituts, les juges ou les officiers publics qui auront retenu ou fait retenir un individu hors des lieux déterminés par le Gouvernement ou par l'administration publique, ou qui auront traduit un citoyen devant une cour d'assises, sans qu'il ait été préalablement mis légalement en accusation.

CHAPITRE III.

Crimes et Délits contre la paix publique.

SECTION Ire. *Du Faux.*

§ 1er. *Fausse monnaie*

132. Quiconque aura contrefait ou altéré les monnaies d'or ou d'argent ayant cours légal en France, ou participé à l'émission ou exposition desdites monnaies contrefaites ou altérées, ou à leur introduction sur le territoire français, sera puni des travaux forcés à perpétuité.

133. Celui qui aura contrefait ou altéré des monnaies de billon ou de cuivre ayant cours légal en France, ou participé à l'émission ou exposition desdites monnaies contrefaites ou altérées, ou à leur introduction sur le territoire français, sera puni des travaux forcés à temps.

134. Tout individu qui aura, en France, contrefait ou altéré des monnaies étrangères, ou participé à l'émission, exposition ou introduction en France de monnaies étrangères contrefaites ou altérées, sera puni des travaux forcés à temps.

135. La participation énoncée aux précédens articles ne s'applique point à ceux qui, ayant reçu pour bonnes des pièces de monnaies contrefaites ou altérées, les ont remises en circulation.

Toutefois, celui qui aura fait usage desdites pièces après en avoir vérifié ou fait vérifier les vices, sera puni d'une amende triple au moins et sextuple au plus de la somme représentée par les pièces qu'il aura rendu à la circulation, sans que cette amende puisse, en aucun cas, être inférieure à seize francs.

138. Les personnes coupables des crimes mentionnés aux articles 132 et 133 seront exemptes de peines, si, avant la consommation de ces crimes et avant toutes poursuites, elles en ont donné connaissance et révélé les auteurs aux autorités constituées, ou si, même après les poursuites commencées, elles ont procuré l'arrestation des autres coupables.

Elles pourront néanmoins être mises, pour la vie ou à temps, sous la surveillance spéciale de la haute police.

§ II. *Contrefaction des Sceaux de l'Etat, des Billets de banque, des Effets publics et des Poinçons, Timbres et Marques.*

139. Ceux qui auront contrefait le sceau de l'État ou fait usage du sceau contrefait ;

Ceux qui auront contrefait ou falsifié, soit des effets émis par le trésor public avec son timbre, soit des billets de banque autorisés par la loi, ou qui auront fait usage de ces effets et billets contrefaits ou falsifiés, ou qui les auront introduits dans l'enceinte du territoire français,

Seront punis des travaux forcés à perpétuité.

140. Ceux qui auront contrefait ou falsifié, soit un ou plusieurs timbres nationaux, soit les marteaux de l'État servant aux marmarques forestières, soit le poinçon ou les poinçons servant à marquer les matières d'or ou d'argent, ou qui auront fait usage des papiers, effets, timbres, marteaux ou poinçons falsifiés ou contrefaits, seront punis des travaux forcés à temps, dont le *maximum* sera toujours appliqué dans ce cas.

141. Sera puni de la réclusion, quiconque, s'étant indûment procuré les vrais timbres, marteaux ou poinçons ayant l'une des destinations exprimées en l'article 140, en aura fait une application ou usage préjudiciable aux droits ou intérêts de l'État.

142. Ceux qui auront contrefait les marques destinées à être apposées, au nom du Gouvernement, sur les diverses espèces de denrées ou de marchandises, ou qui auront fait usage de ces fausses marques;

Ceux qui auront contrefait le sceau, timbre ou marque d'une

autorité quelconque, ou d'un établissement particulier de banque ou de commerce, ou qui auront fait usage des sceaux, timbres ou marques contrefaits,

Seront punis de la réclusion.

143. Sera puni de la dégradation civique, quiconque, s'étant indûment procuré les vrais sceaux, timbres ou marques ayant l'une des destinations exprimées en l'article 142, en aura fait une application ou usage préjudiciable aux droits ou intérêts de l'État, d'une autorité quelconque, ou même d'un établissement particulier.

144. Les dispositions de l'article 138 sont applicables aux crimes mentionnés dans l'article 139.

CHAPITRE III.

SECTION IV. *Résistance, Désobéissance et autres manquemens envers l'Autorité publique.*

§ 1er. *Rebellion.*

209. Toute attaque, toute résistance avec violences et voies de fait envers les officiers ministériels, les gardes champêtres ou forestiers, la force publique, les préposés à la perception des taxes et des contributions, les porteurs de contraintes, les préposés des douanes, les séquestres; les officiers ou agens de police administrative ou judiciaire, agissant pour l'exécution des lois, des ordres ou ordonnances de l'autorité publique, des mandats de justice ou jugemens, est qualifiée, selon les circonstances, crime ou délit de rebellion.

210. Si elle a été commise par plus de vingt personnes armées, les coupables seront punis des travaux forcés à temps; et s'il n'y a pas eu port d'armes, ils seront punis de la réclusion.

211. Si la rebellion a été commise par une réunion armée de trois personnes ou plus jusqu'à vingt inclusivement, la peine sera un emprisonnement de six mois à deux ans, et si elle a eu lieu sans armes, d'un emprisonnement de six jours à six mois.

213. En cas de rebellion avec bande ou attroupement, l'article 100 du présent Code sera applicable aux rebelles sans fonctions ni emplois dans la bande, qui se seront retirés sans avertissement de l'autorité publique, ou même depuis, s'ils n'ont été saisis que hors le lieu de la rebellion, et sans nouvelle résistance et sans arme.

214. Toute réunion d'individus pour un crime ou un délit, es réputée réunion armée, lorsque plus de deux personnes portent des armes ostensibles.

215. Les personnes qui se trouveraient munies d'armes cachées et qui auraient fait partie d'une troupe ou réunion non réputé armée, seront individuellement punies comme si elles avaient fait partie d'une troupe ou réunion armée.

216 Les auteurs des crimes et délits commis pendant le cour, et à l'occasion d'une rebellion, seront punis des peines prononcées contre chacun de ces crimes.

217. Sera puni comme coupable de la rebellion quiconque y aura provoqué, soit par des discours tenus dans des lieux ou réunions publics, soit par placards affichés, soit par écrits imprimés.

Dans le cas où la rebellion n'aurait pas eu lieu, le provocateur sera puni d'un emprisonnement de six jours au moins ou d'un an au plus.

219. Seront punies comme réunions de rebelles, celles qui auront été formées avec ou sans armes, et accompagnées de violences ou de menaces contre l'autorité administrative, les officiers et les agens de police, ou contre la force publique,

1° Par les ouvriers ou journaliers dans les ateliers publics ou manufactures;

2° Par les individus admis dans les hospices;

3° Par les prisonniers prévenus, accusés ou condamnés.

§ II. *Outrages et Violences envers les dépositaires de l'autorité et de la force publique.*

222. Lorsqu'un ou plusieurs magistrats de l'ordre administratif ou judiciaire auront reçu, dans l'exercice de leurs fonctions, ou à l'occasion de cet exercice, quelque outrage par paroles tendant à inculper leur honneur ou leur délicatesse, celui qui les aura ainsi outragés sera puni d'un emprisonnement d'un mois à deux ans.

Si l'outrage a eu lieu à l'audience d'une cour ou d'un tribunal, l'emprisonnement sera de deux à cinq ans.

223. L'outrage fait par gestes ou menaces à un magistrat dans l'exercice ou à l'occasion de l'exercice de ses fonctions, sera puni d'un mois à six mois d'emprisonnement; et si l'outrage a eu lieu à l'audience d'une cour ou d'un tribunal, il sera puni d'un emprisonnement d'un mois à deux ans.

224. L'outrage fait par paroles, gestes ou menaces à tout officier ministériel, ou agent dépositaire de la force publique, dans l'exercice ou à l'occasion de l'exercice de ses fonctions, sera puni d'une amende de seize francs à deux cents francs.

225. La peine sera de six jours à un mois d'emprisonnement, si l'outrage mentionné en l'article précédent a été dirigé contre un commandant de la force publique.

226. Dans le cas des articles 222, 223 et 225, l'offenseur pourra être, outre l'emprisonnement, condamné à faire réparation, soit à la première audience, soit par écrit; et le temps de l'emprisonnement prononcé contre lui ne sera compté qu'à dater du jour où la réparation aura eu lieu.

227. Dans le cas de l'article 224, l'offenseur pourra de même, outre l'amende, être condamné à faire réparation à l'offensé; et s'il retarde ou refuse, il sera contraint par corps.

228. Tout individu qui, même sans armes, et sans qu'il en soit résulté de blessures, aura frappé un magistrat dans l'exercice de ses fonctions, ou à l'occasion de cet exercice, sera puni d'un emprisonnement de deux à cinq ans.

Si cette voie de fait a eu lieu à l'audience d'une cour ou d'un tribunal, le coupable sera en outre puni de la dégradation civique.

229. Dans l'un et l'autre des cas exprimés en l'article précédent,

le coupable pourra, de plus, être condamné à s'éloigner , pendant cinq à dix ans, du lieu où siège le magistrat, et d'un rayon de deux myriamètres.

Cette disposition aura son exécution à dater du jour où le condamné aura subi sa peine.

Si le condamné enfreint cet ordre avant l'expiration du temps fixé, il sera puni du bannissement.

230. Les violences de l'espèce exprimée en l'article 228, dirigées contre un officier ministériel, un agent de la force publique, ou un citoyen chargé d'un ministère de service public, si elles ont eu lieu pendant qu'ils exerçaient leur ministère ou à cette occasion, seront punies d'un emprisonnement d'un mois à six mois.

231. Si les violences exercées contre les fonctionnaires et agens désignés aux articles 228 et 230, ont été la cause d'effusion de sang, blessures ou maladie, la peine sera la reclusion ; si la mort s'en est suivie dans les quarante jours, le coupable sera puni des travaux forcés à perpétuité.

232. Dans le cas même où ces violences n'auraient pas causé d'effusion de sang, blessures ou maladie, les coups seront punis de la réclusion, s'ils ont été portés avec préméditation ou de guet-apens.

235. Si les coups ont été portés ou les blessures faites à un des fonctionnaires ou agens désignés aux articles 228 et 230, dans l'exercice ou à l'occasion de l'exercice de leurs fonctions, avec intention de donner la mort, le coupable sera puni de mort.

§ III. *Refus d'un Service dû légalement.*

231. Tout commandant, tout officier ou sous-officier de la force publique qui , après en avoir été légalement requis par l'autorité civile , aura refusé de faire agir la force à ses ordres, sera puni d'un emprisonnement d'un mois à trois mois, sans préjudice des réparations civiles qui pourraient être dues aux termes de l'article 10 du présent Code.

235. Les lois pénales et réglemens relatifs à la conscription militaire continueront de recevoir leur exécution.

§. IV. *Évasion de détenus , Recèlement de criminels,*

237. Toutes les fois qu'une évasion de détenus aura lieu, les huissiers, les commandans en chef ou en sous-ordre, soit de la gendarmerie, soit de la force armée servant d'escorte ou garnissant les postes, les concierges, les gardiens, geôliers, et tous autres préposés à la conduite, au transport ou la garde des détenus, seront punis ainsi qu'il suit :

288. Si l'évadé était prévenu de délits de police, ou de crimes simplement infamans, ou s'il était prisonnier de guerre, les préposés à sa garde ou conduite seront punis , en cas de négligence, d'un emprisonnement de six jours à deux mois; et, en cas de connivence, d'un emprisonnement de six mois à deux ans.

Ceux qui, n'étant pas chargés de la garde ou de la conduite du détenu, auront procuré ou facilité son évasion , seront punis de six jours à trois mois d'emprisonnement.

239. Si les détenus évadés, ou l'un d'eux, étaient prévenus ou accusés d'un crime de nature à entraîner une peine afflictive à temps, ou condamnés pour l'un de ces crimes, la peine sera contre les proposés à la garde ou conduite, en cas de négligence, un emprisonnement de deux mois à six mois; en cas de connivence, la réclusion.

Les individus non chargés de la garde des détenus, qui auront procuré ou facilité l'évasion, seront punis d'un emprisonnement de trois mois à deux ans.

240. Si les évadés, ou l'un d'eux, sont prévenus ou accusés de crimes de nature à entraîner la peine de mort ou des peines perpétuelles, ou s'ils sont condamnés à l'une de ces peines, leurs conducteurs ou gardiens seront punis d'un an à deux ans d'emprisonnement, en cas de négligence, et des travaux forcés à temps, en cas de connivence.

Les individus non chargés de la conduite ou de la garde qui auront facilité ou procuré l'évasion, seront punis d'un emprisonnement d'un an au moins et de cinq ans au plus.

241. Si l'évasion a eu lieu ou a été tentée avec violences ou bris de prison, les peines contre ceux qui l'auront favorisée en fournissant des instrumens propres à l'opérer, feront, au cas que l'évadé fût de la qualité exprimée en l'article 238, trois mois à deux ans d'emprisonnement; au cas de l'art. 239, deux à cinq ans d'emprisonnement ; et au cas de l'article 240, la reclusion.

242. Dans tout les cas ci-dessus, lorsque les tiers qui auront procuré ou facilité l'évasion y seront parvenus en corrompant les gardiens ou geôliers, ou de connivence avec eux, ils seront punis des mêmes peines que lesdits gardiens et geôliers.

243. Si l'évasion avec bris ou violence a été favorisée par transmission d'armes, les gardiens et conducteurs qui y auront participé seront punis des travaux forcés à perpétuité; les autres personnes, des travaux forcés à temps.

244. Tous ceux qui auront connivé à l'évasion d'un détenu seront solidairement condamnés, à titre de dommages-intérêts, à tout ce que la partie civile du détenu aurait eu droit d'obtenir contre lui.

245. A l'égard des détenus qui se seront évadés ou qui auront tenté de s'évader par bris de prison ou par violence, ils seront, pour ce seul fait, punis de six mois à un an d'emprisonnement, et subiront cette peine immédiatement après l'expiration de celle qu'ils auront encourue pour le crime ou délit à raison duquel ils étaient détenus, ou immédiatement après l'arrêt ou jugement qui les aura acquittés ou renvoyés absous dudit crime ou délit; le tout sans préjudice de plus fortes peines qu'ils auraient pu encourir pour d'autres crimes qu'ils auraient commis dans leurs violences.

246. Quiconque sera condamné pour avoir favorisé une évasion ou des tentatives d'évasion, à un emprisonnement de plus de six mois, pourra, en outre, être mis sous la surveillance spéciale de la haute police, pour un intervale de cinq à dix ans.

247. Les peines d'emprisonnement ci-dessus établies contre les conducteurs ou les gardiens, en cas de négligence seulement, ces-

seront lorsque les évadés seront repris ou représentés, pourvu que ce soit dans les quatre mois de l'évasion, et qu'ils ne soient pas arrêtés pour d'autres crimes ou délits commis postérieurement.

248. Ceux qui auront recélé ou fait recéler des personnes qu'ils savaient avoir commis des crimes emportant peine afflictive, seront punis de trois mois d'emprisonnement au moins et de deux ans au plus.

Sont exceptés de la présente disposition les ascendans ou descendans, époux ou épouse même divorcés, frères ou sœurs des criminels recélés, ou leur alliés aux mêmes degrés.

§ V. Bris de scellés et Enlèvement de pièces dans les dépôts publics.

249. Lorsque des scellés apposés, soit par ordre du Gouvernement, soit par suite d'une ordonnance de justice rendue en quelque matière que ce soit, auront été brisés, les gardiens seront punis, pour simple négligence, de six jours à six mois d'emprisonnement.

§ VII. Usurpations de titres ou fonctions.

258. Quiconque, sans titre, se sera immiscé dans des fonctions publiques, civiles ou militaires, ou aura fait les actes d'une de ces fonctions, sera puni d'un emprisonnement de deux à cinq ans, sans préjudice de la peine de faux, si l'acte porte le caractère de ce crime.

259. Toute personne qui aura publiquement porté un costume, un uniforme ou une décoration qui ne lui appartiendra pas, sera punie d'un emprisonnement de six mois à deux ans.

§ VIII. Entraves au libre exercice des cultes.

260. Tout particulier qui, par des voies de fait ou des menaces, aura contraint ou empêché une ou plusieurs personnes d'exercer l'un des cultes autorisés, d'assister à l'exercice de ce culte, de célébrer certaines fêtes, d'observer certains jours de repos, et, en conséquence, d'ouvrir ou de fermer leurs ateliers, boutiques ou magasins, et de faire ou quitter certains travaux, sera puni, pour ce seul fait, d'une amende de seize francs à deux cents francs, et d'un emprisonnement de six jours à deux mois.

261. Ceux qui auront empêché, retardé ou interrompu les exercices d'un culte par des troubles ou désordres causés dans le temple ou autre lieu destiné ou servant actuellement à ces exercices, seront punis d'une amende de seize francs à trois cents francs, et d'un emprisonnement de six jours à trois mois.

262. Toute personne qui aura, par paroles ou gestes, outragé les objets d'un culte dans les lieux destinés ou servant actuellement à son exercice, ou les ministres de ce culte dans leurs fonctions, sera punie d'une amende de seize francs à cinq cents francs, et d'un emprisonnement de quinze jours à six mois.

263. Quiconque aura frappé le ministre d'un culte dans ses fonctions, sera puni de la dégradation civique.

11

264. Les dispositions du précédent paragraphe ne s'appliquent qu'aux troubles, outrages ou voies de fait dont la nature ou les circonstances ne donneront pas lieu à de plus fortes peines, d'après les autres dispositions du présent Code.

Section V. *Associations de malfaiteurs, Vagabondage et Mendicité.*

§ II. *Vagabondage.*

269. Le vagabondage est un délit.

270. Les vagabonds ou gens sans aveu sont ceux qui n'ont ni domicile certain, ni moyens de subsistance, et qui n'exercent habituellement ni métier, ni profession.

271. Les vagabonds ou gens sans aveu qui auront été légalement déclarés tels, seront, pour ce seul fait, punis de trois à six mois d'emprisonnement. Ils seront renvoyés, après avoir subi leur peine, sous la surveillance de la haute police pendant cinq ans au moins et dix ans au plus.

Néanmoins les vagabonds âgés de moins de seize ans ne pourront être condamnés à la peine d'emprisonnement; mais sur la preuve des faits de vagabondage, ils seront renvoyés sous la surveillance de la haute police jusqu'à l'âge de vingt ans accomplis, à moins qu'avant cet âge ils n'aient contracté un engagement régulier dans les armées de terre ou de mer.

272. Les individus déclarés vagabonds par jugement pourront, s'ils sont étrangers, être conduits, par les ordres du Gouvernement, hors du territoire du royaume.

273. Les vagabonds nés en France pourront, après un jugement même passé en force de chose jugée, être réclamés par délibération du conseil municipal de la commune où ils sont nés, ou cautionnés par un citoyen solvable.

Si le Gouvernement accueille la réclamation ou agrée la caution, les individus ainsi réclamés ou cautionnés seront, par ses ordres, renvoyés ou conduits dans la commune qui les aura réclamés, ou dans celle qui leur sera assignée pour résidence, sur la demande de la caution.

§ III. *Mendicité.*

274. Toute personne qui aura été trouvée mendiant dans un lieu pour lequel il existera un établissement public organisé afin d'obvier à la mendicité, sera punie de trois à six mois d'emprisonnement, et sera, après l'expiration de sa peine, conduite au dépôt de mendicité.

275. Dans les lieux où il n'existe point encore de tels établissemens, les mendians d'habitude valides seront punis d'un mois à trois mois d'emprisonnement.

S'ils ont été arrêtés hors du canton de leur résidence, ils seront punis d'un emprisonnement de six mois à deux ans.

276. Tous mendians, même invalides, qui auront usé de menaces, ou seront entrés, sans permission du propriétaire ou des per-

sonnes de sa maison, soit dans une habitation, soit dans un enclos
en dépendant,

Ou qui feindront des plaies ou infirmités.

Ou qui mendieront en réunion, à moins que ce ne soient le
mari et la femme, le père ou la mère et leurs jeunes enfans, l'a-
veugle et son conducteur,

Seront punis d'un emprisonnement de six mois à deux ans.

Dispositions communes aux Vagabonds et Mendians.

277. Tout mendiant ou vagabond qui aura été saisi travesti
d'une manière quelconque,

Ou porteur d'armes, bien qu'il n'en ait usé ni menacé,

Ou muni de limes, crochets ou autres instrumens propres soit
à commettre des vols ou d'autres délits, soit à lui procurer les
moyens de pénétrer dans les maisons,

Sera puni de deux à cinq ans d'emprisonnement.

278. Tout mendiant ou vagabond qui sera trouvé porteur d'un
ou de plusieurs effets d'une valeur supérieure à cent francs, et
qui ne justifiera point d'où ils lui proviennent, sera puni de la
peine portée en l'article 276.

279. Tout mendiant ou vagabond qui aura exercé quelque act
de violence que ce soit envers les personnes, sera puni de la réclusion, sans préjudice de peines plus fortes, s'il y a lieu, à raison du genre et des circonstances de la violence.

281. Les peines établies par le présent Code contre les individus porteurs de faux certificats, faux passe-ports ou fausses feuilles de route, seront toujours, dans leur espèce, portées au *maximum*, quand elles seront appliquées à des vagabonds ou mendians.

282. Les mendians qui auront été condamnés aux peines portées par les articles précédens, seront renvoyés, après l'expiration de leur peine, sous la surveillance de la haute police pour
cinq ans au moins et dix ans au plus.

TITRE II.

CRIMES ET DÉLITS CONTRE LES PARTICULIERS.

CHAPITRE PREMIER.

Crimes et Délits contre les Personnes.

SECTION Ire. *Meurtres et autres Crimes capitaux, Menaces
d'attentat contre les Personnes.*

§ Ier. *Meurtre, Assassinat, Parricide, Infanticide, Empoisonnement.*

295. L'homicide commis volontairement est qualifié meurtre.

296. Tout meurtre commis avec préméditation, ou de guet-
apens, est qualifié assassinat.

11.

297. La préméditation consiste dans le dessein formé, avant l'action, d'attenter à la personne d'un individu déterminé, ou même de celui qui sera trouvé ou rencontré, quand même ce dessein serait dépendant de quelque circonstance ou de quelque condition.

298. Le guet-apens consiste à attendre plus ou moins de temps, dans un ou divers lieux, un individu, soit pour lui donner la mort, soit pour exercer sur lui des actes de violence.

299. Est qualifié parricide le meurtre des pères ou mères légitimes, naturels ou adoptifs, ou de tout autre ascendant légitime.

300. Est qualifié infanticide le meurtre d'un enfant nouveau-né.

301. Est qualifié empoisonnement tout attentat à la vie d'une personne, par l'effet de substances qui peuvent donner la mort plus ou moins promptement, de quelque manière que ces substances aient été employées ou administrées, et quelles qu'en aient été les suites.

302 Tout coupable d'assassinat, de parricide, d'infanticide et d'empoisonnement, sera puni de mort, sans préjudice de la disposition particulière contenue en l'article 13, relativement au parricide.

SECTION II. *Blessures et Coups volontaires non qualifiés Meurtre, et autres Crimes et Délits volontaires.*

318. Quiconque aura vendu ou débité des boissons falsifiées, contenant des mixtions nuisibles à la santé, sera puni d'un emprisonnement de six jours à deux ans, et d'une amende de seize francs à cinq cents francs.

Seront saisies et confisquées les boissons falsifiées trouvées appartenir au vendeur ou débitant.

SECTION IV. *Attentats aux Mœurs.*

330. Toute personne qui aura commis un outrage public à la pudeur, sera punie d'un emprisonnement de trois mois à un an, et d'une amende de seize francs à deux cents francs.

331. Tout attentat à la pudeur, consommé ou tenté sans violence sur la personne d'un enfant de l'un ou de l'autre sexe âgé de moins de onze ans, sera puni de la réclusion.

322. Quiconque aura commis le crime de viol sera puni des travaux forcés à temps.

Si le crime a été commis sur la personne d'un enfant au-dessous de l'âge de quinze ans accomplis, le coupable subira le *maximum* de la peine des travaux forcés à temps.

Quiconque aura commis un attentat à la pudeur, consommé ou tenté avec violence contre des individus de l'un ou de l'autre sexe, sera puni de la réclusion.

Si le crime a été commis sur la personne d'un enfant au-dessous de l'âge de quinze ans accomplis, le coupable subira la peine des travaux forcés à temps.

333. Si les coupables sont des ascendans de la personne sur

laquelle a été commis l'attentat, s'ils sont de la classe de ceux qui ont autorité sur elle, s'ils sont ses instituteurs ou ses serviteurs à gages ou serviteurs à gages des personnes ci-dessus désignées, s'ils sont fonctionnaires ou ministres d'un culte, ou si le coupable, quel qu'il soit, a été aidé dans son crime par une ou plusieurs personnes, la peine sera celle des travaux forcés à temps, dans le cas prévu par l'article 331, et des travaux à perpétuité, dans les cas prévus par l'article précédent.

334. Quiconque aura attenté aux mœurs, en excitant, favorisant ou facilitant habituellement la débauche ou la corruption de la jeunesse de l'un ou de l'autre sexe au-dessous de l'âge de vingt-un ans, sera puni d'un emprisonnement de six mois à deux ans, et d'une amende de cinquante francs à cinq cents francs.

Si la prostitution ou la corruption a été excitée, favorisée ou facilitée par leurs pères, mères, tuteurs ou autres personnes chargées de leur surveillance, la peine sera de deux ans à cinq ans d'emprisonnement, et de trois cents francs à mille francs d'amende.

336. L'adultère de la femme ne pourra être dénoncé que par le mari; cette faculté même cessera s'il est dans le cas prévu par l'article 339.

337. La femme convaincue d'adultère subira la peine de l'emprisonnement pendant trois mois au moins et de deux ans au plus.

Le mari restera le maître d'arrêter l'effet de cette condamnation en consentant à reprendre sa femme.

338. Le complice de la femme adultère sera puni de l'emprisonnement pendant le même espace de temps, et, en outre, d'une amende de cent francs à deux mille francs.

Les seules preuves qui pourront être admises contre le prévenu de complicité, seront, outre le flagrant délit, celle résultant de lettres ou autres pièces écrites par le prévenu.

339. Le mari qui aura entretenu une concubine dans la maison conjugale, et qui aura été convaincu sur la plainte de la femme, sera puni d'une amende de cent francs à deux mille francs.

340. Quiconque, étant dans les liens du mariage, en aura contracté un autre avant la dissolution du précédent, sera puni de la peine des travaux forcés à temps.

L'officier public qui aura prêté son ministère à ce mariage, connaissant l'existence du précédent, sera condamné à la même peine.

SECTION V. *Arrestations illégales et Séquestrations de personnes.*

341. Seront punis de la peine des travaux forcés à temps, ceux qui, sans ordre des autorités constituées et hors les cas où la loi ordonne de saisir des prévenus, auront arrêté, détenu ou séquestré des personnes quelconques.

Quiconque aura prêté un lieu pour exécuter la détention ou séquestration subira la même peine.

342. Si la détention ou séquestration a duré plus d'un mois, la peine sera celle des travaux forcés à perpétuité.

313. La peine sera réduite à l'emprisonnement de deux ans à cinq ans, si les coupables des délits mentionnés en l'article 311, non encore poursuivis de fait, ont rendu la liberté à la personne arrêtée, séquestrée ou détenue, avant le dixième jour accompli depuis celui de l'arrestation, détention ou séquestration. Ils pourront néanmoins être renvoyés sous la surveillance de la haute police, depuis cinq ans jusqu'à dix ans.

314. Dans chacun des deux cas suivans :

1° Si l'arrestation a été exécutée avec le faux costume, sous un faux nom, ou sous un faux ordre de l'autorité publique ;

2° Si l'individu arrêté, détenu ou séquestré, a été menacé de la mort.

Les coupables seront punis des travaux forcés à perpétuité.

Mais la peine sera celle de la mort, si les personnes arrêtées, détenues ou séquestrées, ont été soumises à des tortures corporelles.

CHAPITRE II.

Crimes et Délits contre les propriétés.

SECTION III. *Destructions, Dégradations, Dommages.*

434. Quiconque aura volontairement mis le feu à des édifices, navires, bateaux, magasins, chantiers, quand ils sont habités ou servant à l'habitation, et généralement aux lieux habités ou servant a l'habitation, qu'ils appartiennent ou n'appartiennent pas à l'auteur du crime, sera puni de mort.

Sera puni de la même peine quiconque aura volontairement mis le feu à tout édifice servant à des réunions de citoyens.

Quiconque aura volontairement mis le feu à des édifices, navires, bateaux magasins, lorsqu'ils ne sont ni habités, ni servant à habitation, ou à des forêts, bois taillis ou récoltes sur pied, lorsque ces objets ne lui appartiennent pas, sera puni de la peine des travaux forcés à perpétuité.

Celui qui, en mettant le feu à l'un des objets énumérés dans le paragraphe précédent et à lui même appartenant, aura volontairement causé un préjudice quelconque à autrui, sera puni des travaux forcés à temps.

Quiconque aura volontairement mis le feu à des bois ou récoltes abattus, soit que les bois soient en tas ou en cordes, et les récoltes en tas ou en meules, si ces objets ne lui appartiennent pas, sera puni des travaux forcés à temps.

Celui qui, en mettant le feu à l'un des objets énumérés dans le paragraphe précédent et à lui-même appartenant, aura volontairement causé un préjudice quelconque à autrui, sera puni de la réclusion.

Celui qui aura communiqué l'incendie à l'un des objets énumérés dans les précédens paragraphes, en mettant volontairement le feu à des objets quelconques, appartenant soit à lui, soit à autrui, et placés de manière à communiquer ladite incendie, sera puni de la même peine que s'il avait directement mis le feu à l'un desdits objets.

Dans tous les cas , si l'incendie a occasionné la mort d'une ou plusieurs personnes se trouvant dans les lieux incendiés au moment où il a éclaté, la peine sera la mort.

437. Quiconque aura volontairement détruit ou renversé par quelque moyen que ce soit , en tout ou en partie, des édifices, des ponts , digues ou chaussées , ou autres constructions qu'il savait appartenir à autrui, sera puni de la réclusion et d'une amende qui ne pourra excéder le quart des restitutions et indemnités , ni être au-dessous de cent francs.

S'il y a eu homicide ou blessures, le coupable sera, dans le premier cas, puni de mort, et , dans le second, puni de la peine des travaux forcés à temps.

440. Tout pillage, tout dégât de denrées ou marchandises, effets, propriétés mobilières, commis en réunion ou bande et à force ouverte , sera de plus condamné à une amende de deux cents francs à cinq mille francs.

442. Si les denrées pillées ou détruites sont des grains, grenailles ou farines, substances farineuses , pain, vin ou autre boisson, la peine que subiront les chefs instigateurs ou provocateurs seulement , sera le *maximum* des travaux forcés à temps , et celui de l'amende prononcée par l'art. 440.

444. Quiconque aura dévasté des récoltes sur pied ou des plans venus naturellement ou faits de main d'homme , sera puni d'un emprisonnement de deux ans au moins , de cinq ans au plus.

Les coupables pourront de plus être mis , par l'arrêt ou le jugement, sous la surveillance de la haute police pendant cinq ans au moins et dix ans au plus.

445. Quiconque aura abattu un ou plusieurs arbres qu'il savait appartenir à autrui, sera puni d'un emprisonnement qui ne sera pas au-dessous de six jours, à raison de chaque arbre, sans que la totalité puisse excéder cinq ans.

446. Les peines seront les mêmes à raison de chaque arbre mutilé , coupé ou écorcé de manière à le faire périr.

447. S'il y a eu destruction d'une ou de plusieurs greffes, l'emprisonnement sera de six jours à deux mois à raison de chaque greffe, sans que la totalité puisse excéder deux ans.

448. Le *minimum* de la peine sera de vingt jours dans les cas prévus par les articles 445 et 446 , et de dix jours dans le cas prévu par l'article 447 , si les arbres étaient plantés sur les places, routes, chemins , rues ou voies publiques, ou vicinales ou de traverse.

449. Quiconque aura coupé des grains ou des fourrages qu'il savait appartenir à autrui, sera puni d'un emprisonnement qui ne sera pas au-dessous de six jours ni au-dessus de deux mois.

450. L'emprisonnement sera de vingt jours au moins et de quatre mois au plus, s'il a été coupé du grain en vert.

Dans les cas prévus par le présent article et les six précédens, si le fait a été commis en haine d'un fonctionnaire public et à raison de ses fonctions, le coupable sera puni du *maximum* de la peine établie par l'article auquel le cas se référera.

Il en sera de même, quoique cette circonstance n'existe point , si le fait a été commis pendant la nuit.

451. Toute rupture, toute destruction d'instrumens d'agriculture, de parc de bestiaux, de cabanes de gardiens, sera punie d'un emprisonnement d'un mois au moins, d'un ans au plus.

452. Quiconque aura empoisonné des chevaux ou autres bêtes de voiture, de monture ou charge, des bestiaux à cornes, des moutons, chèvres ou porcs, ou des poissons dans des étangs, viviers ou réservoirs, sera puni d'un emprisonnement d'un an à cinq ans, et d'une amende de seize francs à trois cents francs. Les coupables pourront être mis, par l'arrêt ou le jugement, sous la surveillance de la haute police pendant deux ans au moins et cinq ans au plus.

453. Ceux qui, sans nécessité, auront tué l'un des animaux mentionnés au précédent article, seront punis ainsi qu'il suit :

Si le délit a été commis dans les bâtimens, enclos et dépendances ou sur des terres dont le maître de l'animal tué était propriétaire, locataire, colon ou fermier, la peine sera un emprisonnement de deux mois à six mois.

S'il a été commis dans les lieux dont le coupable était propriétaire, locataire, colon ou fermier, l'emprisonnement sera de six jours à un mois;

S'il a été commis dans tout autre lieu l'emprisonnement sera de quinze jours à six semaines.

Le *maximum* de la peine sera toujours prononcé en cas de violation de clôture.

454. Quiconque aura, sans nécessité, tué un animal domestique dans un lieu dont celui à qui cet animal appartient est propriétaire, locataire, colon ou fermier, sera puni d'un emprisonnement de six jours au moins et de six mois au plus.

S'il y a eu violation de clôture, le *maximum* de la peine sera prononcé.

455. Dans les cas prévus par les articles 441 et suivans jusqu'au précédent article inclusivement, il sera prononcé une amende qui ne pourra excéder le quart des restitutions et dommages-intérêts, ni être au-dessous de seize francs.

456. Quiconque aura, en tout ou en partie, comblé des fossés, détruit des clôtures, de quelques matériaux qu'elles soient faites, coupé ou arraché des haies vives ou sèches; quiconque aura déplacé ou supprimé des bornes ou pieds corniers, ou autres arbres plantés ou reconnus pour établir les limites entre différens héritages, sera puni d'un emprisonnement qui ne pourra être au-dessous d'un mois ni excéder une année, et d'une amende égale au quart des restitutions et des dommages-intérêts, qui, dans aucun cas, ne pourra être au-dessous de cinquante francs.

457. Seront punis d'une amende qui ne pourra excéder le quart des restitutions et des dommages-intérêts, ni être au-dessous de cinquante francs, les propriétaires ou fermiers, ou toute personne jouissant de moulins, usines ou étangs, qui, par l'élévation du déversoir de leurs eaux au-dessus de la hauteur déterminée par l'autorité compétente, auront inondé les chemins ou les propriétés d'autrui.

S'il est résulté du fait quelques dégradations, la peine sera, outre l'amende, un emprisonnement de six jours à un mois.

458. L'incendie des propriétés mobilières ou immobilières d'autrui, qui aura été causé par la vétusté ou le défaut soit de réparation, soit de nettoyage des fours, cheminées, forges, maisons ou usines prochaines, ou par des feux allumés dans les champs à moins de cent mètres des maisons, édifices, forêts, bruyères, bois, vergers, plantations, haies, meules, tas de grains, pailles, foins, fourrages, ou tout autre dépôt de matières combustibles, ou par des feux ou lumières portés ou laissés sans précaution suffisante, ou par des pièces d'artifice allumées ou tirées par négligence ou imprudence, sera puni d'une amende de cinquante francs au moins et de cinq cents francs au plus.

459. Tout détenteur ou gardien d'animaux ou de bestiaux soupçonnés d'être infectés de maladie contagieuse, qui n'aura pas averti sur-le-champ le maire de la commune où ils se trouvent, et qui, même avant que le maire ait répondu à l'avertissement, ne les aura pas tenus renfermés, sera puni d'un emprisonnement de six jours à deux mois, et d'une amende de seize francs à deux cents francs.

460. Seront également punis d'un emprisonnement de deux mois à six mois, et d'une amende de cent francs à cinq cents francs, ceux qui, au mépris des défenses de l'administration, auront laissé leurs animaux ou bestiaux infectés communiquer avec d'autres.

461. Si, de la communication mentionnée au précédent article, il est résulté une contagion parmi les autres animaux, ceux qui auront contrevenu aux défenses de l'autorité administrative seront punis d'un emprisonnement de deux ans à cinq ans, et d'une amende de cent francs à mille francs ; le tout sans préjudice de l'exécution des lois et réglemens relatifs aux maladies épizootiques, et de l'application des peines y portées.

462. Si les délits de police correctionnelle dont il est parlé au présent chapitre ont été commis par des gardes champêtres ou forestiers, ou des officiers de police, à quelque titre que ce soit, la peine d'emprisonnement sera d'un mois au moins, et d'un tiers au plus en sus de la peine la plus forte qui serait appliquée à un autre coupable du même délit.

LIVRE IV.

CONTRAVENTIONS DE POLICE ET PEINES.

CHAPITRE Ier.

Des Peines.

464. Les peines de police sont,
L'emprisonnement,
L'amende,
Et la confiscation de certains objet saisis.

465. L'emprisonnement, pour contravention de police, ne pourra être moindre d'un jour, ni excéder cinq jours, selon les classes, distinctions et cas ci-après spécifiés.

Les jours d'emprisonnement sont des jours complets de vingt-quatre heures.

466. Les amendes pour contravention pourront être prononcées depuis un franc jusqu'à quinze francs inclusivement, selon les distinctions et classes ci-après spécifiées, et seront appliquées au profit de la commune où la contravention aura été commise.

467. La contrainte par corps a lieu pour le paiement de l'amende.

Néanmoins le condamné ne pourra être, pour cet objet, détenu plus de quinze jours, s'il justifie de son insolvabilité.

CHAPITRE II.

Contraventions et peines.

SECTION Ire. *Première classe.*

471. Seront punis d'amende, depuis un franc jusqu'à cinq francs inclusivement,

1º Ceux qui auront négligé d'entretenir, réparer ou nettoyer les fours, cheminées ou usines où l'on fait usage du feu;

2º Ceux qui auront violé la défense de tirer, en certains lieux, des pièces d'artifice;

3º Les aubergistes et autres qui, obligés à l'éclairage, l'auront négligé; ceux qui auront négligé de nettoyer les rues ou passages, dans les communes où ce soin est laissé à la charge des habitans;

4º Ceux qui auront embarrassé la voie publique, en y déposant ou y laissant sans nécessité, des matériaux ou des choses quelconques qui empêchent ou diminuent la liberté ou la sûreté du passage; ceux qui, en contravention aux lois et réglemens, auront négligé d'éclairer les matériaux par eux entreposés ou les xcavations par eux faites dans les rues et places;

5º Ceux qui auront négligé ou refusé d'exécuter les réglemens ou arrêtés concernant la petite voirie, ou d'obéir à la sommation émanée de l'autorité administrative, de réparer ou démolir les édifices menaçant ruine;

6º Ceux qui auront jeté ou exposé au-devant de leurs édifices des choses de nature à nuire par leur chute ou par des exhalaisons insalubres;

7º Ceux qui auront laissé dans les rues, chemins, places, lieux publics, ou dans les champs, des coutres de charrue, pinces, barres, barreaux, ou autres machines, ou instrumens, ou armes, dont puissent abuser les voleurs et autres malfaiteurs;

8º Ceux qui auront négligé d'écheniller dans les campagnes ou jardins où ce soin est prescrit par la loi ou les réglemens;

9º Ceux qui, sans autre circonstance prévue par les lois, auront cueilli ou mangé, sur le lieu même, des fruits appartenant à autrui;

10º Ceux qui, sans autre circonstance, auront glané, ratelé ou grapillé dans les champs non encore entièrement dépouillés et vidés de leurs récoltes, ou avant le moment du lever ou après celui du coucher du soleil;

11° Ceux qui, sans avoir été provoqués, auront proféré contre quelqu'un des injures, autres que celles prévues depuis l'article 367 jusques et y compris l'article 378;

12° Ceux qui, imprudemment, auront jeté des immondices sur quelque personne;

13° Ceux qui, n'étant ni propriétaires, ni usufruitiers, ni locataires, ni fermiers, ni jouissant d'un terrain ou d'un droit de passage, ou qui n'étant agens ni préposés d'aucune de ces personnes, seront entrés et auront passé sur ce terrain, ou sur partie de ce terrain, s'il est préparé ou ensemencé;

14° Ceux qui auront laissé passer leurs bestiaux ou leurs bêtes de trait, de charge ou de monture, sur le terrain d'autrui, avant l'enlèvement de la récolte;

15° Ceux qui auront contrevenu aux réglemens légalement faits par l'autorité administrative, et ceux qui ne se seront pas conformés aux réglemens ou arrêtés publiés par l'autorité municipale, en vertu des articles 3 et 4, titre XI de la loi du 16-24 août 1790, et de l'article 46, titre Ier de la loi du 19-22 juillet 1791.

412. Seront en outre confisqués, les pièces d'artifice saisies dans le cas n° 2 de l'article 471, les coutres, les instrumens et les armes mentionnés dans le n° 7 du même article.

SECTION II. *Deuxième classe.*

475. Seront punis d'amende, depuis six francs francs jusqu'à dix francs inclusivement,

1° Ceux qui auront contrevenu aux bans de vendanges ou autres bans autorisés par les réglemens;

2° Les aubergistes, hôteliers, logeurs ou loueurs de maisons garnies, qui auront négligé d'inscrire de suite et sans aucun blanc, sur un registre tenu régulièrement, les noms, qualités, domicile habituel, dates d'entrée et de sortie de toute personne qui aurait couché ou passé une nuit dans leurs maisons; ceux d'entre eux qui auraient manqué à représenter ce registre aux époques déterminées par les réglemens, ou lorsqu'ils en auraient été requis, aux maires, adjoints, officiers ou commissaires de police, ou aux citoyens commis à cet effet : le tout sans préjudice des cas de resposabilité mentionnés en l'article 73 du présent Code, relativement aux crimes ou aux délits de ceux qui, ayant logé ou séjourné chez eux, n'auraient pas été régulièrement inscrits;

3° Les rouliers, charretiers, conducteurs de voitures quelconques ou de bêtes de charge, qui auraient contrevenu aux réglemens par lesquels ils sont obligés de se tenir constamment à portée de leurs chevaux, bêtes de trait ou de charge et de leurs voitures, et en état de les guider et conduire; d'occuper un seul côté des rues, chemins ou voies publiques; de se détourner ou ranger devant toutes autres voitures, et, à leur approche, de leur laisser libre au moins la moitié des rues, chaussées, routes et chemins;

4° Ceux qui auront fait ou laissé courir les chevaux, bêtes de trait, de charge ou de monture, dans l'intérieur d'un lieu habité, ou violé les réglemens contre le chargement, la rapidité ou la mauvaise direction des voitures ;

Ceux qui auront fait ou laissé courir les chevaux, bêtes de trait, de charge ou de monture, dans l'intérieur d'un lieu habité, ou violé les réglemens contre le chargement, la rapidité ou la mauvaise direction des voitures ;

Ceux qui contreviendront aux dispositions des ordonnances et réglemens ayant pour objet :

La solidité des voitures publiques ;

Leur poids ;

Le mode de leur chargement ;

Le nombre et la sûreté des voyageurs ;

L'indication, dans l'intérieur des voitures, des places qu'elles contiennent et du prix des places ;

L'indication, à l'extérieur, du nom du propriétaire ;

5° Ceux qui auront établi ou tenu dans les rues, chemins, places ou lieux publics, des jeux de loterie ou d'autres jeux de hasard ;

6° Ceux qui auront vendu ou débité des boissons falsifiées ; sans préjudice des peines plus sévères qui seront prononcées par les tribunaux de police correctionnelle, dans le cas où elles contiendraient des mixtions nuisibles à la santé ;

7° Ceux qui auraient laissé divaguer des fous ou des furieux étant sous leur garde, ou des animaux malfaisans ou féroces ; ceux qui auront excité ou n'auront pas retenu leurs chiens, lorsqu'ils attaquent ou poursuivent les passans, quand même il n'en serait résulté aucun mal ni dommage ;

8° Ceux qui auraient jeté des pierres ou d'autres corps durs ou des immondices contre les maisons, édifices et clôtures d'autrui, ou dans les jardins ou enclos, et ceux aussi qui auraient volontairement jeté des corps durs ou des immondices sur quelqu'un ;

9° Ceux qui, n'étant propriétaires, usufruitiers ni jouissant d'un terrain ou d'un droit de passage, y sont entrés et y ont passé dans le temps où ce terrain était chargé de grains en tuyau, de raisins ou autres fruits mûrs ou voisins de la maturité ;

10° Ceux qui auraient fait ou laissé passer des bestiaux, animaux de trait, de charge ou de monture, sur le terrain d'autrui, ensemencé ou chargé d'une récolte, en quelque saison que ce soit, ou dans un bois taillis appartenant à autrui ;

11° Ceux qui auraient refusé de recevoir les espèces et monnaies nationales, non fausses ni altérées, selon la valeur pour laquelle elles ont cours ;

12° Ceux qui, le pouvant, auront refusé ou nécessité de faire les travaux, le service, ou de prêter le secours dont ils auront été requis, dans les circonstances d'accidens, tumultes, naufrage, inondation, incendie ou autres calamités, ainsi que dans le cas de brigandages, pillages, flagrant délit, clameur publique ou d'exécution judiciaire ;

13° Les personnes désignées aux articles 234 et 288 du présent Code ;

14° Ceux qui exposent en vente des comestibles gâtés, corrompus ou nuisibles ;

15° Ceux qui déroberont, sans aucune des circonstances prévues en l'article 368, des récoltes ou autres productions utiles de la terre, qui, avant d'être soustraites, n'étaient pas encore détachées du sol.

476. Pourra, suivant les circonstances, être prononcé, outre l'amende portée en l'article précédent, l'emprisonnement pendant trois jours au plus, contre les rouliers, charretiers, voituriers et conducteurs en contravention ; contre ceux qui auront contrevenu aux réglemens ayant pour objet, soit la rapidité, la mauvaise direction ou le chargement des voitures ou des animaux, soit la solidité des voitures publiques, leur poids, le mode de leur chargement, le nombre et la sûreté des voyageurs ; contre les vendeurs et débitans de boissons falsifiées; contre ceux qui auraient jeté des corps durs ou des immondices.

477. Seront saisis et confisqués, 1° les tables, instrumens, appareils des jeux ou des loteries établis dans les rues, chemins et voies publiques, ainsi que les enjeux, les fonds, denrées, objets ou lots proposés aux joueurs, dans le cas de l'article 476 ; 2° les boissons falsifiées, trouvées appartenir au vendeur et débitant : ces boissons seront répandues ; 3° les écrits ou gravures contraires aux mœurs : ces objets seront mis sous le pilon; 4° les comestibles gâtés, corrompus ou nuisibles : ces comestibles seront détruits.

SECTION III. *Troisième classe.*

479. Seront punis d'une amende de onze à quinze francs inclusivement,

1° Ceux qui, hors les cas prévus depuis l'article 434 jusques et compris l'article 462, auront volontairement causé du dommage aux propriétés mobilières d'autrui ;

2° Ceux qui auront occasioné la mort ou la blessure des animaux ou bestiaux appartenant à autrui, par l'effet de la divagation des fous ou furieux, ou d'animaux malfaisans ou féroces, ou par la rapidité ou la mauvaise direction ou le chargement excessif des voitures, chevaux, bêtes de trait, de charge ou de monture ;

3° Ceux qui auront occasioné les mêmes dommages par l'emploi ou l'usage d'armes sans précaution ou avec maladresse, ou par jet de pierres ou d'autres corps durs ;

4° Ceux qui auront causé les mêmes accidens par la vétusté, la dégradation, le défaut de réparation ou d'entretien des maisons ou édifices, ou par l'encombrement ou l'excavation, ou telles autres œuvres, dans ou près les rues, chemins, places ou voies publiques, sans les précautions ou signaux ordonnés ou d'usage ;

5° Ceux qui auront de faux poids ou de fausses mesures dans leurs magasins, boutiques, ateliers ou maisons de commerce, ou dans les halles, foires ou marchés, sans préjudice des peines qui seront prononcées par les tribunaux de police correctionnelle contre ceux qui auraient fait usage de ces faux poids ou de ces fausses mesures ;

6° Ceux qui emploieront des poids ou des mesures différentes de ceux qui sont établis par les lois en vigueur ;

Les boulangers et bouchers qui vendront le pain ou la viande au-delà du prix fixé par la taxe légalement faite et publiée ;

7° Les gens qui font métier de deviner, pronostiquer, ou d'expliquer les songes ;

8° Les auteurs ou complices de bruits ou tapages injurieux ou nocturnes, troublant la tranquillité des habitans ;

9° Ceux qui auront méchamment enlevé ou déchiré les affiches apposées par ordre de l'administration ;

10° Ceux qui mèneront sur le terrain d'autrui les bestiaux, de quelque nature qu'ils soient, et notamment dans les prairies artificielles, dans les vignes, oseraies, dans les plants de câpriers, dans ceux d'oliviers, de mûriers, de grenadiers. d'orangers, et d'arbres du même genre, dans tous les plants ou pépinières d'arbres fruitiers ou autres, faits de main d'homme ;

11° Ceux qui auront dégradé ou détérioré, de quelque manière que ce soit, les chemins publics, ou usurpé sur leur largeur ;

12° Ceux qui, sans y être dûment autorisés, auront enlevé des chemins publics les gazons, terres ou pierres, ou qui, dans les lieux appartenant aux communes, auraient enlevé les terres ou matériaux, à moins qu'il n'existe un usage général qui l'autorise.

481. Seront, de plus, saisis et confisqués, 1° les faux poids, les fausses mesures, ainsi que les poids et mesures différens de ceux que la loi a établis ; 2° les instrumens, ustensiles et costumes servant ou destinés à l'exercice du métier de devin, pronostiqueur, ou interprète des songes.

Disposition générale.

484. Dans toutes les matières qui n'ont pas été réglées par le présent Code, et qui sont régies par des lois et réglemens particuliers, les cours et tribunaux continueront de les observer.

FIN DU CODE PÉNAL.

CODE FORESTIER.

Extrait pour les attributions de la Gendarmerie.

(Loi promulguée le 1er août 1827.)

TITRE X.

Police et Conservation des Bois et Forêts.

SECTION Ire. *Dispositions applicables à tous les bois et forêts en général.*

144. Toute extraction ou enlèvement non autorisé de pierre, sable, minerai, terre ou gazon, tourbe, bruyères, genêts, herbages, feuilles-vertes ou mortes, engrais existant sur le sol des forêts, glands, faînes et autres fruits ou semences de bois et forêts, donnera lieu à des amendes qui seront fixées ainsi qu'il suit ; — Par charretée ou tombereau, de dix à trente francs, pour chaque bête attelée ; — Par chaque charge de bête de somme, de cinq à quinze francs ; — Par chaque charge d'homme, de deux à six francs.

145. Il n'est point dérogé aux droits conférés à l'administration des ponts et chaussées d'indiquer les lieux où doivent être faites les extractions de matériaux pour les travaux publics ; néanmoins les entrepreneurs seront tenus envers l'État, les communes et établissemens publics, comme envers les particuliers, de payer toutes les indemnités de droit, et d'observer toutes les formes prescrites par les lois et réglemens en cette matière.

146. Quiconque sera trouvé dans les bois ou forêts, hors des routes et chemins ordinaires, avec serpes, cognées, hâches, scies et autres instrumens de même nature, sera condamné à une amende de dix francs et à la confiscation desdits instrumens.

147. Ceux dont les voitures, bestiaux, animaux de charge ou de monture, seront trouvés dans les forêts, hors des routes et chemins ordinaires, seront condamnés, savoir : — Par chaque voiture à une amende de dix francs pour les bois de dix ans et au-dessus de cet âge ; — Pour chaque tête ou espèce de bestiaux non attelés, aux amendes fixées pour délit de pâturage par l'article 199. — Le tout sans préjudice des dommages-intérêts.

148. Il est défendu de porter ou allumer du feu dans l'intérieur et à la distance de deux cents mètres des bois et forêts, sous peine d'une amende de vingt à cent francs ; sans préjudice, en cas d'incendie, des peines portées par le Code pénal, et de tous dommages-intérêts, s'il y a lieu.

149. Tous usagers qui, en cas d'incendie, refuseront de porter des secours dans les bois soumis à leur droit d'usage, seront traduits en police correctionnelle, privés de ce droit pendant un an au

moins, et cinq ans au plus , et condamnés en outre aux peines portées en l'art. 475 du Code pénal.

150. Les propriétaires riverains des bois et forêts ne peuvent se prévaloir de l'art. 672 du Code civil pour l'élagage des lisières desdits bois et forêts, si ces arbres de lisière ont plus de trente ans. — Tout élagage qui serait exécuté sans l'autorisation des propriétaires des bois et forêts, donnera lieu à l'application des peines portées par l'art. 196.

SECTION II. *Dispositions spéciales applicables seulement aux bois et forêts soumis au régime forestier.*

151. Aucun four à chaux ou à plâtre , soit temporaire, soit permanent, aucune briqueterie et tuilerie, ne pourront être établis dans l'intérieur et à moins d'un kilomètre des forêts, sans l'autorisation du Gouvernement, à peine d'une amende de cent à cinq cents francs, et de démolition des établissemens.

152. Il ne pourra être établi sans l'autorisation du Gouvernement, sous quelque prétexte que ce soit , aucune maison sur perches , loge, baraque ou hangar, dans l'enceinte et à moins d'un kilomètre des bois et forêts, sous peine de cinquante francs d'amende , et de la démolition dans le mois, à dater du jour du jugement qui l'aura ordonnée.

153. Aucune construction de maisons ou fermes ne pourra être effectuée sans l'autorisation du Gouvernement, à la distance de cinq cents mètres des bois et forêts soumis au régime forestier , sous peine de démolition. — Il sera statué, dans le délai de six mois sur les demandes en autorisation; passé ce délai, la construction pourra être effectuée. — Il n'y aura point lieu à ordonner la démolition des maisons ou fermes actuellement existantes. Ces maisons ou fermes pourront être réparées, reconstruites et augmentées sans autorisation. — Sont exceptés des dispositions du paragraphe premier du présent article, les bois et forêts appartenant aux communes, et qui sont d'une contenance au-dessous de 250 hectares.

154. Nul individu habitant les maisons ou fermes actuellement existantes dans le rayon ci-dessus fixé, ou dont la construction y aura été autorisée en vertu de l'article précédent, ne pourra établir dans lesdites maisons ou fermes aucun atelier à façonner le bois, aucun chantier ou magasin pour faire le commerce de bois, sans la permission spéciale du Gouvernement , sous peine de cinquante francs d'amende et de la confiscation des bois. — Lorsque les individus qui auront obtenu cette permission auront subi une condamnation pour délits forestiers, le Gouvernement pourra leur retirer ladite permission.

155. Aucune usine à scier le bois ne pourra être établie dans l'enceinte et à moins de deux kilomètres de distance des bois et forêts, qu'avec l'autorisation du Gouvernement, sous peine d'une amende de cent à cinq cents francs , et de la démolition dans le mois, à dater du jugement qui l'aura ordonnée.

156. Sont exceptées des dispositions des trois articles précédens les maisons et usines qui font partie des villes , villages ou ha-

meaux formant une population agglomérée, bien qu'elles se trouvent dans les distances ci-dessus fixées des bois et forêts.

157. Les usines, hangars et autres établissemens autorisés e vertu des articles 151, 152, 154 et 155 , seront soumis aux visites des agens et gardes forestiers, qui pourront y faire toutes perquisitions sans l'assistance d'un officier public, pourvu qu'ils se présentent au nombre de deux au moins, ou que l'agent ou garde forestier soit accompagné de deux témoins domiciliés dans la commune.

158. Aucun arbre, bille ou tranche, ne pourra être reçu dans les scieries dont il est fait mention en l'art. 155, sans avoir été préalablement reconnu par le garde forestier du canton et marqué de son marteau ; ce qui devra avoir lieu dans les cinq jours de la déclaration qui en aura été faite, sous peine, contre les exploitans desdites scieries, d'une amende de cinquante à trois cents francs. En cas de récidive , l'amende sera double, et la suppression de l'usine pourra être ordonnée par le tribunal.

TITRE XII.

Des peines et condamnations pour tous les bois et forêts en général.

102. La coupe ou l'enlèvement d'arbres ayant deux décimètres de tour et au-dessus donnera lieu à des amendes qui seront déterminées dans les proportions suivantes, d'après l'essence et la circonférence de ces arbres. — Les arbres sont divisés en deux classes.

La première comprend les chênes, hêtres, charmes, ormes, frênes, érables, platanes, pins, sapins, mélèzes, châtaigniers, noyers, aliziers, sorbiers, cormiers, merisiers et autres arbres fruitiers.

La seconde se compose des aunes, tilleuls, bouléaux, trembles, peupliers, saules, et de toutes les espèces non comprises dans la premières classe.

Si les arbres de la première classe ont deux décimètres de tour, l'amende sera de un franc par chacun de ces deux décimètres, et s'accroîtra ensuite progressivement de dix centimes par chacun des autres décimètres. — Si les arbres de la seconde classe ont deux décimètres de tour, l'amende sera de cinquante centimes par chacun de ces deux décimètres , et s'accroîtra ensuite progressivement de cinq centimes pour chacun des autres décimètres. La circonférence sera mesurée à un mètre du sol.

103. Si les arbres auxquels s'applique le tarif établi par l'article précédent ont été enlevés et façonnés, le tour en sera mesuré sur la souche; et si la souche a été également enlevée, le tour sera calculé dans la proportion d'un cinquième en sus de la dimension totale de quatre faces de l'arbre écarri.—Lorsque l'arbre et la souche auront disparu , l'amende sera calculée suivant la grosseur de l'arbre arbitrée par le tribunal, d'après les documens du procès.

104. L'amende pour coupe ou enlèvement de bois qui n'auront

pas deux décimètres de tour; sera, pour chaque charretée , de dix francs par bête attelée, de cinq francs par chaque charge de bête de somme, et de deux francs par fagot, fouée ou charge d'homme. — S'il s'agit d'arbres semés ou plantés dans les forêts depuis moins de cinq ans, la peine sera d'une amende de trois francs par chaque arbre, quelqu'en soit la grosseur, et, en outre , d'un emprisonnement de six à quinze jours.

105. Quiconque arrachera des plantes dans les bois et forêts sera puni d'une amende qui ne pourra être moindre de dix francs ni excéder trois cents francs; et si le délit a été commis dans un semis ou plantation exécutés de main d'homme, il sera prononcé en outre un emprisonnement de quinze jours à un mois.

196. Ceux qui, dans les bois et forêts, auront échouppé , écorcé ou mutilé des arbres , ou qui en auront coupé les principales branches, seront punis comme s'ils les avaient abattus par le pied.

197. Quiconque enlèvera des chablis et bois de délits sera condamné aux mêmes amendes et restitutions que s'il les avait abattus sur pied.

198. Dans les cas d'enlèvement frauduleux de bois et d'autres productions du sol des forêts , il y aura toujours lieu , outre les amendes, à la restitution des objets enlevés ou de leur valeur ; et de plus , selon, les circonstances, à des dommages-intérêts. — Les scies, haches, serpes, cognées et autres instrumens de même nature dont les délinquans et leurs complices sont trouvés munis, seront confisqués.

199. Les propriétaires d'animaux trouvés de jour en délit dans les bois de dix ans et au-dessus, seront condamnés à une amende de—un franc pour un cochon, — deux francs pour une bête à laine, trois francs pour un cheval ou autre bête de somme , — quatre francs pour une chèvre, — cinq francs pour un bœuf, une vache ou un veau. — L'amende sera double si les bois ont moins de dix ans; sans préjudice, s'il y a lieu, des dommages-intérêts.

200. Dans les cas de récidive , la peine sera toujours doublée. — Il y a récidive, lorsque, dans les douze mois précédens, il a été rendu contre le délinquant ou contrevenant au premier jugement pour délit ou contravention en matière forestière.

201. Les peines seront également doublées lorsque les délits ou contraventions auront été commis dans la nuit, ou que les délinquans auront fait usage de la scie pour couper les arbres sur pied.

202. Dans tous les cas où il y aura lieu à adjuger des dommages-intérêts, il ne pourront être inférieurs à l'amende simple prononcée par le jugement.

203. Les tribunaux ne pourrront appliquer aux matières réglées par le présent Code les dispositions de l'art. 463 du Code pénal.

204. Les restitutions et dommages-intérêts appartiennent au propriétaire ; les amendes et confiscations appartiennent toujours à l'État.

205. Dans tous les cas où les ventes et adjudications seront déclarées nulles pour cause de fraude ou collusion, l'acquéreur ou

adjudicataire, indépendamment des amendes et dommages-intérêts prononcés contre lui, sera condamné à restituer les bois déjà exploités, ou à en payer la valeur sur le pied du prix d'adjudication ou de vente

206. Les maris, mères ou tuteurs, et en général tous les maîtres et commettans, seront civilement responsables des délits et contraventions commis par leurs femmes, enfans mineurs et pupilles, demeurant avec eux et non mariés ; ouvriers, voituriers et autres subordonnés ; sauf tout recours de droit.—Cette responsabilité sera réglée conformément au paragraphe dernier de l'art. 1384 du Code civil, et s'étendra aux restitutions, dommages-intérêts et frais, sans pouvoir toutefois donner lieu à la contrainte par corps, si ce n'est dans le cas prévu par l'art. 46.

207. Les peines que la présente loi prononce, dans certains cas spéciaux, contre des fonctionnaires ou contre des agens et préposés de l'administration forestière, sont indépendantes des poursuites et peines dont ces fonctionnaires, agens ou préposés seraient passibles d'ailleurs pour malversation, concussion ou abus de pouvoirs.—Il en est de même quant aux poursuites qui pourraient être dirigées aux termes des art. 179 et 180 du Code pénal, contre tous délinquans ou contrevenans, pour fait de tentative de corruption envers des fonctionnaires publics, et des agens et préposés de l'administration forestière.

208. Il y aura lieu à l'application des dispositions du même Code dans tous les cas non spécifiés par la présente loi.

EXTRAIT DE LA LOI

Du 15 avril 1829, relative à la Pêche fluviale.

TITRE IV.

Conservation et Police de la Pêche.

23. Nul ne pourra exercer le droit de pêche dans les fleuves et rivières navigables ou flottables, les canaux, ruisseaux ou cours d'eau quelconques, qu'en se conformant aux dispositions suivantes :

24. Il est interdit de placer dans les rivières navigables ou flottables, ou établissement quelconque de pêcherie, ayant pour objet d'empêcher entièrement le passage du poisson,

Les délinquans seront condamnés à une amende de cinquante francs à cinq cents francs, et, en outre, aux dommages-intérêts, et les appareils ou établissemens de pêche seront saisis et détruits.

25. Quiconque aura jeté dans les eaux des drogues ou appâts, qui sont de nature à enivrer le poisson ou à le détruire, sera

puni d'une amende de trente francs à trois cents francs, et d'un emprisonnement d'un mois à trois mois.

26. Des ordonnances royales détermineront,

1°. Les temps, saisons et heures pendant lesquels la pêche sera interdite dans les rivières et cours d'eau quelconques;

2° Les procédés et modes de pêche qui, étant de nature à nuire au repeuplement des rivières, devront être prohibés;

3°. Les filets, engins et instrumens de pêche qui seront défendus comme étant aussi de nature à nuire au repeuplement des rivières;

4° Les dimensions de ceux dont l'usage sera permis dans les divers départemens pour la pêche des différentes espèces de poissons;

5° Les dimensions au-dessous desquelles les poissons de certaines espèces qui seront désignées ne pourront être pêchés et devront être rejetés en rivière;

6°. Les espèces de poissons avec lesquelles il sera défendu d'appâter les hameçons, nasses, filets ou autres engins.

27. Quiconque se livrera à la pêche pendant les temps, saisons et heures prohibés par les ordonnances, sera puni d'une amende de trente à deux cents francs.

28. Une amende de trente à cent francs sera prononcée contre ceux qui feront usage, en quelque temps et en quelque fleuve, rivière, canal ou ruisseau que ce soit, de l'un des procédés ou modes de pêches, ou de l'un des instrumens ou engins de pêche prohibés par les ordonnances.

Si le délit a eu lieu pendant le temps du frai, l'amende sera de soixante à deux cents francs.

29. Les mêmes peines sont prononcées contre ceux qui se serviront, pour une autre pêche, de filets permis seulement pour celle du poisson de petite espèce.

↳ Ceux qui seront trouvés porteurs ou munis, hors de leur domicile, d'engins ou instrumens de pêche prohibés, pourront être condamnés à une amende qui n'excèdera pas vingt francs, et à la confiscation des engins ou instrumens de pêche, à moins que ces engins ou instrumens ne soient destinés à la pêche dans des étangs ou réservoirs.

30. Quiconque pêchera, colportera ou débitera des poissons qui n'auront point les dimensions déterminées par les ordonnances sera puni d'une amende de vingt à cinquante francs, et de la confiscation desdits poissons. Sont néanmoins exceptés de cette disposition les ventes de poissons provenant des étangs ou réservoirs.

Sont considérés comme des étangs ou réservoirs les fossés et canaux appartenant à des particuliers, dès que les eaux cessent naturellement de communiquer avec les rivières.

31. La même peine sera prononcée contre les pêcheurs qui appâteront leurs ameçons, nasses, filets ou autres engins, avec des poissons des espèces prohibées qui seront désignées par les ordonnances.

32. Les fermiers de la pêche et porteurs de licences, leurs associés, compagnons et gens à gages, ne pourront faire usage

d'aucun filet ou engin quelconque, qu'après qu'il aura été plombé ou marqué par les agens de l'administration de la police de la pêche.

La même obligation s'étendra à tous autres pêcheurs compris dans les limites de l'inscription maritime, pour les engins et filets dont ils feront usage dans les cours d'eau désignés par les paragraphes 1er et 2 de l'article 1 de la présente loi.

Les délinquans seront punis d'une amende de vingt francs pour chaque filet ou engin non plombé ou marqué.

33. Les contre-maîtres, les employés du balisage et les mariniers qui fréquentent les fleuves, rivières et canaux navigables ou flottables, ne pourront avoir dans leurs bateaux ou équipages aucun filet ou engin de pêche, même non prohibé, sous peine d'une amende de cinquante francs, et de la confiscation des filets.

A cet effet, ils seront tenus de souffrir la visite, sur leurs bateaux et équipages, des agens chargés de la police de le pêche, au lieux où ils aborderont.

La même amende sera prononcée contre ceux qui s'opposeront à cette visite.

34. Les fermiers de la pêche et les porteurs de licences, et tous pêcheurs en général, dans les rivières et canaux désignés par les deux premiers paragraphes de l'article 1er de la présente loi, seront tenus d'amener leurs bateaux, et de faire l'ouverture de leurs loges et hangars, bannetons, huches et autres réservoirs et boutiques à poisson, sur leurs cantonnemens, à toute réquisition des agens et préposés de l'administration de la pêche, à l'effet de constater les contraventions qui pourraient être par eux commises aux dispositions de la présente loi.

Ceux qui s'opposeront à la visite ou refuseront l'ouverture de leurs boutiques à poisson, seront, pour ce seul fait, punis d'une amende de cinquante francs.

35. Les fermiers et porteurs de licences ne pourront user, sur les fleuves, rivières et canaux navigables, que du chemin de halage ; sur les rivières et cours d'eau flottables, que du marchepied. Ils traiteront de gré à gré avec les propriétaires riverains pour l'usage des terrains dont ils auront besoin pour retirer et assener leurs filets.

TITRE V.

Des Poursuites en réparation de délit.

SECTION Ire. *Des Poursuites exercées au nom de l'Administration.*

43. Les gardes-pêche ont le droit de requérir directement la force publique pour la répression des délits *en matière de pêche*, ainsi que pour la saisie des filets prohibés et du poisson *pêché en délit.*

TITRE VIII.

Dispositions transitoires.

44. Les prohibitions portées par les articles 6, 8 et 10, et 1

prohibition de pêcher à autres heures que depuis lever du soleil
jusqu'à son coucher, portée par l'article 5 du titre XXXI de l'ordonnance de 1669, continueront à être exécutées jusqu'à la promulgation des ordonnances royales qui, aux termes de l'article
26 de la présente loi, détermineront les temps où la pêche sera
interdite dans tous les cours d'eau, ainsi que les filets et instrumens de pêche dont l'usage sera prohibé.

Toutefois les contraventions aux articles ci-dessus énoncés de
l'ordonnance de 1669 seront punies conformément aux dispositions
de la présente loi, ainsi que tous les délits qui y sont prévus,
à dater de sa publication.

MODÈLES DE FORMULES.

Nota. Les huit premières formules sont relatives aux fonctions
de la police judiciaire, remplies par les officiers de gendarmerie.
Lorsque ces officiers agiront d'après une commission du procureur du Roi, du juge d'instruction ou d'un préfet, ils devront
toujours en faire mention dans leurs actes en ces termes :

En vertu d'une commission rogatoire (ou *réquisition*) *qui
nous a été donnée le.... par M.... procureur du Roi,* (ou *M...
juge d'instruction de l'arrondissement de....,* ou *M. le préfet
du département de....) conformément à l'article* 52 (si la commission est du procureur du Roi), 59 (si elle est du juge d'instruction), 10 (si c'est le préfet qui a requis) *du Code d'instruction
criminelle.*

Ils devront pareillement énoncer dans leurs actes, quand ils
agiront dans les cas, soit de flagrant délit, soit de réquisition
de la part d'un chef de maison, en vertu des articles 46 et 49
dudit Code.

Iʳᵉ FORMULE.

*Si une partie plaignante ne rédige pas sa plainte, et la fait
devant l'officier de gendarmerie, cet officier rédigera ainsi
son procès-verbal;*

L'an (*l'année*), le (*la date*), à . . . . heure
du. . . . . par devant nous (*le nom, le prénom et le
grade de l'officier*) de la gendarmerie royale, en résidence à
(*le lieu de la résidence*), remplissant les fonctions d'officier de
police judiciaire, en vertu de l'article 48 du Code d'instruction
criminelle, s'est présenté (*mettre ici le nom du plaignant;—
s'ils sont plusieurs, on mettra la phrase au pluriel*), lequel
(*si le plaignant est un fondé de pouvoir, on mettra : qui en
qualité de fondé de procuration spéciale de (le nom du plaignant*), passée (*en brevet ou en minute*) devant tel et tel, notaires, à . . . . enregistrée *ou* sous-seing privé, le

(*la date*), laquelle sera annexée à la présente plainte, nous a requis de rédiger la plainte qu'il vient nous rendre des faits ci-après détaillés, à quoi nous avons procédé d'après les déclarations dudit. . . qui nous a assuré que. . . etc., etc. (*relater la déclaration avec l'indication des témoins, s'il y en a*): tous lesquels faits il a affirmé être tels qu'il les a déclarés, et a signé avec nous au bas de chaque page du présent acte, après que la lecture lui en a été faite.

(*Ici les signatures. En général, si quelqu'un ne sait pas signer, on en fait toujours mention.*)

Sur quoi nous avons ordonné (*s'il y a déjà une procédure commencée soit d'office, soit sur une autre plainte*) que la présente plainte sera jointe à la procédure déjà commencée. (*S'il n'y a pas de procédure commencée, on supprimera ce qui précède, et l'on mettra simplement*: sur quoi nous avons ordonné que la présente plainte sera transmise, sans délai, au procureur du Roi.

Fait à (*le lieu*), le (*la date*) de l'an (*l'année.*)

(*L'officier de la gendarmerie signe ici.*)

Nota. Si le plaignant rédige lui-même et donne sa plainte, l'officier de gendarmerie mettra son ordonnance au bas, en ces termes: *Vu la plainte ci-dessus, signée de* (le nom du signataire), *à nous présentée le* (la date), *à. . . heure du matin* (ou *du soir*), *par ledit* (le nom), *tant en son nom personnel que comme fondé de procuration spéciale de* (Jacques) *annexée à cette plainte, et paraphée de nous et dudit* (le nom de celui qui remet la plainte.) (Ce qui précède depuis *tant en son nom*, est inutile si le plaignant agit en son propre nom), *lequel a affirmé, sur notre réquisition, que les faits étaient tels qu'il les avait exposés: en conséquence, lui avons donné acte de la remise de ladite plainte, et avons ordonné qu'elle sera transmise, sans délai, au procureur du Roi.*

IIᵉ FORMULE.

DÉSISTEMENT *de la plainte dans les vingt-quatre heures par le plaignant.*

L'an, etc. . . . . . . le, etc. . . . . . . à . . . . . heure de (*l'heure du matin ou du soir*), par devant nous (*le nom, le prénom, le grade et le lieu de la résidence de l'officier de gendarmerie*), faisant les fonctions d'officier de police judiciaire, en vertu de l'article 48 du Code d'instruction criminelle, s'est présenté (*le nom, le prénom, la profession et la demeure du plaignant*), lequel nous a déclaré que, conformément à l'article 60 dudit Code, il entendait se désister de la plainte faite devant nous, hier (ou aujourd'hui); nous, attendu que le délai de vingt-quatre heures fixé par la loi, n'est pas encore expiré, avons donné acte dudit (*le nom du plaignant*) de son désistement, et avons adhéré à sa demande; mais, comme le délit énoncé dans la plainte intéresse l'ordre public, nous prenons ladite plainte pour dénonciation; en conséquence, nous ordonnons qu'elle sera transmise sans délai au procureur du Roi.

Fait les jour, mois et an que dessus; et nous avons signé avec le désistant (*signatures.*)

IIIe FORMULE.

ORDONNANCE *de transport de l'officier de gendarmerie faisant les fonctions d'officier de police judiciaire.*

L'an (*l'année*), le (*la date*), heure de (*l'heure du matin ou du soir*), nous (*les nom, prénoms, grade et lieu de résidence de l'officier de gendarmerie*), faisant les fonctions d'officier de police judiciaire, agissant en vertu de l'article 49 du Code d'instruction criminelle, ordonnons que nous nous transporterons en personne à *ou* dans (*indiquer ici clairement le lieu ou la maison*), pour constater chez le sieur (*ou les sieurs*) (*mettre ici les prénoms, noms et professions de ceux chez qui se fera le transport ou la visite;—indiquer le délit avec ses circonstances principales*), d'après l'article 32 et les suivans du Code déjà cité, et pour procéder, ainsi qu'il appartiendra, tant aux informations, instructions et recherches nécessaires, qu'aux visites qui pourraient amener la découverte de la vérité.

Fait les jour, mois et an que dessus.   (*Signature.*)

IVe FORMULE.

ORDONNANCE *de visite domiciliaire.*

L'an (*l'année*), etc. (*comme ci-dessus*) ordonnons, etc., pour faire chez le sieur (*ou les sieurs*) (*mettre ici les noms, prénoms et profession de celui ou ceux chez qui se fera la visite*) une visite domiciliaire, d'après l'article 32 du Code d'instruction criminelle, et pour y procéder ensuite à toute instruction, information et recherches propres à constater (*indiquer ici clairement le délit avec ses circonstances principales;—s'il s'agit de saisir des prévenus, de découvrir des pièces de conviction, ou de faire autre chose que constater un délit, il faudra le mentionner expressément ici*), afin de prendre les mesures ultérieures que la loi autorisera.

Donné à (*le lieu*), les jour, mois et an que dessus.

(*Signature.*)

Ve FORMULE.

PROCÈS-VERBAL *de transport de l'officier de gendarmerie comme officier de police judiciaire.*

Nota. Cette formule prévoit un cas particulier. Les officiers de gendarmerie y feront facilement les changemens que nécessiteront les délits qu'ils auront à constater, surtout s'ils se reportent aux XIe et XIIe formules qui suivent.

L'an, etc., le, etc., heure de (*l'heure du matin ou du soir*), nous (*les nom, prénom, grade et lieu de la résidence de l'officier de gendarmerie*), faisant les fonctions d'officier de police judiciaire, et agissant en vertu des articles 49 et 52 du Code d'instruction criminelle, pour l'exécution de notre ordonnance du (*relater la date de l'une des deux ordonnances qui précèdent cette formule*), étant accompagné de monsieur (*le nom de l'officier de santé*), officier de santé, demeurant à (*le lieu de la demeure de cet officier*), de qui nous avons requis l'assistance, à l'effet d'être, en sa présence, procédé aux opérations ci-après, dont nous lui avons fait connaître l'objet, qui est d'y visiter tant le particulier mort que le blessé, desquels il est fait mention dans les pièces de la procédure qui nous ont été remises par le procureur du Roi; nous nous sommes transportés en la demeure (*ou la maison*) de (*le nom du propriétaire ou du domicilié*), sise à (*le lieu*), rue de (*le nom de la rue*), assisté de M...... commissaire de police, *ou de* M...... maire de...... *ou* adjoint du maire, *ou* de MM. *tel et tel*, demeurant à...... voisins;

Nota. On ne sera dispensé de faire appeler les témoins que lorsqu'il n'y aura pas possibilité de s'en procurer, et, dans ce cas, il faudra faire mention de cette difficulté.

où étant entrés, nous avons requis ledit (*le nom du propriétaire ou domicilié, ou celui qui commande à sa place*), de tenir fermées les portes de sa maison, afin que personne ne s'en éloigne sans notre permission, jusqu'à ce que nous ayons terminé les opérations qui sont le sujet de notre transport. Nous avons aussi requis les sieurs (*le nom des gendarmes*), gendarmes présens, de veiller à l'exécution de la mesure qui venait d'être prescrite, et de faire perquisition dans toute la maison où l'on soupçonnait que pouvaient s'être réfugiés les auteurs (*ou complices*) du délit commis sur la personne de (*le nom de celui qui a été homicidé ou assassiné*); ce qu'ils ont fait sans avoir rien pu découvrir. De suite, nous nous sommes transportés, conduits par (*le nom du propriétaire ou domicilié*), dans une chambre (*désigner cette chambre*), nous avons remarqué des traces de sang, depuis (*indiquer depuis quel endroit*) jusqu'à l'endroit où était déposé le corps mort que nous avons trouvé exposé (*mettre l'endroit de l'exposition et la manière dont le cadavre est placé*); nous avons à l'instant requis ledit sieur (*le nom de l'officier de santé*), officier de santé, de faire la visite du cadavre. Cet officier de santé, procédant en notre présence, après avoir prêté serment devant nous de remplir fidèlement la mission que nous lui avions confiée, a déclaré (*mettre ici la déclaration de l'officier de santé.*)

Desquelles déclarations il résulte que l'individu que l'on nous a dit s'appeler (*le nom du mort*) est mort de mort violente, et qu'il a été tué par une arme (*indiquer l'espèce d'arme*); en conséquence, et attendu que la cause de sa mort est connue, et que toutes autres recherches à cet égard seraient inutiles; nous avons déclaré que rien ne s'opposait à l'inhumation du cadavre suivant les formes ordinaires: nous avons ensuite procédé à la recherche des circonstances de l'homicide dudit (*indiquer le nom du mort.*)

Nota. L'officier de gendarmerie constate ensuite l'état des

18

portes et des serrures brisées; il décrit les instrumens du crime laissés sur les lieux; il les compare aux plaies; il réunit toutes les pièces de conviction pouvant servir à faire connaître l'auteur de l'homicide, ou bien à le convaincre; il suit et décrit ses pas; enfin, il relate tout ce qui tient aux circonstances du délit, et joint aux pièces de la procédure toutes les pièces de conviction.

Nous nous sommes de suite, et accompagnés du même officier de santé, transportés en la chambre où était (*indiquer le nom de celui qui a été blessé et qui n'est pas mort*), que nous avons trouvé couché dans son lit (*on décrit ici sommairement la déclaration du blessé sur le fait et ses circonstances*); après quoi l'officier de santé a constaté l'état du blessé, et a rapporté (*détailler ici le rapport de l'officier de santé*).—*Si un prévenu a été saisi en flagrant délit, on le confronte avec le blessé, à qui l'on demande s'il le reconnaît.—S'il y a des pièces de conviction, on les décrit et on les joint à la procédure.*

Desquels examens, visites et déclarations, il paraît résulter qu'il existe (*qualifier le délit*) que ce délit est de nature à mériter peine afflictive; que le nommé (*le nom du prévenu*) a été saisi en flagrant délit (*soit fuyant avec les armes dont il s'était servi, soit emportant des objets volés, etc.*) Pourquoi nous avons dressé le présent procès-verbal, pour servir et valoir au besoin, et avons signé avec l'officier de santé, le commissaire de police, le maire, l'adjoint *ou* les voisins. (*Signatures.*)

VIᵉ FORMULE.

PROCÈS-VERBAL *des déclarations des témoins.*

Nota. Ce procès-verbal doit toujours être rédigé sur un cahier de papier séparé.

L'an . . . ., le . . . . ., par devant nous (*les nom, prénoms, grade et lieu de résidence de l'officier de gendarmerie*), faisant les fonctions d'officier de police judiciaire, et agissant en vertu de l'article 49 du Code d'instruction criminelle sont comparus (*les noms, prénoms et qualités des témoins*), témoins amenés par (*le nom de celui qui les a amenés*), à l'effet de déclarer les faits et circonstances qui sont à leur connaissance, au sujet du délit dont il est question en la plainte rendue par (*le nom du plaignant*);

S'il n'y a pas de plainte, on mettra ce qui suit : Au sujet du délit commis à (*le lieu du délit*) le (*la date du délit*), sur la personne (*ou sur les propriétés*) de (*le nom de celui qui a souffert du délit*);

Lesquels témoins susnommés ont fait successivement, et en l'absence les uns des autres, devant le prévenu (*s'il est présent*), (*sinon, on mettra après ces mots :* EN L'ABSENCE LES UNS DES AUTRES, *ce qui suit,* ET DU PRÉVENU), leur déclaratio ainsi qu'il suit :

(*Mettre le nom, le prénom, la demeure, la profession, l'âg du témoin*) a dit n'être parent, allié, serviteur ni domestique d plaignant ni du prévenu, et déclaré que, etc., (*la déclaration avec ses circonstances; — se souvenir que le témoin ne prête serment que devant un tribunal*; et a signé avec nous ladite déclaration (*ou bien*, a déclaré ne savoir signer, de ce requis.) (*Signé.*)

Nota. Toutes les déclarations se rédigent ainsi, à la suite les unes des autres, sans autre forme.

VIIe. FORMULE.

ORDONNANCE *à la suite du procès-verbal ci-dessus, et de l'audition des témoins.*

Nous, officier de gendarmerie, faisant les fonctions d'officier de police judiciaire, vu le procès-verbal que nous avons dressé le (*la date du procès-verbal*), à l'effet de constater (*désigner le délit*); vu pareillement les déclarations des témoins que nous avons entendus le (*la date de l'audition des témoins*); considérant que le délit est de nature à mériter peine afflictive ou infamante, et que les plus fortes présomptions s'élèvent contre (*désigner les prévenus*);

Ordonnons qu'il sera à l'instant décerné contre eux un mandat d'amener, et qu'ils seront interrogés par nous sur les imputations dirigées contre eux.

Fait à, (*le lieu*) le (*la date*). (*Signature.*)

Nota. Les prévenus, soit ceux saisis en flagrant délit (ON NE DÉCERNE CONTRE EUX AUCUN MANDAT D'AMENER; ON LES INTERROGE SANS CELA, *art.* 40 *du Code d'instruction criminelle*), soit ceux amenés en vertu d'un mandat, sont interrogés de suite, et on leur représente les pièces de conviction, s'il y a lieu.

Nota. Lorsque l'inculpé est domicilié, et que le fait est de nature à ne donner lieu qu'à une peine correctionnelle, on décerne un mandat de comparution qui se rédige comme un mandat d'amener, à l'exception cependant qu'au lieu de ces mots: *à tous exécuteurs des mandemens de justice*, on mettra le nom, les prénoms et la qualité de la personne mandée, après lesquels on ajoutera: *de comparaître* au lieu *d'amener*. On supprimera aussi ces mots: *Requerons tous dépositaires*, etc., qui terminent le mandat d'amener.

VIIIe. FORMULE.

MANDAT D'AMENER.

Nous (*les nom, prénoms, grade et lieu de résidence de l'officier de gendarmerie*), faisant les fonctions d'officier de police judiciaire, et agissant en vertu des art. 40 et 40 du Code d'instruction criminelle, mandons et ordonnons à tous exécuteurs de mandemens de justice, d'amener par-devant nous, en se conformant à la loi, le sieur (*les noms et prénoms du prévenu, sa qualité, sa demeure, son âge environ, sa taille environ, et son signale-*

12.

ment s'il est possible), pour être entendu sur les inculpations du crime de (*ou du délit de*) (*le crime ou délit dont il est prévenu*) ledit (*désigner l'espèce de crime ou délit*) qualifié de (*crime ou délit*) par l'art.... du Code pénal (*ou de toute autre loi*), dont il est prévenu;

Requérons tous dépositaires de la force publique de prêter main-forte, en cas de nécessité, pour l'exécution du présent mandat.

Donné à (*le lieu où le mandat est délivré*), le (*la date*).

(*L'officier de police signe et appose ici son sceau*).

IXe. FORMULE.

PROCÈS-VERBAL *dressé par le porteur du mandat d'amener.*

L'an (*la date et l'année*), je soussigné, gendarme (*ou brigadier, ou maréchal-des-logis de la gendarmerie*), en vertu du mandat d'amener délivré le (*la date du mandat*), par (*le nom et le grade de l'officier de gendarmerie qui a délivré le mandat*), officier de police judiciaire, agissant en vertu des art. 10 et 49 du Code d'instruction criminelle, me suis transporté au domicile de (*le nom et la demeure du prévenu*), auquel, parlant à sa personne, j'ai notifié le mandat d'amener dont j'étais porteur, que je lui ai, à cet effet, exhibé en original et dont je lui ai laissé copie, le requérant de me déclarer s'il entend obéir audit mandat, et se rendre par-devant l'officier de police judiciaire mandant. Ledit sieur m'a répondu qu'il était prêt à obéir à l'instant; en conséquence, je l'ai conduit par-devant ledit (*le grade de l'officier de gendarmerie*) pour y être entendu, et être statué à son égard ce qu'il appartiendra; et j'ai de tout ce que dessus dressé le présent procès-verbal, et ai remis audit (*le prévenu*) copie du mandat d'amener. (*Signé.*)

Nota. Si l'inculpé n'est pas trouvé par le porteur du mandat, celui-ci rédigera son procès-verbal ainsi qu'il suit :

L'an, etc., etc., me suis transporté au domicile de (*le nom et la demeure du prévenu*), où étant et parlant à (*la personne à laquelle on a parlé*), à laquelle j'ai notifié le mandat d'amener dont je suis porteur, que j'ai à cet effet exhibé en original et dont j'ai laissé copie; et j'ai sommé ledit (*ou ladite*) (*le nom de la personne à laquelle on a parlé*) de me déclarer où était (*le prévenu*), laquelle m'a fait réponse qu'il était absent, et qu'elle ignorait où il pouvait être; et après être entré dans les différens locaux de sa maison, et avoir frappé aux différentes portes, j'ai reconnu que de fait il était absent; je me suis, en conséquence, retiré, et j'ai dressé le présent procès-verbal pour servir et valoir ce que de raison, après avoir laissé audit (*le présent*), en parlant comme dessus, copie dudit mandat d'amener. (*Signe*).

Nota. Si l'individu n'a laissé personne à son domicile pour recevoir les actes, on remettra la copie au maire qui visera l'original.

Nota. Si l'inculpé refuse d'obéir au mandat, le porteur doit rédiger ainsi son procès-verbal :

L'an, etc., me suis transporté, etc. (*comme dans les deux formules ci-dessus*), lequel a témoigné par ses paroles (*ses gestes et ses actions*), qu'il ne voulait point obéir audit mandat d'amener : je lui ai vainement représenté que sa résistance injuste ne pouvait le dispenser d'obéir à un mandement de la justice, et m'obligerait à user des moyens de force que j'étais autorisé par la loi à employer, ledit (*le nom du prévenu*), s'est obstiné à refuser d'obéir audit mandat. En conséquence, je l'ai saisi et appréhendé au corps, étant assisté de (*le nom des autres gendarmes*), gendarmes sous mes ordres (*ou qui m'accompagnaient.*) J'ai conduit ensuite ledit prévenu par-devant l'officier de police judiciaire qui avait décerné le mandat d'amener, pour y être entendu, et être statué à son égard ce qu'il appartiendra; et j'ai de tout ce que dessus dressé le présent procès-verbal, après lui avoir remis copie dudit mandat d'amener. (*Signé.*)

Xᵉ FORMULE.

MANDAT D'AMENER.

Nota. Si la gendarmerie est insultée et outragée dans l'exercice de ses fonctions, et si le commandant pense qu'il y ait lieu de saisir les délinquans, il dressera un procès-verbal sommaire des faits; ce procès-verbal peut être modelé sur le commencement de la XXVIIIᵉ formule ci-après. Le prévenu sera ensuite conduit devant le procureur du Roi, en vertu du mandat d'amener suivant :

Nous (*le nom, le prénom et le grade*), commandant (*indiquer si c'est d'un détachement d'une ou de plusieurs brigades*) de la gendarmerie de la résidence *ou* des résidences de (*indiquer ici le lieu ou les lieux*), département de (*le nom du département*), en vertu des articles 501 et 599 du Code d'instruction criminelle, mandons et ordonnons à tous exécuteurs de mandemens de justice, d'amener devant M.... procureur du Roi de l'arrondissement (*mettre ici les nom, prénoms, profession et domicile de l'individu saisi*), prévenu d'avoir menacé et outragé par paroles (*ou par gestes*) la gendarmerie en fonctions :

Requérons tous dépositaires de la force publique, auxquels le présent mandat sera notifié, de prêter main-forte en cas de nécessité pour son exécution.

Date, signature et sceau du commandant).

XIᵉ FORMULE.

PROCÈS-VERBAL *pour constater l'état d'un cadavre trouvé soit sur un chemin, soit dans la campagne, soit sur le bord de l'eau.*

Cejourd'hui (*le jour, le mois et l'année*), heure de (*heure du matin ou du soir*), nous (*relater ici les noms et grades des gendarmes présens*), gendarmes de la résidence de (*la résidence*), en faisant notre tournée suivant la loi et d'après les ordres de nos chefs (*si les gendarmes marchent en vertu d'une réquisition quelconque, ou sur l'ordre particulier de leurs supérieurs; ou s'ils ont été appelés par la clameur publique, il faudra le dire et supprimer alors la phrase commençant ainsi : en faisant notre tournée*), nous nous sommes rendus à (*indiquer le lieu, la commune et le canton*), où étant arrivés, nous avons trouvé (*décrire ici en détail le cadavre, ses habillemens, son signalement et sa taille présumée, les plaies qui sont apparentes sur les différentes parties de son corps, ce qui est trouvé dans ses poches ou auprès de lui, les instrumens du crime déposés près ou loin de lui; dire s'ils sont ensanglantés; détailler les traces, les pas qui seront remarqués, enfin tout ce qui peut contribuer sur-le-champ ou par la suite à faire connaître l'individu, le genre de sa mort, et ceux qui l'auraient homicidé; si le cadavre a été trouvé dans l'eau ou bien hors de l'eau, il faudra le dire*). Nous avons aussitôt, et conformément à l'art. 20 du Code d'instruction criminelle, fait avertir monsieur (*le nom*) procureur du Roi de l'arrondissement de, ... département de .... et en son absence, monsieur ...... (*le nom et le grade de l'officier de gendarmerie*) et l'avons invité de venir constater avec un officier de santé, suivant les dispositions du Code d'instruction criminelle, l'état de l'individu mort, la nature et les causes de sa mort; et de suite nous avons fait prévenir monsieur (*le nom*) commissaires de police, *ou* maire de ..... (*à son défaut l'adjoint ou deux voisins*), de se rendre sur les lieux pour être témoins.

Et lesdits procureurs du Roi (officier de gendarmerie ou autre officier, commissaire de police, maire, adjoint, etc.) étant arrivés, nous avons clos le présent procès-verbal, qui sera remis au procureur-général, et dont un extrait sera adressé au capitaine de la gendarmerie.

(*Signatures des sous-officiers et gendarmes.*)

XIIᵉ FORMULE.

PROCÈS-VERBAL *pour constater un incendie, un vol avec effraction, ou tout autre délit laissant des traces après lui.*

Cejourd'hui (*la date, le mois et l'année*), heure de (*l'heure du matin ou du soir*), nous (*relater ici les prénoms, noms et grades des gendarmes présens*), gendarmes à la résidence de (*la résidence*), en faisant notre tournée, suivant la loi et d'après les ordres de nos chefs,

(*ou bien sur la clameur publique; — ou bien allant à (indiquer le lieu où allaient les gendarmes) en vertu d'une réquisition légale; — enfin il faut indiquer le motif du transport*) nous nous sommes rendus à (*ou bien*) nous sommes arrivés à (*indiquer le lieu, la commune et le canton*), où étant nous (*si le délit de vol avec effraction a été commis dans une*

maison, il faudra indiquer sa situation, son numéro si elle
en a un, le nom de la rue et celui du propriétaire, décrire successivement les chambres dans lesquelles on entre, constater
la situation des lieux, les fractures des portes, des croisées,
des armoires et des commodes, la situation des serrures et
ferremens, décrire les effractions extérieures, ce qui peut faire
penser qu'il y a eu escalade intérieure ou extérieure; déterminer la grandeur des pas des délinquans, si leurs pas sont em-
preints quelque part; indiquer l'espèce de leur chaussure; dési
gner les instrumens qui ont servi au délit; recueillir et joindre au
procès-verbal les pièces de conviction qui ont été laissées sur
les lieux, et qui peuvent, par la suite ou sur-le-champ, faire
reconnaître les coupables, etc. — Si c'est un incendie, il faudra indiquer clairement la chose incendiée, sa situation, le
nom du propriétaire, l'instant où elle a pris feu, celui où le
feu a cessé, les causes apparentes de l'incendie, les objets
brûlés, ceux qui ont été épargnés, etc. — Si c'est tout autre
délit laissant des traces permanentes, il faudra décrire ces
traces; sur-tout celles qui, par le temps, pourraient s'effacer;
en un mot, on suivra les erremens donnés pour les deux cas
qui précèdent, et ceux indiqués dans la XI.e formule).
Si la gendarmerie est entrée dans une maison pendant la
nuit, le procès-verbal fera mention expresse de la réclamation venant de l'intérieur de cette maison, et demandant secours ou protection.

Nous avons de suite fait inviter le maire de la commune (si,
dans le vol avec effraction ou dans l'incendie, il y avait des
cadavres, il faudrait faire avertir le procureur du Roi, et à
son défaut, l'officier de la gendarmerie le plus voisin, et en
faire mention dans le procès-verbal, en suivant la partie de
la formule précédente relative à cet objet), de venir constater
(s'il y a des individus morts, on mettra, avec un officier de
santé) le délit présumé dont il s'agit (et s'il n'y a pas de délit
présumé), de venir constater le fait et ses circonstances.
Et ledit procureur du Roi (ou autre) étant survenu, nous avons
clos le présent procès-verbal, qui lui sera remis, et dont un extrait sera adressé au capitaine de la gendarmerie.
(Signatures des sous officiers et gendarmes).

OBSERVATIONS sur les mandats d'amener et d'arrêt.

Si les gendarmes accompagnent un huissier porteur d'un mandat
d'amener ou d'arrêt, ils n'auront pas besoin de dresser eux-mêmes
un procès-verbal; ce soin regarde l'huissier : ils ne feront qu'indiquer sur leur feuille de service, la démarche qu'ils ont faite et
qui sera certifiée par l'huissier, indépendamment de la réquisition
écrite qui devra avoir été faite.
Si les gendarmes exécutent eux-mêmes un mandat d'amener;
ils se serviront de la formule IX.e dans le cas où un officier de gendarmerie aurait décerné par un procureur du Roi ou un juge d'instruction, ils emploieront la même formule, en substituant au
nom et au grade de l'officier de gendarmerie le nom du procureur
du Roi ou du juge d'instruction.

XIIIe FORMULE.

PROCÈS-VERBAL *d'exécution d'un mandat d'arrêt.*

Nota. Si les gendarmes exécutent eux-mêmes un mandat d'arrêt, ils dresseront le procès-verbal suivant :

Cejourd'hui (*la date, le mois et l'année*), heure de (*heure du matin ou du soir*), en vertu du mandat d'arrêt délivré le..... par M.... Juge d'instruction de l'arrondissement de.... nous (*les noms, prénoms, grade et lieu de résidence des gendarmes*) ; nous nous sommes transportés à (*le lieu du transport*), dans le domicile de (*le nom de celui qui est frappé d'un mandat d'arrêt*), auquel parlant à sa personne nous avons signifié le mandat d'arrêt dont nous étions porteurs, et après lui avoir exhibé l'original et lui en avoir remis une copie, nous l'avons saisi et arrêté au nom de la loi, et l'avons conduit desuite à la maison d'ar. êt de la commune de (*le nom de la commune*), où étant arrivés, nous l'avons écroué sur les registres de la geôle, en y inscrivant tout au long le mandat d'arrêt décerné contre lui, et nous l'avons laissé à la charge et garde du concierge. Fait à (*le lieu*), les jour, mois et an que dessus.

(*Signatures des gendarmes*).

Nota. S'il est nécessaire de prendre quelques mesures de précaution pour parvenir à s'emparer du prévenu, on citera sommairement ces mesures dans l'endroit de la formule où l'on parle du transport dans le domicile de l'individu à arrêter.

OBSERVATION.

Les gendarmes qui ont ainsi mis à exécution un mandat d'arrêt, tirent du concierge de la maison d'arrêt un reçu de la personne du détenu : s'ils ont des pièces à remettre au g effe du tribunal correctionnel, ils les remettent, et tirent pareillement un reçu du greffier; ensuite ils font viser dans le jour l'un et l'autre de ces reçus par le juge d'instruction qui a décerné le mandat. (*Art.* III *du Code d'instruction criminelle*).

XIVe FORMULE.

PROCÈS-VERBAL *d'exécution d'un mandat d'arrêt, lorsque le prévenu n'a pas été saisi.*

Cejourd'hui (*la date, le mois et l'année*), heure de (*l'heure du matin ou du soir*), en vertu, etc., nous (*les noms, prénoms et grades des gendarmes*, gendarmes à la résidence de (*le lieu de la résidence*) nous nous sommes transportés à (*le lieu du transport*) dans le domicile de (*le nom de celui qui est frappé du mandat*), où étant entrés et parlant à (*indiquer la personne*), nous avons demandé où était ledit (*répéter le nom du prévenu*) : on nous a répondu qu'il était absent depuis (*l'époque de l'absence*), et qu'il était allé à (*le lieu où il a dû aller*). Perquisition faite de sa personne, nous ne l'avons pas trouvée : nous avons de suite fait appeler (*indiquer les noms des deux voisins appelés*), deux des plus proches voisins du prévenu, en présence desquels nous avons répété les interpellations et recherches ci-dessus détaillées, et dressé le présent procès-verbal pour servir et valoir au besoin. Lesdits sieurs (*répéter les noms des témoins*) ont signé avec nous après lecture, et de ce interpellé. (*Si les témoins ne savent ou ne veulent pas signer, on en fait mention*).

Fait à (*le lieu*), les jour, mois et an que dessus.

(*Signatures des témoins et des gendarmes*).

Nota. Ce procès-verbal est en outre visé par le juge de paix ou son suppléant, ou par le maire ou son adjoint, et remis au greffe du tribunal. (*Art.* 109 *du Code d'instruction criminelle.*)

CONDUITE *des prisonniers de brigade en brigade.*

XV⁰ FORMULE.

PROCÈS-VERBAL *de conduite et de dépôt dans la maison d'arrêt.*

Cejourd'hui (*la date, le mois et l'année*), heure de (*heure du matin ou du soir*), nous (*les prénoms, noms et grades des gendarmes*), gendarmes à la résidence de (*le lieu de la résidence,* en vertu d'une réquisition écrite, donnée le (*la date de la réquisition*), à (*le nom de l'officier de gendarmerie*), par (*le nom et la qualité du fonctionnaire public requérant*), et sur les ordres du sieur (*indiquer le nom et le grade du commandant de la brigade ou des brigades*), nous nous sommes transportés à la maison d'arrêt de cette commune, où étant et parlant au concierge, nous l'avons sommé, au nom de la loi, de nous remettre la personne (*indiquer le nom et le prénom du détenu*), pour être conduit de brigade en brigade, à (*le lieu de la destination*): nous avons ensuite donné audit concierge communication et lecture des ordres et réquisition dont nous étions porteurs, et nous en avons fait la transcription en marge de l'écrou du détenu, afin de servir de décharge de la garde de sa personne; le gardien aussitôt nous a remis entre les mains le nommé (*le nom, l'âge et le signalement*), lequel a été conduit par nous, avec toutes les précautions et attentions convenables, à (*le lieu de la brigade suivante*), où il a été déposé à la maison d'arrêt, écroué par nous soussignés, et laissé à la garde et charge du concierge, après avoir aussi transcrit sur les registres de la geôle l'ordre de transfèrement, et avoir retiré un reçu de la personne dudit détenu.

Fait à (*le lieu où se fait le procès-verbal*), les jour, mois et an que dessus. (*Signatures des gendarmes.*)

Nota. Les gendarmes vont ensuite trouver le commandant de la gendarmerie du lieu où est située la maison d'arrêt dans laquelle ils viennent de déposer le prévenu, et lui remettent toutes les pièces qu'ils sont chargés de lui remettre; ensuite il lui font viser leur procès-verbal et le reçu du geôlier.

*Si les gendarmes ont éprouvé des difficultés, s'ils ont été at-
taqués, si on leur a enlevé le prisonnier, ils en font mention
dans leur procès-verbal, et opèrent en conséquence les changemens convenables dans la dernière partie de ce procès-verbal, où on lit : LEQUEL A ÉTÉ CONDUIT , etc.—Les gendarmes
qui craignent d'être attaqués, doivent taire l'instant de leur départ, et demander main-forte au besoin.*

XVI° FORMULE.

FEUILLE DE ROUTE *extraordinaire qui doit accompagner un
détenu de brigade en brigade.*

Nota. Lorsqu'un détenu devra sortir d'un département et être
transféré dans un autre , ou bien en traverser plusieurs, le commandant de la gendarmerie du lieu du départ commencera, A MI-
MARGE, la feuille de route suivante :

Feuille de route pour la conduite du nommé (*le nom , le prénom, la taille , l'âge et le signalement du détenu*), envoyé à
(*le lieu de la destination*), en vertu de l'ordre par écrit de (*le
nom et la qualité du fonctionnaire public*) :

Extrait de la maison d'arrêt de (*le nom de la commune.*)

Parti le (*la date, le mois et l'année*) à . . . . heure du (*matin
ou du soir*), et conduit par les gendarmes), à (*le lieu de la brigade suivante*).

(*Signature de l'officier.*)

Vu par moi maire (*ou adjoint du maire*), ce (*date*); (*et le
maire ou son adjoint signe*).

*Le commandant de chaque brigade répète le même certificat
à la suite de celui ou de ceux qui précèdent , et le fait viser
de la même manière.*

Nota. Cette feuille accompagne ainsi le détenu jusqu'au lieu de
sa destination ; s'il s'évade ou s'il est malade en route, l'officier de
gendarmerie du lieu dans lequel il est malade (ou bien sous les
ordres de qui sont les gendarmes qui l'ont laissé évader), doit
sur-le-champ donner avis de l'événement aux fonctionnaires publics compétens, soit du lieu du départ, soit du lieu de sa destination, et prendre les autres mesures ordonnées par la loi.

Lorsque le prisonnier arrive au lieu de sa destination , la feuille
de route extraordinaire est remise à l'officier de gendarmerie de
la résidence ; celui-ci la renvoie avec son visa et celui du maire
ou de l'adjoint de la commune, certifiant le dépôt du détenu dans
la maison d'arrêt, à l'officier de gendarmerie qui a ordonné le
départ.

XVII° FORMULE.

PROCÈS-VERBAL *pour constater les renseignemens recueillis
par les gendarmes sur les crimes et les délits publics.*

Cejourd'hui (*la date, le mois et l'année*), heure de (*l'heure
du matin ou du soir*), nous (*les prénoms, noms et grades des*

gendarmes), gendarmes à la résidence de (*le lieu de la résidence*), en faisant notre tournée, suivant la loi et conformément aux ordres de nos supérieurs (*si la démarche des gendarmes a un autre motif, il faudra en faire mention*), nous nous sommes rendus à (*le lieu*), et étant arrivés (*soit chez* telle personne, *soit* au lieu dit (*le nom particulier du canton*), nous avons appris (*détailler clairement et avec précision ce qu'on a appris*) : nous avons ensuite entendu le sieur (*le prénom, le nom , l'âge, l'état et la demeure du déclarant*, lequel nous a assuré que (*relater sommairement la déclaration* ; — *si l'on entend plusieurs personnes, il faudra ajouter ainsi successivement leurs déclarations*) ; (*à la fin de chaque déclaration, on mettra* : Lecture à lui faite de sa déclaration, il a dit qu'il contenait vérité , et l'a signée avec nous. — *Si le déclarant ne sait pas signer , on mettra* : et a déclaré ne savoir signer, de ce interpellé).

(*Signatures.*)

XVIIIe FORMULE.

PROCÈS-VERBAL *de saisie d'une personne en flagrant délit ou poursuivie par la clameur publique.*

Cejourd'hui (*la date, le mois et l'année*) , heure de (*l'heure du matin ou du soir*), en vertu de l'article 49 du Code d'instruction criminelle , nous (*les prénoms, noms et grades des gendarmes*), gendarmes à la résidence de (*le lieu de la résidence*), en faisant notre tournée suivant la loi et conformément aux ordres de nos supérieurs, étant parvenus à (*indiquer le lieu particulier, la commune et le canton*); nous avons remarqué un individu (*ou plusieurs*) qui (*détailler ce que l'individu aperçu paraissait faire, s'il était poursuivi par la clameur publique, s'il fuyait*): nous nous sommes aussitôt approchés de lui ; et considérant qu'il était en contravention à la loi *ou* en flagrant délit, nous nous sommes assurés de sa personne (*s'il a tenté de fuir ou s'il a résisté , il faudra en faire mention*). Nous nous sommes ensuite occupés de constater les faits : nous avons en conséquence remarqué (*si l'individu est porteur d'armes quelconques, il faudra en faire mention; dire si elles sont ensanglantées , si le prévenu a voulu s'en servir au moment où il a été saisi, s'il s'en est servi ou paraît s'en être servi précédemment pour commettre le délit ; détailler ce délit et toutes les circonstances principales ; en recueillir les traces , surtout celles qui peuvent s'effacer facilement; réunir soigneusement les pièces de conviction, etc. ,*) ; après quoi nous avons conduit devant le procureur du Roi (officiers de gendarmerie, *ou* autres officiers judiciaires) le particulier saisi , lequel nous a déclaré s'appeler (*les prénoms, nom, état et domicile du prévenu*). Étant arrivés à (*la commune*), chez (*l'officier*) nous lui avons remis la personne dudit (*répéter le nom du prévenu*), ainsi que les pièces de conviction au nombre de (*le nombre*); savoir : (*détailler ces pièces*); et après lui avoir indiqué pour témoins à entendre les sieurs (*désigner les noms et demeures des personnes qui peuvent déposer*), nous avons clos le présent procès-verbal, qui lui a été remis, et dont un extrait sera adressé au capitaine de la gendarmerie royale du département.

Fait à (*le lieu où se fait le procès-verbal*), les jour, mois et an que dessus. (*Signatures.*)

Nota. Si le délit était grave, il faudrait terminer le procès-verbal comme l'indique la fin de la formule n°. XI, et faire en conséquence prévenir le juge de paix du canton ou le commissaire de police de la commune où le délit a été commis, afin qu'il se rende sur les lieux pour constater les faits et leurs circonstances.

OBSERVATION.

La formule précédente peut servir pour tous les cas prévus par les articles numérotés 4, 5, 7, 11, 13, 14, 25, 26, 27, 28, 29 et 30 du 1er paragraphe du titre IX de la loi du 28 germinal an 6; elle peut même servir dans le cas prévu par l'article 23, excepté qu'au lieu de remettre le procès-verbal au procureur du Roi (*ou autre officier de police judiciaire*), il est remis au commandant du corps des prévenus, et l'on en fait note dans le procès-verbal.

XIXᵉ FORMULE.

PROCÈS-VERBAL *d'un flagrant délit, lorsque le prévenu ne peut pas être saisi.*

(*Suivre la formule précédente, jusqu'à ces mots,* NOUS NOUS SOMMES ASSURÉS DE SA PERSONNE, *exclusivement*), nous avons cherché à nous assurer de sa personne, mais nous n'avons pu y parvenir par la raison (*dire ici la raison pour laquelle le prévenu n'a pu être saisi*); mais nous avons remarqué que l'individu qui fuyait (*ou que nous n'avons pu saisir*), était le nommé (*dire le nom s'il a été reconnu*) (*ou bien être vêtu, etc., de la taille d'environ, etc.* (*donner le plus clairement possible, son signalement, et indiquer la couleur et la forme de ses habits, s'il n'a pas été reconnu.*) Nous nous sommes ensuite occupés, etc. (*comme dans la formule précédente, jusqu'à ces mots :* après quoi nous avons conduit, etc. (*exclusivement*) : après quoi nous avons cherché à connaître le nom et la demeure du prévenu, et les sieurs (*les noms et demeures des déclarans*) qui l'ont rencontré (*ou qui l'ont vu fuir*), nous ont déclaré avoir vu (*ou rencontré*) le nommé (*le nom de la personne rencontrée.* (*Si les individus qui ont vu ou rencontré le prévenu ne l'ont pas reconnu, ils diront ce qu'ils ont remarqué dans son signalement, et le procès-verbal en fera mention*). De tout ce que dessus nous avons dressé le présent procès-verbal, pour être remis au procureur du Roi de l'arrondissement ; et dont un extrait sera adressé au capitaine de la gendarmerie du département.

Fait à (*le lieu où se fait le procès-verbal*), les jour, mois et an que dessus. (*Signatures*).

Nota. Si le délit était grave, au lieu de terminer le procès-verbal par ces mots, *de tout ce que dessus, etc.*, il faudrait terminer par ceux-ci qu'on lit à la fin de la XIe formule, *Nous avons aussitôt, etc.*, jusqu'à la fin de ladite formule et agir en conséquence.

Nota. Les deux précédentes formules peuvent servir dans le cas de saisie en fraude des droits sur les douanes, ou de saisie de marchandises prohibées.

XXe FORMULE.

PROCÈS-VERBAL *d'arrestation d'un individu sans passe-port, ou porteur d'un faux passe-port, ou dont le passe-port ne serait pas en règle, ou qui refuserait de l'exhiber.*

Cejourd'hui (*la date, le mois et l'année*), heure de (*l'heure du matin ou du soir*) nous (*les prénoms, noms et grades des gendarmes*), gendarmes à la résidence de (*le lieu de la résidence*), y faisant notre tournée suivant la loi et conformément aux ordres de nos supérieurs, étant parvenus à (*le lieu où les gendarmes sont parvenus*), (*ou bien* étant parvenus à (*le lieu particulier*), près de...... à quelque distance de..... — *ou bien* sur ce que nous avons app. is qu'un individu suspect et inconnu était à (*indiquer le lieu*), chez (*le nom de l'aubergiste ou de la personne*), nous nous y sommes rendus ; et là nous avons trouvé un particulier auquel nous avons demandé, au nom de la loi, et étant revêtu de nos uniformes, l'exhibition de son passe-port ; il nous a répondu qu'il n'en avait point (*s'il a un passe-port et qu'il ne paraisse pas régulier ou qu'il paraisse faux, on mettra :* il nous l'a exhibé à l'instant ; et après l'avoir lu, nous avons remarqué (*ou que le signalement ne se rapportait pas avec celui du porteur, ou que les signatures paraissaient fausses, etc.*), il faudra indiquer sommairement ce qui paraît irrégulier dans le passe-port ; — si le particulier refusait de montrer son passe-port, il faudrait en faire mention). Interpellé de dire ses nom, prénoms, âge, état et domicile, il a répondu (*relater sa réponse*) : sur ce, voyant que ledit (*répéter le nom de l'individu*) était en contravention à la loi du 28 vendémiaire an 6, et au décret du 18 septembre 1807, sur les passe-ports, nous nous sommes assurés de sa personne, et nous l'avons de suite conduit devant le juge de paix du canton de (*indiquer le nom du canton*), dans l'étendue duquel il a été trouvé.

Fait et clos, le présent procès-verbal, pour être remis audit juge de paix ; un extrait en sera adressé au capitaine commandant la gendarmerie du département.

A (*le lieu où se fait le procès-verbal*), les jour, mois et an que dessus. (*Signatures.*)

Nota. On suivra cette formule avec les changemens convenables, pour l'arrestation d'un étranger voyageant avec un passe-port qui ne serait pas conforme aux dispositions prescrites par le décret du 18 septembre 1807.

XXIe FORMULE.

PROCÈS-VERBAL *d'arrestation d'un individu frappé d'un mandat d'arrêt ou d'une ordonnance de prise de corps.*

(Suivre la précédente formule jusqu'à ces mots exclusivement: auquel nous avons demandé l'exhibition de son passe-port), un particulier que nous avons reconnu être le nommé (*le nom, le prénom, l'âge, l'état, le domicile du particulier*), contre lequel il existe un mandat d'arrêt décerné le (*la date*) par....... nous l'avons en conséquence saisi au nom de la loi, et nous l'avons conduit devant M. (*le nom du procureur du Roi*), pour être pris à son égard les mesures ordonnées par la loi. (*Si le prévenu est arrêté dans le canton de l'officier qui a décerné le mandat d'arrêt, les gendarmes le conduisent directement à la maison d'arrêt; et dans le procès-verbal on met*) : et nous l'avons conduit directement à la maison d'arrêt, etc.

Fait et clos à (*le lieu où se rédige le procès-verbal*), les jour, mois et an que dessus. (*Signatures*).

XXIIe FORMULE.

PROCÈS-VERBAL *d'arrestation d'un évadé des fers ou des prisons.*

Cejourd'hui, etc. (*Suivre le commencement des deux précédentes formules; et au lieu de ces mots :* contre lequel il existe, etc. , *on mettra ce qui suit :* Lequel ayant été condamné aux fers, et y ayant été conduit, ne nous a pas justifié qu'il était porteur de l'acte légal constatant sa sortie du bagne et l'expiration de sa peine, nous l'avons, en conséquence, saisi et arrêté au nom de la loi, et nous l'avons conduit devant M. le procureur du Roi de l'arrondissement de.... *ou autre officier judiciaire*, pour qu'il soit pris ensuite les mesures convenables à l'effet de le reconduire au bagne d'où il est présumé s'être évadé.

Fait et clos à (*le lieu où se dresse le procès-verbal*), les jour, mois et an que dessus. (*Signatures*).

Nota. S'il s'agit d'un évadé des prisons, on suivra la formule précédente, en faisant les légers changemens que les circonstances et la nature de la peine nécessiteront.

XXIIIe FORMULE.

PROCÈS-VERBAL *d'arrestation d'un individu dont le signalement a été donné à la gendarmerie.*

Cejourd'hui , etc. (*Suivre le commencement de la formule n° XX, jusqu'à ces mots exclusivement :* Sur ce voyant, etc.)

Après avoir ensuite examiné attentivement le signalement du nommé (*le nom du signalé*) et l'avoir comparé avec celui de l'individu présent, nous avons reconnu qu'il y avait identité parfaite ; nous avons aussi remarqué que les noms étaient semblables : en conséquence, nous nous sommes assurés de la personne dudit (*relater le nom de l'individu qu'on arrête* ;— *si le nom que l'individu arrêté a déclaré, n'est pas conforme à celui du particulier dont la gendarmerie a le nom et le signalement, au lieu de*, nous avons remarqué que les noms, etc., on mettra : et, malgré qu'il n'y ait pas identité de noms, nous nous sommes cependant assurés, etc.), et nous l'avons conduit devant le procureur du Roi de l'arrondissement de...... dans l'étendue duquel il a été trouvé.

Fait et clos à (*le nom du lieu*), les jour, mois et an que dessus. (*Signatures*).

XXIV⁰ FORMULE.

PROCÈS-VERBAL *d'arrestation d'un déserteur.*

Cejourd'hui *(la date, le mois et l'année)*, heure du *(l'heure du matin ou du soir)*, nous *(les prénoms, noms et grades des gendarmes)* gendarmes à la résidence de *(le nom de la résidence)*, faisant notre tournée suivant la loi, et conformément aux ordres de nos supérieurs, après être parvenus à *(le lieu où se trouve la gendarmerie)*, nous avons rencontré le nommé *(les prénoms, le nom et le domicile du particulier)*, *(si la gendarmerie s'est transportée pendant le jour, soit sur l'ordre de ses chefs, soit sur la réquisition d'un préfet, d'un sous-préfet ou d'un maire, soit d'office, dans la maison d'un citoyen, et si elle y a arrêté un déserteur, il faudra le dire dans le procès-verbal, et supprimer ce qui précède, depuis, faisant notre tournée)*, nous nous sommes à l'instant assurés, au nom de la loi, de sa personne, attendu que nous le connaissons personnellement pour être un déserteur des armées de S. M., et qu'il n'est porteur d'aucun congé légal ; qu'il est sur la liste des déserteurs que la gendarmerie est chargée d'arrêter, et qu'il a été spécialement recommandé à notre surveillance par le préfet du département de.... le sous-préfet de l'arrondissement de *ou le maire de(les noms du département, de l'arrondissement ou de la commune)*;

(ou par M.) le nom de l'officier de gendarmerie)*, lieutenant ou *(capitaine)* de gendarmerie en résidence à *(le nom de la résidence.*

(Si quelqu'une des circonstances ci-dessus indiquées ne se rencontrait pas dans un cas particulier, il faudra la supprimer dans le procès-verbal).

Nota. La gendarmerie préviendra ensuite le maire du lieu où le militaire est détenu.

XXV⁰ FORMULE.

Autre Formule dans un cas différent du premier.

Cejourd'hui *(suivre le commencement de la précédente formule)*, nous avons rencontré un individu qui nous a paru être de la...... nous l'avons, en consequence, sommé de nous représenter ses passe-port ou congé, et de nous décliner ses nom, prénoms, âge, profession et demeure : il nous a repondu s'appeler (*relater la réponse*) ; il a déclaré de plus qu'il n'était porteur d'aucun congé ou passe-port.

XXVIᵉ FORMULE.

Autre Formule.

Cejourd'hui (*suivre le commencement de la* **XXVᵉ** *formule*), nous avons rencontré un individu qui nous a paru être déserteur de la..... nous l'avons, en conséquence, sommé de nous représenter ses passe-port ou congé, et de nous décliner ses nom, ¡prénoms, âge, profession et demeure : il a répondu s'appeler (*relater la réponse*); il nous a, de plus, déclaré être porteur d'un passe-port (*ou d'un congé*) qu'il nous a à l'instant représenté. Après avoir examiné ledit passe-port (*ou congé*), nous avons remarqué (*ou qu'il paraissait faux, — ou qu'il paraissait être donné en fraude, — ou qu'il paraissait n'être pas celui du porteur, etc.*, — (*détailler clairement les remarques quelles qu'elles soient*), nous nous sommes, en conséquence, et au nom de la loi, assurés de la personne dudit (*relater le nom de l'individu*), et nous l'avons, de suite, conduit devant le maire de (*ou le sous-préfet de l'arrondissement de*) (*le nom de la commune ou de l'arrondissement*), dans l'étendue de laquelle ou duquel il a été trouvé, afin que ses papiers soient examinés plus particulièrement, et qu'il soit pris à son égard les autres mesures convenables.

Nota. S'il s'agit d'un individu que le préfet ou le sous-préfet a fait venir pour vérifier ses papiers, on se servira de la formule précédente, avec les changemens nécessaires.

XXVIIᵉ FORMULE.

PROCÈS-VERBAL *pour constater des violences, voies de fait, et toute attaque contre la gendarmerie.*

Cejourd'hui (*la date, le mois et l'année*), heure de (*l'heure du matin ou du soir*), à (*le lieu*), canton de (*le canton*), département de (*le département*), nous (*les noms, prénoms et grades des gendarmes*), gendarmes à la résidence de (*la résidence*).

Ici les gendarmes énonceront comment et pourquoi ils étaient en fonctions ; s'ils étaient ou non assistés par la garde nationale ou par la troupe de ligne ; s'ils assuraient l'exécution des lois, des jugemens, ordonnances ou mandemens de justice ou de police ; s'ils étaient appelés pour dissiper des emeutes populaires ou attroupemens seditieux, et saisir les chefs, auteurs et instigateurs de l'émeute ou de la sédition ; enfin, s'ils conduisaient des détenus ou condamnés. Si l'opération dans laquelle les gendarmes sont troublés et attaqués rentre dans un des cas prévus par l'une des formules précédentes, il faudra suivre cette formule en la fondant dans celle-ci.

Se sont alors présentés à nous plusieurs individus (*dire si on les connaît, ou si on ne les connaît pas, ou si on en connaît une partie*), lesquels nous ont injuriés en nous traitant (*citer ici les propos injurieux proférés*); ils nous ont aussi fait différentes menaces (*dire si c'est avec des bâtons, des armes blanches ou à feu, avec le poing ou de quelque autre manière*); nous avons aussitôt sommé les attroupés de se séparer et de se retirer paisiblement, en leur annonçant que nous étions disposés à repousser la force par la force, et à ne pas abandonner le terrain (ni les particuliers ou objets confiés à notre garde). Ils n'ont pas tenu compte de nos avertissemens; au contraire, quelques-uns deux ont saisi la bride de nos chevaux; d'autres ont frappé (*indiquer comment et sur quoi on a frappé*); des coups de feu ont été tirés sur nous; le sieur *ou* les sieurs (*tels et tels*) ont été tués (*ou blessés*); des pierres ont été lancées.

Il faudra ainsi détailler l'attaque avec toutes ses circonstances.

Voyant qu'il nous était impossible de défendre le terrain que nous occupions, les postes ou personnes qui nous avaient été confiés, sans développer la force des armes pour vaincre la résistance qui nous était opposée (*ou bien*, voyant que des violences ou des voies de fait étaient exercées contre nous-mêmes), nous avons à l'instant prononcé à haute voix la formule, FORCE A LA LOI. et, de suite, nous (*détailler ici les mesures militaires employées; dire si l'on a fait feu, si l'on a dissipé les assaillans, si quelques-uns sont demeurés sur le carreau, si d'autres ont été blessés ou arrêtés; indiquer le nom et le domicile de ceux-ci; rapporter si les gendarmes ont été obligés de fuir, s'ils ont abandonné les individus ou les convois ou les malles qu'ils conduisaient; s'il y a eu des tués ou blessés parmi eux; en un mot, il faut récapituler tout ce qui a été fait dans le combat et à la suite, sans oublier les remarques faites avant, pendant et après l'action, sur tels ou tels individus connus ou désignés par leur signalement.*)

Nous avons alors fait inviter le juge de paix du canton (*ou en cas d'absence, le commissaire de police, et à défaut de celui-ci, le maire de la commune*) à se transporter sur les lieux, pour constater les faits avec leurs circonstances; nous avons pris des précautions pour faire conduire (*soit à l'hospice, soit dans la maison la plus voisine, soit à (le nom de la commune)* les blessés, afin de leur procurer les secours dont ils avaient besoin. Quant aux individus arrêtés par nous dans le combat ou dans la déroute, nous nous en sommes assurés spécialement. Les particuliers ainsi arrêtés, d'après les interpellations que nous leur avons faites, sont les nommés (*indiquer les noms, prénoms, âge et domicile des individus arrêtés*); ceux qui n'ont pas été arrêtés, et parmi lesquels nous avons remarqué les nommés (*dire ceux qui ont été remarqués*), seront dénoncés à M. le procureur du Roi de l'arrondissement, qui les poursuivra immédiatement comme officier de police judiciaire; à l'effet de quoi, le présent procès-verbal sera envoyé à ce fonctionnaire public; un extrait en sera adressé au capitaine de la gendarmerie du département.

Dans le cas où les gendarmes auraient été contraints de fuir, il faudra, au lieu de mettre ce qui précède, faire mention de leur démarche, de ses suites, et du lieu où ils se sont retirés pour dresser leur procès-verbal.

Fait et clos le présent procès-verbal, hors l'assistance d'aucuns fonctionnaires ni voisins, attendu l'impossibilité de les y faire trouver, les jour, mois et an que dessus.

(*Signatures.*)

XXVIIIe FORMULE.

PROCÈS-VERBAL *pour le cas où une émeute populaire a été réprimée ou dissipée par arrêté d'un préfet ou sous-préfet.*

Cejourd'hui, etc., nous (*les noms, prénoms et grades des gendarmes présents*), gendarmes à la résidence de (*le nom de la résidence*) rassemblés par ordre de M. (*le nom de l'officier et son grade*), en vertu d'un arrêté du préfet du département ou du sous-préfet de l'arrondissement de (*citer l'arrondissement*), dont il nous a été donné lecture, et qui porte en substance (*résumer les dispositions de l'arrêté*), nous nous sommes rendus armés et en uniforme à ou sur (*le lieu du rendez-vous*); et là nous avons trouvé M. (*le nom du préfet ou sous-préfet*), préfet ou sous-préfet, revêtu de son costume, lequel, s'étant placé à notre tête, nous a conduit (*s'il y a d'autres troupes, on mettra ici : ainsi que les militaires de la garde nationale ou de la troupe de ligne rassemblés avec nous*) à la rencontre des individus attroupés et ameutés (*ou bien, suivant les cas, nous a conduits etc., vers (indiquer le quartier de la commune*) la commune où se trouvent les individus attroupés); et étant parvenus tous dans ce lieu ou à (*mettre le nom du quartier*), le préfet ou sous-préfet a prononcé à haute voix ces mots : « OBÉISSANCE A LA LOI ; on va faire usage de la force, que les bons citoyens se retirent. » Il a répété la même formule une seconde fois ; il l'a réitérée une troisième et dernière fois, et les citoyens se sont retirés paisiblement (*dire de quelle manière les citoyens se sont retirés, si c'est à la première, à la seconde ou à la dernière sommation*).

Si, à la troisième sommation, les attroupés ne se séparent pas, l'administrateur ordonne le déploiement de la force armée; il se retire ensuite, et le chefs militaires agissent; ou bien, si la force armée est assaillie et attaquée de manière à ce que l'administrateur ne puisse pas faire les proclamations ordonnées, on repousse la force par la force; l'on agit ainsi qu'il est dit dans la formule précédente, et alors on fait mention de toutes les circonstances ci-dessus détaillées, on rédige ensuite le reste du procès-verbal, en prenant p   modèle ladite formule, à partir du moment de l'attaque,   supprimant tout ce qui est étranger à l'espèce.

Si, néanmoins, les attroupés n'étaient point armés, au lieu de suivre la précédente formule, on rédigerait la fin du procès verbal ainsi qu'il suit : — *on détaillera la manière dont la force armée a été déployée, ses suites et ses résultats,* puis on ajoutera : L'attroupement ainsi dissipé, nous avons fait inviter le juge de paix (ou le commissaire de police, *en cas d'absence*) à se transporter sur les lieux, afin de constater les faits et leurs circonstances ; et ledit juge de paix étant survenu, nous avons clos notre procès-verbal, qui sera remis à M. le procureur du Roi de l'arrondissement, et dont un extrait sera envoyé au capitaine de la gendarmerie du département.

Fait, etc. *(Signatures.)*

Nota. Ce procès-verbal se rédige indépendamment de celui de l'administrateur, à cause de l'article 138 de la loi du 28 germinal an 6.

Lorsque la gendarmerie dissipe un attroupement, si elle n'est pas accompagnée d'un fonctionnaire civil, elle doit immédiatement, après ses opérations, en prévenir le préfet du département, le sous-préfet de l'arrondissement et le maire de la commune.

OBSERVATIONS GÉNÉRALES.

Toutes les formules précédentes sont indépendantes des feuilles de service dont les gendarmes doivent être porteurs, des carnets sur lesquels ils se donnent mutuellement des décharges, et des extraits qu'ils doivent adresser au capitaine de la gendarmerie du département.

On a omis de donner des formules ou des modèles de procès-verbaux pour des opérations simples, où il suffit d'un récit sommaire de quelques lignes; les officiers, sous-officiers et gendarmes suppléeront facilement à cette omission. Il en est de même pour les opérations où la gendarmerie ne fait que prêter main-forte aux huissiers ou aux autorités civiles : les procès-verbaux à adresser dans ces cas, doivent être rédigés par les agens qu'ils accompagnent, et les gendarmes ne donnent à leurs chefs qu'un précis sommaire de ce qu'ils ont fait.

Lorsque les gendarmes iront dans les maisons, pendant le jour, pour y exécuter les réquisitions des autorités constituées, et qu'on leur refusera l'ouverture des portes, ou lorsqu'ils penseront qu'il est nécessaire de faire ouvrir les armoires dans lesquelles peuvent être cachés les individus qu'ils sont chargés d'arrêter, ils requerront le juge de paix ou le commissaire de police de venir ordonner les ouvertures, suivant l'article 36 du Code d'instruction criminelle.

Les officiers, sous-officiers et gendarmes se rappelleront toujours que les formules ci-dessus, calquées sur celles dont l'impression a été ordonnée par arrêté du 12 thermidor an 6, sont moins des cadres parfaits que des modèles dans lesquels ils devront faire les changemens et les additions nécessités par les circonstances particulières dans lesquelles ils se trouveront, et qu'il est impossible de prévoir toutes.

FIN DES FORMULES.

TARIF DE LA SOLDE,

DES INDEMNITÉS ET ABONNEMENS DE LA GENDARMERIE.

(Réglement du 21 Novembre 1823.)

OFFICIERS.

GRADES.	SOLDE DE PRÉSENCE.			SOLDE D'ABSENCE, PAR JOUR.				INDEMNITÉS pour les services extraordin. par jour, dans l'intérieur ou aux armées.	INDEMNITÉS pour revues et tournées, et frais de bureau des trésoriers. (1)
	PAR AN.	PAR MOIS.	PAR JOUR.	en congé.	à l'hôpital ou aux eaux.	en détention.	ou captivité.		
	fr. c.	f. c. m.	f. c. m.	f. c. m.	f. c. m.	f. c. m.	f. c. m.	f. c.	
ARMERIE DES DÉPARTEMENS.									
Chefs { de la 1re Légion . . .	7,400. »	616. 66. 66.	20. 55. 55	10. 27. 77.	17. 55. 55.	6. 83. 18.	8. 33. 33.	5. »	200f par dép. par.
{ des autres Légions . . .	6,000. »	500. » »	16. 66. 66.	8. 33. 33.	13. 66. 66.	5. 53. 55.	8. 33. 33.	5. »	id.
COMPAGNIE DE LA SEINE.									
Escadron commandant . . .	5,500. »	458. 33. 33.	15. 27. 77.	7. 63. 88.	12. 27. 77.	5. 09. 25.	6. 20. 83.	4. »	150f par tourn.
me	3,300. »	275. » »	9. 16. 66.	4. 58. 33.	7. 16. 66.	3. 05. 55.	3. 75. »	3. »	600f par an.
me-Trésorier	3,300. »	275. » »	9. 16. 66.	4. 58. 33.	7. 16. 66.	3. 03. 55	3. 75. »	3. »	300f par an.
aut	2,400. »	200. » »	6. 66. 66	3. 33. 33.	5. 16. 66.	2. 22. 22.	2. 50. »	2. 50.	50f par tournée.
AGNIES DES AUTRES DÉPARTEMENS.									
Escadron commandant . . .	4,470. »	372. 50. »	12. 41. 66	6. 20. 83	9. 41. 66.	4. 13. 88.	6. 20. 83.	4. »	150f par tourn.
. . . .	2,700. »	225. » »	7. 50. »	3. 75. »	5. 50. »	2. 50. »	3. 75. »	3. »	id.
ns Lieutenant	2,700. »	225. » »	7. 50. »	3. 75. »	5. 50. »	2. 50. »	3. 75. »	3. »	50f par tournée.
ant	1,800. »	150. » »	5. » »	2. 50 »	3. 50. »	1. 66. 66.	2. 50. »	2. 50.	id.
ers { Capitaine	2,700. »	225. » »	7. 50. »	3. 75. »	5. 50. »	2. 50. »	3. 75. »	3. »	300f par an.
{ Lieutenant	1,800. »	150. » »	5. » »	2. 50. »	3. 50. »	1. 66. 66.	2. 50. »	2. 50.	id.
LLON DE VOLTIGEURS CORSES.									
{ Chef de Bataillon, Comt	4,470. »	372. 50. »	12. 41. 66.	6. 20. 83.	9. 41. 66.	4. 13. 88.	6. 20. 83.	»	»
Maj. { Capitaine adjudant-major.	2,700. »	225. » »	7. 50. »	3. 75. »	5. 50. »	1. 50. »	3. 75. »	»	
{ Trésorier	1,800. »	150. » »	5. » »	2. 50. »	3. 50. »	1. 66. 66.	2. 50. »	»	300f par an.
{ Aide-Major	1,500. »	125. » »	4. 16. 66.	2. 08. 33.	2. 96. 66.	1. 38. 88.	2. 08. 33.	»	
ag. { Capitaine	1,700. »	125. » »	7. 50. »	3. 75. »	5. 50. »	2. 50. »	3. 75.	»	»
{ Lieutenant	1,800. »	150. » »	5. » »	2. 50. »	3. 50. »	1. 66. 66.	2. 50. »	»	»
{ Sous-Lieutenant . . .	1,500. »	125. » »	4. 16. 66.	2. 08. 33.	2. 91. 66.	1. 38. 88.	2. 08. 33.	»	»

GRADES.	INDEMNITÉS DE LOGEMENT AUX OFFICIERS non logés dans les bâtimens publics ou casernes de la Gendarmerie.			ABONNEMENT DE FOURRAGES, Nombre de rations journalière, allouées à chaque grade.	(2)	OBSERVATIONS.
	par an.	par mois.	par jour.			
GENDARMERIE DES DÉPARTEMENS.	f. c.	f. c.	f. c. m.			(1) L'indemnité pour la revue annuelle du Chef de la Légion de Corse est de 400 fr.
Chefs { de la 1re Légion.	900. »	75. »	2. 50. »	3.		L'indemnité pour la tournée administrative des Colonels est de 900 fr. par Légion : elle n'est pas due au Colonel de la Légion de
{ des autres Légions.	600. »	50. »	1. 66. 6.	3.		la Corse , ni au Commandant du Bataillon de Voltigeurs corses.
COMPAGNIE DE LA SEINE.						Il est accordé pour le Maréchal-des-logis qui aide le Trésorier de la Gendarmerie de la Corse , 300 f. de frais de Bureau.
Chef d'escadron commandant.	720. »	60. »	2. » »	2.		L'Officier de santé chargé de soigner à domicile les Sous-offi-
Capitaine.	324. »	27. »	» 90. »	2.		ciers et Gendarmes de la Compagnie de la Seine , reçoit sur les
Capitaine–Trésorier.	324. »	27. »	» 90. »	1.		fonds de déplacement une indemnité annuelle de 1200 fr.
Lieutenant.	216. »	18. »	» 60. »			(2) Les Officiers de la Gendarmerie des départemens sont payés
COMPAGNIES DES AUTRES DÉPARTEMENS.						pour les fourrages, d'après les prix communs déterminés tous les ans pour chaque Compagnie.
Chef d'Escadron commandant.	480. »	40. »	1. 33. 3.	2.		Les Lieutenans et Sous-Lieutenans du bataillon de Voltigeurs
Capitaine commandant.	216. »	18. »	» 60. »	2.		corses n'ont pas droit à l'abonnement.
Capitaine–Lieutenant.	218. »	18. »	» 60. »	1.		
Lieutenant.	144. »	12. »	» 40. »	1.		
Trésoriers { Capitaine.	216. »	18. »	» 60. »	2.		
{ Lieutenant.	216. »	18. »	» 60. »	1.		
BATAILLON DE VOLTIGEURS CORSES.						Les Indemnités pour frais de prévôté sont réglées , savoir :
						PAR MOIS;
État-Maj. { Chef de Bataillon , Commandt.	480. »	40. »	1. 33. 3.	2.		300 f. aux Grands-prévôts ;
{ Capitaine adjudant-major.	216. »	18. »	» 60. »	1.		150 aux Prévôts ;
{ Trésorier.	216. »	18. »	» 60. »	1.		100 aux Lieutenans greffiers des Grands-prévôts;
{ Aide – Major.	144. »	12. »	» 40. »	1		60 aux Maréchaux-des-logis greffiers des Prévôts.
Compag { Capitaine.	216. »	18. »	» 60. »	»		
{ Lieutenant.	144. »	12. »	» 40. »	»		
{ Sous-Lieutenant.	144. »	12. »	» 40. »			

SOUS-OFFICIERS ET GENDARMES.

GRADES.	SOLDE DE PRÉSENCE, (1) y compris la portion pour la Masse individuelle de Compagnie.			SOLDE D'ABSENCE, par jour.		
	PAR AN.	PAR MOIS.	PAR JOUR.	en congé, aux hôpitaux ou aux eaux.	en détention.	en captivité.
GENDARMERIE DES DÉPARTEMENS.						
COMPAGNIE DE LA SEINE.						
Adjudant Sous-Officier	1,500. »	125. » »	4. 16. 06.	2. 08. 33.	1. 38. 88.	2. 08. 33.
cheval { Maréchal-des-logis. .	1,395. »	116. 25. »	3. 87. 50.	1. 93. 75.	1. 29. 16.	1. 43. 75.
cheval { Brigadier. .	1,295. »	107. 91. 66.	3. 59. 72.	1. 79. 86.	1. 29. 16.	1. 29. 86.
cheval { Gendarme et Trompette.	965. »	80. 41. 66.	2. 68. 05.	1. 34. 02.	» 59. 35.	1. 29. 86.
pied { Maréchal-des-logis.	960. »	80. » »	2. 66. 66.	1. 33. 33.	» 88. 88.	1. 04. 16.
pied { Brigadier.	860. »	71. 66. 66.	2. 38. 88.	1. 19. 44.	» 79. 62.	» 90. 27.
pied { Gendarme et Tambour.	720. »	60. » »	2. » »	1. » »	» 66. 66.	» 76. 38.
COMPAGNIES DES AUTRES DÉPARTEMENS.						
cheval { Maréchal-des-logis.	1,035. »	86. 25. »	2. 87. 50.	1. 43. 75.	» 95. 83.	1. 43. 75.
cheval { Brigadier.	935. »	77. 91. 66.	2. 59. 72.	1. 29. 86.	» 86. 57.	1. 29. 86.
cheval { Gendarme et Trompette.	715. »	59. 58. 33.	1. 98. 61.	1. » »	» 66. 20.	1. » »
pied { Maréchal-des-logis.	750. »	62. 50 »	2. 08. 33.	1. 04. 16.	» 69. 44.	1. 04. 16.
pied { Brigadier.	650. »	54. 16. 66.	1. 80. 55.	» 90. 27.	» 60. 18.	» 90. 27.
pied { Gendarme et Tambour.	550. »	45. 83. 33.	1. 52. 77.	» 76. 38.	» 50. 92.	» 76. 38.
BATAILLON DE VOLTIGEURS CORSES.						
État-Major { Adjudant Sous-Officier.	1,000. »	33. 33.	2. 77. 77.	1. 38. 88.	» 92. 59.	1. 38. 38.
État-Major { Caporal-Clairon.	650. »	54. 16. 66.	1. 80. 55.	1. » »	» 60. 18.	» 90. 27.
État-Major { Maîtres { armurier.	750. »	62. 50. »	2. 08. 33.	1. 04. 16.	» 69. 44.	1. 04. 16.
État-Major { Maîtres { tailleur.	550. »	45. 83. 33.	1. 52. 77.	» 76. 38.	» 50. 92.	» 76. 38.
État-Major { Maîtres { cordonnier.	550. »	45. 83. 33.	1. 52. 77.	» 76. 38.	» 50. 92.	» 76. 38.
compagnies { Sergent-Major. . .	850. »	70. 83. 33.	2. 36. 11.	1. 18. 05.	» 78. 70.	1. 18. 05.
compagnies { Sergent.	750. »	62. 50. »	2. 08. 33.	1. 04. 16.	» 69. 44.	1. 04. 16.
compagnies { Fourrier.	650. »	54. 16. 66.	1. 80. 55.	» 90. 27.	» 60. 18.	» 90. 27.
compagnies { Caporal.	650. »	54. 16. 66.	1. 80. 55.	» 90. 27.	» 60. 18.	» 90. 27.
compagnies { Voltigeur ou Clairon.	550. »	45. 83. 33.	1. 52. 77.	» 76. 38.	» 50. 92.	» 76. 38.

SOUS-OFFICIER ET GENDARMES.

GRADES.	INDEMNITÉS de service extraordinaire et de découcher, par journée.		ABONNEMENT de Secours, d'Entretien et de Remonte par homme au complet de la troupe			Premières mises d'habillement aux nouveaux admis.	Abonnement de fourrages. (2)	OBSERVATIONS.
	dans l'Intérieur.	aux armées.	PAR AN.					
			Fonds de secours et dépenses administr.	Fonds d'entret. et de remonte.	TOTAL de l'abonnement de remonte et de secours par mois.			
GENDARMERIE DES DÉPARTEMENS.	f. c.	f. c.	f. c.	f. c.	f. c.	f. c.		(1) La solde des Sous-officiers et Gendarmes est calculée et payable par mois à raison de la 12e partie de la fixation annuelle; et par jour, à raison de la 360e partie.
COMPAGNIE DE LA SEINE.								
Adjudant Sous-Officier.	» 80.	1. ».						
A cheval. { Maréchal-des-logis. . .	» 70.	» 90.	15. »	20. »	2. 91. 66.	300. »		
{ Brigadier.	» 60.	» 80.						
{ Gendarme et Trompette.	» 50.	» 70.						(2) Les Sous-officiers et Gendarmes reçoivent au prorata de la solde les indemnités de fourrages d'après les prix déterminés chaque année par brigade.
A pied. . . { Maréchal-des-logis. . .	» 60.	» 70.						
{ Brigadier.	» 50.	» 60.	15. »	10. »	2. 08. 33.	150. »		
{ Gendarme et Tambour.	» 40.	» 50.						
COMPAGNIES DES AUTRES DÉPARTEMENS.								ABONNEMENT DE REMONTE, D'ENTRETIEN ET DE SECOURS.
A cheval. { Maréchal-des-logis. . .	» 70.	» 90.	15. »	20. »	2. 91. 66.	300. »		Sous-off. et Gend. à cheval
{ Brigadier.	» 60.	» 80.						Fonds de secours. . . . 15f.
{ Gendarme et Trompette.	» 50.	» 70.						Fonds de rem. et d'ent. 20
A pied. . . { Maréchal-des-logis. . .	» 60.	» 70.						
{ Brigadier.	» 50.	» 60.	15. »	10. »	2. 08. 33.	150. »		
{ Gendarme et Tambour.	» 40.	» 50.						
BATAILLON DE VOLTIGEURS CORSES.								
Petit État-Major. { Adjudant Sous-Officier.	»	»						
{ Caporal-Clairon. . .	»	»						
{ Maîtres { armurier. . . .	»	»						
{ { tailleur. . . .	»	»	15. »	»	1. 25. »	150. »		La première mise est acquise aux Voltigeurs corses après quatre années de service.
{ { cordonnier. . .	»	»						
Compagnies. { Sergent-Major.	»	»						
{ Sergent.	»	»						
{ Fourrier.	»	»						
{ Caporal.	»	»						
{ Voltigeur ou Clairon. .	»	»						

13.

TABLE
DES MATIÈRES.

— ◆ —

SERVICE.

HABILLEMENT.

SERVICE ADMINISTRATIF.

ADMINISTRATION DES FOURRAGES.

COMPAGNIES SÉDENTAIRES DE GENDARMERIE.

GARDE MUNICIPALE DE PARIS.

CIRCULAIRES ET INSTRUCTIONS SUR DIVERS OBJETS QUI SE RATTACHENT AU SERVICE DE LA GENDARMERIE.

EXTRAITS DES CODES.

CODE D'INSTRUCTION CRIMINELLE.

CODE PÉNAL.

CODE FORESTIER.

PÊCHE FLUVIALE.

MODÈLES DE FORMULES.

FIN DE LA TABLE DES MATIÈRES.

SUPPLÉMENT

AU MANUEL DE LA GENDARMERIE.

HABILLEMENT.

Modifications à faire à l'uniforme de la Gendarmerie.

Paris, le 28 février 1831.

JE joins à la présente le modèle de bord de chapeau en poil de chèvre noir, tissu à points de Hongrie, que j'ai adopté pour être substitué au bord actuel : il est large de 542 millim. (24 lignes), pour le chapeau des sous-officiers et gendarmes, et de 677 millim. (30 lignes), pour celui des officiers.

Le changement des bords en poil de chèvre du chapeau ne sera effectué, autant que possible, qu'au fur et à mesure des remplacemens. On doit également s'abstenir d'obliger immédiatement les hommes à pied déjà pourvus d'un pantalon blanc, de le remplacer par le pantalon en drap bleu-de-roi, sous lequel ils porteront la guêtre courte en étamine noire.

Il n'est rien changé à ce que j'ai prescrit le 14 de ce mois pour les gendarmes surnuméraires qui seront seulement pourvus des effets de petite tenue et de la botte à la sowarow.

Sur une soumission présentée par le sieur Benzart, et après avoir pris l'avis du Comité consultatif de la gendarmerie, j'ai fixé comme il suit les prix de divers articles de passementerie, non compris dans le tarif du 13 juillet 1830, SAVOIR :

Cocarde en poil de chèvre, doublure imperméable. . 0 f 20 c.
Galon en argent fin pour passans d'épaulettes, tissu
  à points de Hongrie, large de 10 millim., le mètre . . 2 60
    Id. pour passans de chapeau, tissu à cul-
de-dé, large de millim., le mètre. 2 60
Galon en fil blanc pour passans d'épaulettes, tissu à
  points de Hongrie, large de 10 millim., le mètre. . 0 30
Galon pour bordure de buffleterie, tissu à cul-de-
dé, large de 10 millim., le mètre. 0 30
Bord à chapeau, poil de chèvre noir, tissu à points
  de Hongrie, large de 542 millim., le bord. 2 40

J'ai remarqué que, dans les marchés passés par quelques compagnies avec le sieur Taconet, les rosettes de tête et de queue des chevaux y sont portées à 2 fr. 25 c. La circulaire du 20 janvier dernier n'a pas fixé un nouveau prix pour ces rosettes, qui ne devront en conséquence être payées, par les hommes, que 2 francs, conformément au tarif du 13 juillet dernier.

J'invite les conseils d'administration à faire leurs commandes avec beaucoup de soin, afin que les indications qu'elles contiendront soient assez précises pour qu'elles ne puissent occasioner dans leur exécution ni retard ni erreurs.

Dispositions relatives aux Marchés à passer pour l'équipement et harnachement de la Gendarmerie.

Paris, le 22 novembre 1831.

Messieurs, le tarif du prix des effets d'équipement et de harnachement de la gendarmerie, notifié le 10 janvier dernier, cessant d'être en vigueur à dater du 1er janvier prochain, j'ai décidé, le 20 de ce mois, que, dans les marchés qu'ils doivent passer pour assurer les besoins des sous-officiers et gendarmes, jusqu'au 31 décembre 1835, les conseils d'administration ne dépasseront pas les prix fixés pour les effets dont il s'agit par la circulaire du 13 juillet 1830.

Les conseils d'administration se conformeront aux dispositions de l'instruction du 10 juillet 1831 ; et, en usant de la latitude qu'elle leur laisse pour le choix de leurs fournisseurs, ils ne perdront pas de vue qu'il leur est interdit, dans l'intérêt des sous-officiers et gendarmes, de traiter avec des marchands qui ne fabriqueraient pas eux-mêmes les effets d'équipement et de harnachement, et n'offriraient pas des garanties suffisantes pour des confections et qualités rigoureusement conformes aux modèles.

Note ministérielle concernant l'habillement et l'équipement des sous-officiers et gendarmes passant dans les compagnies sédentaires de gendarmerie.

Paris, le 4 juin 1832.

L'uniforme des compagnies sédentaires de gendarmerie différant de la tenue adoptée pour la gendarmerie départementale, les conseils d'administration de cette arme qui auront à diriger des sous-officiers et gendarmes sur les compagnies sédentaires, ne leur délivreront aucun effet neuf, et leur retireront, après estimation, les effets d'habillement et de grand équipement qui ne leur seraient pas indispensables pour se rendre à leur nouvelle destination, et dont on pourrait faire la cession à d'autres hommes. La valeur des effets dont il s'agit sera portée au crédit de la masse individuelle des militaires partant.

ADMINISTRATION DU PERSONNEL.

Mode particulier à suivre pour les Congés limités délivrés aux militaires du corps de la Gendarmerie.

Paris, le 11 mai 1822.

Monsieur, l'ordonnance du 16 janvier dernier, qui autorise les généraux commandant les divisions militaires à délivrer des congés limités, ayant pu être considérée comme applicable aux militaires du corps de la gendarmerie, je dois vous faire connaître que les fonctions spéciales de cette arme exigeaient un mode particulier à cet égard, et que l'ordonnance du 29 octobre 1820 a en conséquence statué que ces congés et prolongations de congés, dont le plus long terme n'excède pas trois mois, devaient être accordés par le ministère sur la proposition directe des chefs de légion.

Cette disposition ne peut cesser d'être en vigueur parce que l'autorité militaire locale, n'étant pas seule compétente pour juger si l'absence d'un militaire de la gendarmerie n'est point nuisible à son service qui ressort en grande partie de l'ordre administratif et judiciaire, c'est principalement d'après les relations journalières des chefs de l'arme avec les autorités civiles, qu'ils mettent le ministère à portée de prononcer sur les demandes de congés; et il faut remarquer que la gendarmerie n'a point de semestres.

Je vous prie, en conséquence, de ne point donner de suite aux demandes qui pourraient vous être soumises par des officiers, sous-officiers et gendarmes, pour des congés limités, soit pour cause de maladie, soit pour affaires personnelles.

J'adresse le même avis aux chefs de légions de gendarmerie, en les prévenant que dans le cas où un homme en congé aurait à solliciter une prolongation pour des raisons de santé, il sera tenu de justifier du besoin qu'il aurait de cette prolongation, au commandant de la gendarmerie du département où il se trouverait, et qui sera chargé de me transmettre, avec son avis, les demandes et certificats de visite du militaire.

Retour aux principes de la hiérarchie pour toutes les demandes et réclamations adressées au ministre de la guerre.

Paris, le 29 octobre 1830.

Monsieur, les ordres du jour de MM. les généraux commandans

les divisions militaires ont dû faire connaître à la gendarmerie les dispositions de ma circulaire du 13 de ce mois (*), qui prescrit le retour aux principes de la hiérarchie pour toutes les demandes ou réclamations qu'il y aurait lieu de m'adresser, et à la sévérité des règles de discipline dans tous les corps de l'armée.

Je crois devoir insister particulièrement pour l'exécution de ces mesures dans la gendarmerie, dont les militaires sont généralement disposés à s'écarter des voies régulières. Cette tendance peut sans doute être attribuée à l'isolement des officiers et à la dissémination de la troupe; mais il est du devoir des chefs, dans tous les grades, de faire, en quelque sorte, disparaître les positions individuelles, en tenant d'une main ferme les rênes du commandement.

Je vous invite, en conséquence, à prévenir les officiers et gendarmes sous vos ordres, non-seulement que je n'aurai aucun égard, hors le cas de déni de justice, aux sollicitations qu'ils m'adresseraient directement, mais encore que toute demande qui me parviendrait ainsi, vous sera immédiatement renvoyée pour que vous infligiez à son auteur les réprimandes ou les punitions qu'il aurait encourues.

En vous réservant, à vous seul, le droit de me faire passer les demandes de vos subordonnés, je vous recommande de ne me soumettre que celles qui seront fondées sur des droits acquits. Je réprouve d'avance toute transmission qui résulterait d'un sentiment de protection ou de condescendance, et sur laquelle vous ne pourriez exprimer un avis formel, d'accord avec les lois et les réglemens en vigueur.

MM. les commandans de compagnie engagent souvent les individus qui se présentent à eux pour obtenir leur admission dans l'arme, et qui ne réunissent point les qualités convenables, à s'adresser à moi pour obtenir des exceptions en leur faveur. Ils donnent ainsi aux réclamans un espoir qui les abuse et qui les détermine quelquefois à se rendre à Paris, au grand préjudice de leurs intérêts. Veuillez répéter à ces officiers que je ne prononce jamais que sur des mémoires de proposition réguliers, appuyés des pièces voulues, et que mon intention est de ne passer sur aucune exception.

J'ai eu lieu de m'apercevoir que les commandans de compagnie avaient outrepassé, dans les dernières circonstances, la ligne dans laquelle ils doivent se tenir à l'égard de MM. les généraux commandant les divisions et subdivisions. Ils ne peuvent, en aucun cas, se soustraire aux dispositions de l'art. 77 et suivans de l'ordonnance du 29 octobre 1820; mais, en ce qui touche le service spécial de l'arme, il convient qu'ils ne prennent d'ordres que des chefs de légion, appelés seuls à recevoir leurs rapports et observations. Enfin la gendarmerie est l'arme dans laquelle il importe le plus de maintenir une exacte et sévère discipline. Je réclame donc de votre part une surveillance aussi rigoureuse qu'assidue sur le personnel de la légion que vous commandez, afin

(*) Journal militaire, 1er semestre, 1830.

que, la répression suivant de près les fautes commises, le corps se distingue bientôt par la plus complète subordination et par l'entier accomplissement de ses devoirs.

Veuillez faire connaître, par la voie de l'ordre, aux commandans de compagnie et même aux brigades, les dispositions contenues dans cette circulaire, qui les concernent respectivement.

Avancement des officiers et sous-officiers de la Garde municipale de Paris.

Ordonnance du 29 février 1832.

Vu la loi du 10 mars 1818 et l'ordonnance du 2 août suivant;
Vu les ordonnances du 29 octobre 1820, 16 août et 24 novembre 1830;
Considérant que, par l'article 5 de l'ordonnance du 16 août 1830, les sous-officiers et les officiers de la garde municipale de Paris, sont exclus de toute participation à l'avancement, jusqu'à ce que l'ancienneté de formation du corps ait atteint le terme de quatre années, fixé par l'ordonnance du 29 octobre 1820, pour parvenir au grade supérieur de la gendarmerie.
Considérant qu'il existe dans ladite garde municipale un assez grand nombre d'officiers, depuis long-temps titulaires dans l'armée, des grades qu'ils exercent dans ce corps,
Voulant d'ailleurs nous réserver les moyens de récompenser le zèle dont la garde municipale de Paris n'a cessé de donner des preuves dans l'intérêt de l'ordre public;
Sur la proposition de nos Ministres secrétaires d'état de l'intérieur de la guerre;

Nous avons ordonné et ordonnons ce qui suit :

Art. 1er. Il sera réservé annuellement quatre emplois de sous-lieutenant, dans l'armée active, aux sous-officiers de la garde municipale de Paris, réunissant les conditions déterminées par la loi sur l'avancement, savoir :

Trois emplois dans l'infanterie, pour les sergens, sergens-majors et adjudans sous-officiers,
Un emploi dans la cavalerie, pour les maréchaux-des-logis, maréchaux-des-logis chefs et adjudans sous-officiers.

2. Le premier tour de nomination à l'emploi de sous-lieutenant dans la garde municipale sera dévolu à l'un des sous-officiers du corps revêtu des grades énoncés en l'article précédent, pourvu qu'il satisfasse aux dispositions de la loi sur l'avancement.

3. Le premier tour d'avancement à l'ancienneté dans la garde municipale, pour les grades de capitaine, de chef de bataillon ou d'escadron, et de lieutenant-colonel, appartiendra exclusivement au corps, pourvu que les officiers que leur rang y appellera réu-

nissent les conditions d'ancienneté exigées par la loi, et qu'ils soient au moins dans la deuxième année d'exercice de leur emploi.

4. Les lieutenans-colonels de la garde municipale concourront avec les colonels de l'armée, pour la portion dévolue à ces derniers dans les emplois de chef de légion de gendarmerie.

Ils ne pourront toutefois prétendre au grade de colonel, avec l'emploi de chef de légion, que lorsqu'ils auront accompli le temps de service voulu par la loi, comme lieutenans-colonels dans la garde municipale ou dans la gendarmerie.

5. Les dispositions contenues dans les articles 2 et 3, n'auront d'effet, pour l'avancement à chacun des grades qui y sont indiqués, que jusqu'à l'époque où l'ancienneté de formation de la garde municipale sera équivalente à la durée de service exigée par les réglemens généraux de l'arme.

6. Nos ministres secrétaires d'état de la guerre et de l'intérieur sont chargés, chacun en ce qui le concerne, de l'exécution de la présente ordonnance.

Dispositions relatives à la formation des Conseils de discipline dans la Gendarmerie, dans la Garde municipale et dans le corps des Sapeurs-Pompiers de la ville de Paris.

Paris, le 12 octobre 1832.

Messieurs, j'ai cru devoir étendre à la gendarmerie départementale, à la garde municipale de Paris, aux régimens provisoires de gendarmerie à cheval et au corps des sapeurs-pompiers de la ville de Paris, les dispositions de l'ordonnance du 1er avril 1818, qui a prescrit la formation des compagnies de discipline, et déterminé le cas dans lequel les militaires doivent y être incorporés.

Les articles 4, 5 et 6, titre II de cette ordonnance, seront entièrement applicables à la garde municipale de Paris, ainsi qu'aux régimens provisoires de gendarmerie, dans le cas où la réunion de plusieurs escadrons permettrait de se conformer à l'article 5 pour la composition du conseil de discipline.

Dans la gendarmerie départementale, le conseil de discipline de chaque compagnie sera composé, suivant l'article 9, savoir :

Du chef d'escadron ou capitaine commandant, président,

Du lieutenant résidant au chef-lieu, Du trésorier ayant voix délibérative, De deux maréchaux-des-logis, De deux brigadiers, à défaut par les plus anciens officiers du grade correspondant, pris parmi ceux employés au chef-lieu e les plus anciens de la compagnie.

Le conseil de discipline, dans chaque escadron détaché de régimens provisoires, sera également présidé par le capitain

ommandant , et composé de six autres membres pris parmi les
ciers présens et les plus anciens maréchaux-des-logis.

Selon l'esprit des articles 4 et 5 de l'ordonnance , les conseils
le discipline des compagnies ou escadrons de ge darmerie ne
urront s'assembler que par l'ordre des chefs de légion ou des
olonels des régimens provisoires s sur les rapports des comman-
ans de lieutenance ou de pelotons. Ces dernie ne pourront, en
conséquence, faire partie des conseils qui auront à statuer sur
leurs plaintes, et ils devront être remplacés par des officiers du
même grade.

Il est bien entendu que ces mesures ne concernent que les militaires de la gendarmerie liés au service en vertu de la loi du recrutement.

Les dispositions applicables à la garde municipale de Paris, le
sont également au corps des sapeurs-pompiers de cette ville ,
sauf la modification que le chef de bataillon commandant , qui
aura reçu les rapports par la voie hiérarchique, pourra convoquer le conseil dont il sera président.

Les avis motivés des conseils de discipline seront toujours
adresssés, par les chefs de légion ou les chefs de corps, aux officiers
généraux commandant les divisions militaires, qui me les transmettront , avec leurs observations et leur avis particulier , conformément à l'article 7 de l'ordonnance.

SERVICE ADMINISTRATIF.

Arrestation de détenus évadés.

Extrait de l'arrêté du 18 ventôse an 12 , qui accorde une gratification en cas de reprise d'un condamné aux fers ou à la détention, qui se serait échappé de prison.

Art. 1er. En cas de reprise d'un condamné aux fers ou à la détention, évadé d'une prison, il sera alloué en gratification, à tout
individu qui aura arrêté et amené ce condamné, 100 fr. s'il es-
repris hors des murs de la ville où il était détenu, et 50 fr. s'il
est repris dans la ville.

2. Tout gendarme ou tout citoyen qui, ayant repris un condamné aux fers ou à la détention, évadé d'une prison, n'aura
pu l'y conduire, mais qui l'aura remis aux autorités compétentes, pour être provisoirement détenu, devra faire parvenir au ministre de l'intérieur un procès-verbal , qui sera ensuite adressé à
la préfecture du département d'où le condamné se sera évadé ; la
gratification accordée par l'art. 1er sera payée immédiatement, en
vertu d'un mandat du préfet , sur les fonds affectés aux dépenses
imprévues.

3. Le grand-juge, ministre de la justice, et le ministre de l'intérieur, sont chargés, chacun en ce qui le concerne, de l'exécution du présent arrêté, qui sera inséré au Bulletin des lois.

———

Frais de justice criminelle, correctionnelle et de simple police.

Décret du 7 avril 1813, qui modifie quelques dispositions de celui du 18 juin 1811. (Bulletin des lois, page 609.)

Art. 1er. Il ne sera plus accordé de double taxe aux témoins dans le cas prévu par l'article 29 du règlement du 18 juin 1811.

2. Les témoins qui ne seront pas domiciliés à plus d'un myriamètre du lieu où il seront entendus, n'auront droit à aucune indemnité de voyage : il ne pourra leur être alloué que la taxe fixée par les articles 27 et 28 du règlement.

Ceux domiciliés à plus d'un myriamètre, recevront, pour indemnité de voyage, s'ils ne sortent pas de leur arrondissement, un franc par myriamètre parcouru en allant, et autant pour le retour.

S'ils sont appelés hors de leur arrondissement, cette indemnité sera de 1 fr. 50 c.

Dans les deux derniers cas, la taxe fixée par les articles 27 et 28 sus-énoncés ne sera point allouée, sans néanmoins rien innover à l'article 30 dudit règlement relatif aux frais du séjour.

3. Il n'est dû aucun frais de voyage aux gardes-champêtres ou forestiers, tant pour la remise qu'ils sont tenus de faire de leurs procès-verbaux, conformément aux articles 8 et 20 du Code d'instruction criminelle, que pour la conduite des personnes par eux arrêtés, devant l'autorité compétente.

Mais lorsque ces gardes seront appelés en justice, soit pour être entendus comme témoins, lorsqu'ils n'auront point dressé de procès-verbaux, soit pour donner des explications sur les faits contenus dans les procès-verbaux qu'ils auront dressés, ils auront droit aux mêmes taxes que les témoins ordinaires.

Il en sera de même des gendarmes.

4. L'augmentation de taxe accordée par l'art. 94, pour frais de voyage pendant les mois de novembre, décembre, janvier et février, est également supprimée, tant pour les témoins, que pour les autres parties prenantes, désignées dans l'article 91.

6. Le droit à allouer aux huissiers, gendarmes, gardes-champêtres ou forestiers, ou agens de police, suivant le mode et dans les cas prévus par les articles 71, n° 5, et 77 du règlement, demeure fixé de la manière suivante, savoir :

1° Pour capture ou saisie de la personne, en exécution d'un jugement de simple police, sans qu'il puisse être alloué aucun droit de perquisition,

A Paris. . . . . 6.
Dans les villes de quarante mille âmes et au-dessus. . 4.
Dans les autres villes et communes. . . . . 3.

2° Pour capture en exécution d'un mandat d'arrêt, ou d'un
jugement ou arrêt en matière correctionnelle emportant peine
d'emprisonnement,

A Paris. . . . . 18.
Dans les villes de quarante mille âmes et au-dessus. . . 15.
Dans les autres villes et communes . . . . 12.

3° Pour capture en exécution d'une ordonnance de prise de
corps, ou arrêt portant la peine de réclusion,

A Paris. . . . . 21.
Dans les villes de quarante mille âmes et au-dessus. . . 18.
Dans les autres villes et communes. . . . . . . 15.

4° Pour capture en exécution d'un arrêt de condamnation
aux travaux forcés ou à une peine plus forte,

A Paris. . . . . 30.
Dans les villes de quarante mille âmes et au-dessus. . . 25.
Dans les autres villes et communes. . . . . . . 20.

8. Notredit réglement du 18 juin 1811 continuera d'être exécuté
dans toutes les dispositions auxquelles il n'est pas dérogé par le
présent décret.

———

(Extrait du décret du 18 juin 1811.)

Dispositions préliminaires.

3. Ne sont point compris sous la dénomination de frais de justice criminelle,

2° Les indemnités de route de militaires en activité de service,
appelés en témoignage devant quelques juges ou tribunaux que ce
soit, et ce conformément à l'article 69 de la loi du 28 germinal
an 6, et à l'arrêté du Gouvernement du 22 messidor an 5 ;

8° Les frais de translation de tous condamnés évadés du lieu
de leur détention, qui continueront à être supportés par les ministères de la guerre, de la marine, de l'intérieur et de la police,
chacun en ce qui le concerne ;

10° Les frais de translation des déserteurs des armées de terre
et de mer, qui sont à la charge des ministères de la guerre et de
la marine.

TITRE PREMIER. — *Tarif des Frais.*

CHAPITRE PREMIER.

Des frais de translation des Prévenus ou Accusés, de transport
des Procédures et des objets pouvant servir à conviction ou à
décharge.

4. Les prévenus ou accusés seront conduits à pied par la gendarmerie, de brigade en brigade ; néanmoins ils pourront, si

des circonstances extraordinaires l'exigent, être transférés soit en voiture, soit à cheval, sur les réquisitions motivées de nos officiers de justice.

Les réquisitions seront rapportées en original, ou par copies dûment certifiées par les officiers qui donneront les ordres, à l'appui de chaque état en mémoire de frais à fournir par ceux qui auront fait le transport.

11. Les gendarmes ne pourront accompagner les prévenus ou accusés au-delà de la résidence d'une des brigades les plus voisines de celle dont ils feront eux-mêmes partie, sans un ordre exprès du capitaine commandant la gendarmerie du département.

12. Si, pour l'exécution d'ordres supérieurs, relatifs à la translation des prévenus ou accusés, il est nécessaire d'employer des moyens extraordinaires de transport, tels que la poste, les diligences ou autres voies semblables, les frais de ce transport et autres dépenses que les gendarmes se trouveront obligés de faire en route, leur seront remboursés comme frais de justice criminelle, sur leurs mémoires détaillés, auxquels ils joindront les ordres qu'ils auront reçus, ainsi que des quittances particulières pour les dépenses de nature à être ainsi constatées.

Si les gendarmes n'ont pas les fonds suffisans pour faire les avances, il leur sera délivré un mandat provisoire de la somme présumée nécessaire, par le magistrat qui ordonnera le transport.

Il sera fait mention du montant de ce mandat sur l'ordre du transport.

À leur arrivée à leur destination, les gendarmes feront régler définitivement leur mémoire par le magistrat devant qui le prévenu devra comparaître.

Il ne sera alloué aux gendarmes aucuns frais de retour; ils recevront seulement l'indemnité prescrite par les articles 68 et 69 de la loi du 28 germinal an 6.

CHAPITRE III.

Des Indemnités qui peuvent être accordées aux témoins et aux jurés.

31. Nos officiers de justice n'accorderont aucune taxe aux militaires en activité de service, lorsqu'ils seront appelés en témoignage.

Néanmoins, il pourra leur être accordé une indemnité pour leur *séjour forcé* hors de leur garnison ou cantonnement, en se conformant, pour les officiers de tout grade, à la fixation faite par le n. 2 de l'article 96 du présent décret, et en allouant la moitié seulement de ladite indemnité aux sous-officiers et soldats.

33. Conformément à la loi du 5 pluviôse an 13, l'indemnité accordée aux témoins ne sera avancée par le trésor impérial, qu'autant qu'ils auront été cités, soit à la requête du ministère public, soit en vertu d'ordonnance rendue d'office, dans les cas

prévus par les articles 269 et 303 du Code d'instruction criminelle.

34. Les témoins cités à la requête, soit des accusés, conformément à l'article 321 du Code d'instruction criminelle, soit des
parties civiles, conformément à la loi du 5 pluviôse an 13, recevront les indemnités ci-dessus déterminées; elles leur seront
payées par ceux qui les auront appelés en témoignage.

CHAPITRE IV.

Des Salaires des Huissiers.

Néanmoins, lorsque les gendarmes ou agens de police, porteurs de mandemens de justice, viennent à découvrir, hors de
la présence des huissiers, les prévenus, accusés ou condamnés,
ils les arrêteront, et les conduiront devant le magistrat compétent ; et dans ce cas, le droit de capture leur sera dévolu (*).

Contraventions aux réglemens sur la Chasse.

Extrait de l'ordonnance du 17 juillet 1816. (Bulletin des lois,
page 64.)

Art. 2. La gratification de 3 fr., précédemment accordée à tout
gendarme, garde-champêtre ou forestier, qui constate des contraventions aux lois et réglemens sur la chasse, est portée à
5 fr.

Baux pour le Casernement des brigades.

Paris, le 3 avril 1818.

Monsieur, de nouvelles dispositions viennent d'être arrêtées relativement au casernement de la gendarmerie, en ce qui concerne
la passation ou le renouvellement des baux.

Le Ministre de l'intérieur, qui a spécialement à surveiller les
dépenses à la charge des départemens, dont celles du casernement de la gendarmerie font partie, a prescrit à MM. les préfets de lui soumettre désormais ces baux, pour les approuver
après que je lui aurai fait connaître mon avis sur la convenance
des logemens.

Par suite de ces mesures, qui tendent à la fois à assurer l'économie dans les dépenses, et à prévenir les réclamations contre la
désignation des locaux, le capitaine, et à défaut le lieutenant,
lorsqu'il s'agira de passer un bail pour le logement de la gendarmerie, dressera, dans la forme du modèle ci-joint, un état
descriptif que vous me transmettrez sur-le-champ avec vos observations.

(*) Voir l'art. 6 du décret du 7 avril 1813, page 19.

Le Ministre de l'Intérieur ne devant rendre définitives les m-
sures relatives au casernement qu'après les communications qu
ces renseignemens m'auront mis à même de lui faire, les capitaines et les lieutenans sentiront combien il est essentiel que dans
l'inspection qu'ils ont à faire des logemens, il ne soit rien omis
de ce qui pourra me déterminer à les accepter ou à les refuser
Vous leur ferez remarquer qu'ils deviendraient responsables des
inexactitudes qu'ils commettraient à cet égard.

Il importe également qu'ils ne négligent rien, lorsque de nouveaux logemens seront nécessaires, pour déterminer convenablement le choix des autorités administratives, et enfin qu'ils sou-
mettent à ces autorités leurs observations sur tout ce qui pourra
tendre à l'amélioration du casernement; mais ils ne devront
pas perdre de vue que, dans aucun cas, la gendarmerie ne peut
être transférée d'un logement dans un autre sans mon autorisation.

Vous veillerez d'une manière particulière, ainsi que les capitaines et les lieutenans, à ce que les gendarmes qui, par défaut
de ressources locales, ne peuvent être réunis dans un même bâtiment, soient toujours placés, eux et leurs chevaux, le plus à
proximité possible du point où leur surveillance devient le plus
nécessaire, et conformément à la circulaire du 22 août 1810.

Les dispositions prescrites antérieurement pour le casernement
de la gendarmerie, et auxquelles il n'est pas dérogé, continueront de recevoir leur exécution.

Vous voudrez bien communiquer de suite ces nouvelles instructions aux capitaines et aux lieutenans de votre légion, et tenir la main à ce qu'ils s'y conforment exactement.

Paris, 14 décembre 1830.

Monsieur, lorsqu'il y a lieu de passer des baux pour le casernement des brigades de la gendarmerie de l'intérieur ou de renouveler ceux qui vont expirer, vous m'adressez sur ma demande,
et après que MM. les préfets ont soumis ces baux à mon approbation, l'état descriptif des lieux dressé conformément à la circulaire du 3 avril 1018, avec les observations dont ils paraissent
susceptibles sous le rapport de l'exécution du service et du bien-
être des hommes et des chevaux.

Ce mode, entraînant des lenteurs qui retardent le moment où
les baux peuvent être définitivement approuvés, j'ai décidé qu'à
l'avenir MM. les commandans de compagnie vous adresseraient
les états descriptifs des lieux, et les autres renseignemens qu'ils
sont dans l'obligation de vous fournir, immédiatement après la
passation ou le renouvellement des baux, et que vous me les
feriez parvenir avec votre avis, et sans attendre ma demande,
afin que je puisse les recevoir en même temps que les baux soumis à mon approbation par MM. les préfets.

Je vous prie de donner des ordres pour l'exécution de cette

disposition, et de recommander à cette occasion, à MM. les officiers de la légion, de veiller avec le plus grand soin à ce que les besoins du service et les convenances de la troupe président seuls, à l'exclusion de tout intérêt particulier, au choix des bâtimens qu'on me proposera d'assigner au logement des brigades.

Frais de capture d'un individu condamné à un emprisonnement n'excédant pas cinq jours.

Extrait de l'ordonnance du 6 août 1823. (Bulletin des lois, page 81.)

La capture d'un individu condamné à un emprisonnement n'excédant pas cinq jours, ne donne droit, pour l'huissier ou l'agent de la force publique qui l'a opérée, qu'à la taxe fixée par le n° 1er de l'art. 6 du décret du 7 avril 1813, soit que l'emprisonnement ait été ordonné par un jugement, soit qu'il l'ait été par un arrêt.

Gratification pour arrestation de déserteurs.

(Extrait de la Circulaire du 10 mars 1827.)

Ces frais seront payés, en ce qui concerne la gendarmerie, conformément à ce qui est prescrit par la circulaire du 14 mai 1809.

Les frais de capture des déserteurs faits par des agens civils seront également payés par les soins de MM. les intendans militaires, sur la présentation des états et procès-verbaux à l'appui qui vous seront adressés par MM. les préfets; mais je dois vous faire remarquer que lorsque ces pièces vous parviendront, vous devez les examiner attentivement, et veiller à ce que MM. les maires ou adjoints des communes, les commissaires de police ou leurs secrétaires, qui souvent sont désignés dans les états nominatifs pour recevoir la prime, ne participent point à cet gratification, qui n'est due qu'à des agens subalternes dont le zèle a besoin d'être stimulé par une récompense.

En ce qui concerne la reprise des déserteurs, je dois vous rappeler ici la décision du 28 février 1809, portant que le droit des capteurs à la gratification de vingt-cinq francs pour l'arrestation d'un déserteur, faite par la *Gendarmerie* ou par des *agens civils*, ne leur est acquis que lorsque la capture a eu lieu quarante-huit heures après l'absence illégale d'un militaire.

Frais d'extradition.

Ils seront acquittés, comme par le passé, et d'après les instructions des 8 juin et 7 décembre 1821.

14

Arrestations de condamnés évadés des ateliers des travaux publics ou du boulet.

Ces frais de capture seront également payés par MM. les Intendans militaires, sur la présentation des états et procès-verbaux dressés, tant par la gendarmerie que par les préfets, en faveur des agens civils. Il est inutile de vous faire observer qu'il n'y a point de délai pour ces sortes d'évasions; il suffit qu'elles soient bien constatées pour que la prime soit allouée; il importe aussi que vous sachiez que la gratification pour l'arrestation d'un condamné, soit aux travaux publics, soit au boulet, d'abord fixée à cent francs par l'arrêté du 19 vendémiaire an 12, et le décret du 10 juin 1809, a été réduite à 25 francs par décision ministérielle du 29 janvier 1811, conformément aux dispositions du décret du 12 du même mois.

Dépense des ateliers des condamnés à la peine du boulet.

Ces frais seront acquittés comme par le passé, et d'après les instructions du 30 septembre 1810,

Après que les paiemens des divers frais ci-dessus mentionnés seront effectués, MM. les intendans militaires me transmettront régulièrement, à la fin de chaque trimestre, les états et les pièces pour chaque nature de dépense dûment visés et arrêtés par eux. Ces pièces devront être accompagnées d'un bordereau général des mandats qu'ils auront délivrés.

Disposition additionnelle à l'article 67 du Règlement du 21 novembre 1823, concernant l'indemnité de service extraordinaire allouée aux militaires de la Gendarmerie appelés à des remplacemens provisoires.

Paris, le 15 février 1832.

Monsieur, d'après l'article 67 du règlement du 21 novembre 1823, les remplacemens provisoires dans les cas d'absence ou de maladie, ou pendant les vacances d'emplois d'officiers et de sous-officiers dans l'arme de la gendarmerie, donnent droit à l'indemnité de service extraordinaire, s'il en résulte un déplacement et alors même que le militaire détaché ne remplit que les fonctions de son grade,

Cette disposition est juste, puisque les militaires, ainsi déplacés, doivent être indemnisés des frais qu'ils supportent dans ce cas: elle n'a cependant été insérée dans le règlement que dans l'hypothèse d'une absence qui ne se prolongerait pas indéfiniment, sans donner lieu au remplacement des titulaires, et sans faire disparaître le motif des droits passagers à l'indemnité.

Des circonstances imprévues ont démontré qu'il pouvait y avoir à cet égard, une lacune dans le réglement. Un assez grand nombre d'officiers et de sous-officiers ont été détachés de leur résidence, et, dans l'incertitude où l'on s'est trouvé sur l'époque de leur retour, je n'ai pas cru devoir nommer aux emplois dont ils sont titulaires. Ils ont, en conséquence, été remplacés provisoirement par des militaires qui, d'après l'article 67, perçoivent déjà, depuis assez long-temps, l'indemnité de service extraordinaire. Il en résulte une dépense considérable qu'il est juste de restreindre dans les limites de convenance et d'équité, afin que ces militaires soient seulement indemnisés des frais extraordinaires qu'ils ont pu faire; l'État, qui pourvoit d'ailleurs à tous leurs besoins, ne leur devant rien au-delà.

Par ces motifs, j'ai décidé que, dorénavant, et par une disposition additionnelle à l'article 67 du réglement du 21 novembre 1823, les militaires de l'arme de la gendarmerie, appelés à des remplacemens provisoires dans les cas prévus par le premier paragraphe de cet article, ne recevront pas l'indemnité pendant plus de trois mois, lors même que leur absence se prolongerait au-delà de ce terme. Il est bien entendu que lorsqu'ils rentreront à leur résidence avant l'expiration du délai de trois mois, l'indemnité ne leur sera payée que jusqu'au jour de leur départ.

Les officiers et sous-officiers qui se trouvent actuellement détachés depuis plus de trois mois, pour les remplacemens provisoires, cesseront de recevoir l'indemnité le jour même de la notification de ma décision à chaque compagnie, sans être astreints à aucune retenue pour ce qui leur a été régulièrement payé.

POSTES.

TRANSPORT FRAUDULEUX DE LETTRES ET DE JOURNAUX.

Extrait de l'Instruction générale sur le service des postes.

Surveillance sur les transports frauduleux. (Arrêtés du Gouvernement des 27 prairial an 9). (16 juin 1801) et 19 germinal an 10. (9 avril 1802).

Art. 826. Il est prescrit aux directeurs de veiller :

1° A ce que ni les entrepreneurs de voitures publiques, messagers, bateliers, patrons de barques, ni aucune personne étrangère au service des postes, ne s'immiscent dans le transport des lettres, journaux, feuilles à la main, et des ouvrages périodiques, dont le poids serait au-dessus d'un kilogramme;

2° A ce que personne, dans les villes et lieux maritimes, ne tienne, soit bureau, soit entrepôt pour l'envoi, la réception et la distribution de lettres et paquets de et pour les colonies tant françaises qu'étrangères, ou autres pays d'outre-mer ;

3° A ce que les capitaines ou marins arrivant dans un port de mer, ne distribuent pas les lettres, journaux et autres imprimés dont le transport est attribué à l'administration des postes, et qui leur auraient été confiés pour des particuliers. (Ces lettres et paquets doivent être déposés, par les capitaines et marins, au bureau de poste du lieu de leur département.)

4° A ce que les intendances ou commissions sanitaires ne fassent distribuer aucun des objets spécifiés dans le premier paragraphe du présent article, et qui leur auraient été livrés par les capitaines des navires en quarantaine. (Ces objets doivent être remis au bureau de poste après purification).

Perquisitions. (Arrêté du 27 prairial an 9).

828. Les inspecteurs, directeurs et employés des postes, les employés des douanes aux frontières, la gendarmerie et les commissaires de police, sont autorisés à faire, ensemble ou séparément, des visites et perquisitions sur les messagers et commissionnaires allant habituellement d'une ville à une autre ville sur les voitures de messagerie et autres de même espèce; et à saisir tous les objets transportés en fraude au préjudice des droits de l'administration des postes.

829. Les inspecteurs, directeurs et employés des postes pourront, à cet effet, se faire assister de la force armée.

830. Afin de ne pas retarder la marche des voitures qui transportent des voyageurs, les visites et perquisitions à faire sur ces voitures n'auront habituellement lieu qu'à l'entrée et à la sortie des villes, ou aux relais.

Il ne sera fait de visites sur les routes, qu'autant qu'un ordre spécial de l'administration le prescrira.

Objets qui ne doivent pas être considérés comme transportés frauduleusement. (Loi du 3 juin 1820).

882. Ne sont point point considérés comme étant transportés en contravention aux lois :

1° Toute lettre qu'un particulier expédie à un autre particulier par un exprès;

2° Les lettres qu'un particulier, habitant une commune rurale, fait prendre ou porter à un des bureaux de poste circonvoisins de sa résidence;

3° Toute lettre transportée par un voyageur, et qu'il déclare être pour lui une lettre de crédit ou de recommandation, si cette lettre n'est pas cachetée;

4° Les paquets en forme de lettres, qui, bien que ne pesant pas un kilogramme, seraient reconnus être composés d'objets dont le transport n'est pas exclusivement attribué à l'administration des postes, ainsi que les paquets concernant le service de la loterie, qui, dans certaines localités, sont expédiés par les messageries;

5° Les lettres de service, sous bandes, que les employés des douanes transportent d'un poste à l'autre, lorsqu'elles sont accompagnées d'un feuille signée par les chefs qui les ont expédiées, laquelle feuille doit porter le nombre et l'adresse de ces lettres;

6° Les lettres de voiture et les factures non cachetées, qui accompagnent les marchandises dont le porteur de ces factures est chargé;

7° Les lettres et pièces qu'un capitaine de navire déclare concerner les armateurs ou consignataires, et la cargaison de son bâtiment;

8° Les sacs de procédure, dossiers d'affaires à juger, et assignations de taxes à témoins;

9° Les lettres et papiers uniquement relatifs au service des entrepreneurs de voitures publiques, et transportés par les conducteurs de ces voitures.

Procès-verbaux de visites et de saisies.

836. Toutes visites et perquisitions faites en vertu de l'article 828, doivent, quand même elle n'auraient été suivies d'aucune saisie, être constatées par un procès-verbal conforme au modèle n° 64, 3e volume.

Lorsque ce procès-verbal ne donne lieu à aucune poursuite devant les tribunaux, il n'a besoin d'être ni timbré ni enregistré. Il en est donné copie au particulier qui à été soumis à la visite, s'il le requiert.

837. Si les visites ou perquisitions ont fait découvrir des lettres ou des journaux transportés en fraude, le procès-verbal, dressé à l'instant de la saisie, devra contenir l'énumération de ces lettres ou journaux, reproduire les adresses de ces objets, et mentionner le poids de chaque lettre.

839. L'administration fournit des formules imprimées de procès-verbaux aux directeurs, afin qu'ils puissent en distribuer aux chefs de la gendarmerie, aux chefs des employés des douanes et aux commissaires de police de leur arrondissement.

Timbre et enregistrement des procès-verbaux de saisie. (Loi du 22 frimaire an 7, articles 22 et 26).

840. Les procès-verbaux de saisie doivent être visés pour timbre, et enregistrés dans les quatre jours qui suivent la saisie. Ces formalités s'accomplissent, soit dans le lieu de la résidence des agens qui ont procédé aux saisies, soit dans le lieu même où chaque procès-verbal a été dressé.

Le directeur des postes, à qui ce procès-verbal est remis avec les objets saisis, paie les frais de timbre et d'enregistrement.

Portions d'amendes revenant aux hospices et aux saisissans.

854. Les portions d'amendes qui reviennent aux hospices et aux assistans ne peuvent leur être payées que sur mandats spéciaux expédiés conformément aux dispositions des articles 1451 et suivans.

Si les saisissans sont des gendarmes, les mandats sont délivrés en nom collectif au profit du conseil d'administration de leur compagnie.

Défenses faites aux entrepreneurs de voitures libres, de transporter les lettres, journaux, etc.

Arrêté du 27 prairial an 9.

Les Consuls de la République, vu les lois des 26 août 1790 (art. 4) et 21 septembre 1792, et l'arrêté du 26 vendémiaire an VII, contenant confirmation des défenses faites par les anciens réglemens, à toute personne étrangère au service des postes, de s'immiscer dans le transport des lettres, paquets, journaux, feuilles périodiques et autres; ouï le rapport du ministre des finances sur les contraventions qui se commettent à leurs dispositions;

Le conseil d'État entendu,

Arrêtent :

ART. Iᵉʳ. Les lois des 26 août 1790 (art. 4) et 21 septembre 1792, et l'arrêté du 26 vendémiaire an VII, seront exécutés : en conséquence, il est défendu à tous les entrepreneurs de voitures libres et à toute autre personne étrangère au service des postes de s'immiscer dans le transport des lettres, journaux, feuilles à la main et ouvrages périodiques, paquets et papiers du poids d'un kilogramme (ou deux livres) et au-dessous, dont le port est exclusivement confié à l'administration des postes aux lettres.

2. Les sacs de procédure, les papiers uniquement relatifs au service personnel des entrepreneurs de voitures, et les paquets au-dessus du poids de deux livres, sont seuls exceptés de la prohibition prononcée par l'article précédent.

3. Pour l'exécution du présent arrêté, les directeurs, contrôleurs et inspecteurs des postes, les employés des douanes aux frontières, et la gendarmerie nationale, sont autorisés à faire ou faire faire toutes perquisitions et saisies sur les messagers, piétons chargés de porter les dépêches, voitures de messageries et autres de mêmes espèce, afin de constater les contraventions : à l'effet de quoi ils pourront, s'ils le jugent nécessaire, se faire assister de la force armée.

4. Le commissaire du Gouvernement près l'administration des postes, les préfets, sous-préfets et maires des communes, et les

commissaires de police, sont chargés de veiller à l'exécution du présent arrêté.

5. Les procès-verbaux seront dressés à l'instant de la saisie; ils contiendront l'énumération des lettres et paquets saisis, ainsi que leurs adresses. Copies en seront remises, avec lesdites lettres et paquets saisis en fraude; savoir, à Paris, à l'administration des postes, et dans les départemens, au bureau du directeur des postes le plus voisin de la saisie, pour, lesdites lettres et paquets, être envoyés aussitôt à leur destination avec la taxe ordinaire. Lesdits procès-verbaux seront, de suite, adressés au commissaire du Gouvernement près le tribunal civil et correctionnel de l'arrondissement, par les préposés des postes, pour poursuivre contre les contrevenans la condamnation de l'amende de 150 fr. au moins, et de 300 fr. au plus, pour chaque contravention.

6. Le paiement de ladite amende, dont il ne pourra, dans aucun cas, et sous quelque prétexte que ce soit, être accordé de remise ou de modération; sera poursuivi, à la requête des commissaires près les tribunaux et à la diligence des directeurs des postes, contre les contrevenans, par saisie et exécution de leurs établissemens, voitures et meubles, à défaut de paiement dans la décade du jugement qui sera intervenu.

7. Le paiement sera effectué, à Paris, à la caisse générale de l'administration des postes, et dans les départemens, entre les mains du directeur des postes qui aura reçu les objets saisis. Il portera en recette le produit desdites amendes, sur lesquelles il jouira de sa remise ordinaire.

8. Le produit des amendes appartiendra, un tiers à l'administration, un tiers aux hospices des lieux, et un tiers à celui ou à ceux qui auront coopéré à la saisie; celui-ci sera réparti entre eux par égale portion; ils en seront payés par le directeur des postes chargé du recouvrement de l'amende, et à Paris, par le caissier-général de l'administration des postes, d'après un exécutoire qui sera délivré à leur profit par le commissaire du Gouvernement près le tribunal. Lesdits exécutoires seront envoyés par le directeur, à l'appui de son compte.

9. Les maîtres de poste, les entrepreneurs de voitures libres et messageries, sont personnellement responsables des contraventions de leurs postillons, conducteurs, porteurs et courriers, sauf leurs recours.

Soumission aux règles du tarif général, des lettres adressées à des militaires de grades inférieurs.

Paris, le 16 avril 1830.

Monsieur le colonel, M. le directeur-général des postes vient de me faire connaître que, suivant des rapports qui lui sont parvenus de différens points et à différentes époques, des militaires de la gendarmerie se permettraient de recevoir, sous leur couvert, des lettres destinées à des habitans de leur résidence, afin de faire participer ceux à qui ils prêtent ainsi leur entremise au bénéfice de la réduction qui leur est accordée sur le prix des po ts de lettres.

Le préjudice considérable que cette fraude paraît causer aux recettes du trésor, faisant un devoir de ne rien négliger pour la réprimer, et l'intérêt de la gendarmerie elle-même y étant engagé, puisque cet état de choses ne pourrait se prolonger sans ramener la question, déjà plusieurs fois agitée, de soumettre aux règles du tarif général les lettres adressées aux militaires de grades inférieurs, je vous recommande expressément d'employer tous les moyens en votre pouvoir pour y mettre fin, et de transmettre, dans ce but, la même recommandation aux officiers sous vos ordres. Ils doivent avoir d'autant plus à cœur de faire cesser cet abus, qu'il est moins excusable de la part de la gendarmerie, à raison de l'obligation qui lui a été faite de rechercher les transports frauduleux de lettres. Je compte donc qu'ils y mettront tous leurs soins. De mon côté je punirai sévèrement ceux qui me seraient signalés par l'administration des postes comme prenant part à cette fraude ou négligeant de l'arrêter.

Les procès-verbaux relatifs au transport frauduleux des lettres doivent être adressés aux directeurs des postes.

Paris, le 15 novembre 1831.

Messieurs, M. le Ministre des finances a remarqué que, dans un grand nombre de localités, la gendarmerie transmet directement aux procureurs du Roi les procès-verbaux constatant les délits en matière de transport frauduleux des lettres, tandis que l'arrêté du 27 prairial an 9 a formellement statué (art. 5), que ces procès-verbaux doivent être adressés aux directeurs des postes, pour être envoyés par eux à l'autorité judiciaire. Il me fait observer que, par suite de cette infraction à la règle établie, l'administration restant dans l'ignorance des poursuites qui sont exercées, on ne les apprenant que lorsque les délais d'appel sont expirés, ne peut faire réformer les jugemens qui lui paraissent contraires à ses droits, et qu'il en résulte un préjudice réel aux intérêts du trésor.

Vous voudrez bien rappeler vos subordonnés à l'exécution ponctuelle de l'arrêté du 27 prairial an 9.

MESSAGERIES.

Dispositions relatives à la correspondance confiée aux agens des messageries.

Paris, le 14 janvier 1830.

Monsieur, M. le directeur-général des postes me fait connaître que l'entreprise générale des Messageries royales , dont l'administration centrale est située rue Notre-Dame-des-Victoires , a désiré qu'il fût pris des mesures pour qu'elle pût profiter dans toute son extension de l'exception accordée aux entrepreneurs des messageries pour le transport, par leurs agens, de la correspondance personnellement relative à leur entreprise. Cette exception fait l'objet de l'article 2 de l'arrêté du 27 prairial an 9, sur le transport frauduleux des correspondances.

Pour prévenir des saisies qui n'auraient souvent d'autre résultat que la perte du temps des saisissans et un retard préjudiciable aux voyageurs , M. le directeur-général des postes a arrêté, de concert avec les administrateurs de cette entreprise, les dispositions qui sont renfermées dans une circulaire qu'il a adressée à tous les agens des postes du royaume.

Comme il est important que la gendarmerie connaisse les dispositions auxquelles l'administration des Messageries royales doit se conformer pour jouir du bénéfice de l'exception énoncée dans l'article 2 de l'arrêté de prairial , je vous adresse..... exemplaires de cette circulaire , et je vous charge d'en transmettre un à chacun des commandans des compagnies de votre légion , avec les indications propres à en assurer l'exécution. Il conviendra, toutefois, que, dans les instructions dont vous accompagnerez l'envoi de cet imprimé, vous renouvelliez l'ordre de faire de fréquentes visites sur les conducteurs de ces Messageries et sur tous autres individus soupçonnés de se livrer au transport frauduleux des lettres ; car si l'entreprise générale des Messageries royales est protégée par l'article 2 de l'arrêté du 27 prairial an 9, ce n'est qu'à la condition qu'elle justifiera de l'accomplissement des formalités qui lui sont imposées, et sous ce rapport les visites fréquentes deviennent indispensables.

VOITURES PUBLIQUES.

Paris, le 28 juillet 1828.

Une ordonnance royale du 10 de ce mois, relative à la police des voitures publiques, a été publiée dans le *Moniteur*, et insérée au Bulletin des lois. Elle maintient les dispositions qui ont été prescrites le 27 septembre dernier , sauf les modifications suivantes :

Art. 17. 1° La hauteur totale des voitures, chargement compris, avait été fixée à 2 mètres 93 centimètres, à partir du sol ; elle pourra être de 3 mètres.

Art. 15. 2° Le couvercle incompressible ne sera plus exigé ; mais les entrepreneurs qui ne voudront pas en faire usage, seront tenus de placer sur le milieu du panier de l'impériale et du coffre de derrière, une traverse en fer fixée sur deux montans, qui déterminera le maximum d'élévation du chargement.

Art. 9. 3° La largeur de la voie reste la même ; mais le ministre de l'intérieur, sur l'avis motivé des préfets, pourra autoriser

14..

quelques exceptions qui seraient reconnues nécessaires dans les pays de montagnes.

4° Les voitures qui ne parcourront qu'un pays de plaine, pourront être dispensées, par les préfets, de l'obligation d'être pourvues de la machine à enrayer et du sabot.

Art. 36. 5° Les voitures qui desservent les états voisins, et qui, partant d'une des villes frontières du royaume, ou y arrivant, ne parcourent en France qu'un trajet de quelques lieues, ne seront pas assujetties aux réglemens, pourvu qu'elles soient solidement construites.

Il m'a paru convenable de vous informer de ces nouvelles dispositions.

Extrait de l'Ordonnance du 16 juillet 1828.

TITRE II.

De la Construction, du Chargement et du Poids des Voitures.

8. Les voitures publiques seront d'une construction solide, et pourvues de tout ce qui est nécessaire à la sûreté des voyageurs.

Les propriétaires ou entrepreneurs seront poursuivis à raison des accidens arrivés par leur négligence, sans préjudice de leur responsabilité civile, lorsque les accidens auront lieu par la faute ou la négligence de leurs préposés.

9. Les voitures publiques auront au moins un mètre soixante-deux centimètres de voie entre les jantes de la partie des roues pesant sur le sol.

La voie des roues de devant ne pourra être moindre, lorsque les voies seront inégales, d'un mètre cinquante-neuf centimètres.

Néanmoins notre ministre de l'intérieur pourra, sur la proposition motivée des préfets, autoriser les entrepreneurs qui exploitent les routes à travers les montagnes non desservies par la poste, à donner une largeur de voie égale à la plus large voie en usage dans le pays.

10. La distance entre les axes des deux essieux, dans les voitures publiques à quatre roues, ne pourra être moindre de deux mètres lorsqu'elles ont deux ou trois caisses, ou deux caisses et un panier, ni d'un mètre soixante centimètres lorsqu'elles n'ont qu'une caisse : néanmoins le préfet de police pourra autoriser une moindre distance entre les essieux, pour les voitures dites *des environs de Paris* qui n'auront pas de chargement sur leur impériale.

11. Les essieux seront en fer corroyé, et fermés à chaque extrémité d'un écrou assujetti d'une clavette. Les voitures publiques seront constamment éclairées pendant la nuit, soit par une forte lanterne placée au milieu de la caisse de devant, soit par deux lanternes placées aux côtés.

12. Toute voiture publique sera munie d'une machine à enrayer, au moyen d'un vis de pression agissant sur les roues de derrière ; cette machine devra être construite de manière à pouvoir être manœuvrée de la place assignée au conducteur.

En outre de la machine à enrayer, les voitures publiques devront être pourvues d'un sabot, qui sera placé par le conducteur à chaque descente rapide.

Les préfets pourront néanmoins autoriser la suppression de la machine à enrayer et du sabot aux voitures qui parcourent *uniquement* un pays de plaine.

13. La partie des voitures publiques appelée *la berline* sera ouverte par deux portières latérales ; la caisse dite *le coupé* ou *le cabriolet* sera également ouverte par deux portières latérales, à moins qu'elle ne s'ouvre par le devant ; la caisse de derrière, dite *la galerie* ou *la rotonde*, pourra n'avoir qu'une portière ouverte à l'arrière. Chaque portière sera garnie d'un marche-pied.

14. Il pourra être placé, sur l'impériale des voitures publiques, une banquette destinée au conducteur et à deux voyageurs ; le siége de cette banquette sera posé immédiatement sur cette impériale.

Elle ne pourra être recouverte que d'une capote flexible.

Aucun paquet ne pourra être placé sur cette banquette.

15. Une vache en une ou plusieurs parties pourra être placée sur l'impériale, en arrière de la banquette de l'impériale ; le fond de cette vache aura dans sa longueur et dans sa largeur un centimètre de moins que l'impériale ; elle sera recouverte par un couvercle incompressible, bombé dans son milieu.

Lorsqu'il y aura sur le train de derrière d'une voiture publique un coffre au lieu de galerie ou rotonde, il devra aussi être fermé par un couvercle incompressible.

Les entrepreneurs qui le préféreront pourront continuer à se servir d'une bâche flexible ; mais le *maximum* de hauteur du chargement sera déterminé par une traverse en fer, divisant le panier en deux parties égales. La bâche devra être placée au-dessous de cette traverse, dont les montants, au moment de la visite prescrite par l'article 2, seront marqués d'une estampille constatant qu'ils ne dépassent pas la hauteur prescrite, et ils devront, ainsi que la traverse, être constamment apparents.

Une pareille traverse devra être placée à la même hauteur sur le coffre qui remplace la galerie ou rotonde, dans le cas où le couvercle incompressible ne serait pas mis en usage.

Aucune partie du chargement ne pourra dépasser la hauteur de la traverse, ni l'aplomb de ses montants en largeur.

16. Il ne pourra être attaché aucun objet ni autour de l'impériale, ni en dehors du couvercle incompressible ou de la bâche.

17. Nulle voiture publique à quatre roues ne pourra avoir, du sol au point le plus élevé du couvercle de la vache ou du coffre de derrière, plus de trois mètres, quelle que soit la hauteur des roues.

Nulle voiture publique à deux roues ne pourra avoir entre les mêmes points plus de deux mètres soixante centimètres.

18. Deux ans après la promulgation de la présente ordonnance, le poids des voitures publiques, diligences et messageries, et des fourgons allant en poste ou avec des relais, sera fixé, savoir :

Avec bandes de 8 centimètres, à 2560 kilogrammes ;
Idem. . . . de 11 idem. . . . . à 3520 idem ;
Idem. . . . de 14 idem. . . . . à 4000 idem.

Jusqu'alors ces poids pourront être, ainsi qu'ils sont en ce moment, savoir :

Avec bandes de 8 centimètres, de 2560 kilogrammes ;
Idem. . . . de 11 idem. . . . de 3520 idem ;
Idem. . . . de 14 idem. . . . de 4180 idem.

19. Il est accordé une tolérance de cent kilogrammes sur les chargemens fixés par l'article précédent, au-delà de laquelle les contraventions seront rigoureusement constatées et poursuivies, conformément à la loi du 29 floréal an X et au décret du 23 juin 1806.

20. En conséquence, les employés aux ponts à bascule seront tenus, sous peine de destitution, de peser, au moins une fois par trimestre, une des voitures publiques, par chaque route desservie.

En cas de contravention, ils en dresseront procès-verbal, et il y sera statué par le maire du lieu, et à Paris, par le préfet de police, conformément aux articles 7, 8 et 9 du même décret du 23 juin 1806.

Ils tiendront registre de ces opérations, et il en sera rendu compte tous les mois à notre ministre de l'intérieur.

21. Les autorités civiles et militaires seront tenues de protéger les préposés, de leur prêter main-forte, de poursuivre et de faire poursuivre, suivant la rigueur des lois, les auteurs et complices des violences commises envers eux ; et ce, tant sur la clameur publique que sur les procès-verbaux dressés par lesdits préposés, par eux affirmés, et remis par eux à la gendarmerie.

22. Il est, en conséquence, ordonné à tout gendarme en fonctions de s'arrêter dans sa tournée à chaque pont à bascule qui se trouvera sur sa route, de recevoir les déclarations que les préposés auraient à faire, et de se charger des procès-verbaux des délits qui auraient été commis contre eux, pour les déposer au greffe.

23. Tout voiturier ou conducteur qui, pour éviter de passer un pont à bascule, se détournerait de la route qu'il parcourait, sera tenu, sur la réquisition des préposés, de la gendarmerie ou autres agens qui surveilleront le service des ponts à bascule, de conduire sa voiture pour être pesée sur ce pont à bascule.

24. Tout voiturier ou conducteur pris en contravention pour excédant du poids fixé par la présente ordonnance, ne pourra continuer sa route qu'après avoir réalisé le paiement des dommages, et déchargé sa voiture de l'excédant du poids qui aura été constaté ; jusque-là, ses chevaux seront tenus en fourrière à ses frais, ou il fournira caution.

TITRE III.

Du Mode de conduite des Voitures publiques.

25. A dater du 1er janvier prochain, toute voiture publique, attelée de quatre chevaux et plus, devra être conduite par deux postillons, ou par un cocher et un postillon.

Pourront néanmoins être conduites par un seul cocher ou postillon les voitures publiques attelées de cinq chevaux au plus, lorsqu'aucune partie de leur chargement ne sera placée dans la partie supérieure de la voiture, et qu'il sera en totalité placé soit dans un coffre à l'arrière, soit en contrebas des caisses, et lorsqu'en outre le conducteur seul aura place sur l'impériale.

Les voitures dites des *environs de Paris*, qui se rendront dans les lieux déterminés par le préfet de police, pourront être conduites par un seul homme, quoiqu'attelées de quatre chevaux : au-delà de ce nombre de chevaux, elle devront être conduites par deux hommes.

26. Les postillons ne pourront, sous aucun prétexte, descendre de leurs chevaux. Il leur est expressément défendu de conduire les voitures au galop sur les routes, et autrement qu'au petit trot dans les villes ou communes rurales, et au pas dans les rues étroites.

TITRE IV.

De la Police des Relais et des Postillons.

27. Tout entrepreneur ou propriétaire de voitures publiques qui ne sont pas conduites par les maîtres de poste, devra, un mois après la publication de la présente ordonnance, faire à Paris, à la préfecture de police, et à la préfecture de chaque département où ses relais sont établis, la déclaration des lieux où ils sont placés, et du nom de l'entrepreneur, ou, si les chevaux lui appartiennent, du préposé à chaque relais.

Toutes les fois que cet entrepreneur ou ce préposé changera, la déclaration devra être également faite aux mêmes autorités.

28. A Paris, le préfet de police, et, dans les départemens, le maire de la commune où le relais est placé, prévenu par le préfet du département, surveillera la tenue du relais sous le rapport de la sûreté des voyageurs.

29. Tout chef d'un bureau de départ et d'arrivée d'une voiture publique, tout entrepreneur ou préposé à un relais, tiendra un registre coté et paraphé par le maire, dans lequel les voyageurs pourront inscrire les plaintes qu'ils auraient à former contre les postillons pour tout ce qui concerne la conduite de la voiture. Ce registre leur sera présenté à toute réquisition.

Les maîtres de poste qui conduiraient des voitures publiques présenteront aux voyageurs qui le requerront le registre qu'ils sont obligés de tenir d'après le règlement des postes.

30. La conduite des voitures publiques ne pourra être confiée qu'à des hommes pourvus de livrets délivrés par le maire de la

commune de leur domicile, sur une attestation de bonne vie et mœurs et de capacité à conduire. Ces hommes devront être âgés au moins de seize ans accomplis.

Aussitôt qu'un entrepreneur de relais, ou un préposé au relais qui appartiendront à un entrepreneur de voitures publiques, recevra un cocher ou un postillon, il devra déposer son livret chez le maire de la commune, lequel vérifiera si aucune note défavorable et de nature à le faire douter de la capacité du postillon, n'y est inscrite.

Dans ce cas, il en référera au préfet, et, en attendant sa décision, le postillon ne pourra être admis.

31. Lorsqu'un cocher ou postillon quittera un relais, l'entrepreneur du relais ou le préposé viendra reprendre le livret, et y inscrira, en présence du maire et du postillon, les notes propres à faire connaître la conduite et la capacité de ce dernier. Le maire pourra, s'il le juge convenable, y inscrire ses propres observations sur la conduite du postillon, relativement à son état.

32. Au moment du relais, l'entrepreneur ou le préposé est tenu, sous sa responsabilité, de s'assurer par lui-même si les postillons en rang de départ ne sont point en état d'ivresse.

TITRE V.

Dispositions transitoires.

33. Il est accordé trois mois, à dater de la publication de la présente ordonnance, pour faire placer sur les voitures actuellement en service le couvercle incompressible ou les montants et la traverse prescrite par l'article 15.

Dans le même délai, les mêmes voitures devront être munies, indépendamment d'un sabot, d'une machine à enrayer, susceptible d'être manœuvrée de la place assignée au conducteur.

Les voitures actuellement en service pourront, sauf les exceptions portées à l'article 12, continuer à circuler, quelle que soit la hauteur de l'impériale au-dessus du sol; mais le chargement placé sur cette impériale ne pourra excéder une hauteur de soixante-six centimètres, mesurée de sa base au point le plus élevé.

Deux ans après la publication de la présente ordonnance, aucune voiture publique, à destination fixe, qui ne serait pas construite conformément à toutes les règles ci-dessus prescrites, ne pourra circuler dans toute l'étendue de notre royaume.

TITRE VI.

Dispositions générales.

34. Conformément aux dispositions de l'article 16 du décret du 23 août 1803 et de l'ordonnance de 1820, les rouliers, charretiers, continueront à être tenus de céder la moitié du pavé aux voitures des voyageurs, sous les peines portées par l'article 475, n° 3, du Code pénal.

35. Les conducteurs de voitures publiques ou les postillons feront, en cas de contravention, leurs déclarations à l'officier de police du lieu le plus voisin, en faisant connaître le nom du routier ou du voiturier d'après la plaque; et nos procureurs, sur l'envoi des procès-verbaux, seront tenus de poursuivre les délinquans.

36. La présente ordonnance sera constamment affichée, à la diligence des entrepreneurs, dans le lieu le plus apparent de tous buraux de voitures publiques, soit du lieu du départ, soit du lieu d'arrivée ou de relais.

Les articles 4, 5, 6, 7, 8, 24, 25, 28, et 31, seront réimprimés à part, et constamment affichés dans l'intérieur de chacune des caisses de voitures publiques.

37. Les dispositions de la présente ordonnance ne sont pas applicables aux voitures malles-postes destinées au transport de la correspondance du Gouvernement et du public; la forme, les dimensions et le chargement de ces voitures étant déterminés par des réglemens particuliers soumis à notre approbation.

Les voitures de particuliers qui transportent les dépêches par entreprise ne sont pas considérées comme malles-postes.

38. Les voitures publiques qui desservent les routes des pays voisins et qui partent de l'une de nos villes frontières ou qui y arrivent, ne sont pas soumises aux règles ci-dessus prescrites. Elles devront toutefois être solidement construites.

39. Nos préfets et sous-préfets, nos procureurs-généraux et ordinaires, les maires et adjoints, la gendarmerie et tous nos officiers de police, sont chargés spécialement de veiller à l'exécution de la présente ordonnance, de constater les contraventions et d'exercer les poursuites nécessaires à leur répression.

40. Le décret du 28 août 1808, et nos ordonnances des 4 février 1820 et 27 septembre 1827 sont rapportés.

––––––––––

Escortes à fournir pour la surveillance des transports et mouvemens d'espèces entre les hôtels des monnaies et les départemens composant chacun des arrondissemens monétaires.

Paris, le 16 avril 1830.

La refonte des anciennes monnaies duodécimales, prescrite par la loi du 14 juin 1829, va donner lieu, pendant plusieurs années, à des transports et mouvemens d'espèces, entre les hôtels des monnaies et les départemens composant chacun des arrondissemens monétaires. Le trésor, étant essentiellement intéressé à ce que ces transports s'effectuent en sûreté, j'ai décidé, sur la demande que m'en a faite M. le ministre des finances, qu'ils participeraient à la protection habituellement accordée par la force publique aux envois de fonds faits par les payeurs des départemens. Vous voudrez bien, en conséquence, prescrire aux commandans sous vos ordres, de déférer aux réquisitions que leur adresseraient les autorités civiles, à l'effet de faire surveiller par la gendarmerie les convois d'espèces expédiés des divers arrondissemens monétaires compris dans le ressort de votre légion sur l'hôtel des monnaies de. . . . . Je n'ai pas besoin de vous faire observer que cette surveillance ne devra s'exercer en général qu'au moyen de patrouilles et embuscades ; qu'elle n'aura lieu que dans les circonstances et sur les points des grandes routes où il y aurait quelque danger à craindre ; qu'il ne sera fourni d'escortes que dans le très petit nombre de cas où ce service serait le seul qui offrît une garantie réelle ; qu'enfin MM. les officiers de la gendarmerie devront, chacun dans leur arrondissement, se concerter à l'avance avec les préfets, ainsi qu'avec les directeurs de la fabrication ou autres agens des finances que cela concernerait, pour que les transports d'espèces dont il s'agit, soient réglés, pour le temps et les moyens, de manière à n'occasioner à la gendarmerie que le moins de dérangement possible.

CONTRIBUTIONS INDIRECTES.

DOUANES.

Partage, entre les Officiers, Sous-officiers et Gendarmes, du produit des saisies et amendes pour fraudes en matière de douanes et de contributions indirectes.

Paris, le 26 mai 1818.

Messieurs, plusieurs questions me sont soumises sur le partage, entre les officiers, sous-officiers et gendarmes, du produit des saisies et amendes pour fraudes en matière de douanes et de contributions indirectes. Le mode de répartition a été déterminé par mon prédécesseur, de concert avec le ministre des finances, et il a été décidé 1° que les capitaines et les lieutenans qui dirigent plus particulièrement l'action de la gendarmerie dans les opérations pour la répression de la fraude, participeraient aux produits des prises, lors même qu'ils ne seraient pas présens aux saisies, avec les sous-officiers et gendarmes saisissans ; 2° que la répartition de ces produits serait faite dans les proportions suivantes, par les conseils d'administration des compagnies auxquels les administrations des douanes et des contributions indirectes doivent envoyer les fonds, savoir :

Un tiers sera partagé par égale portion entre le capitaine de la compagnie et le lieutenant dans l'arrondissement duquel la saisie aura été faite.

Les deux autres tiers seront distribués également entre les sous-officiers et gendarmes saisissans, de manière toutefois que le commandant du détachement ait une part et demie.

Lorsque les officiers supérieurs auront, dans des cas extraordinaires, agi directement pour la répression de la fraude, et assuré le succès d'une opération majeure, il sera pris une décision spéciale pour régler la part à laquelle ils auront droit.

Je dois vous faire observer que le ministre des finances est seul chargé de faire établir par les administrations des douanes et des contributions, d'après les réglemens en vigueur, le montant net de la part afférente de la gendarmerie dans chaque saisie faite par elle seule ou concurrement avec les préposés de ces administrations.

Vous veillerez particulièrement à ce que les conseils d'administration ne mettent aucun retard dans la distribution des fonds, et n'y fassent participer, sous aucun prétexte, les sous-officiers et gendarmes qui ne seraient pas compris nominativement dans les listes dressées par les employés supérieurs des douanes et des contributions indirectes.

———————

Arrêté du 9 fructidor an V.

Le Directoire exécutif, voulant réunir dans un seul réglement toutes les dispositions relatives au partage du produit des confiscations et amendes pour contravention aux lois sur les douanes, et régler la distribution des récompenses qu'il est juste d'accorder aux militaires et aux gendarmes nationaux qui contribuent à constater ces contraventions, ainsi qu'à leurs chefs,

Arrête :

Art. 1er Le produit net des sommes provenant des confiscations et amendes encourues pour contravention aux lois sur l'importation ou sur l'exportation et la circulation des denrées et marchandises, déduction faite des trois vingtièmes qui doivent être versés dans la caisse des retraites, établie en faveur des préposés des douanes par la loi du 2 floréal dernier, sera réparti ainsi qu'il suit :

2. Un sixième est réservé à la nation; il en sera rendu compte par les receveurs, comme des autres produits. Lorsque la somme à répartir n'excédera pas cent livres, ce sixième appartiendra aux saisissans, en accroissement de leurs parts.

3. Trois sixièmes seront répartis entre les saisissans, de la manière suivante :

4. Si la saisie est faite par les seuls préposés des douanes, le commandant du détachement qui y a procédé aura une part et demie, et les autres employés une part. Lorsque ce commandant sera un lieutenant d'ordre, les lieutenans qui se trouveront dans le détachement auront une part et quart.

5. Un contrôleur de brigade, présent à une saisie, aura deux parts : s'il n'est qu'intervenant et rédacteur du rapport, il n'aura que part et demie.

6. Lorsqu'un directeur, un inspecteur ou un contrôleur de brigade assisteront à une saisie, le directeur et l'inspecteur auront chacun deux parts : le contrôleur de brigade ne jouira, dans ce

cas, que d'une part et demie ; les préposés de grades inférieurs, d'une part et quart; et les autres, d'une part.

7. Les deux derniers sixièmes seront partagés entre les directeur, inspecteur, receveur, contrôleur de brigade et lieutenant d'ordre, de manière cependant que ce lieutenant ne reçoive que la moitié d'une des parts revenant à chacun des préposés supérieurs.

8. Les contrôleurs de visite jouiront de la part d'inspecteur ou de contrôleur de brigade dans les lieux où ils leur sont substitués; les capitaines de brigade et les lieutenans d'ordre, qui se trouvent sous la surveillance immédiate du directeur, de l'inspecteur ou du contrôleur de visite, seront traités comme les contrôleurs de brigade.

9. Les préposés dénommés aux articles 7 et 8, ne pourront cumuler avec leurs parts, comme saisissans, la portion attribuée à leurs grades d'employés supérieurs; ils seront tenus d'opter, et la part qu'ils abandonneront sera réunie à celle des saisissans.

10. Si une saisie a été faite par des préposés de plusieurs directions, inspections, contrôles et lieutenances d'ordre, les directeurs, etc. sous la surveillance desquels sont ces préposés, partageront entre eux la part attachée à leurs grades respectifs.

11. Les inspecteurs, contrôleurs de visite et de brigade, et lieutenans d'ordre, n'auront aucune part dans le produit des saisies faites sans le concours des préposés : dans ce cas, celles qui leur seront réservées par l'article 7 appartiendront aux saisissans.

12. Les employés des bureaux qui auront concouru à une saisie, partageront également entre eux.

13. Les préposés des brigades ne participeront aux saisies effectuées dans les bureaux, par suite des opérations intérieures des douanes, qu'autant qu'ils y seront appelés par les receveurs et qu'ils y assisteront; mais alors ils n'auront que la moitié des parts accordées aux employés des bureaux qui seront également saisissans. Le contrôleur de brigade n'y participera qu'autant qu'il sera présent.

14. Si les objets saisis sont déposés dans un bureau particulier, les deux tiers de la part attribuée au receveur appartiendront au receveur dépositaire, et l'autre tiers au receveur principal qui donnera ses soins à la suite de la saisie. Dans le cas cependant où d'autres préposés seroient chargés de poursuivre l'affaire devant les tribunaux, le dépositaire n'aura que la moitié de la part accordée aux employés à la recette; le surplus sera réparti également entre le receveur principal et les autres préposés poursuivans.

15. Le tiers du produit net des saisies, accordé au dénonciateur, ne lui sera compté sur la quittance de l'employé auquel il aura donné l'avis, qu'autant que ce dénonciateur se sera fait connaître au directeur ou à la régie.

16. Les troupes qui feront des saisies sans le concours des préposés, seront assimilées auxdits préposés pour la répartition des confiscations et amendes : en ce cas, le commandant du cantonnement dans lequel la saisie a lieu, et les capitaines des compagnies auxquelles les saisissans sont attachés, partageront égale

ment et aux mêmes conditions , entre eux, les parts réservées par l'article 7 aux inspecteurs , contrôleurs de brigade et lieutenans d'ordre.

17. Dans toute saisie faite par la troupe concurremment avec les préposés des douanes, chaque soldat a une part égale à celle d'un préposé. Les commandans du détachement militaire saisissant seront traités comme les chefs des employés : leurs parts , ainsi que celles des soldats , ne seront point soumises à la retenue des trois sous pour livre, établie par la loi du 2 floréal dernier.

18. Les commandans de cantonnement et les capitaines des compagnies jouiront , dans le cas de l'article ci-dessus ; d'un dixième du produit net de la saisie ; ce dixième, divisible entre eux , sera prélevé sur les parts attribuées aux préposés supérieurs par l'article 7 du présent arrêté.

19. Si ces commandans ou capitaines sont présens aux saisies, ils auront l'option d'y prendre chacun deux parts, ou de s'en tenir à celles attribuées à leur grades.

20. Lorsque les troupes auront seulement été requises pour l'escorte ou pour la garde des objets saisis , elles jouiront d'une gratification qui sera réglée d'après l'utilité de leur service, et prise sur le produit net de la saisie.

21. Les dispositions des articles relatifs aux troupes sont communes à la gendarmerie nationale.

22. Les amendes prononcées pour fait de rébellion , ne sont réparties qu'entre les préposés ou autres personnes qui l'auront éprouvée, et le receveur poursuivant, qui y participera pour un dixième.

23. Les sommes payées en sus du droit de sortie à défaut de certificats de décharge, ou pour falsification desdits certificats ; seront réparties comme celles provenant de saisies.

24. La même distribution aura lieu sur le produit des saisies de grains, à l'exception du sixième de la nation , qui sera en accroissement des parts des saisissans.

25. Ne seront admis aux répartitions comme saisissans, que ceux dont les noms se trouveront dans les rapports, ou qui seront désignés comme tels par le commandant du détachement, dans un état signé de lui.

26. Il est expressément défendu à tout saisissant d'exiger aucune somme provenant de confiscations et amendes, avant que les jugemens qui les ont prononcées aient acquis force de chose jugée ; et aucune répartition ne pourra être faite sans l'autorisation formelle de la régie.

Le ministre des finances est chargé de veiller à l'exécution du présent arrêté, qui sera imprimé.

TABACS.

Primes accordées aux Préposés étrangers à la Régie des droits réunis, qui auront opéré des saisies de tabac.

Paris, le 1er février 1812.

Vous trouverez, Monsieur, à la suite de la présente, copie d'un décret impérial du 10 décembre dernier, qui accorde des primes aux employés des douanes, gendarmes, préposés forestiers, gardes-champêtres, *et autres étrangers* aux droits réunis, qui auront opéré des saisies de tabac et arrêté des contrebandiers ou colporteurs de profession.

Les primes de vingt centimes par kilogramme de feuille, et de trente centimes par kilogramme de tabac fabriqué, *sans avoir égard à la qualité*, devront être payées, quand bien même la saisie aurait eu lieu avec le concours des employés de la régie des droits réunis. Il en sera de même pour celle de six francs par chaque contrebandier ou colporteur de profession, laquelle sera payée *à chacun des préposés étrangers* qui auront coopéré à l'arrestation.

Les contrôleurs principaux feront acquitter ces primes par les receveurs principaux, aussitôt la livraison qui leur aura été faite des tabacs, et sur le vu des procès-verbaux constatant le dépôt des individus arrêtés, ou leur remise entre les mains de la force armée, pour être conduits devant l'autorité compétente, comme il a été indiqué par la circulaire n° 200, timbrée *secrétariat général, contentieux.*

Il sera donné, par les parties prenantes, conformément aux modèles nos 1er et 2 de la présente, quittances de ces paiemens, que vous comprendrez dans vos versemens des valeurs passives de chaque trimestre à la deuxième division, et dont vous m'adresserez particulièrement un état récapitulatif sous le timbre *Tabacs.*

Indépendamment des primes sus-énoncées, les préposés étrangers aux droits réunis continueront de jouir de la part qui leur a été accordée jusqu'à ce jour dans la répartition, non-seulement du montant des amendes encourues par les contrevenans, mais encore de la valeur des tabacs saisis, dont le règlement sera fait, d'après la circulaire n° 86, timbrée *Tabacs.*

La régie, trouvant juste d'appliquer les dispositions de l'arrêté du Gouvernement du 9 fructidor an 5, aux officiers commandant la gendarmerie dans les arrondissemens de sous-préfecture, pour les soins qu'il donnent à la répression de la fraude sur les tabacs, en excitant le zèle de leurs subordonnés et en dirigeant leur surveillance vers ce point important, j'ai décidé que, conformément à ce qui se pratique dans les douanes, ils jouiraient d'une part du produit net des saisies de tabacs faites par les hommes qu'ils commandent, avec ou sans le concours des préposés des droits réunis, lors même que ces officiers de gendarmerie n'auraient pas coopéré effectivement aux saisies dont il s'agit; et que celle part serait de 6/36es à distraire des 12/36es accordés aux directeurs, contrôleurs et receveurs principaux, en sorte que ces employés supérieurs ne jouiront plus, dans la circonstance, que de la moitié de la portion allouée à chacun d'eux, dans les 12/36es sus-indiqués. Bien entendu que lorsqu'un officier de gendarmerie se trouvera partie saisissante, il n'aura droit à la répartition qu'en cette dernière qualité, avec double part; sauf, d'après le principe établi par l'article 6 de l'arrêté de son Exc. le Ministre des finances, en date du 22 juillet 1806, à ajouter au montant de la répartition à faire aux saisissans, les 6/36es attribués, comme il a été dit ci-dessus, à l'officier de gendarmerie.

Ma lettre particulière, timbrée *Tabacs*, du 23 janvier dernier, no 286, vous a fait connaître que je verrais avec mécontentement que des employés de la régie, appelés par des préposés étrangers, pour les diriger seulement dans la rédaction des procès-verbaux de fraude, y fissent consigner leur nom, afin d'obtenir une part dans la répartition, qui ne doit appartenir qu'aux véritables saisissans, j'aime à croire que les chefs de service de votre direction ne toléreront point une semblable avidité, et qu'ils s'empresseront de me signaler les employés qui s'en seraient rendus coupables, ou qui auraient refusé de satisfaire à la demande que des préposés étrangers leur auraient faite, dans le cas dont il s'agit.

Les dispositions du décret précité devant être d'un grand avantage pour la répression de la fraude sur les tabacs, vous devrez leur donner la plus grande publicité, et vous entendre avec les diverses autorités administratives ou locales, pour que leurs préposés se livrent à la recherche des dépôts frauduleux de tabacs, et des contrebandiers ou colporteurs.

Les contrôleurs principaux auront le soin de faire connaître aux divers préposés étrangers aux droits réunis, qu'il faut toujours que deux individus saisissans signent les procès-verbaux, conformément au décret du 1er germinal an 13.

La circulaire no 104, timbrée *Tabacs*, indiquant les diverses opérations à faire pour découvrir et constater la fraude, je vous invite à en faire remettre un exemplaire à chacun des préposés dénommés dans le décret ci-joint, et aux employés des octrois, auxquels ce décret est également applicable.

Vous m'adresserez, chaque mois, sous le timbre *Tabacs*, un état des procès-verbaux de saisie rendus par les employés des droits réunis, et ceux étrangers à cette partie. Vous aurez soin de rappeler, dans les états que vous me transmettrez successivement, les affaires non terminées, comme cela vous est recommandé par les instructions que je vous ai données sous le timbre *Secrétariat général, contentieux.*

Extrait des Minutes de la Secrétairie d'État.

Au Palais des Tuileries, le 10 décembre 1811.

NAPOLÉON, etc.

Sur le rapport de notre ministre des finances,

Nous avons décrété et décrétons ce qui suit :

ART. 1er. Il est accordé aux employés des douanes, gendarmes, préposés forestiers, gardes-champêtres et autres étrangers aux droits réunis, qui auront opéré des saisies de tabac, une prime de vingt centimes par kilogramme de feuilles, et de trente centimes par kilogramme de tabac fabriqué, sans égard à la qualité, laquelle prime leur sera payée comptant, au moment du dépôt des tabacs au contrôle principal, indépendamment des répartitions auxquelles ils ont droit. Il leur est aussi accordé six francs par individu, pour chaque contrebandandier ou colporteur de profession qu'ils auront arrêté et constitué prisonnier.

2. Notre Ministre des finances est chargé de l'exécution du présent décret.

Signé NAPOLÉON.

RÉGIE DES DROITS RÉUNIS.

(Nodèle N. 1.)

Saisies de Tabac.

Prime accordée aux préposés étrangers aux droits réunis par le décret du 19 décembre 1811.

* Indiquer les noms et grades des saisissans, et l'Administration civile ou militaire à laquelle ils appartiennent.

DIRECTION d

CONTRÔLE PRINCIPAL d

SUIVANT le procès-verbal rédigé le
par les S** *
il a été saisi sur le S*
kilogrammes de tabacs fabriqués ;

Pour laquelle quantité, déposée au contrôle principal d   il revient aux employés sus-désignés la somme de
ci. . . . . .

NOUS, soussignés
employés de   reconnaissons avoir reçu
de M.   directeur des droits
réunis à   la somme de
pour la prime de trente centimes par kilogramme, qui nous est allouée par le décret du 19 décembre 1811, sur la quantité de tabac sus-énoncée ; dont quittance.

A   le

*Je soussigné, receveur principal des droits réunis à   certifie que la quantité de   kilogrammes de tabacs saisis le   par les Sieurs
a été cejourd'hui déposée dans mon bureau.
A   le*

Vu et certifié véritable
par le Contrôleur principal   *Vu par le Directeur*
soussigné,   *soussigné,*

RÉGIE DES DROITS RÉUNIS.

[Modèle n. 2.]

TABACS.

Arrestation des contrebandiers ou colporteurs de profession.

Prime accordée aux préposés étrangers à la régie des droits réunis, par décret du 19 décembre 1811.

DIRECTION d.

Suivant le procès-verbal en date du par suite de celui de saisie rédigé le par les S⁹⁹ le S⁹ colporteur de tabac, arrêté en exécution du décret du 2 janvier 1811, a été déposé à

Pour laquelle arrestation, il revient une somme de six francs à chacun des S⁹⁹ sus-dénommés, ce qui forme au total celle de ci. . .

Nous soussignés reconnaissons avoir reçu de M. directeur des droits réunis à la somme de pour la prime de six francs revenant à chacun de nous, en raison de l'arrestation que nous avons faite du S⁹ colporteur de tabac en fraude. Dont quittance.

A le

Vu et certifié véritable par le Contrôleur principal des droits réunis soussigné.
A le

Vu par le Directeur soussigné,

Nota. Le procès-verbal d'écrou, ou celui de remise de l'individu arrêté entre les mains de la force armée, devra être annexé à la présente quittance.

REDUCTION

de la Ration composée de 8 litres 2/3 en litres.

RATIONS.	LITRES.		RATIONS.	LITRES.		RATIONS.	LITRES.		RATIONS.	LITRES.	
1	fait 8	2/3	51	font 442	»	101	font 875	1/3	151	font 1308	2/3
2	font 17	1/3	52	450	2/3	102	884	»	152	1317	1/3
3	26	»	53	459	1/3	103	892	2/3	153	1326	»
4	34	2/3	54	468	»	104	901	1/3	154	1334	2/3
5	43	1/3	55	476	2/3	105	910	»	155	1343	1/3
6	52	»	56	485	1/3	106	918	2/3	156	1352	»
7	60	2/3	57	494	»	107	927	1/3	157	1360	2/3
8	69	1/3	58	502	2/3	108	936	»	158	1369	1/3
9	78	»	59	511	1/3	109	944	2/3	159	1378	»
10	86	2/3	60	520	»	110	953	1/3	160	1386	2/3
11	95	1/3	61	528	2/3	111	962	»	161	1395	1/3
12	104	»	62	537	1/3	112	970	2/3	162	1404	»
13	112	2/3	63	546	»	113	979	1/3	163	1412	2/3
14	121	1/3	64	554	2/3	114	988	»	164	1421	1/3
15	130	»	65	563	1/3	115	996	2/3	165	1430	»
16	138	2/3	66	572	»	116	1005	1/3	166	1438	2/3
17	147	1/3	67	580	2/3	117	1014	»	167	1447	1/3
18	156	»	68	589	1/3	118	1022	2/3	168	1456	»
19	164	2/3	69	598	»	119	1031	1/3	169	1464	2/3
20	173	1/3	70	606	2/3	120	1041	»	170	1473	1/3
21	182	»	71	615	1/3	121	1048	2/3	171	1482	»
22	190	2/3	72	624	»	122	1057	1/3	172	1490	2/3
23	199	1/3	73	632	2/3	123	1066	»	173	1499	1/3
24	208	»	74	641	1/3	124	1074	2/3	174	1508	»
25	216	2/3	75	650	»	125	1083	1/3	175	1516	2/3
26	224	1/3	76	658	2/3	126	1092	»	176	1525	1/3
27	234	»	77	667	1/3	127	1100	2/3	177	1534	»
28	241	2/3	78	676	»	128	1109	1/3	178	1542	2/3
29	251	1/3	79	684	2/3	129	1118	»	179	1551	1/3
30	260	»	80	693	1/3	130	1126	2/3	180	1560	»
31	268	2/3	81	702	»	131	1135	1/3	181	1568	2/3
32	277	1/3	82	710	2/3	132	1144	»	182	1577	1/3
33	286	»	83	719	1/3	133	1152	2/3	183	1586	»
34	294	2/3	84	728	»	134	1161	1/3	184	1594	2/3
35	303	1/3	85	736	2/3	135	1170	»	185	1603	1/3
36	312	»	86	745	1/3	136	1178	2/3	186	1612	»
37	320	2/3	87	754	»	137	1187	1/3	187	1620	2/3
38	329	1/3	88	762	2/3	138	1196	»	188	1629	1/3
39	338	»	89	771	1/3	139	1204	2/3	189	1638	»
40	346	2/3	90	780	»	140	1213	1/3	190	1646	2/3
41	355	1/3	91	788	2/3	141	1222	»	191	1655	1/3
42	364	»	92	797	1/3	142	1230	2/3	192	1664	»
43	372	2/3	93	806	»	143	1239	1/3	193	1672	2/3
44	381	1/3	94	814	2/3	144	1248	»	194	1681	1/3
45	390	»	95	823	1/3	145	1256	2/3	195	1690	»
46	398	2/3	96	832	»	146	1265	1/3	196	1698	2/3
47	407	1/3	97	840	2/3	147	1274	»	197	1707	1/3
48	416	»	98	849	1/3	148	1282	2/3	198	1716	»
49	424	2/3	99	858	»	149	1290	1/3	199	1724	2/3
50	433	1/3	100	866	2/3	150	1300	»	200	1733	1/3

POUDRES.

Poudres étrangères et poudres fabriquées hors des poudrières du Gouvernement.

Extrait du décret du 24 août 1812. (Bull. des lois, page 112.)

Art. 1er. La régie des droits réunis est spécialement chargée de la recherche des poudres étrangères, et de celles fabriquées hors des poudrières du Gouvernement, qui pourraient circuler et être vendues dans notre Empire.

2. Le prix de celles qui seront saisies par les agens de cette régie, et qui doivent être remises à l'administration des poudres, et payées par elle au prix fixé par les lois et réglemens, ainsi que les amendes des délinquans, sont adjugés à ces agens.

Extrait du décret du 16 mars 1813. (Bull. des lois, page 461.)

Art. 6. Lorsque des employés des droits réunis, des poudres et salpêtres, des douanes, des agens de police, des gendarmes ou autres agens publics ayant le droit de verbaliser, auront seuls découvert la contravention et opéré la saisie, le produit des amendes et confiscations appartiendra exclusivement aux saisissans.

Lorsque plusieurs préposés des administrations ou agens publics ci-dessus désignés auront concouru à une saisie, la répartition de l'amende et de la confiscation sera faite par portions égales entre les diverses administrations et les agens dépendans d'une même autorité, sans égard au nombre respectif des saisissans.

Les simples particuliers qui auront découvert des contraventions et fait opérer des saisies, de la manière prescrite par le décret du 10 septembre 1808, auront droit, comme les préposés et agens sus-désignés, à la totalité du produit des amendes et confiscations.

Les agens de police et les gendarmes qui ne seront appelés que pour assister à la saisie, n'auront droit à aucun partage des amendes.

15

TABLE.

—

HABILLEMENT.

ADMINISTRATION DU PERSONNEL.

SERVICE ADMINISTRATIF.

POSTES.

TROUSSEL, IMPRIMEUR DE LA GENDARMERIE,
Rue Saint-Guillaume, N° 9, F. S.-G.

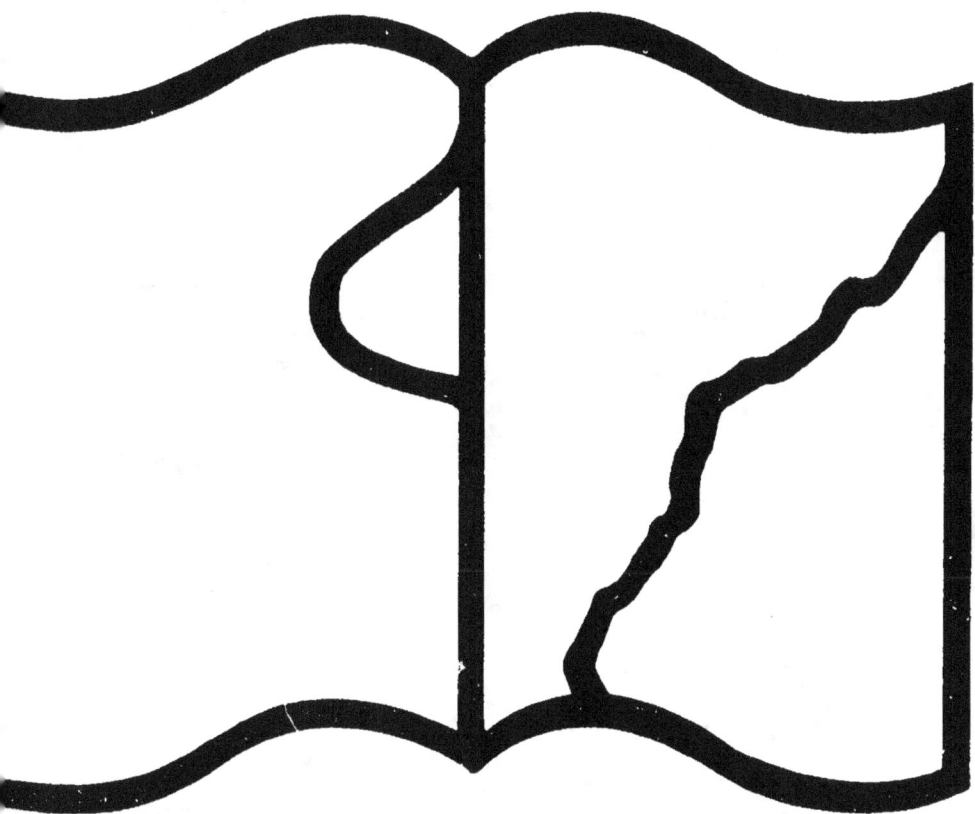

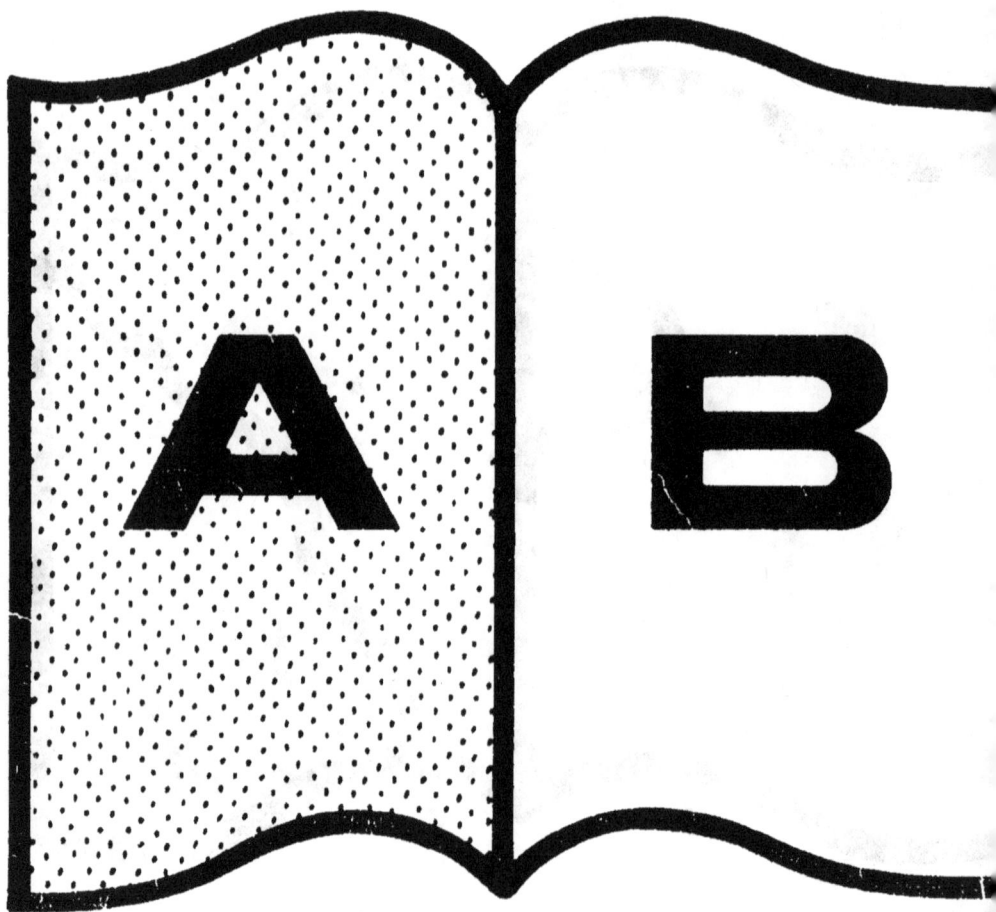

www.ingramcontent.com/pod-product-compliance
Lightning Source LLC
Chambersburg PA
CBHW050452270326
41927CB00009B/1714